Das Normas Fundamentais do Processo Civil

Das Normas Fundamentais do Processo Civil

UMA ANÁLISE LUSO-BRASILEIRA CONTEMPORÂNEA

2020 · 2ª Edição – Revista, atualizada e ampliada

Artur César de Souza

ALMEDINA

DAS NORMAS FUNDAMENTAIS DO PROCESSO CIVIL
UMA ANÁLISE LUSO-BRASILEIRA CONTEMPORÂNEA
2ª EDIÇÃO
© ALMEDINA, 2020

AUTOR: Artur César de Souza
DIRETOR ALMEDINA BRASIL: Rodrigo Mentz
EDITORA JURÍDICA: Manuella Santos de Castro
EDITOR DE DESENVOLVIMENTO: Aurélio Cesar Nogueira
ASSISTENTES EDITORIAIS: Isabela Leite e Marília Bellio
DIAGRAMAÇÃO: Almedina
DESIGN DE CAPA: FBA

ISBN: 9786556270937

Outubro, 2020

Dados Internacionais de Catalogação na Publicação (CIP)
(Câmara Brasileira do Livro, SP, Brasil)

Souza, Artur César de
Das normas fundamentais do processo civil: uma análise luso-brasileira contemporânea / Artur César de Souza. – 2ª ed. – São Paulo: Almedina, 2020.
Bibliografia

ISBN 978-65-5627-093-7

1. Direito 2. Direitos fundamentais 3. Processo civil 4. Processo civil – Brasil 5. Processo civil – Legislação – Brasil I. Título.

20-42138 CDU-347.9(81)

Índices para catálogo sistemático:

1. Brasil: Processo civil 347.9(81)

Maria Alice Ferreira – Bibliotecária – CRB-8/7964

Este livro segue as regras do novo Acordo Ortográfico da Língua Portuguesa (1990).

EDITORA: Almedina Brasil
Rua José Maria Lisboa, 860, Conj. 131 e 132, Jardim Paulista | 01423-001 São Paulo | Brasil
editora@almedina.com.br
www.almedina.com.br

Em memória do meu pai, Artur de Souza, e de minha querida mãe, Maria Ap. de Souza.

À minha amada esposa Geovania e aos meus queridos filhos, Isis e João Henrique pelo apoio e compreensão.

Às minhas amadas netas Mali e Isa.

Agradeço também ao Engenheiro Carlos Pinto, à Sofia Barraca, Carolina Santiago,Manuela Castro, Aurélio Nogueira e Isabella L. Silva pelo apoio, confiança e pela oportunidade de divulgação deste trabalho na Editora Almedina.

PREFÁCIO À 1ª EDIÇÃO

O autor, qualificado doutrinador e exemplar magistrado, honrou-me com o convite para prefaciar a presente obra. Atribuo o pedido à confiança e ao respeito que mutuamente consolidamos durante a agradável convivência que mantivemos na árdua labuta da apreciação de alguns milhares de recursos especiais e extraordinários que aportaram na Vice-Presidência do Tribunal Regional Federal da 4ª Região no último biênio (2013/2015), período no qual também compartilhamos a busca de soluções processuais para intrincadas ou inusitadas questões surgidas em muitas das ações julgadas numa das quatro Seções especializadas da operosa Corte.

Pude rapidamente constatar quão aprazível seria a primeira parte da tarefa, consistente na proveitosa leitura de uma obra com tal qualidade técnica, tratando de um assunto atualíssimo. Também pude, de pronto, sentir noção do vulto da responsabilidade que teria na tentativa de expor os contornos de uma produção com a envergadura da presente, editada com o propósito de oferecer visão completa, em linguagem acessível, sobre deontologia, princípios, hermenêutica e as garantias constitucionais do novo processo civil luso-brasileiro.

Miguel Reale ensinou que "cada época histórica tem a sua imagem ou a sua ideia de justiça, dependente da escala de valores dominantes nas respectivas sociedades, mas nenhuma delas é toda a justiça, assim como a mais justa das sentenças não exaure as virtualidades todas do justo". (Lições Preliminares de Direito. p. 375).

Na atualidade, em razão da dinâmica das relações sociais e econômicas e pelos fenômenos de massificação, os intérpretes e aplicadores do

Direito veem-se diante de situações inusitadas. Há crescente provocação do Poder Judiciário sobre temas que constituem fenômenos internacionais. Progressivamente, os juízes necessitam tomar decisões sobre assuntos de grande interesse e clamor públicos. Cada vez mais as ações assumem caráter coletivo, e identificam-se condutas danosas à sociedade e aos bens jurídicos imateriais. Advogados, com as dificuldades inerentes, são obrigados a pleitear interesses e direitos com o instrumento legal que lhes está conferido. Soma-se a isso o fato de as disciplinas clássicas tenderem a resistir à quebra de seus postulados, apresentando e dando sustentáculo a um arsenal teórico incompatível com a realidade contemporânea. Nesse contexto, em preciso tempo, os legisladores foram forçados a aprimorar o ordenamento processual civil.

Essa adversidade constantemente enfrentada pelos operadores do Direito faz rememorar poema de Paulo Leminski, notável poeta curitibano: "No fundo, no fundo, bem lá no fundo, a gente gostaria de ver nossos problemas resolvidos por decreto. (...) Mas problemas não se resolvem, problemas têm família grande, e aos domingos saem todos a passear, o problema, sua senhora e outros pequenos probleminhas."

Sendo a jurisdição instrumental em relação ao direito material em discussão nos processos, o atual aperfeiçoamento do direito processual e a sólida ancoragem deste no que foi legitimado constitucionalmente superam muitos dos problemas até então existentes, apontando firmemente a direção e o sentido para o desenvolvimento das atividades assecuratórias da matéria ou substância objetivada em juízo pelas partes.

Oferecido novo instrumental legislativo, faz-se necessário estabelecer critérios de delimitação e interpretação dos textos legais e compreender as teorias que buscam simplificar realidades complexas. Os instrumentos teóricos e conceituais, debatidos e aprimorados, permitem, por um lado, uma leitura um pouco mais analítica da realidade e, por outro, delineiam o entendimento sobre a mesma.

Esta não se trata de uma obra meramente introdutória, ocupada com os prolegômenos de uma ciência em atualização. Consiste numa exposição panorâmica da ideologia do novo processo civil luso-brasileiro, sem olvidar a necessária referência à respectiva inspiração na moderna legislação alienígena, com ênfase no regramento advindo de Portugal e Espanha, recém modernizados, em 2013 e 2000, respectivamente. As normas fundamentais dos três países se aproximam pelas mesmas raízes sociológicas, filosóficas e jurídicas de uma sociedade ocidental social-democrática, compondo uma civilização que declara como razão da atividade judicial a de realizar a justiça por meio do direito, conforme refere o autor. Não se limita o estudo, porém, a tais referências principais, sendo frequente a citação a normas do direito alemão ou italiano, por exemplo.

Ao comentar a crescente desformalização do processo civil das comunidades jurídicas das democracias ocidentais, o autor deu relevo à ideia central de ser o direito material assegurado por meio de tutelas jurisdicionais prontas e justas, sobrevalorizadas em detrimento das formas rígidas, abordando, ponto a ponto, a propedêutica constante do Livro I, do Código de Processo Civil Brasileiro, cuja Parte Geral possui um título único, "Das Normas Fundamentais e da Aplicação das Normas Processuais", fracionado em dois capítulos, tratando um das normas fundamentais, e o outro da aplicação das normas processuais.

Adotado o direito processual constitucional pela novel legislação instrumental luso-brasileira, propôs o autor o conhecimento dessa teoria por meio do estudo da base estrutural da legislação processual derivada dos princípios e regras que fundamentam a jurisdição democrática da civilização ocidental, sem olvidar o estudo do direito uniforme transnacional e os valores que o orientam, bem como diferenças entre sistemas legais nacionais e a crescente tentativa de superá-las mediante o que a academia convencionou chamar de busca da harmonização.

Não é demais ponderar que, com a presente obra, que confere a devida e especial atenção aos fundamentos do processo civil contemporâneo, abre-se uma diretriz sólida e profunda para dirimir os constantes problemas jurídicos instrumentais, que também habitualmente não se solucionam por completo, costumeiramente se multiplicam e quase sempre não são resolvidos por decreto.

Por fim, destacada a relevância do tema e da obra, reitero a minha admiração pelo autor: magistrado dedicado e corajoso, grande estudioso, valoroso professor e caro amigo.

LUIZ FERNANDO WOWK PENTEADO
Presidente do Tribunal Regional Federal da 4ª Região

ABREVIATURAS

AC TC – Acórdão Tribunal Constitucional
Ac. – Acórdão
ACO – Ação Civil Ordinária
ACP – Ação Civil Pública
ADI-MC – Medida Cautelar em Ação Direta de Inconstitucionalidade
ADIN – Ação Direta de Inconstitucionalidade
ADPF – Arguição de Descumprimento de Preceito Fundamental
AG – Agravo
AgR – Agravo Regimental
AGRCR – Agravo Regimental em Carta Rogatória
AgREsp – Agravo em Recurso Especial
AgRg na APn – Agravo Regimental na Ação Penal
AgRg no Ag – Agravo Regimental no Agravo
AgRg no Ag – Agravo Regimental no Agravo
AgRg no AREsp – Agravo Regimental no Agravo em Recurso Especial
AgRg no CC – Agravo no Conflito de Competência
AgR-ED-EI – Agravo Regimental nos Embargos de Declaração na Exceção de Incompetência.
AgRg no RMS – Agravo Regimental no Recurso em Mandado de Segurança
AgRg nos EREsp – Agravo Regimental nos Embargos em Recurso Especial
AGU – Advocacia Geral da União

AI	– Agravo de Instrumento
ALI	– American Law Institute.
AR	– Ação Rescisória
ARE	– Recurso Extraordinário com Agravo.
Art.	– Artigo
BACENJUD	– Banco Central do Brasil Judiciário
BGB	– Código Civil Alemão
C. Pr. Civil	– Código de Processo Civil
C.C.	– Código Civil
C.C.B.	– Código Civil Brasileiro
C.c.b.	– Código Civil Brasileiro
CEDH	– Convenção Européia sobre Direitos Humanos
C.F.	– Constituição Federal
C.J.F.	– Conselho da Justiça Federal
C.N.J.	– Conselho Nacional de Justiça
C.P.C.	– Código de Processo Civil
C.P.P.	– Código de Processo Penal
Cass.	– Cassação
CC	– Código Civil
CC	– Conflito de Competência
CDA	– Certidão de Dívida Ativa
CDC	– Código de Defesa do Consumidor
CEF	– Caixa Econômica Federal
Com.	– Comentários
CONFEA	– Conselho Federal de Engenharia e Agronomia
Conv. Eur. Dir. Uomo	– Convênio Europeu dos Direitos dos Homens
CPC	– Código de Processo Civil
CPCC	– Código de Processo Civil Comentado
CRC –	– Conselho Regional de Contabilidade
CREAA	– Conselho Regional de Engenharia e Agronomia e Arquitetura
CRM	– Conselho Regional de Medicina
CRP	– Constituição da República Portuguesa.
C. Rep	– Constituição da República
CSLL	– Contribuição Social sobre Lucro Líquido
CTN	– Código Tributário Nacional
D	– Digesto

D.E. – Diário Eletrônico
Dec. – Decreto
DF – Distrito Federal
DI – Direito Internacional
Disp. Trans. – Disposições Transitórias
DIVULG – Divulgação
DJ – Diário da Justiça
DJe – Diário da Justiça Eletrônico
DNA – ácido desoxirribonucléico
DOU – Diário da Justiça da União
DR – Diário da República
EAD – Ensino à Distância
EC – Emenda Constitucional
ECA – Estatuto da Criança e do adolescente
ED – Embargos de Declaração
EDcl – Embargos de Declaração
EDcl nos EDcl no AgRg na MC. – Embargos de Declaração nos Embargos de Declaração no Agravo Regimental na Medida Cautelar
EDcl nos EDcl no RHC – Embargos de Declaração nos Embargos de Declaração no Recurso em Habeas Corpus
EDcl nos EDcl nos EDcl no AgRg na ExSusp – Embargos de Declaração nos Embargos de Declaração nos Embargos de Declaração no Agravo Regimental na Exceção de Suspeição.
EDcl nos EDcl nos EDcl nos EDcl no AgRg no REsp – Embargos de declaração nos Embargos de Declaração nos Embargos de Declaração nos Embargos de Declaração no Agravo Regimental no Recurso Especial
ED-ED-AgR – Embargos de Declaração em Embargos de Declaração em Agravo Regimental
EMENT – Ementário
EOA – Estatuto da Ordem dos Advogados
FGTS – Fundo de Garantia por Tempo de Serviço
FUNAI – Fundação Nacional do Índio
HC – Habeas Corpus
INC. – Inciso
INCRA – Instituto Nacional de Colonização e Reforma Agrária
INFOJUD – Sistemas de Informação ao Judiciário
INSS – Instituto Nacional de Seguridade Social

IRPJ – Imposto de Renda Pessoa Jurídica
J. – julgamento
L. – Lei
LACP – Lei da Ação Civil Pública
LC – Lei Complementar
LDi – Lei de Divórcio
LICC – Lei de Introdução ao Código Civil brasileiro
LOMAN – Lei Orgânica da Magistratura Nacional
LOPJ – Lei Orgânica do Poder Judiciária
M.P. – Ministério Público
MC-REF – Referendo Medida Cautelar
MI – Mandado de Injunção
MIN. – Ministro
MP – Medida Provisória
MPF – Ministério Público Federal
MRE/MF – Ministério das Relações Exteriores/Ministério da Fazenda
MS – Mandado de Segurança
N. – número
OAB – Ordem dos Advogados do Brasil
ONG – Organização não Governamental
ONU – Organização das Nações Unidas
ORTN – Obrigações Reajustáveis do Tesouro Nacional.
PET – Petição
PIS/PASEP – Programa de Integração Social/Programa de Formação do Patrimônio do Servidor Público
PIDCP – Pacto Internacional sobre Direitos Civis e Políticos
PROJUDI – Processo Judicial
PUBLIC – Publicação
QO – Questão de Ordem
R0 – Recurso Ordinário
Rcl – Reclamação
RE – Recurso Extraordinário
Rel. – Relação
Rel. – Relator
RENAJUD – Sistema de Restrições Judiciais sobre Veículos Automotores
REsp – Recurso Especial

Rev. – Revista
RHC – Recurso em Habeas Corpus
RI/STF – Regimento Interno do Supremo Tribunal Federal
RMS – Recurso em Mandado de Segurança
RPV Requisição de Pequeno Valor
RSTJ – Revista do Superior Tribunal de Justiça
RT – Revista dos Tribunais
RTJ – Revista Trimestral de Jurisprudência
S.T.F. – Supremo Tribunal Federal
S.T.J. – Superior Tribunal de Justiça
SE – Sentença Estrangeira
SEC – Sentença Estrangeira Contestada
SENT – Sentença
SIMP – Simpósio
SISTCON – Sistema de Conciliação
STC – Supremo Tribunal Constitucional
STEDH – Sentença do Tribunal Europeu de Direitos Humanos
T.R.Fs. – Tribunais Regionais Federais
T.S.M. – Tribunal Superior Militar
TEDH – Tribunal Europeu de Direitos Humanos
TFR – Tribunal Federal de Recurso
TJ/RS – Tribunal de Justiça do Rio Grande do Sul
TRF 1ª – Tribunal Regional Federal da 1ª Região
TRF4 – Tribunal Regional Federal da 4ª Região.
TRT – Tribunal Regional do Trabalho
TSE – Tribunal Superior Eleitoral
TST – Tribunal Superior do Trabalho
UERJ – Universidade Estadual do Rio de Janeiro
UNCITRAL – United Nations Commission on International Trade Law
UNIDROIT – International Institute for the Unification
UTI – Unidade de Terapia Intensiva
VOL – Volume
ZPO – Código de Processo Civil Alemão

SUMÁRIO

INTRODUÇÃO 23

1. DA TUTELA CONSTITUCIONAL DO PROCESSO 29
   1.1. Ordenação, disciplinamento e interpretação das normas processuais segundo as normas os princípios e regras fundamentais previstos nas Constituições Federais 31
   1.2. Diferenciação entre princípios e valores 37
   1.3. Diferenciação entre princípios e regras 40
   1.4. Garantias democráticas do processo civil moderno 49
   1.5. Valores incorporados nas Constituições Federais como diretrizes de interpretação das normas processuais 53

2. PRINCÍPIOS E VALORES TRANSNACIONAIS DO PROCESSO CIVIL 61

3. DO PRINCÍPIO DISPOSITIVO 69
   3.1. Princípio dispositivo propriamente dito *(Dispositionsmaxime)* e Princípio da alegação da parte *(Verhandlungsmaxime)* 73
   3.2. Princípio dispositivo quanto à alegação dos fatos 74
   3.3. Princípio dispositivo e sua congruência com o dispositivo da decisão 79
   3.4. Princípio dispositivo e as exceções legais 87
   3.5. Princípio dispositivo e a gestão do processo (impulso oficial) 93

4. PRINCÍPIO/GARANTIA DO ACESSO À JUSTIÇA OU DA UBIQUIDADE 99
   4.1. Acesso à justiça e o duplo grau de jurisdição 103

4.2. Acesso à justiça e a dimensão de natureza prestacional incondicional 105
4.3. Acesso à justiça e a dimensão de proteção eficaz 108
4.4. Acesso à justiça e a pobreza como barreira externa 110
4.5. Acesso à justiça e a exceção Constitucional 115
4.6. Acesso à justiça e abuso de direito 123

5. PRINCÍPIO DA CELERIDADE PROCESSUAL 129
5.1. Celeridade processual e o conteúdo normativo jurídico 132
5.2. Celeridade processual e a *máxima* da *razoabilidade* 134
5.3. Algumas circunstâncias procedimentais que podem contribuir para a razoável duração do processo 136
5.4. Sanções ao descumprimento do princípio da celeridade processual 140
5.5. Do julgamento segundo a ordem cronológica de conclusão dos processos 143
5.5.1. Publicação da lista de processo para consulta pública 144
5.5.2. Das exceções legais da ordem cronológica de julgamento 145

6. PRINCÍPIO DA COOPERAÇÃO 153
6.1. Princípio da cooperação no processo civil brasileiro 153
6.2. Princípio da cooperação no processo civil português 157
6.3. Princípio da cooperação – processo como jogo individualista 159
6.4. Princípio da cooperação – dever de boa-fé – sanção 161
6.5. Fases do processo em que ocorre o dever de cooperação 176
6.6. A mentira e o princípio da cooperação 181
6.7. Dever de cooperação – para além das partes 183
6.8. Dever de cooperação entre as próprias partes 185
6.9. Negócio jurídico processual e calendarização dos atos processuais – cooperação das partes na definição do procedimento processual (art. 190 e 191 do novo C.P.C.) 187
a) O negócio jurídico processual somente poderá ser realizado quando a demanda tiver por objeto *direitos que admitam autocomposição* 190
b) A possibilidade do negócio jurídico processual exige que as parte sejam *plenamente capazes* 191
c) A possibilidade do negócio jurídico processual somente se dá no *procedimento* e não no *processo jurisdicional* 192

7. OS FINS SOCIAIS, A DIGNIDADE DA PESSOA HUMANA, A LEGALIDADE, A IMPESSOALIDADE, A PUBLICIDADE E A EFICIÊNCIA COMO CRITÉRIOS FINALÍSTICOSDE APLICAÇÃO DO ORDENAMENTO JURÍDICO 195
7.1. Texto e norma 196
7.2. Fim social e bem comum 198
7.3. Outros princípios e máximas como diretrizes de aplicação do ordenamento jurídico 200
7.4. Critérios hermenêuticos adotados pela atual jurisprudência brasileira 201

8. PRINCÍPIO DO CONTRADITÓRIO 209
8.1. Princípio do contraditório e proibição de *decisões-surpresa* 218
8.2. Postergação do princípio do contraditório 224
8.3. Princípio do contraditório e da paridade das partes 226
8.4. Paridade das partes e tratamento jurídico diferenciado 227
8.5. Paridade no sentido substancial e não meramente formal 230
8.6. Princípio do contraditório nos fundamentos da demanda 244

9. PRINCÍPIO DA PUBLICIDADE DOS JULGAMENTOS DOS ÓRGÃOS DO PODER JUDICIÁRIO 259
9.1. A publicidade dos julgamentos como exigência do princípio democrático 260
9.2. Publicidade mediata e imediata 264
9.3. Exceções legais à publicidade dos julgamentos 273

10. O PRINCÍPIO DA FUNDAMENTAÇÃO (MOTIVAÇÃO) DA DECISÃO PELOS ÓRGÃOS DO PODER JUDICIÁRIO 283

11. PRINCÍPIO DA BOA-FÉ 295

12. PRINCÍPIO DA IMPARCIALIDADE DO JUIZ 303

13. PRINCÍPIO DA INDEPENDÊNCIA DO JUIZ 311
13.1. Princípio da independência como fundamento da livre apreciação da prova 315
13.2. Princípio da prova legal 319

14. PRINCÍPIO DO JUIZ NATURAL 321

15. O PROCESSO COMO INSTRUMENTO DA JURISDIÇÃO CIVIL 325
15.1. O que se entende por *jurisdição civil* 325
15.2. Variação da concepção de jurisdição segundo o tempo histórico e o espaço geográfico 330
15.3. Caráter instrumental da atividade jurisdicional 332
15.4. Caráter substitutivo da atividade jurisdicional 333
15.5. Jurisdição no seu aspecto funcional 334
15.6. Função jurisdicional e função judicial 335
15.7. Jurisdição como imparcialidade 336
15.8. A coisa julgada como essência da jurisdição 338
15.9. Essência da jurisdição com base na Constituição Federal brasileira de 1988 339
15.10. Regulação da jurisdição civil no território brasileiro pelas normas processuais. 342
15.11. Regulação da jurisdição civil pelos tratados ou convenções internacionais 345

16. PRINCÍPIO DA IRRETROATIVIDADE E DA APLICAÇÃO IMEDIATA DAS NORMAS PROCESSUAIS 353
16.1. Irretroatividade das normas processuais 353
16.2. Aplicação imediata das normas processuais 358

REFERÊNCIAS 369

INTRODUÇÃO

Observa-se nesse limiar do Século XXI que em diversos países do mundo contemporâneo há uma tendência de modificação, readequação e reestruturação da legislação processual civil, visando a atender aos reclamos das sociedades modernas que não mais se conformam com o distanciamento existente entre a essência de um instrumental processual e a concreta realidade social, econômica e cultural.

Os Tribunais, na generalidade dos casos, não têm conseguido dar uma resposta *pronta* e *satisfatória* aos anseios dos cidadãos que a eles recorrem. Essa falta de sintonia entre a prestação do exercício da atividade jurisdicional e o senso de justiça da sociedade contemporânea, apresenta, na visão de António Santos Abrantes Geraldes,[1] diversas causas, dentre as principais: a) a *excessiva burocratização do processo civil*, recheado de formalidades e de obstáculos que impedem o seu avanço rápido e seguro; b) *complexidade de tramitação do processo comum ordinário* que permite a utilização, por vezes abusiva, dos mecanismos processuais, como incidentes, expedientes dilatórios, recursos etc; c) *excessiva sobrecarga de trabalho* que recai sobre os ombros dos magistrados, além de terem de se dedicar às questões que exigem a intervenção de um magistrado (apreciação de matéria de fato, decisão jurisdicional, garantia dos direitos das partes), ocupando ainda grande parte do período de trabalho; d) *excessiva litigiosidade*, reflexo das dificuldades e problemas que afetam a vida social e, nomeadamente, a vida dos

[1] GERALDES, António Santos Abrantes. *Temas da reforma do processo civil – princípios fundamentais – fase inicial do processo declarativo*. Coimbra: Almedina, 1997.

agentes econômicos, repercutindo-se no aumento exponencial do número de processos entrados e pendentes nos tribunais; e) *dificuldades e demoras na realização de exames médicos ou de outros exames periciais*, especialmente quando a parte é beneficiária de justiça gratuita; f) *a irracionalidade na distribuição de magistrados e funcionários*, por vezes mantendo-se o mesmo número de funcionários e magistrados em varas ou tribunais com volumes distintos de processo; g) *falta de meios logísticos* que permitam um funcionamento eficaz e rápido da secretaria, nomeadamente, no campo das citações e da realização das penhoras em processo executivo (v.g., meios de transporte e locais de armazenamento de bens móveis penhorados); h) a *necessidade de solicitar a outros órgão jurisdicionais a realização de penhoras e vendas.*

Diante dessa sistemática constatação de desequilíbrio entre normas processuais abstratas e as necessidades concretas da sociedade moderna, diversos países estão promovendo a reformulação de suas normas processuais, mediante a aprovação de novos códigos de processo civil, numa perspectiva de aprimorar o instrumental processual na incessante busca de uma atividade jurisdicional mais *justa e équo.*

O primeiro país a apresentar um novo código de processo civil neste Século foi a Espanha.

Já no amanhecer do ano de 2000, a Espanha aprovou a *Ley n. 1/2000, de 7 de enero, de enjuiciamiento civil*, reformulando sua legislação processual civil

Em seguida veio Portugal, com a *Lei n. 41/2013, de 26 de junho*, apresentando o mais novo código de processo civil que se tem conhecimento.

O Brasil, por sua vez, após mais de quatro anos de discussão e análise, aprovou o novo C.P.C., Lei n 13.105 de 16 de março de 2015, que entrou em vigor no dia 17 de março de 2016.

Decorridos mais de 40 anos da aprovação da versão original do C.P.C. brasileiro de 1973, e diante das alterações substanciais do circunstancialismo político-social-econômico então vigente, foi-se firmando, cada vez mais, nos meios forenses, a convicção generalizada da necessidade de alteração do método e das normas reguladoras do processo civil brasileiro, a fim de que fosse novamente realçada a função instrumental do processo civil moderno face ao direito material, para melhor satisfação dos interesses e dos anseios da sociedade brasileira.

Como bem afirmou o Relatório de autoria do Deputado Federal Paulo Teixeira, apresentado pela Comissão Especial da Câmara dos Deputados do Brasil: "*Nas quatro décadas de vigência do CPC atual, o país e o mundo passaram por inúmeras transformações. Muitos paradigmas inspiradores desse diploma legal foram revistos ou superados em razão de mudanças nos planos normativos, científico, tecnológico e social. Entre 1973 e 2013, houve edição de lei do divórcio (1977), de uma nova Constituição Federal (1988), do Código de Defesa do Consumidor (1990), do Estatuto da Criança e do Adolescente (1990), das Leis Orgânicas do Ministério Público e da Defensoria Pública (1993 a 1994), um novo Código Civil (2002), e o Estatuto do Idoso (2003), exemplos de diplomas normativos que alteraram substancialmente o arcabouço jurídico brasileiro no período. Pelo fato de muitas das normas e a própria sistematização do CPC de 1973 não se afinarem mais à realidade jurídica tão diferente dos dias atuais, afigura-se necessária a construção de um Código de Processo Civil adequado a esse novo panorama".*

Diante dessa paulatina ineficácia jurídica e social do instrumental processual dos diversos países, da excessiva formalização do processo civil então vigente e com todo um conjunto de normas anacrônicas que, ao invés de atribuírem ao direito processual a simples intermediação necessária ao reconhecimento e à realização do direito material, o colocam, por vezes, perante situação de clara supremacia, houve necessidade de se reformular, não de forma pontual, mas por meio de uma ampla revisão geral e sistemática toda a estrutura normativa processual civil.

Numa análise comparativa entre os diversos códigos de processo civil da atualidade, no caso, C.P.C. da Espanha (*Ley n. 1/2000, de 7 de enero, de enjuiciamiento civil*), C.P.C. de Portugal (*Lei n. 41/2013, de 26 de junho*) e o C.P.C. brasileiro, observa-se que muitas normas processuais estão programadas para regulamentar aspectos específicos da legislação que provém da cultura de cada país, havendo portanto diferenças importantes em cada um dos procedimentos processuais adotados.

Porém, não obstante a diversidade de tratamento jurídico inserido no âmbito de cada legislação processual civil (espanhola, portuguesa e brasileira), o certo é que as estruturas das normas fundamentais desses códigos possuem as mesmas raízes sociológicas, filosóficas e jurídicas de uma sociedade ocidental social-democrática, uma vez que o fim último do exercício da atividade jurisdicional, seja na Espanha, em Portugal ou no Brasil, é a realização da *justiça* mediante a aplicação do Direito.[2]

[2] É inconcebível falar em processo civil democrático, em qualquer país do mundo, sem que sua estrutura esteja apoiada nos princípios do *devido processo legal, contraditório, ampla defesa, colaboração, boa-fé objetiva, imparcialidade do juiz, celeridade processual etc.*

Aliás, Portugal, Espanha e o Brasil são participantes da Cumbre Ibero-Americana de Ética Judicial, sendo que o art. 35 do Código Ibero-Americano de Ética Judicial assim prescreve: *O fim último da actividade judicial é realizar a justiça por meio do Direito.*

Modificam-se a forma e o conteúdo da codificação processual de cada país, sem, contudo, alterar-se a base democrática de suas normas estruturantes e fundamentais.

Percebe-se que o conjunto das normas fundamentais do processo civil democrático contemporâneo, e que é o mesmo postulado no processo civil de Portugal, Espanha e Brasil, tem por objetivo reforçar ou programar a efetiva inversão clara dos valores existentes nas arcaicas legislações processuais até então vigentes, a fim de transformar o processo civil moderno num instrumental de realização de justiça e não *num fim em si mesmo.*

A desformalização do processo civil português, espanhol e brasileiro, colocando em evidência a necessidade de se garantir o direito material por meio de tutelas jurisdicionais justas e eficazes, sobrepondo-se a critérios puramente formais, a fim de potencializar a efetiva resolução justa de conflitos, sem dúvida é uma das mais importantes inovações normativas introduzidas nas novas legislações.

Justamente por haver essa sintonia fina na base estrutural da codificação processual de cada país, é que se pretende, neste trabalho, descrever e analisar os princípios e regras jurídicas que dão sustentação e fundamentação ao processo civil democrático da civilização ocidental.

Não se concebe a existência de um processo civil democrático sem que sua estrutura esteja consolidada em normas fundamentais consubstanciadas no contraditório, *na cooperação, na isonomia, na imparcialidade, na publicidade e motivação, acesso à justiça, celeridade processual, boa-fé objetiva* etc.

Essas normas fundamentais são compostas tanto por *princípios* e *regras* processuais, quanto por *princípios* e *regras* de natureza Constitucional.

Assim, a ordem jurídica processual é estruturada, sim, pelas normas processuais civis; porém, essas normas processuais civis devem estar de acordo com as normas (princípios e regras) de natureza Constitucional.

Os princípios constitucionais, embora não sejam princípios transcendentais, podem sempre ser considerados como *dimensões paradigmáticas* de uma ordem constitucional positiva e, especialmente, de uma ordem processual ordinária.[3]

[3] CANOTILHO. J. J. Gomes. *Direito constitucional.* Coimbra: Livraria Almedina, 1996. p. 346.

O novo sistema processual inclina-se claramente para uma maior *maleabilização* do processo, sem descurar das *garantias fundamentais* que potencializem o julgamento à prolação de uma decisão justa.

Inúmeros autores, conforme afirma António Santos Abrantes Geraldes, têm alertado para a relativa frequência com que os juízes *são obrigados ou atraídos* a debater meras questões processuais, em detrimento das razões de ordem material, invertendo-se dessa maneira a *ordem de valores* pela qual deve pautar-se a atividade jurisdicional e que, no essencial, deveria ser dedicada à definição dos direitos subjetivos e não, como sucede com frequência, à generalizada perda de tempo com tarefas puramente burocráticas, transformando tantas vezes o juiz em 'despachante de processos' em vez de dedicar o seu tempo e intelecto à resolução dos conflitos que as partes submetem à decisão soberana do órgão jurisdicional onde o juiz está integrado.[4]

Na realidade, o que se espera de uma legislação processual civil, segundo Teixeira de Sousa (in R.O.ª, ano 55º, pág. 354) é nada mais nada menos do que promover e permitir uma rápida realização do direito material, realizar uma adequada solução dos litígios e estabelecer o mais rápido possível a paz social.

Porém, é necessário frisar, para que essa ampla mudança de um texto legal regulamentador do processo civil contemporâneo surta eficácia e traga resultados alentadores, não é suficiente apenas a inserção de preceitos normativos estruturantes num texto legal, sem que haja uma efetiva mudança de visão, comportamento e interpretação desses textos por parte dos agentes aplicadores do Direito.

A mudança de mentalidade e de comportamento por parte dos aplicadores das normas jurídicas é de especial importância para que a estrutura normativa regulamentadora do processo civil contemporâneo possa efetivamente ser posta em prática.

[4] GERALDES, A. S. A., op. cit., p. 22.

1.
Da tutela constitucional do processo

A primeira constatação de convergência entre as codificações processuais civis da Espanha, Portugal ou do Brasil é justamente a percepção de que, muito embora o processo seja um instrumental de tutela do direito material, o certo é que esse instrumental também precisa de uma lei que o possa tutelar, a fim de que não se afaste de sua primordial função que é a realização da *justiça*.

Portanto, *'é necessário uma lei que tutela as leis de tutela, uma segurança de que o processo não se sobreponha ao direito, tal como se verifica pela aplicação do princípio da supremacia da Constituição sobre as leis processuais'*.[5]

Na realidade, percebe-se que as Constituições do Século XX, com raras exceções, promovem um conjunto de regras e princípios que visam a tutelar o direito processual jurisdicional, traçando as diretrizes necessárias para configurar uma lei processual constitucional ou inconstitucional.

Por meio da tutela constitucional do processo, evita-se que o legislador ordinário institua leis processuais irrazoáveis que virtualmente possam impedir as partes de realizar a defesa de seus direitos ou de os juízes reconhecer suas razões. Seria exemplo de leis irrazoáveis, a hipótese de a norma processual privar do benefício da justiça gratuita os pobres, ou impor a jurisdição militar aos civis em tempo de paz, ou violar o princípio

[5] COUTURE, Eduardo J. *Fundamentos del derecho procesal civil.* 4ª ed. Montevideo: Editorial IBdeF, 2009. p. 120.

da igualdade na lei, ou impor sanção sem o devido processo legal, ou impor confisco sem decisão proveniente de autoridade judiciária competente, ou determinar a irresponsabilidade dos juízes por dolo, ou privar o juiz de sua independência etc.[6]

Essas hipóteses desconfiguram o processo jurisdicional no regime democrático do Estado de Direito.

Daí por que a necessidade da Constituição tutelar o processo para que esse instrumento possa tutelar o direito material.

As garantias constitucionais de tutela do processo são de uma maneira geral as seguintes: *"a) a Constituição pressupõe a existência de um processo como garantia da pessoa humana; b) a lei, no desenvolvimento normativo hierárquico de preceitos, deve instituir esse processo; c) porém, a lei não pode instituir formas que façam ilusória a concepção do processo consagrada na Constituição; d) se a lei instituir uma forma de processo que possa privar o indivíduo de uma razoável oportunidade para fazer valer seus direitos, será inconstitucional; e) nessas condições, devem entrar em jogo os meios de impugnação que a ordem jurídica local institua para fazer efetivo o controle da inconstitucionalidade de leis".*[7]

É possível que as concepções jurídicas e as soluções apresentadas para um direito positivo possam não ser as mesmas válidas para outro; mas isso não significa dizer que o fundamento e a garantia de legitimidade das normas processuais não passem obrigatoriamente pelas normas e princípios previstos nas Constituições.

Assim, pode-se dizer que tanto na Espanha, como em Portugal ou mesmo no Brasil, seriam inconstitucionais as leis processuais que autorizam a prolação de uma decisão sem a devida citação do réu para apresentar sua defesa na relação jurídica processual.

Para Eduardo J. Couture, seriam inconstitucionais algumas leis processuais existentes na América Latina que permitem a citação de pessoas notoriamente domiciliadas fora da cidade onde o tribunal tem sede, bastando simplesmente a fixação de um edital de citação na entrada do tribunal, suprindo dessa forma a notificação efetiva. O mesmo se verificou numa lei estadual do Texas que estabelecia um prazo de cinco dias para que um demandado comparecesse em Virgínia, sendo que na época

[6] COUTURE, E. J., idem, p. 121.

[7] COUTURE, E. J., idem, p. 122.

necessitava-se de pelo menos quatro dias para realizar o traslado de um lugar para outro.[8]

Muito embora se reconheça ao legislador a possibilidade de regular a prova a ser realizada no processo jurisdicional, tem-se declarado que viola a garantia do devido processo legal quando se estabelecem presunções legais sobre a prova ilógicas ou que possam instituir uma discriminação odiosa ou que possam privar a uma parte da oportunidade razoável para apresentar os fatos pertinentes à sua defesa.[9]

Em relação aos recursos, reiteradamente tem-se afirmado que não há uma efetiva garantia ao duplo grau de jurisdição mediante a possibilidade de interposição de apelação.[10]

Porém, sustenta-se que a oportunização de recurso (apelação) é imprescindível se o julgamento realizado perante o juízo de primeiro grau privar a parte das garantias mínimas de defesa.[11]

1.1. Ordenação, disciplinamento e interpretação das normas processuais segundo as normas os princípios e regras fundamentais previstos nas Constituições Federais

Constata-se que os novos códigos de processo civil de Portugal, da Espanha, assim como o novo C.P.C. no Brasil, inserem em seu conteúdo normativo capítulos ou dispositivos concernentes às *normas fundamentais e estruturantes.*

Contudo, não obstante a inserção desses textos normativos estruturantes no âmbito da codificação processual, o certo é que a ordenação, disciplinamento e interpretação dessas normas têm por fundamento os princípios e regras jurídicas inseridos na Constituição Federal de cada país.

É certo que o legislador processual, talvez por querer garantir a autonomia da ciência processual, fez opção por indicar em cada código os princípios estruturantes fundamentais do processo civil.

Porém, por mais que fosse a intenção do legislador preconizar a autonomia do Direito Processual Civil, isso não se torna possível quando da

[8] COUTURE, E. J., idem, p. 126.

[9] COUTURE, E.J., idem, p. 128.

[10] James *v.* Appel, 192, U. S. 129, 137 (1904); Pittsburg C. C. y St. L. R. C. *v.* Backus, 154 U. S. 421 (1894); Rotez *v.* Michigan, 188 U. S. 505, 508 (1903); Andrews *v.* Swartz, 156 U. S. 272, 275 (1895).

[11] Ohio ex rel. Bryant *v.* Akron Metropolitan Park Dis., 281 U. S. 74 (1930); Brown *v.* Mississippi, 207 U. S. 278, 286 (1936); Morre *v.* Depsey, 261 U. S. 86, 91 (1923).

aplicação e interpretação das normas processuais, uma vez que esse sistema hermenêutico não pode se desvencilhar dos valores e princípios preconizados na norma fundamental que é a Constituição Federal de cada país.

A jurisdição concretiza-se na interpretação, ou seja, na atividade em que o juiz, ao compreender o significado de um texto normativo expressa os valores incorporados e que deram origem à sua constituição.

A interpretação é um processo de criação de significados.

Entendendo-se a jurisdição como forma de interpretação, constrói-se uma ponte entre o direito e as humanidades, aventando-se uma unidade entre muitos esforços intelectuais humanos.[12]

Por isso, *"a interpretação, seja na esfera jurídica seja na literária, não é uma atividade totalmente discricionária, nem totalmente mecânica. É uma interpretação dinâmica entre leitor e texto, sendo significativo o seu produto. É uma atividade que permite o reconhecimento adequado das dimensões subjetiva e objetiva da experiência humana; e por essa razão, surgiu nas décadas recentes como um método atraente para se estudar toda a atividade social. A ideia de um texto escrito, objeto padrão de uma interpretação jurídica ou literária, foi ampliada para abarcar ações e situações sociais, que são, às vezes, chamadas textos-análogos. Numa das obras mais significativas desse gênero até hoje, 'Negara', de Clifford Geertz, uma cerimônia de cremação Balinesa do Século XIX é considerada 'o texto"*.[13]

É na Constituição que se irão encontrar as diretrizes hermenêuticas dos dispositivos contidos no processo civil contemporâneo.

Conforme já teve oportunidade de afirmar Owen Fiss: *"A Constituição estabelece a estrutura do Estado, posto que cria órgãos e determina suas respectivas funções e seu inter-relacionamento. Identifica também os valores que informarão e limitarão essa estrutura. Os valores presentes na Constituição norte-americana – a liberdade, a igualdade, o devido processo legal, a liberdade de expressão, de religião, o direito à propriedade, o cumprimento integral das obrigações contratuais, a segurança do indivíduo, a proibição de formas cruéis e incomuns de punição – são ambíguos, pois dão margem a um grande número de interpretações diferentes, via de regra conflitantes. Há, portanto, uma necessidade constitucional: dar-lhes um significado específico, definindo seus respectivos conteúdos operacionais, a fim de possibilitar a*

[12] FISS, Owen. *Um novo processo civil – estudos norte-americanos sobre jurisdição, constituição e sociedade.* Coord. Carlos Alberto de Salles. Trad. Daniel Porto Godinho da Silva e Melina de Medeiros Rós. São Paulo: Editora Revista dos Tribunais, 2004. p. 274.

[13] FISS, O., idem, p. 272 e 273.

definição das prioridades a serem consideradas em caso de conflito. Todos nós, quer como indivíduos, quer como atores institucionais, temos um papel nesse processo. Na sociedade moderna, caracterizada pela onipresença estatal, esses valores determinam a qualidade da nossa existência social – eles pertencem, verdadeiramente, ao domínio público e, consequentemente, o número de vozes que lhes confere significado é tão vasto quanto o próprio público. Os Poderes Legislativo e Executivo, como também as instituições privadas, têm uma voz; da mesma forma deveriam ter as cortes. Os juízes não possuem o monopólio na tarefa de dar significado aos valores públicos da Constituição, mas não há motivos para que silenciem. Eles também podem contribuir para as discussões e debates públicos. Adjudicação (jurisdição) *é processo social por meio do qual os juízes dão significado aos valores públicos. A chamada reforma estrutural – o assunto desse artigo – é um tipo de adjudicação, distinto pelo caráter constitucional dos valores públicos e, principalmente, pelo fato de envolver um embate entre o Judiciário e as burocracias estatais. O juiz tenta dar significado aos valores constitucionais na operacionalização dessas organizações".*[14]

A função do juiz é conferir significado concreto e aplicação aos valores constitucionais.

O papel judicial é limitado pela existência de valores constitucionais, e a função das cortes é conferir significado a esses valores.[15]

Daí por que estabelece o art. 1º do atual C.P.C. brasileiro que *processo civil será ordenado, disciplinado e interpretado conforme os valores e as normas fundamentais estabelecidos na Constituição da República Federativa do Brasil, observando-se as disposições deste Código.*

A interpretação e aplicação das normas processuais em dissonância com o texto maior serão, indubitavelmente, consideradas *inconstitucionais.*

Disso resulta dizer que o intérprete não é totalmente livre para atribuir qualquer significado ao texto jurídico processual. Na realidade, *"está sujeito a um conjunto de normas voltadas a especificar a relevância e o peso a serem atribuído ao material (por exemplo, palavras, história, intenção, conseqüência), bem como àquelas normas que definem conceitos básicos e que estabelecem as circunstâncias procedimentais sob as quais deve ocorrer a interpretação".*[16]

Disso resulta dizer que o processo civil moderno não será ordenado e disciplinado apenas e conforme as normas do próprio Código, uma vez

[14] FISS, O., idem, p. 25 e 26.

[15] FISS, O., idem, p. 38.

[16] FISS, O., idem, p. 280.

que deverá observar, com mais razão, os valores e princípios que estão previstos na Carta Magna.

Essa efetiva, necessária e imprescindível aproximação entre processo e a Constituição reconhece a supremacia da Constituição Federal espanhola, portuguesa e brasileira para ordenar, disciplinar e interpretar o processo civil como instrumento de concretização da ordem jurídica.

A ideia de Constituição como norma jurídica suprema é obra, sem olvidar dos precedentes doutrinários do *O Federalismo*, da Revolução norte-americana, através de um processo de criação jurisprudencial que provém da célebre sentença do juiz Marshall, em 1803, no caso *Marbury vs. Madison*, quando foi preconizado que a Constituição seria superior a todo ato legislativo não conforme com ela.[17]

Porém, a força normativa da Constituição não se restringe apenas ao confronto entre o texto Constitucional e a lei ordinária, mas também denota que a ordem jurídica de um país democrático deverá ser ordenada, disciplinada e interpretada de acordo com os valores e princípios fundamentais previstos na Constituição.

A elaboração científica do conceito normativo da Constituição é devida, em boa medida, à dogmática alemã do Século XIX, a partir da qual se inicia o processo de '*juridificación de todo el Derecho público, predicándose el carácter normativo de los contenidos orgánicos de la Constituición*'.[18]

Não é por outro motivo que o art. 53.3. da Constituição espanhola de 1978 assim estabelece: "*El reconocimiento, el respeto y la protección de los principios reconocidos en el Capítulo tercero informarán la legislación positiva, la práctica judicial y la actuación de los poderes públicos. Sólo podrán ser alegados ante la Jurisdicción ordinaria de acuerdo con lo que dispongan las leyes que los desarrollen*".

O interprete do texto jurídico processual, percebendo esse caráter normativo da Constituição Federal, deve levar em consideração os princípios e valores decorrentes da Constituição, os quais servirão de guia para uma melhor ordenação e sistematização das normas do processo civil contemporâneo.

A observância dos princípios e valores decorrentes da Constituição como guia da ordenação do sistema jurídico, indubitavelmente, é de grande

[17] CONDE, Enrique Álvarez. *Curso de derecho constitucional*. 4ª ed. Volumen I –Madrid: Tecnos, 2003. p. 153.

[18] CONDE. E. A., idem, p. 154.

importância na construção normativa do texto jurídico processual. Porém, há outra dimensão que informa a tarefa do juiz e, talvez, desempenhe um papel ainda mais importante ao atribuir à interpretação jurídica sua característica distintiva: o juiz tenta ser eficaz. Busca interpretar o texto jurídico e, em seguida, transformar a realidade social de modo que ela se conforme a essa interpretação.[19]

Conforme assevera Owen Fiss, o juiz deve outorgar um remédio, pois isso faz parte da definição de seu ofício. O dever da Suprema Corte Norte americana, no caso *Brown vs Board of Education*, 349 U.S. 294 (1955) foi de interpretar o ideal de igualdade racial em relação à realidade concreta e iniciar um processo de transformação dessa realidade, de maneira a conformá-la ao ideal – para transformar o sistema escolar dual em unitário e não-racista. Parte desse processo de transformação implica *"uma mais aprofundada especificação do significado do texto, uma explicação do ideal de igualdade racial no contexto de um cenário social em particular: será que o compromisso com a igualdade racial permite a liberdade de escolha como método de distribuição dos estudantes pelas escolas de uma cidade específica? Será que permite a elaboração de um plano escolar para uma localidade específica? As respostas a essas perguntas dependem em parte de uma especificação dos imperativos de igualdade racial e sua relação com outros ideais constitucionais, tal como a liberdade. A esse respeito, o processo de transformação também implica interpretação com, por assim dizer, um olho na Constituição e o outro no mundo, o mundo como era e como deveria ser. Mas há uma outra dimensão do processo de transformação, não propriamente considerada interpretativa: o instrumentalismo. O juiz deve saber como alcançar determinados objetivos no mundo real. O significado que a corte confere ao valor constitucional, no geral e no específico, define e estrutura o fim a ser alcançado por esse processo de transformação. O objetivo estabelecido em Brown é dessegregar as escolas. A questão, então, torna-se a de decidir como atingir esse objetivo e, nas solução dessa questão, o juiz terá de fazer alguns julgamentos técnicos: escolher as escolas a serem pareadas, designar rotas de ônibus, decidir quais os professores terão as aulas redistribuídas, ajustar o currículo e a grade horária de educação física etc... Essa é, contudo, apenas uma face do instrumentalismo. Também sabemos, principalmente com base na história de Brown, que um conjunto de obstáculos mais profundos e difíceis de se lidar pode confrontar o juiz em seu esforço para conferir um significado prático ao valor da igualdade racial: resistência por parte daqueles que devem cooperar como propósito*

[19] FISS, O., op. cit., p. 301.

de tornar o significado realidade – pais, filhos, professores, administradores, cidadãos e políticos. Em conjunto, ou às vezes até individualmente, essas pessoas têm o poder de frustrar o processo de remediação judicial da situação social. De forma concomitante sutil e grosseira, podem recusar-se a reconhecer a autoridade da interpretação do juiz. Podem boicotar as escolas, atacar os estudantes pertencentes a minorias raciais, sair do sistema de ensino público e fugir para os subúrbios ou para escolas particulares, ou ainda recusar a aprovação dos recursos orçamentários necessários para os ônibus. Diante dessa resistência, o juiz pode reafirmar sua autoridade tanto proclamando as virtudes de seu ofício e a posição do Judiciário no sistema político, quanto fazendo uso do poder à sua disposição. Quando a resistência é profunda e suficientemente disseminada, entretanto, é provável que tal atitude seja vazia e ineficaz. O juiz então deve ser capaz de administrar sua oposição: deve transformar a resistência em cooperação. Deve ganhar o apoio daqueles de quem precisa. Deve barganhar e negociar. Para ter sucesso em atingir seus objetivos de remediação, o juiz deve ser um estrategista político, da mesma forma que é um arquiteto e engenheiro social. Essa jornada rumo ao instrumentalismo, talvez simbolizado de modo mais eficaz pela fórmula 'all deliberate speed' da segunda decisão de Brown, pode ocasionar importantes desvios do paradigma interpretativo, uma vez que o texto legal não pode informar, em nenhum sentido relevante, os julgamentos técnicos e estratégicos integrantes do processo de implementação das medidas judiciais. A Constituição estabelece os valores e as instituições encarregadas de expressá-los, mas não é uma fonte significativa para a compreensão de como esses valores podem ser efetivamente implementados...

A preocupação com a eficácia pode ter consequências ainda mais importantes. O instrumentalismo pode não só demandar desvios do paradigma interpretativo, como também, de fato, interferir no processo interpretativo. Pode fazer com que o juiz concorde com algo de abrangência menor, se comparado com a interpretação que ele entende ser correta. Os obstáculos técnicos e estratégicos para a eficácia podem desprestigiar o juiz, bem como relembrá-lo de que, mesmo com cinco votos, ele não pode fazer tudo, uma vez que esses votos revelam os limites práticos de sua autoridade. Contudo, há sempre o risco de que o desprestígio seja excessivo. Pode ser debilitante. Temendo não possuir capacidade – técnica ou o poder político – para implementar a resposta certa e determinado a evitar uma falha, ainda que isso signifique não fazer nada, o juiz pode ajustar tanto a medida judicial quanto o direito ao que considera ser possível. Com isso pode obter consideravelmente menos do que ele acredita que o texto – o texto adequado – requer. Esse medo pode levar o juiz a basear-se em um texto de menor importância – por exemplo, a opinião pública – ou ainda pior, pode levá-lo a incorporar o que pode ser considerado o axioma de Frankfurter – é melhor ter sucesso sem fazer nada do que fracassar fazendo algo."[20]

1.2. Diferenciação entre princípios e valores

Não se devem confundir princípios com valores para efeito de se concretizar a aplicação e interpretação das normas jurídicas processuais.

Os princípios fundamentais previstos ou não na Constituição são estáticos, ou seja, são suportes ou fundamento de sustentação de uma dada ordem jurídica, apesar de que os princípios não estabelecem condutas de comportamento, *prima facie*, mas apenas estabelecem fins normativamente relevantes.

Porém, o que dá dinâmica e movimento ao sentido de conteúdo desses princípios no transcurso da histórica e no seio de cada cultura é justamente a opção por determinados valores.

Os princípios demandam de seu interprete e aplicador a avaliação de valores previstos numa determinada concepção histórica e cultural.

Utilizando-se de uma metáfora, pode-se afirmar que os valores, na realidade, dão sabor aos princípios Constitucionais.

Conforme ensina Humberto Ávila, *"os princípios, embora relacionados a valores, não se confundem com eles. Os princípios relacionam-se aos valores na medida em que o estabelecimento de fins implica qualificação positiva de um estado de coisas que se quer promover. No entanto, os princípios afastam-se dos valores porque, enquanto princípios se situam no plano deontológico e, por via de consequência, estabelecem a obrigatoriedade de adoção de condutas necessárias à promoção gradual de um estado de coisas, os valores situam-se no plano axiológico ou meramente teleológico e, por isso, apenas atribuem uma qualidade positiva a determinado elemento"*.[21]

Aliás, é por isso que Humberto Ávila aduz que é uma incorreção afirmar que os princípios possuem uma dimensão de peso, pois a dimensão de peso não é algo que esteja *incorporado* a um tipo de norma. As normas não regulam sua própria aplicação. Assim, não são os princípios que possuem uma *dimensão de peso*, mas, sim, as razões e os fins aos quais eles fazem referência. A maioria dos princípios nada menciona sobre o peso das razões.

[20] FISS, O., op. cit., p. 302 a 304.

[21] ÁVILA, Humberto. *Teoria dos princípios – da definição à aplicação dos princípios jurídicos*. 14ª ed. São Paulo: Humberto Ávila, 2013. p. 87

É a decisão que atribui aos princípios um peso em função das circunstâncias do caso concreto.[22]

Canaris evidencia o conteúdo axiológico dos princípios, dizendo que os princípios, ao contrário das regras, receberiam seu conteúdo de sentido somente por meio de um processo dialético de complementação e limitação.[23]

Na realidade, *"a conexão entre a norma e o valor que preliminarmente lhe é sobrejacente não depende da norma enquanto tal ou da característica diretamente encontráveis no dispositivo a partir do qual ela é construída, como estrutura hipotética. Essa conexão depende tanto das razões utilizadas pelo aplicador no próprio processo de aplicação"*.[24]

Porém, a dimensão axiológica não é privativa dos princípios, mas elemento existente em qualquer norma.

Como bem alertou Konrad Hesse, a Constituição não é uma unidade sistêmica fechada, seja essa de tipo lógico-axiomática ou seja baseada em uma hierarquia de valores. Por isso, atualmente há uma aceitação geral de que a Constituição deve permanecer incompleta e inacabada, cumprindo os mecanismos de reforma constitucional uma função de defesa da própria Constituição.

Segundo o referido autor, comentando a lição de Lassale,: *"Considerada em suas consequências, a concepção da força determinante das relações fáticas significa o seguinte: a condição de eficácia da Constituição jurídica, isto é, a coincidência de realidade e norma, constitui apenas um limite hipotético extremo. É que, entre a norma fundamentalmente estática e racional e a realidade fluida e irracional, existe uma tensão necessária e imanente que não se deixa eliminar. Para essa concepção do Direito Constitucional, está configurada permanentemente uma situação de conflito: a Constituição jurídica, no que tem de fundamental, isto é, nas disposições não propriamente de índole técnica, sucumbe cotidianamente em face da Constituição real.*[25]

Porém, Konrad Hesse combate essa ideia de Constituição real, afirmando que só se justificaria a negação do Direito Constitucional e a consequente negação do próprio valor da Teoria Geral do Estado enquanto

[22] ÁVILA, H. idem. p. 65

[23] ÁVILA, H., idem, p. 56.

[24] ÁVILA, H., idem, p. 67.

[25] HESSE, Konrad. *A força normativa da constituição* Trad. Gilmar Ferreira Mendes. Porto Alegre: Sergio Antonio Fabris Editor, 1991, p. 10 e 11.

ciência, se a Constituição jurídica expressa, efetivamente, uma momentânea constelação de poder.[26]

O certo é que o significado da ordenação jurídica na realidade e em face dela somente pode ser apreciado se ambas – ordenação e realidade – forem consideradas em sua relação, em seu inseparável contexto, e no seu condicionamento recíproco. Uma análise isolada, unilateral, que leve em conta apenas um ou outro aspecto, não se afigura em condições de fornecer resposta adequada. Eventual ênfase numa ou noutra direção leva quase inevitavelmente aos extremos de uma norma despida de qualquer elemento da realidade ou de uma realidade esvaziada de qualquer elemento normativo.[27]

Certamente, a Constituição é uma norma jurídica, porém não é somente uma norma jurídica, já que é também um modo de ordenação e disciplinamento da vida social e jurídica, sujeita às vicissitudes e às condições da história.

Assim, *"A norma Constitucional não tem existência autônoma em face da realidade. A sua essência reside na sua 'vigência, ou seja, a situação por ela regulada pretende ser concretizada na realidade. Essa pretensão de eficácia (Geltungsanspruch) não pode ser separada das condições históricas de sua realização, que estão, de diferentes formas, numa relação de interdependência, criando regras próprias que não podem ser desconsideradas... Há de ser, igualmente, contemplado o substrato espiritual que se consubstancia num determinado povo, isto é, as concepções sociais concretas e o baldrame axiológico que influenciam decisivamente a conformação, o entendimento e autoridade das proposições normativas."*.[28]

Por isso, as denominadas "Constituição real" e "Constituição jurídica" estão em uma relação de coordenação, sendo que a Constituição adquire força normativa na medida em que logra realizar sua pretensão de eficácia.

Toda Constituição, ainda que considerada como simples construção teórica, deve encontrar um *germe material* de sua força vital no tempo, razão pela qual a norma constitucional somente logra atuar se procura construir o futuro com base na natureza singular do presente.[29]

[26] HESSE, K., idem, p. 11.
[27] HESSE, K., idem, p. 13 e 14.
[28] HESSE, K., idem, p. 13, 14 e 15.
[29] HESSE, K., idem, p. 18.

Porém, a força normativa da Constituição não reside, tão-somente, na adaptação inteligente a uma dada realidade, pois a Constituição jurídica logra converter-se, ela mesma, em força ativa, que se assenta na natureza singular do presente (*individuelle Beschaffenheit der Gegenwart*). Embora a Constituição não possa, por si só, realizar nada, ela pode impor tarefas.[30]

Constitui requisito essencial da força normativa da Constituição que ela leve em conta não só os elementos sociais, políticos, e econômicos dominantes, mas também que, principalmente, incorpore o estado espiritual (*geistige Situation*) de seu tempo. Afigura-se, ainda, indispensável que a Constituição mostre-se em condições de adaptar-se a uma eventual mudança dessas condicionantes.[31]

A Constituição não deve assentar-se em uma *estrutura unilateral*, se quiser preservar a sua força normativa em um mundo em constante processo de mudança político-social. Pretendendo preservar a força normativa dos seus princípios fundamentais, deve ela incorporar, mediante meticulosa ponderação, parte da estrutura contrária.[32]

Daí por que a necessidade, para a ordenação, disciplinamento e interpretação das normas processuais, da observância, não somente dos princípios Constitucionais inseridos numa "Constituição jurídica", mas também dos valores (que mudam e condicionam os princípios) que surgem com a "Constituição real".

1.3. Diferenciação entre princípios e regras

Ao preconizar-se que o processo civil será ordenado, disciplinado e interpretado não somente conforme as normas processuais embutidas numa determinada codificação, mas principalmente com base nos valores e princípios fundamentais previstos na Constituição, isso não significa dizer que essa sistematização hermenêutica esteja excluindo as *regras* previstas nas Constituições Federativas.

Note-se que as normas jurídicas, mesmo aquelas que recomendam a prática de determinado comportamento, não decorrem apenas dos princípios, mas também das regras jurídicas.

[30] HESSE, K., idem, p. 19.

[31] HESSE, K., idem, p. 21

[32] HESSE, K., idem, ibidem.

E para que a administração da justiça realize sua atividade com legitimidade e validade, deve-se observar os princípios e regras fundamentais previstos na Constituição Federal, pois o sistema jurídico[33] do Estado de Direito Democrático é um sistema normativo aberto de regras e princípios.[34]

Diante dessa consideração, não se deve confundir os dois tipos normativos.

Abandona-se, *a priori*, a teoria metodológica tradicional que coloca em campos opostos normas e princípios.[35]

Como ponto de partida, sugere-se que regras e princípios são duas espécies de normas.[36]

Contudo, a distinção entre regras e princípios não é uma tarefa fácil.

José J. G. Canotilho, sobre o tema, apresenta a seguinte sugestão como critério diferenciador:

a) *Grau de abstração*: os *princípios* são normas com um grau de abstração relativamente elevado; de modo diverso, as *regras* possuem uma abstração relativamente reduzida.

[33] "(...) sempre que nos deparamos com uma verdadeira *ordem jurídica* e que devemos dominá-la mentalmente, a idéia de sistema é irrenunciável (...)". (FERNANDES, Fernando. *O processo penal como instrumento de política criminal.* Coimbra: Almedina, 2001. p.21).

[34] "Este ponto de partida carece de 'descodificação': 1) – é um sistema jurídico porque, (...) é um sistema dinâmico de normas; 2) – é um *sistema aberto* porque tem uma *estrutura dialógica*, (Caliess) traduzida na disponibilidade e 'capacidade de aprendizagem' das normas constitucionais para captarem a mudança da realidade e estarem abertas às concepções cambiantes da 'verdade' e da 'justiça'; 3) – é um *sistema normativo*, porque a estruturação das expectativas referentes a valores, programas, funções e pessoas, é feita através de *normas*; 4) – é um *sistema de regras e de princípios*, pois as normas do sistema tanto podem revelar-se sob a forma de *princípios* como sob a sua forma de *regras*". (CANOTILHO, José Joaquim Gomes. *Direito constitucional e teoria da constituição.* 7. ed. Coimbra: Livraria Almedina, 2003. p. 1.159).

[35] "A este fin me parece importante la formulación negativa, aplicable a todos los tipos, de que un principio jurídico no es un precepto jurídico, ni una norma jurídica en sentido técnico, en tanto no contenga ninguna instrucción vinculante de tipo inmediato para un determinado campo de cuestiones, sino que requiere o presupone la acuñación judicial o legislativa de dichas instrucciones". (ESSER, Josef. *Principio y norma en la elaboración jurisprudencial del derecho privado.* Barcelona: Casa Editorial Bosch, 1961. p. 65.

[36] ALEXY, Robert. *Teoria de los derechos fundamentales.* Madrid: Centro de Estudios Constitucionales, 1997. p. 83.

b) *Grau de determinabilidade* na aplicação do caso concreto; os *princípios*, por serem vagos e indeterminados, carecem de mediações concretizadoras (do legislador, do juiz), enquanto as *regras* são susceptíveis de aplicação direta.
c) *Caráter de fundamentalidade* no sistema das fontes de direito: os *princípios* são normas de natureza estruturante ou com um papel fundamental no ordenamento jurídico devido à sua posição hierárquica no sistema das fontes (ex.: princípios constitucionais) ou à sua importância estruturante dentro do sistema jurídico (ex.: princípio do Estado de Direito).
d) *'Proximidade' da ideia de direito*: os *princípios* são 'standards' juridicamente vinculantes radicados nas exigências de 'justiça' (Dworkin) ou na 'ideia de direito' (Larenz); as *regras* podem ser normas vinculativas com um conteúdo meramente funcional.
e) *Natureza normogenética*: os *princípios* são fundamentos de regras, isto é, são normas que estão na base ou constituem a *ratio* de regras jurídicas, desempenhando, por isso, uma função normogenética fundamentante.[37]

Segundo Ronald Dworkin, a diferença entre princípios e regras jurídicas é de natureza lógica, ou seja, os dois conjuntos de padrões apontam para decisões particulares acerca da *obrigação jurídica em circunstâncias específicas*, contudo, distinguem-se quanto à natureza de orientação que oferecem. As regras aplicam-se à maneira de *tudo-ou-nada*. Uma vez realizados os fatos que uma regra estipula, então ou a regra é válida, e nesta hipótese o resultado que ela fornece deve ser aceito ou não é válida, e nesta hipótese nada se contribui para a decisão.[38] Já os princípios são aplicados segundo uma dimensão que as regras não têm, ou seja, a dimensão do peso ou importância.[39]

A convivência dos princípios é conflitual, a convivência de regras é antinômica[40]: os princípios, ao constituírem *exigência de optimização*, permitem

[37] CANOTILHO, J. J. G., op. cit., 2003, p. 1160 e 1161.

[38] DWORKIN, Ronald. *Levando os direitos a sério*. São Paulo: Martins Fontes, 2002. p. 39.

[39] Idem. Ibidem., p. 43.

[40] "Un conflicto entre reglas sólo puede ser solucionado o bien introduciendo en una de las reglas una cláusula de excepción que elimina el conflicto o declarando inválida, por lo menos, una de las reglas(...).

o balanceamento de valores e interesses, sendo que as regras não deixam espaço para qualquer outra solução, uma vez que se uma regra tem validade, deve ser observada exatamente nos seus termos, nem mais nem menos. Os princípios suscitam problemas de *validade e peso* (importância, ponderação, valia), já as regras estabelecem apenas questão de *validade* (se elas não são corretas devem ser modificadas).[41]

É evidente que a forma de padrão nem sempre deixa claro se se trata de uma regra ou de um princípio. Para se ter uma ideia, a primeira emenda à Constituição dos Estados Unidos apresenta uma disposição em que o Congresso não pode cercear a liberdade de expressão. A dúvida é pertinente: será esta uma regra que impede que o Congresso edite uma lei cerceando a liberdade de expressão, sob pena de ser configurada como inconstitucional? Para aqueles que entendem que essa forma de padrão é "absoluta", sustenta-se que se está diante de uma regra. Contudo, se ela meramente enuncia um princípio, de maneira que, se um cerceamento de liberdade de expressão for descoberto será inconstitucional, a não ser que seu contexto revele a existência de outra política ou princípio que apresente força suficiente para autorizar o aludido cerceamento, será considerada um princípio.[42]

Na perspectiva de Robert Alexy, o ponto decisivo para a distinção entre regras e princípios é que os *princípios* são normas que ordenam que algo seja realizado na maior medida possível, dentro das possibilidades jurídicas e reais existentes. Assim, os princípios são "mandados de optimização", ou seja, podem ser cumpridos de diferentes graus e que a medida de seu cumprimento depende das condições reais e jurídicas. Ao contrário, as *regras* são normas que somente podem ser cumpridas ou não. Se uma regra é válida, deve-se fazer exatamente o que ela determina, nem mais nem menos. Isto significa que a diferença entre ambos não é de grau, mas qualitativa.[43]

Robert Alexy também entende que a regra deve ser aplicada de forma absoluta, salvo se for invalidada ou existir uma 'exceção'.

(...) Cuando dos principios entran en colisión (...) un de los dos principios tiene que ceder ante el otro. Pero, esto no significa declarar inválido al principio desplazado ni que en el principio desplazado haya que introducir una cláusula de excepción". (ALEXY, R., op. cit., p. 88 e 89).

41 CANOTILHO, J. J. G., op. cit., 2003, p. 1.161 e 1.162.

42 DWORKIN, R., op. cit., p. 44.

43 ALEXY, R., op. cit., p. 87.

Para Robert Alexy, a distinção entre princípios e regras não pode ser baseada no manequeísmo do *tudo ou nada* conforme preconiza Dworkin, pois deve resumir-se, sobretudo, a dois fatores: *diferença quanto à colisão*, na medida em que os princípios colidentes apenas têm sua realização normativa limitada reciprocamente, ao contrário das regras, cuja colisão é solucionada com a declaração de invalidade de uma delas ou com a abertura de uma exceção que exclua a antinomia: *diferença quanto a obrigação que instituem*, já que as regras constituem obrigações absolutas, não superadas por normas contrapostas, enquanto os princípios instituem obrigações, *prima facie*, na medida em que podem ser superadas ou derrogadas em função dos princípios colidentes.[44]

Já Humberto Ávila critica tanto a posição de Dworkin quanto a linha de argumentação de Alexy.

Nas palavras de Humberto Ávila, segundo alguns autores, os princípios poderiam ser distinguidos das regras pelo critério do *modo final de aplicação*, pois, segundo eles, as regras são aplicadas de modo absoluto, *tudo ou nada*, enquanto que os princípios, de modo gradual *mais ou menos*. Essa é a perspectiva de Dworkin. Alexy, apesar de atribuir importância à criação de exceções e de salientar o seu distinto caráter *prima facie*, define as regras como normas cujas premissas são ou não diretamente preenchidas e que não podem nem devem ser ponderadas. Segundo o autor alemão, as regras instituem obrigações definitivas, já que são superáveis por normas contrapostas, enquanto os princípios instituem obrigações *prima facie*, na medida em que podem ser superadas ou derrogadas em função de outros princípios colidentes.[45]

Porém, é preciso, inicialmente, afirmar que o *modo final de aplicação* não está determinado pelo texto objeto de interpretação, mas é decorrente de conexões axiológicas que são construídas pelo intérprete, que pode inverter o modo de aplicação havido inicialmente como elementar.[46]

Na realidade, muitas vezes o caráter absoluto da regra é completamente modificado depois da consideração de todas as circunstâncias do caso. É só verificar os casos de normas que preliminarmente indicam um modo absoluto de aplicação mas que, com a consideração a todas as circunstâncias,

[44] ÁVILA, H., op. cit., p. 42.
[45] ÁVILA, H., idem, p. 48.
[46] ÁVILA, H., idem, p. 49.

terminam por exigir um processo complexo de ponderação de razões e contrarrazões.[47]

Diante de exemplos indicados por Humberto Ávila na sua obra, é possível demonstrar que não é adequado afirmar que as regras 'possuem' um modo absoluto 'tudo ou nada' de aplicação, pois também as normas que aparentam indicar um modo incondicional de aplicação podem ser objeto de superação por razões não imaginadas pelo legislador para os casos normais. A consideração de circunstâncias concretas e individuais não diz respeito à estrutura das normas, mas à sua aplicação; tanto os princípios como as regras podem envolver a consideração a aspectos específicos, abstratamente desconsiderados.[48]

Outrossim, há regras que contêm expressões cujo âmbito de aplicação não é (total e previamente) delimitado, devendo o intérprete decidir pela incidência ou não da norma diante do caso concreto. Diante dessas circunstâncias, o caráter absoluto da norma esvai-se em favor de um modo *mais ou menos* de aplicação[49]

Para Humberto Ávila, tanto os princípios quanto as regras permitem a consideração de aspectos concretos e individuais. No caso dos princípios, *"essa consideração de aspectos concretos e individuais é feita sem obstáculos institucionais, na medida em que os princípios estabelecem um 'estado de coisas' que deve ser promovido sem descrever, diretamente, qual o comportamento devido. O interessante é que o fim, independe da autoridade, funciona como razão substancial para adotar os comportamentos necessários à sua promoção. Adota-se um comportamento porque seus efeitos contribuem para promover o fim. Os princípios poderiam ser enquadrados na qualidade de normas que geram, para a argumentação, razões substanciais (substantive reasons) ou razões finalísticas (goal reasons)"*.[50]

Aduz, ainda, Humberto Ávila, que *"também não é coerente afirmar, como fazem Dworkin e Alexy, cada qual a seu modo, que, se a hipótese prevista por uma regra ocorre no plano dos fatos, a consequência normativa deve ser diretamente implementada. De um lado, há casos em que as regras podem ser aplicadas sem que suas condições sejam satisfeitas. É o caso da aplicação analógica de regras...*

[47] ÁVILA, H., idem, ibidem.

[48] ÁVILA, H., idem, p. 51.

[49] ÁVILA, H., idem, p. 52.

[50] ÁVILA, H., idem, p. 53.

E há casos em que as regras não são aplicadas apesar de suas condições terem sido satisfeitas.[51]

Na realidade, quando se afirma que os princípios são aplicados *mais ou menos*, isso significa dizer que não são os princípios que são aplicados de forma gradual, mas é o estado de coisas que pode ser mais ou menos aproximado, dependendo da conduta adotada como meio.[52]

Há, ainda, a distinção formulada por alguns autores entre regras e princípios com base no critério do *conflito normativo*, tendo em vista que para eles a antinomia entre as regras consubstancia verdadeiro conflito a ser solucionado com a declaração de invalidade de uma das regras ou com a criação de uma exceção. Em relação aos princípios, o relacionamento entre eles consiste num imbricamento, a ser decidido mediante uma ponderação que atribui uma dimensão de peso a cada um deles.[53] Dworkin diz que, ao contrário das regras, os princípios possuem uma dimensão de peso que se exterioriza na hipótese de colisão, caso em que o princípio com peso relativo maior se sobrepõe ao outro. Já Alexy aduz que os princípios jurídicos consistem apenas em uma espécie de norma jurídica por meio da qual são estabelecidos deveres de otimização, aplicáveis em vários graus, segundo as possibilidades normativas e fáticas. Na hipótese de colisão entre os princípios, a questão não se resolve com a determinação imediata de prevalência de um princípio sobre outro, mas mediante a ponderação entre os princípios colidentes. Já em relação às regras, o conflito é solucionado verificando se a regra está dentro ou fora de determinada ordem jurídica, enquanto que em relação aos princípios, o conflito já se situa no interior dessa mesma ordem.[54]

Humberto Ávila também critica essa solução de colisão e conflito entre princípios e regras ofertada por Dworkin e Alexy. Para ele, não é apropriado afirmar que a ponderação é método privativo de aplicação dos princípios, nem que os princípios possuem uma dimensão de peso. A ponderação, na realidade, não é método privativo de aplicação dos princípios, pois a ponderação ou balanceamento (*weghing and balancing, Abwägung*), enquanto sopesamento de razões e contrarrazões que culmina com a decisão de

[51] ÁVILA, H., idem, p. 54.
[52] ÁVILA, H., idem, p. 55.
[53] ÁVILA, H., idem, p. 56.
[54] ÁVILA, H., idem, p. 56. e 57.

interpretação, também pode estar presente no caso de dispositivos hipoteticamente formulados, cuja aplicação é preliminarmente havida como automática (no caso de regras). Na realidade, a atividade de ponderação ocorre na hipótese de regras que abstratamente convivem, mas concretamente podem entrar em conflito. Em alguns casos, portanto, as regras entram em conflito sem que percam sua validade, e a solução para o conflito depende da atribuição de peso maior a uma delas. Humberto Ávila cita o seguinte exemplo: uma regra proíbe a concessão de liminar contra a Fazenda Pública que esgote o objeto litigioso (art. 1º da Lei 9.494/97 brasileira). Essa regra proíbe ao juiz determinar, por medida liminar, o fornecimento de remédios pelo sistema de saúde a quem deles necessitar para viver. Outra regra, porém, determina que o Estado deve fornecer, de forma gratuita, medicamentos excepcionais para pessoas que não puderem prover as despesas com referidos medicamentos (art. 1º da Lei 9.908/1993 do Estado do Rio Grande do Sul). Essa regra obriga a que o juiz determine, inclusive por medida liminar, o fornecimento de remédios pelo sistema de saúde a quem deles necessitar para viver. Embora essas regras instituam comportamentos contraditórios, uma determina o que a outra proíbe, elas ultrapassam o conflito abstrato, mantendo sua validade. Não ocorre a exigência de se inserir uma regra dentro e a outra fora do ordenamento jurídico. O que se evidencia é um conflito concreto entre regras, devendo o julgador atribuir um peso maior a uma das duas, em razão da finalidade que cada uma delas visa a preservar. A solução, portanto, não está no âmbito de validade, mas, sim, na ponderação entre finalidades em jogo.[55]

Assim, segundo Humberto Ávila, os princípios não seriam *mandados de optimização*, pois, conforme lembra Aarnio, o mandado consiste numa proposição normativa sobre os princípios, e, como tal, atua como uma regra (norma hipotética-condicional): será ou não cumprido. Um mandado de otimização não pode ser aplicado *mais ou menos*. Ou se otimiza, ou não se otimiza. O mandado de otimização diz respeito, portanto, ao uso de um princípio, ou seja, o conteúdo do princípio é que deve ser otimizado no procedimento de ponderação.[56]

A proposta defendida por Humberto Ávila, ao invés de alternativas exclusivas, admite a coexistência das espécies normativas em razão de um

[55] ÁVILA, H., idem, p. 57 e 58.
[56] ÁVILA, H., idem, p. 75 e 76.

mesmo dispositivo, isto é, um ou mais dispositivos podem funcionar como ponto de referência para a construção de regras, princípios e postulados. Com isso, aceitam-se as *alternativas inclusivas*, no sentido de que o dispositivo pode gerar, simultaneamente, mais de uma espécie normativa.[57]

Assim, *"o que não pode ser olvidado é o fato de que os dispositivos que servem de ponto de partida para a construção normativa podem germinar tanto uma regra, se o caráter comportamental for privilegiado pelo aplicador em detrimento da finalidade que lhe dá suporte, como também podem proporcionar a fundamentação de um princípio, se o aspecto valorativo for 'automatizado' para alcançar também comportamentos inseridos noutros contextos"*.[58]

Humberto Ávila aduz, ainda, que as regras podem ser dissociadas dos princípios quanto ao modo como prescrevem o comportamento, pois, *"enquanto as regras são normas imediatamente descritivas, na medida em que estabelecem obrigações, permissões e proibições mediante a descrição da conduta a ser adotada, os princípios são normas imediatamente finalísticas, já que estabelecem um estado de coisas para cuja realização é necessária a adoção de determinados comportamentos. Os princípios são normas cuja qualidade frontal é, justamente, a determinação da realização de um fim juridicamente relevante, ao passo que característica dianteira das regras é a previsão do comportamento"*.[59]

Por fim, Humberto Ávila apresenta a seguinte proposta conceitual para *regras e princípios*: *"As regras são normas imediatamente descritivas, primariamente retrospectivas e com pretensão de decidibilidade e abrangência, para cuja aplicação se exige a avaliação da correspondência, sempre centrada na finalidade que lhes dá suporte ou nos princípios que lhes são axiologicamente sobrejacentes, entre a construção conceitual da descrição normativa e a construção conceitual dos fatos.*

Os princípios são normas imediatamente finalísticas, primariamente prospectivas e com pretensão de complementariedade e de parcialidade, para cuja aplicação se demanda uma avaliação da correlação entre o estado de coisas a ser promovido e os efeitos decorrentes da conduta havida como necessária à sua promoção".[60]

[57] ÁVILA, H., idem, p. 75.

[58] ÁVILA, H., idem, p. 76.

[59] ÁVILA, H., idem, p. 78.

[60] ÁVILA, H., idem, p. 85.

1.4. Garantias democráticas do processo civil moderno

A essencialidade da função jurisdicional fez com que as Constituições ditas democráticas, como a de Portugal, Espanha e Brasil, a circundassem de uma pluralidade de importantes garantias processuais em resguardo à ordem democrática.

Aliás, a Constituição Italiana ao se referir à atividade jurisdicional não poderia ter sido mais feliz ao realizar íntima vinculação entre *jurisdição/processo e democracia*.[61]

Na Itália, a própria constituição e suas normas constitucionais revelam-se por si só suficientes para uma primeira individualização democrática do processo jurisdicional.

Refletindo o binômio, jurisdição/democracia, apresentam-se as normatizações contidas nos incisos I e II, do artigo 102, da Constituição italiana: "(...) *la giustizia è amministrata in nome del popolo*" (a justiça é administrada em nome do povo), sendo, na verdade, *"espressione diretta della sovranità popolare"* (expressão direta da soberania popular).

A soberania popular reclama que*"(...) la giustizia non può essere amministrata senza il controllo del popolo in nome del quale i magistrati proclamano di rendere giustizia"*. (a justiça não pode ser administrada sem o controle do povo em nome do qual os magistrados proclamam realizar justiça) Na verdade, "*(...) senza l'assunzione dell'opinione pubblica come origine di ogni autorità per le decisioni che vincolano l'intero corpo sociale, manca alla democrazia moderna la sostanza della sua verità"* (sem a assunção do povo como origem de toda autoridade para as decisões que vinculam o inteiro corpo social, falta à democracia moderna a substancia de sua verdade).[62]

No que se refere à jurisdição, o provimento do juiz não se legitima como exercício de autoridade absoluta, "*(...) ma in quanto il giudice renda conto del modo in cui esercita il potere che gli è stato delegato dal popolo, che è il primo e vero titolare della sovranità"*. (mas enquanto o juiz presta conta da maneira como

[61] Na concepção de Habermas, o princípio do direito não constitui um membro intermediário entre princípio moral e princípio da democracia, e sim, o verso da medalha do próprio princípio da democracia. (HABERMAS, Jürgen. *Direito e democracia* – entre facticidade e validade. Trad. Flávio Beno Siebeneichler. v. I. Rio de Janeiro: Tempo Brasileiro, 1997. p. 128.

[62] GIOSTRA, Glauco. *Processo penale e informação.* 2ª ed. Milano: Giuffrè, 1989. p. 17 e 18.

exercita o poder que lhe foi delegado pelo povo, que é o primeiro e verdadeiro titular da soberania).[63]

Luigi Paolo Comoglio, Corrado Ferri e Michele Taruffo preconizam três pressupostos essenciais para uma correta descrição do modelo italiano de justiça processual:

> *"Esses são: o reconhecimento e a garantia dos direitos invioláveis do homem (art. 2); a igual dignidade social e a igualdade de todos os cidadãos diante à lei, sem qualquer discriminação irracional (de raça, de sexo, de língua, de religião, de opinião política, de condição pessoal e social (art. 3, inciso I); a fundamental exigência de efetividade, que representa o denominador comum (ou, se se preferir, a 'conditio sine qua non' da atuação de garantia de qualquer valor primário individual.*
>
> *Vamos, então, identificar as líneas mestras do modelo em exame:*
>
> *Do ponto de vista individual: A possibilidade de 'agir em juízo' vem deferida a 'todos' (cidadãos e estrangeiros), em condição de igualdade, e se correlaciona – numa relação de meio e fim – com a tutela de uma posição jurídica substancial (direito subjetivo ou interesse legítimo: art. 3 e 24, inciso I); Referida 'tutela' jurisdicional é sempre garantida, seja por meio de formas ou intensidade variáveis, diante dos órgãos de jurisdição ordinária e administrativa, também em confronto com os atos da administração pública (art. 113); a defesa representa um 'direito inviolável' em todo estado e grau do procedimento jurisdicional (art. 24, inc. 2); aos pobres devem ser oportunamente assegurados 'os meios para agir e se defender' diante de qualquer jurisdição (art. 3, inciso 2, 24, inciso 3); qualquer um que haja ou se defenda em juízo deve poder realizar constantemente suas pretensões perante um 'juiz natural pré-constituído por lei' (art. 25, inc. I)*
>
> *Do ponto de vista estrutural e organizativo: a justiça é administrada em nome do povo e os juízes estão sujeitos somente à lei; a função jurisdicional – com poucas exceções, representadas pelas jurisdições administrativa e militar (art. 103), das seções especializadas perante os órgãos judiciários ordinários, e também pelas formas de participação direta do povo na administração da justiça (art. 102, inc. 2 e 3) – vem exercitada por magistrados ordinários, os quais são instituídos e disciplinados com base nas normas sobre o ordenamento judiciário (art. 103, inc. I); é vedada a instituição de juízos extraordinários ou de juízos especiais (art. 102, inc., em correlação com o VI disp. Trans.); à jurisdição é atribuída o fim institucional de atuar ou de realizar a 'tutela' das posições*

[63] TARUFFO, Michele. Il significato costitucionale dell'obbligo di motivazione. In: GRINOVER, Ada Pellegrini; DINAMARCO, Cândido Rangel; WATANABE, Kazuo (coord..). *Participação e processo.* São Paulo: RT, 1988. p. 41.

subjetivas substanciais (sejam essas direitos subjetivos ou interesses legítimos (art. 103, inc. 2 e 113); são constitucionalmente garantidas a independência e a autonomia da magistratura (art. 104-108), restando fixada a competência ministerial para a organização e o funcionamento dos serviços atinentes à justiça (art. 110); a independência dos juízes e do ministério público diante às jurisdições especiais, também aquelas dos estrangeiros que participam na administração da justiça, são igualmente asseguradas pela lei (art. 108, inc. 2); a jurisdição exercita-se mediante 'o justo processo regulado por lei' (art. 111, inc. 1, depois da reforma introduzida pela 1. cost. 27 novembro de 1999 n. 2).; todo tipo de processo desenvolve-se no contraditório das partes, em condição de igualdade, diante de um juiz terceiro e imparcial; a lei assegurará a razoável duração do processo (art. 111, inc. II); toda decisão judicial deve ser motivada (art. 111, inc. 6); será sempre admitido o recurso de cassação, por violação de lei, em confronto com as sentenças o dos pronunciamentos sobre liberdade pessoal, e pelos simples motivos inerentes à jurisdição, nos confrontos com as decisões provenientes dos máximos órgãos da justiça administrativa (Consiglio di Stato e Corte dei Conti: art. 111, inc. 7 e 8)"[64]

O juiz, para exercer o poder que lhe foi delegado pelo titular da soberania popular, o faz por meio de um instrumento denominado de *processo jurisdicional*.

O processualista moderno adquiriu a consciência de que, como instrumento a serviço da ordem constitucional, o processo jurisdicional precisa refletir as bases e os valores do regime democrático nele proclamadas, pois ele é, por assim dizer, "(...) o *microcosmos democrático do Estado-de-direito, com as conotações da liberdade, igualdade e participação (contraditório), em clima de legalidade e responsabilidade*".[65]

Por isso, conforme já teve oportunidade de afirmar Giuseppe Bettiol, o evoluir do processo jurisdicional depende fundamentalmente da consolidação dos valores consubstanciados na vida política, vinculados aos ideais democráticos. Preconiza o autor italiano que os princípios processuais civis e penais devem refletir a identidade democrática. Consequentemente, o mestre italiano já antevia a conexão inevitável entre o *Processo e Democracia*.[66]

[64] COMOGLIO, Luigi Paolo; FERRI, Corrado; Taruffo, Michele. *Lezioni sul processo civile. Il processo ordinário di cognizione*. Bologna: Il Mulino, 2006. p. 61 e 62.

[65] DINAMARCO, Cândido Rangel. *A instrumentalidade do processo*. São Paulo: Ed. Revista dos Tribunais, 1987. p. 26.

[66] BETTIOL, Giuseppe. *Istituzioni di diritto e procedura penale*. Padova: Cedam, 1966. p. 229.

Diante dessa perspectiva, há uma tendência para se expandir o limite consagrado para a própria noção de democracia, normalmente restritiva apenas à possibilidade de influência na gestão pública como forma de concretização das liberdades políticas.

A vinculação entre *processo* e os *valores consubstanciados na vida política e incorporados nas Constituições* amplia o campo de atuação da democracia para todas as atividades que realizam a concretização do exercício do poder decorrente da soberania popular, permitindo-se, desta maneira, a verdadeira integração de todos, capazes de discernir sobre as opções apresentadas para o governo da coletividade em um sentido aberto. Aliás, *"qualquer sistema jurídico-processual pressupõe opções globais de 'política legislativa', reconduzidas a determinados princípios gerais que vão orientar o legislador nas diversas previsões normativas"*.[67]

O processo civil, como instrumento de realização da democracia institucional, deve pautar-se de acordo com os ditames estabelecidos pela soberania popular num Estado Democrático de Direito, ditames esses que foram consagrados e positivados numa Constituição.

Porém, essa soberania popular não se identifica com o pensar da *opinião pública*, como se fosse um aglomerado de sentidos provenientes de uma coletividade.

O sentido de soberania popular, para fins de democratização do processo jurisdicional, não é o conjunto de concepções provenientes da opinião pública, mas é decorrente da conjugação dos valores filtrados e incorporados por uma Constituição.

A concepção ideológica do processo civil democrático reclama sua estruturação de acordo com uma carta de modelo que consagra os primordiais valores estruturantes de uma determinada sociedade, os quais foram positivados na Constituição.

É na Constituição Federal de cada país que se encontrarão os valores que constituem o sentido da soberania popular em uma dada ordem democrática.

Sendo o processo jurisdicional um instrumento de representação do sentido decorrente da soberania popular, essa estrutura funcional deverá ser *ordenada, disciplinada e interpretada* conforme esses pilares valorativos.

[67] GERALDES, António Santos Abrantes. *Temas da reforma do processo civil – princípios fundamentais – fase inicial do processo declarativo*. Coimbra: Almedina, 1997. p. 17.

1.5. Valores incorporados nas Constituições Federais como diretrizes de interpretação das normas processuais

As novas ordens processuais, introduzidas na codificação moderna, vêm reforçar a ideia de democratização do processo civil contemporâneo, especialmente quando a interpretação dos textos normativos é feita de acordo com os valores incorporados nas Constituições.

Isso não significa dizer, evidentemente, que a necessidade de democratização do processo civil contemporâneo já não existisse ou fosse dependente de preceito infraconstitucional, e que os valores decorrentes da soberania popular sedimentados nas Constituições Federais somente teriam aplicabilidade se expressamente incorporados num código processual.

Realça-se a necessidade de que o moderno processo civil, além da devida importância que deve dispensar às normas propriamente ditas processuais, deve igualmente ser ordenado, disciplinado e suas normas construídas de acordo com os valores fundamentais previstos na Constituição, e nada mais.

No Brasil, por exemplo, os valores fundamentais estruturantes da República Federativa do Brasil devem servir de pilares de sustentação do processo civil brasileiro moderno.

Dentre esses pilares, encontram-se aqueles discriminados no art. 1º da Constituição Federal brasileira, especialmente o da dignidade *da pessoa humana.*

A *dignidade da pessoa humana* é também reconhecida como direito fundamental pelo art. 1º da Lei Fundamental da Alemanha, *in verbis:*

> *"Art. 1º (Proteção da dignidade da pessoa humana)*
>
> *(1) A dignidade da pessoa humana é inviolável. Todas as autoridades públicas têm o dever de a respeitar e proteger.*
>
> *(2) O Povo Alemão reconhece, por isso, os direitos invioláveis e inalienáveis da pessoa humana, como fundamento de qualquer comunidade humana, da paz e da Justiça no mundo".*

Por isso a aplicação e interpretação das normas fundamentais deverão ter por norte e por garantia a dignidade da pessoa humana, não obstante estejamos tratando de normas procedimentais ou instrumentais.

Também o artigo 2º da Constituição Federal brasileira reforça os pilares de democratização do processo civil brasileiro, ao estabelecer que os poderes da União (legislativo, executivo e judiciário) são independentes e harmônicos entre si. Essa primazia constitucional da independência entre os poderes constituídos recomenda que os critérios de interpretação e aplicação dos textos jurídicos processuais tenham por pressuposto a independência entre os poderes (ou funções) do Estado brasileiro, evitando-se que o Poder Judiciário no exercício de sua atividade jurisdicional por meio do processo usurpe das outras funções estatais. É por isso que o Supremo Tribunal Federal brasileiro, por diversas vezes, impede que o Poder Judiciário aja como se fosse *legislador positivo*. Nesse sentido eis o seguinte precedente do S.T.F.:

> *RE 432460 ED – AgR-ED/DF – Distrito Federal*
> *BEM.DECL. NO AG. REG. NOS BEM. DECL. NO RECURSO EXTRAORDINÁRIO*
> *Relator: Min. CEZAR PELUSO*
> *Julgamento: 02/02/2010*
> *EMENTAS: Embargos de declaração. Inadmissibilidade. Embargos rejeitados. Precedentes.* ***Não é dado ao Judiciário atuar como legislador positivo.*** *2. (...)".*

No mesmo sentido: AI 469332 AgR/SP, Relatora Min. Ellen Gracie, J. 15/09/09; AI 334269, AgR-Agr/SP, Relator Min. Celso de Mello.

Conforme anota Nuno Piçarra: *"é indubitável que a doutrina ou teoria da separação dos poderes tem desempenhado um papel primordial na conformação do tipo de Estado que, a partir da Revolução Inglesa, da que deu origem aos Estados Unidos da América e, sobretudo, da Revolução Francesa, se foi propagando a todo o mundo ocidental, no decurso dos últimos dois séculos. Elevada à categoria de princípio constitucional homónimo, parece constituir um dos traços mais cacterísticos da estrutura organizativa das diversas variantes do Estado constitucional contemporâneo".*[68]

É certo que não se pode esquecer a advertência feita por Humberto Ávila de que *"é necessário ultrapassar a crendice de que a função do intérprete é meramente descrever significados, em favor da compreensão de que o intérprete reconstrói sentidos, quer o cientista, pela construção de conexões sintáticas e semânticas, quer o aplicar, que soma àquelas conexões as circunstâncias do caso de julgar; importa deixar de lado a opinião de que o Poder Judiciário só exerce a função de*

[68] PIÇARRA. Nuno. *A separação dos poderes como doutrina e princípio constitucional – um contributo para o estudo das suas origens e evolução.* Coimbra: Editora Coimbra, 1989. p. 11.

legislador negativo, para compreender que ele concretiza o ordenamento jurídico diante do caso concreto".[69]

Na realidade, são os valores incorporados nas Constituições Federativas, como síntese da soberania nacional, que devem regrar e oxigenar o processo civil moderno.

Porém, não é suficiente a simples afirmação de que é indispensável a diretriz que determina a interligação entre o processo e os valores democráticos constantes de uma Constituição para que se possa garantir o exercício de uma atividade jurisdicional justa e équo.

Segundo Calmon de Passos, não basta apenas a democratização do Estado e do processo, isso não é suficiente, e pode levar a um retrocesso. Há necessidade, também, democratizar a sociedade.[70] E é na democracia participativa que se irá alcançar esse desiderato.

Cuida-se, portanto, de uma questão de ordem política, não se encontrando solução no campo restrito da dogmática jurídica.

Pode-se dizer que a Constituição, numa visão moderna, apresenta-se como uma via de prestações recíprocas e, principalmente, como mecanismo de interpenetração (ou interferência) entre dois sistemas sociais autônomos, ou seja, a Política e o Direito processual, na medida em que ela permite *"(...) uma solução jurídica do problema de auto-referência do sistema político e, ao mesmo tempo, uma solução política do problema de auto-referência do sistema jurídico.*[71]

A confirmação científica da influência política sobre as estruturas processuais, mediada pela Constituição, realça nos estudos do processo civil a convicção inabalável de que a *"constituição é, pois, o fundamento de validade de todas as leis".*[72]

O direito processual é verdadeiro *direito constitucional aplicado.*

A conclusão direta dessas ideias, conforme acentua Juan Eduardo Couture, *"(...) é aquela que permite afirmar que a lei processual, tomada em seu*

[69] ÁVILA, H., op. cit. p. 34.

[70] CALMON DE PASSOS, J. J. Democracia, participação e processo. *In:* GRINOVER, Ada Pellegrini; DINAMARCO, Cândido Rangel; WATANABE, Kazuo (Coord.). *Participação e processo.* São Paulo: Editora R.T., 1988. p. 92.

[71] NEVES, Marcelo. *A constituição simbólica.* São Paulo: Acadêmica, 1994. p. 62.

[72] GRINOVER, Ada Pellegrini. *As garantias constitucionais do direito de ação.* São Paulo: Revista dos Tribunais, 1973. p. 9.

conjunto, é uma lei regulamentadora dos preceitos constitucionais que asseguram a justiça".[73]

São diversos os constitucionalistas que consideram que a garantia dos direitos da pessoa humana depende indiscutivelmente da eficácia dos resultados apresentados através do processo. Os próprios meios processuais garantem a eficácia e realização dos direitos fundamentais.[74]

Arturo Hoyos, professor panamenho, diz que a evolução das "garantias" se conjuga com a dimensão democrática do processo, a qual se concebe em termos substantivos e concretos.[75]

Ao contrário do que alguns pensam, quanto maior for o número de garantias, maior será a eficiência do processo. Conforme bem lembrou Raffaello Magi: *"Personalmente, non vedo antitesi tra efficienza e garanzia (...)"*.[76]

A partir do momento histórico em que se preconizou o *"(...) reconocimiento jurídico de determinados âmbitos de autodeterminación individual en los que el Leviatán no puede penetrar (...)"*[77], necessitou-se, também, da elaboração de instrumento jurídico democrático capaz de garantir os chamados direitos individuais consignados no rol de direitos constitucionais previstos pelas Constituições liberais.

E para se alcançar essa nova finalidade política institucional, o novo processo, segundo há muito preconizava Calmon de Passos, deve assentar-se nos seguintes aspectos: *"Superação do mito da neutralidade do juiz e do seu apolicismo, institucionalizando-se uma magistratura socialmente comprometida e socialmente controlada, mediadora confiável tanto para solução dos conflitos individuais como dos conflitos sociais que reclamem e comportem solução mediante um procedimento contraditório, em que a confrontação dos interesses gere as soluções normativas de compromisso e conciliação dos contrários. Superação do entendimento do processo como garantia de direitos individuais, alçado ele a instrumento*

[73] COUTURE. Eduardo J. *Introdução ao estudo do processo civil.* 3. ed., Rio de Janeiro: José Konfino, s.d., p. 33.

[74] MORELLO, Augusto. *El proceso justo.* Buenos Aires: Abeledo-Perrot, 1994. p. 8.

[75] HOYOS, Arturo. *Justicia contencioso-administrativa y derechos humano.* Panamá: Instituto Panameño de Derecho Procesal, 1991. p. 12, 13 e 40.

[76] RAFFAELLO, Magi. In *Il giusto proceso.* Associazione tra gli studiosi Del proceso penale. Milano: Dott. A. Giuffrè Editore, 1998. p. 165.

[77] LOEWENSTEIN, Karl. *Teoria de la constitución.* Trad. Alfredo Gallego Anabitarte. Madrid: Ariel, 1970. p. 390.

político de participação na formulação do direito pelos corpos intermediários e de provocação da atuação dos agentes públicos e privados no tocante aos interesses coletivos ou transindividuais por cuja satisfação foram responsáveis. Superação do mito da separação dos poderes e da efetivação do controle do poder pelo sistema de freios e contrapesos, institucionalizando-se controles sociais sobre o exercício do poder político e do poder econômico, servindo o processo como instrumento de atuação desses controles nas situações que forem constitucional e legalmente definidas".[78]

Modificações das estruturas sociais; mudanças das relações entre o poder público e os particulares; transformações das pessoas quanto ao sentido do direito e da vida; contemporâneas orientações do pensamento político, tudo isso repercute sobre o espírito, caráter, forma e estrutura do processo civil, o que indica que o processo apresenta um nítido caráter político preponderante.[79]

O artigo 3º da Constituição Federal brasileira passa a ditar uma importante diretriz valorativa a ser aplicada e seguida no processo civil moderno, especialmente a que determina, como objetivos fundamentais da República Federativa do Brasil, construir uma sociedade *livre, justa e solidária;* erradicar *a pobreza e a marginalização e* reduzir *as desigualdades sociais e regionais,* assim como promover *o bem de todos,* sem *preconceitos de origem, raça, sexo, cor, idade e quaisquer outras formas de discriminação.*

Assim, a condução do processo civil moderno deve pautar-se por esses postulados constitucionais, sendo de responsabilidade do Poder Judiciário, no âmbito da relação jurídica processual, observar as diretrizes estabelecidas no artigo 3º da Constituição Federal brasileira.

Tal como as travas mestras do edifício processual, uma vez fixadas e outras vezes apenas pressentidas, pois estão integradas nas normas Constitucionais que formam a respectiva estrutura, os princípios abrangem todo o nosso sistema processual civil, servindo para consagrar normas dispersas, auxiliar o intérprete e aplicador do direito na adoção das soluções mais ajustadas ou impor aos diversos sujeitos determinadas regras de conduta processual.[80]

[78] CALMON DE PASSOS, J. J., op. cit., p. 95 e 96.

[79] SCHMIDT, Eberhard. *Los fundamentos teóricos y constitucionales del derecho procesal penal.* Trad. José Manuel Nuñez. Buenos Aires: Bibliografia Argentina, 1957. p 190.

[80] GERALDES, A. S. A., op. cit., p. 17.

Na realidade, a maioria das Constituição democráticas do ocidente traz no seu contexto um rol de princípios de regulação e legitimação do processo jurisdicional.

Na Constituição Espanhola, de 27 de dezembro de 1978, em seu artigo 24, apresenta-se um rol importante de princípios que devem regular o processo civil espanhol, a saber:

> *"Art. 24. 1. – Todas as pessoas tem direito a obter uma tutela efetiva dos juízes e tribunais no exercício de seus direitos e interesses sem que, em nenhum caso, possa produzir-se falta de defesa.*
>
> *2 . Todos têm direito ao Juiz ordinário predeterminado por lei, a uma defesa e à assistência de advogado, a ser informado da acusação formulada contra si, a um processo público sem dilações indevidas e com todas as garantias, a utilizar os meios de prova pertinentes para sua defesa, a não declarar contra si mesmo, a não confessar-se culpado e à presunção de inocência".*

Da mesma forma, o artigo 24 da Constituição Italiana preconiza:

> *"Art. 24. Todos podem agir em juízo para a tutela dos próprios direitos e interesses legítimos. A defesa é direito inviolável em todo estado e grau do procedimento. São assegurados aos pobres, com appositi istituti, os meios para agir e defender-se diante a toda jurisdição. A lei determina as condições e os modos para as reparações dos erros judiciários".*

Na realidade, a positivação em estatutos normativos de princípios fundamentais de regulação do processo civil moderno há muito deixou de ser uma prerrogativa das Constituições das nações individuais. Essa positivação passou a ser referendada por estatutos de maior abrangência.

O artigo 6 da Convenção Europeia de Direitos Humanos faz menção aos seguintes princípios reguladores do processo jurisdicional:

> *"Art. 6. 1 – Qualquer pessoa tem direito a que a sua causa seja examinada, equitativa e publicamente, num prazo razoável por um tribunal independente e imparcial, estabelecido pela lei, o qual decidirá, quer sobre a determinação dos seus direitos e obrigações de carácter civil, quer sobre o fundamento de qualquer acusação em matéria penal dirigida contra ela. O julgamento deve ser público, mas o acesso a sala de audiências pode ser proibido a imprensa ou ao público durante a totalidade ou parte do processo. quando a*

bem da moralidade, da ordem pública ou da segurança nacional numa sociedade democrática, quando os interesses de menores ou a protecção da vida privada das partes no processo o exigirem, ou, na medida julgada estritamente necessária pelo tribunal, quando, em circunstancias especiais, a publicidade pudesse ser prejudicial para os interesses da justiça. 2 – Qualquer pessoa acusada de uma infracção presume-se inocente enquanto a sua culpabilidade não tiver sido legalmente provada.

3 – O acusado tem, como mínimo, os seguintes direitos: a) Ser informado no mais curto prazo, em língua que entenda e de forma minuciosa, da natureza e da causa da acusação contra ele formulada; b) Dispor do tempo e dos meios necessários para a preparação da sua defesa; c) Defender-se a si próprio ou ter a assistência de um defensor da sua escolha e, se não tiver meios para remunerar um defensor, poder ser assistido gratuitamente por um defensor oficioso, quando os interesses da justiça o exigirem; d) Interrogar ou fazer interrogar as testemunhas de acusação e obter a convocação e o interrogatório das testemunhas de defesa nas mesmas condições que as testemunhas de acusação; e) Fazer-se assistir gratuitamente por intérprete, se não compreender ou não falar a língua usada no processo".

O art. 8 da Convenção Americana sobre Direitos Humanos (Pacto de São José da Costa Rica) promulgado pelo Decreto n. 678, de 6 de novembro de 1992, assim dispõe:

"Art. 8.1. Toda pessoa tem direito a ser ouvida, com as devidas garantias e dentro de um prazo razoável, por um juiz ou tribunal competente, independente e imparcial, estabelecido anteriormente por lei, na apuração de qualquer acusação penal formulada contra ela, ou para que se determinem seus direitos ou obrigações de natureza civil, trabalhista, fiscal ou de qualquer outra natureza.

2. Toda pessoa acusada de delito tem direito a que se presuma sua inocência enquanto não se comprove legalmente sua culpa. Durante o processo, toda pessoa tem direito, em plena igualdade, às seguintes garantias mínimas: a) direito do acusado de ser assistido gratuitamente por tradutor ou intérprete, se não compreender ou não falar o idioma do juízo ou tribunal; b) comunicação prévia e pormenorizada ao acusado da acusação formulada; c) concessão ao acusado do tempo e dos meios adequados para a preparação de sua defesa; d) direito do acusado de defender-se pessoalmente ou de ser assistido por um defensor de sua escolha e de comunicar-se, livremente e em particular, com seu defensor; e) direito irrenunciável de ser assistido por um defensor proporcionado pelo Estado, remunerado ou não, segundo a legislação interna, se o acusado não se defender ele próprio nem nomear defensor dentro do prazo estabelecido pela lei; f) direito da defesa de inquirir as testemunhas presentes no tribunal e de obter o comparecimento, como testemunhas ou peritos, de outras pessoas que possam lançar luz sobre os fatos; g) direito de não ser obrigado a depor contra si mesma, nem a declarar-se culpada; e h) direito de recorrer da sentença para juiz ou tribunal superior.

3. A confissão do acusado só é válida se feita sem coação de nenhuma natureza.

4. O acusado absolvido por sentença passada em julgado não poderá ser submetido a novo processo pelos mesmos fatos.

5. O processo penal deve ser público, salvo no que for necessário para preservar os interesses da justiça.

2.
Princípios e valores transnacionais do processo civil

Em face da aproximação das Nações cada vez mais evidenciada, princípios transnacionais também passam a ser um postulado importante no regramento interno do processo civil nacional.

Há efetivamente uma tendência de se construir um estatuto próprio de *princípios transnacionais de processo civil*, especialmente pelo fato de que em inúmeras circunstâncias o direito material vem sendo regulado por normas transnacionais, como é o caso da aplicação da Convenção de Viena de 1980 para a compra e venda internacional de mercadorias, e que passou ser aplicada no Brasil a partir do ano de 2014.

Há, portanto, uma tendência mundial de promover a uniformização de lei sobre a compra e venda internacional de mercadorias, culminando na redação da Convenção de Viena de 1980, elaborada sob os auspícios da UNCITRAL.

Nas palavras de Vera Jacob de Fradera, *"todos os sistemas jurídicos, inclusive os de direito codificado, admitem a existência de um modo paralelo de solução dos conflitos sociais, cujo surgimento dá-se espontaneamente, à margem da lei, tanto no plano do direito interno, como é o caso do costume, como no âmbito internacional... Nos dias atuais, fala-se numa nova 'lex mercatoria', um direito próprio da sociedade globalizada.... a nova lex mercatoria deve ser entendida como 'um direito criado pelo empresariado', sem a intermediação do poder legislativo dos Estados e formado por regras destinadas a disciplinar de modo uniforme, além da unidade política dos Estados, as relações comerciais que se estabelecem dentro da unidade econômica dos mercados... as características do comércio internacional e a necessidade de uniformização das trocas para facilitar o comércio fizeram com que organizações internacionais, como a UNCITRAL, tomassem a iniciativa de promover a elaboração de Convenção sobre a compra e venda internacional de mercadorias, com o objetivo de uniformizar as regras relativas ao mais importante de todos os contratos"*.[81]

Diante dessa uniformização da *lex mercatoria*, haverá a necessidade de aplicação dos princípios internacionais reguladores da compra e venda internacional.

Ora, se tal circunstância é possível no âmbito do direito material, isso significa dizer que também há uma pretensão de uniformização transnacional das normas processuais.

Um trabalho nesse sentido foi realizado pelo *International Institute for the Unification (UNIDROIT)* e o *American Law Institute (ALI)* a fim de realizar um projeto de *Principles of Transnational Civil Procedura* (Princípios de Processo Civil transnacional) voltados às disputas comerciais transnacionais. Esses princípios, a princípio, estão limitados aos procedimentos de transações comerciais transnacionais.

A comunidade humana mundial vive atualmente em bairros mais próximos hoje que nos tempos passados. Comércio internacional está em alta e rapidamente em expansão, apesar da crise mundial; investimentos internacionais e fluxos monetários crescem rapidamente; empresas de países desenvolvidos estabelecem-se por todo globo diretamente ou por meio de subsidiárias; ordinariamente cidadãos em crescente número vivem temporariamente ou permanentemente fora de seus países de origem. Como consequência, existe produtiva interação entre cidadãos de diferentes nações na forma de incremento comercial e crescentes possibilidades pessoais e desenvolvimento. Existem, também, inevitáveis interações negativas, incluindo o incremento de 'fricção' social, de legal controvérsia e litígios. Lidando com essas negativas consequências, o custo e a aplicação resultando de conflitos legais podem ser mitigados mediante a redução das diferenças no sistema legal, de tal forma que a mesma ou similar 'regras do jogo' seja aplicada onde quer que se encontrem os litigantes.

[81] FRADERA, Véra Jacob de. A saga da uniformização da compra e venda internacional: da lex mercatoria à Convenção de Viena de 1980, *in*: Véra Jacob de Fradera e Luiz Gustavo Meira Moser, Coordenadores. *A compra e venda internacional de mercadorias* – estudos sobre a convenção de Viena de 1980. São Paulo: Altas, 2011. p. 4 a 6.

O esforço para se reduzirem as diferenças entre sistemas legais nacionais é comumente referido como 'harmonização'. Outro método para redução de diferenças é da 'aproximação', que significa o processo de reforma das regras processuais dos vários sistemas legais de tal maneira que haja uma aproximação entre eles.[82]

O UNIDROIT, com sede em Roma (Itália) foi fundado em 1926, sendo atualmente considerado como uma organização independente inter-governamental que tem por base acordos multilaterais. Seu propósito é o estudo das necessidades e dos métodos para modernização, harmonização e coordenação de legislação entre estados e grupos de estados e o preparo legislativo de texto para consideração de governos participantes. Os membros da UNIDROIT estão restritos a estados. Atualmente, é composto por 59 membros (estados) distribuídos em cinco continentes, representados por diversas espécies de estatuto legal, econômico e sistema político, além de diferentes origens culturais.[83]

A *American Law Institute* (ALI), com sede na Filadélfia, foi fundada em 1923 por juízes americanos, professores, e praticantes advogados com o objetivo de realizar recomendações para a simplificação da Lei americana e providenciar a adaptação social da lei. O ALI é uma organização privada com aproximadamente 4000 membros, selecionados com base em realizações profissionais e demonstração de interesse na melhoria da legislação.[84]

A *American Law Institute* aceitou a proposta da UNIDROIT para a formulação de um projeto de princípio de processo civil que seja mais que um código.

No primeiro encontro do grupo de trabalho, o Professor Stürner apresentou um esquema preliminar de princípio e o Professor Andrews apresentou outro. Esses esquemas foram adotados como a base de discussão para os trabalhos, mais que a criação de um código formal original. Focou-se muito mais na configuração dos princípios do que simplesmente numa proposta de novo código. Daí porque as regras processuais deveriam ser revistas de conformidade com os princípios formulados. Isso corresponderia ao produto acabado.

[82] ALI/UNIDROIT. *Principles of transnational civil procedure.* New York: Cambridge Universty Press: 2004. p. 1.

[83] ALI/UNIDROIT, idem, ibidem.

[84] ALI/UNIDROIT, idem, ibidem.

É bem verdade que a 'harmonização' do processo legal tem tido pouco progresso. Algumas convenções em direito civil ou direitos humanos contêm fundamentais garantias procedimentais, tal como a *igualdade perante os tribunais* e *o direito a um justo, efetivo, público e contraditório julgamento perante uma corte independente*. Essas garantias são comuns nos *standards* internacionais e são reconhecidas como base de uma harmonização procedimental.[85]

Esse impedimento para uma maior 'harmonização' dos sistemas processuais é decorrente da diversidade de cada sistema e por estarem profundamente enraizadas na legislação local a política histórica e a tradição cultural para fim de permitir mudanças importantes no sistema legal de cada país.

Existem, por certo, algumas convenções internacionais lidando com regras procedimentais, notavelmente a *Hague Conventions on the Service Abroad* e o *Taking of Evidence Abroad*. Observam-se os esforços de Haia para enquadrar a Convenção sobre Jurisdição e Julgamento e a Convenção Europeia para reconhecimento de decisões. Até o momento, as convenções internacionais de procedimento legal têm sido endereçadas para as bases de jurisdição pessoal e para os mecanismos de início de uma demanda judicial nas extremidades de um processo litigioso, e o reconhecimento de decisões em outros processos findos.[86]

Entretanto, o trabalho pioneiro desenvolvido pelo Prof. Marcel Storme e seus distintos colaboradores tem demonstrado que a 'harmonização' é possível em tais questões processuais como a *formulação de pedidos, desenvolvimento de provas* e *procedimento de decisões*.[87]

[85] See, for example, Article 47 of the Charter of Fundamental Rights of the European Union, OJ 2000 C 364/I; Article 7 of The African Charter on Human and People's Rights, June 27, 1981, 21 I.L.M. 58; Article 8 of the American Convention on Human Rights, November, 22, 1969, 1144 U.N.T.S. 123; Article 14 of the International Covenant on Civil and Political Rights, December 16, 1966, 999 U.N.T.S. 171; Article 6 of the Convention for the Protection of Human Rights and Fundamental Freedoms, November 4, 1950, E.T.S. (ALI/UNIDROIT, idem, p. 2).

[86] ALI/UNIDROIT, idem, P. 2.

[87] MARCEL STORM ed., *Approximation of judiciary law in the European union*. Amsterdam: Kluwer, 1994.

Ver também o anteprojeto do Código Processual Civil Modelo Ibero Americano, *in*: Revista de Processo, vol. 52 e 53, São Paulo, Editora Revista dos Tribunais, 1988 e 1989).

O trabalho de UNIDROIT/ALI sobre o desenvolvimento dos princípios e regras transnacionais de procedimento civil foi desenhado com base em subsídios do trabalho do Professor Storme e seu grupo.

Ao tentar realizar a 'harmonização' dos sistemas processuais, o grupo identificou importantes similitudes entre os sistemas processuais, dentre as quais: *"a) standards governing assertion of personal jurisdiction and subject-matter jurisdiction; b) specifications for a neutral adjudicator; procedure for notice to defendant; c) rules for formulation of claims; d) explication of applicable substantive law; d) establishment of facts through proof; f) provision for expert testimony; g) rules for deliberation, decision, and appellate review; h) rules of finality of judgments"*.[88]

Já as diferenças mais evidenciadas entre os sistemas legais processuais foram constantadas ao longo da divisão entre o *common-law* e o *civil-law sistems.* O sistema do *common-law,* derivado do sistema anglo-saxão, inclui o Canadá, Austrália, Nova Zelândia, África do Sul, Índia e os E.U.A., assim como Israel, Singapura e Bermudas. O civil-law, que é originário da Europa continental inclui aqueles sistemas derivados da lei romana (a lei romana inteiramente codificada no Código de Justiniano) e a lei canônica (a lei da Igreja Católica Romana) O *civil-law* inclui os sistemas francês, alemão, italiano, espanhol, e virtualmente todos os outros países Europeus e, em empréstimo ou migração dos sistemas legais, como a América Latina, África e Ásia, incluindo Brasil, Argentina, México, Egito, Rússia, Japão e China.

As significantes diferenças entre o sistema *common-law* e o *civil-law* são as seguintes:

> *a) The judge in civil-law systems, rather than the advocates in common-law systems, has primary responsibility for development of the evidence and articulation of the legal concepts that should govern decision. However, there is great variance among civil-law systems in the manner and degree to which this responsibility is exercised, and no doubt variance among the judges in any given system; b) civil-law litigation in many systems proceeds through a series of short hearing sessions – sometimes less than an hour each – for reception of evidence, which is then consigned to the case file until an eventual final stage of analysis and decision. In contrast, common-law litigation has a preliminary or pretrial stage (sometimes more than onc) and then a trial at which all the evidence is received consecutively; c) a civil-law judgment in the court of first instance is generally subject to more searching reexamination in*

[88] ALI/UNIDROIT, op. cit., p. 5.

> *the court of second instance than a common-law judgment. Reexamination in the civil-law systems extends to facts as well as law; d) the judges in civil-law systems typically serve a professional lifetime as judge, whereas the judges in common-law systems generally are selected from the ranks of the bar. Thus, most civil-law judges lack the experience of having been a lawyer, whatever effects that may have".*[89]

Os princípios transnacionais são standards de adjudicação transnacional de disputas comerciais. Porém, esses princípios podem ser igualmente apropriados para a resolução de muitos outros tipos de disputas civis e podem ser a base para futuras iniciativas de reforma de processo civil.

Um sistema nacional buscando implementar esses princípios transnacionais pode fazê-lo por uma medida legal adequada, tal como um estatuto ou conjunto de regras, ou um tratado internacional. As Cortes podem adaptar suas práticas processuais a esses princípios.

Os princípios transnacionais incorporados no projeto de UNIDROIT/ALI são:

a) independência, imparcialidade e qualificação da Corte e de seus juízes;
b) acesso à jurisdição a todas as partes;
c) igual procedimento para as partes;
d) devida notificação e direito de ser ouvido;
e) os procedimentos, incluindo documentos e comunicação oral ordinariamente devem ser conduzidos na linguagem da corte;
f) pronta entrega de justiça;
g) o tribunal deve conceder medidas provisória quando necessárias para preservar a tutela a ser prestada quando do julgamento final ou para manter ou modificar o *status quo*. Essas medidas devem ser concedidas com base no princípio da proporcionalidade;
h) o procedimento ordinário deve ser composto por três fases: fase de postulação, fase interina, e fase final;
i) princípio da inércia da jurisdição;
j) obrigação de cooperação das partes e de seus advogados;
k) possibilidade de substituição de partes;
l) admissibilidade de 'amicus curiae';

[89] ALI/UNIDROIT, op. cit., p. 6.

m) a corte é responsável pela direção do processo;
n) acesso a informação e às provas
o) a corte pode impor sanções às partes, aos advogados e terceiras pessoas por omissão ou recusa a cumprir com obrigações concernentes ao procedimento;
p) possibilidade de formular pedidos por escrito ou oralmente;
q) publicidade dos procedimentos;
r) responsabilidade por determinação dos fatos e lei;
s) as decisões devem ser motivadas;
t) a corte deve facilitar a participação das partes em alternativas formas de resolução de conflitos em qualquer estágio do procedimento.;
u) aplicabilidade imediata das decisões;
v) previsão de litispendência e coisa julgada;
w) previsão de preclusão dos atos processuais;

Diante dessas considerações, pode-se observar a importância hermenêutica dos princípios fundamentais estruturantes do processo civil moderno, estejam eles previstos na Constituição, em tratados ou convenções internacionais ou em projetos de ordem transnacional.

Não é outra a perspectiva de António Santos Abrantes Geraldes, ao tratar da reforma do processo civil português:

> *"Um dos elementos que deve ser tido em conta pelo intérprete e aplicador do direito, nos termos do art. 9º do Cód. Civil, é o 'elemento sistemático'. As soluções legais deverão ser encontradas, não apenas através da letra da lei, mas procurando reconstituir o pensamento legislativo, tendo em conta a 'unidade do sistema jurídico'. É por isso que o recurso a grandes princípios do nosso sistema processual civil constitui um instrumento fundamental para a busca das soluções mais acertadas e resolução de dúvidas que ao intérprete se deparam. Tais princípios exercem, assim, e em simultâneo, uma 'função aglutinadora' de normas dispersas pelo CPC e de 'clarificação' das razões que inspiraram a adaptação de determinadas soluções".*[90]

Essas são as *boias de sinalização* que deverão conduzir o magistrado durante seu percurso no processo civil nacional para que possa ancorar serena e seguramente no porto seguro denominado Justiça.

[90] GERALDES, A. S. A., op. cit., p. 20.

São essas, pois, *as funções prioritárias* dos valores e princípios que norteiam a Constituição Federal de cada país, as quais deverão estar constantemente presentes no exercício de qualquer das profissões forenses (dos juízes, dos advogados e dos funcionários) ao invés de apenas servirem, como infelizmente ocorre com demasiada frequência, de *elemento decorativo* do Código de Processo Civil.[91]

[91] GERALDES, A. S. A., op. cit., p. 21.

3.
Do princípio dispositivo

Inicia-se nossa análise dos princípios fundamentais estruturantes do processo civil contemporâneo pelo denominado *princípio dispositivo.*

Esse princípio encontra-se consagrado no art. 3º, n. 1, do atual Código de Processo Civil português (Lei n. 41/2013): *"O tribunal não pode resolver o conflito de interesses que a ação pressupõe sem que a resolução lhe seja pedida por uma das partes e a outra seja devidamente chamada para deduzir oposição'.*

Também se observa o princípio dispositivo no art. 19 do Código de Processo Civil espanhol (*Ley 1/2000, de Enjuiciamiento Civil*); *"É facultado aos litigantes dispor do objeto da demanda, podendo renunciar, desistir, acordar, submeter-se a arbitragem e transigir sobre o próprio objeto, exceto quando a lei o proíba ou estabeleça limitações por razões de interesse geral ou em benefício de terceiro.*

O princípio dispositivo também encontra-se previsto no art. 2º do novo Código de Processo Civil brasileiro (Lei n. 13.105/15: *O processo começa por iniciativa da parte e se desenvolve por impulso oficial, salvo as exceções previstas em lei.*

O princípio dispositivo ou da demanda, que se encontra previsto também do art. 99 do Código de Processo Civil italiano, não é outra coisa do que a transposição moderna do brocardo *nemo iudex sine actore*, e constitui-se de *iure condito*, num limite e numa condição da jurisdição.[92]

[92] PISANI. Andrea Proto. *Lezioni di diritto processuale civil.* Terza Edizione. Napoli: Casa Editrice Dott. Eugenio Jovene, 1999. p. 204.

Numa leitura pouco atenta, pode-se pensar que o *princípio dispositivo* é um princípio decorrente única e exclusivamente dos códigos de processo civil, sem qualquer vinculação com os valores e princípios de natureza Constitucional.

Ledo engano.

A exigência de observação do princípio dispositivo nas legislações processuais tem por fundamento o princípio Constitucional da *independência e da imparcialidade* do juiz, pois havendo vinculação do juiz em relação ao objeto da demanda, tal vinculação poderá pôr em risco os valores democráticos consagrados nos textos Constitucionais.

A *ratio* de ser do princípio da demanda ou dispositivo, *"encontra-se na exigência de imparcialidade do órgão judicante: 'uma jurisdição exercitada de ofício repugnaria, por uma razão psicológica antes que jurídica, o conceito moderno que propugnamos da função do juiz, o qual, para conservar-se imparcial, deve esperar sua provocação e limitar-se a prestar justiça a quem o provoque. Enquanto a justiça for uma função humana, a onipotência do Estado não poderá destruir a necessidade lógica e psicológica (especialmente na fase de cognição) de conferir a dois diversos órgãos aquelas duas atividades complementares mas bem distintas, de tal maneira de não poder ser confundidas sem reduzir a justiça a um pueril 'soliloqui', que são respectivamente a função de pedir e aquela de responder, de propor um problema e de resolvê-lo, de denunciar um erro e de repará-lo".*[93]

Para a instauração de uma relação jurídica processual, antes de tudo, as partes denunciam ao juiz a eventual controvérsia ou a necessidade de um pronunciamento judicial, na hipótese de jurisdição não contenciosa. Por isso, o juiz tem necessidade das partes, ou melhor, da colaboração das partes, não só para saber se as partes têm necessidade dele juiz, como quais os limites dessa necessidade. Portanto, não somente *nemo iudex sine actore*, mas também *ne eat iudex ultra petita partium* são preceitos delimitadores do exercício da atividade jurisdicional. A regra, segundo a qual o juiz não pode judicar além da demanda, ou seja, a demanda fixa os limites da atuação jurisdicional, é fundada nesse simples princípio. Trata-se do princípio dispositivo ao contrário do princípio inquisitório.[94]

Atravessando todo o Código e disperso por diversas normas consagra-se o *princípio dispositivo* ou do *pedido* ou *da demanda*, segundo o qual:

[93] PISANI, A. P., idem, p. 205.

[94] CARNENELUTTI, Francesco. *Diritto e proceso.* Napoli: Morano Editore, 1958. p. 93 e 94.

"o processo começa por iniciativa da parte, nos casos e nas formas legais, e se desenvolve por impulso oficial.".

Necessita-se prestar atenção aos aspectos formais e às consequências processuais típicas do ato com o qual se dá início à atividade jurisdicional. As principais normas de referência são: a) a tutela jurisdicional dos direitos provê a autoridade judiciária mediante *demanda da parte* e, quando a lei assim dispor, também por iniciativa do Ministério Público e de ofício; b) quem deseja fazer valer um direito em juízo deve promover demanda ao juiz competente; c) o juiz deve pronunciar-se sobre toda a demanda e não além dos limites dessa; e não pode pronunciar-se de ofício sobre exceções que podem ser propostas somente por iniciativa das partes. Esse conjunto normativo pode ser sintetizado em duas prospectivas bem definidas: a) o ângulo visual da parte, que age em juízo, pedindo tutela; b) a ótica do juiz, que está direcionada ao exercício da função jurisdicional, pronunciando uma decisão sobre a tutela solicitada.[95]

Sem dúvida, diante do princípio dispositivo, compete ao autor promover a instauração do processo e, por consequência, o desenrolar da relação jurídica processual, a qual, nas palavras de Manuel de Andrade, apresenta as seguintes características: *"a) é uma relação jurídica complexa já que se desdobra na relação jurídica da ação e na relação jurídica de contradição ou defesa, aquela entre autor e o Estado, esta entre o réu e o Estado, cada uma delas se desdobrando em inúmeras sub-relações menores; b) é uma relação jurídica triangular ou trilateral, visto que compreende, de um lado, uma relação entre o autor, que exerce o seu direito de ação, e o Estado, a quem incumbe o dever de jurisdição, de sentenciar sobre o preceito, ainda que dê apenas uma sentença de forma; e, do outro lado, uma relação entre o réu, que exerce o seu direito de contradição ou defesa –, e o Estado, a quem, uma vez mais incumbe o dever de jurisdição, de tomar em conta na decisão final a defesa do réu. Não se estabelecem, todavia, direitos e deveres das partes entre si. O que pode acontecer é que a atuação de uma das partes faça surgir a cargo da outra certos ónus processuais. Só neste sentido se poderá falar numa relação triangular ou trilateral. De qualquer forma, será sempre uma relação angular em confronto com as relações meramente lineares que constituem a regra geral; c) é uma relação jurídica autónoma, visto que quer o direito de ação quer o direito de contradição ou de defesa subsiste independentemente de à respectiva parte assistir razão sobre o ponto*

[95] COMOGLIO, Luigi Paolo; FERRI, Corrado; TARUFFO, Michele. *Lezioni sul processo civile* – I. il processo ordinario di cognizione. Bologna: Il Mulino, 2006. p. 231.

de vista da situação jurídica material; d) é uma relação jurídica (de direito público) visto que um dos sujeitos é o Estado em veste de soberania no exercício duma função primacial do poder público; e) é uma relação jurídica dinâmica, progressiva, visto que vai avançando gradualmente para o resultado último a que tende o processo – a decisão final".[96]

É certo que Manuel de Andrade ainda afirma que *as partes dispõem do processo, como da relação jurídica material. O processo é coisa ou negócio das partes. É uma luta, um duelo entre as partes, que apenas vem de decorrer segundo certas normas...".*[97]

Porém, diante da nova estrutura do processo contemporâneo, não há mais como se aceitar que o processo é uma coisa ou negócio das partes, como se fosse um jogo.

Ao contrário, o processo, ou seja, o instrumento do poder desenvolvimento por meio de uma relação jurídica em contraditório, não pertence às partes, pois é um instituto abstrato de consolidação da democracia Constitucional.

Em que pese as partes tenham, de certa forma, disponibilidade em relação ao objeto de direito material, tal disponibilidade não alcança a relação jurídica processual, a qual deverá ser conduzida de acordo com os ditames e princípios Constitucionais.

Assim, por exemplo, se a parte ingressa com uma demanda, e durante a tramitação do processo renuncia ao direito sobre o qual se funda a ação, apesar dessa disponibilidade do objeto de direito material, não teve disponibilidade do processo, pois o juiz, muito embora deva extinguir o processo por falta de objeto, deverá fazê-lo mediante os preceitos normativos de direito público, inclusive condenando a parte que renunciou ao direito em que se funda a ação nas custas e nos honorários de advogado, uma vez que deu causa à instauração do exercício da atividade jurisdicional.

O princípio dispositivo ou da demanda, ao preconizar como excepcionais as hipóteses em que o juiz esteja legitimado a ativar-se e a pronunciar-se por iniciativa própria, subordina o exercício da função jurisdicional ao

[96] ANDRADE, Manuel, *in*: *A Função Jurisdicional, a ação e a Relação Processual*, segundo as prelações ao 4º ano de 1949-50, publicadas por Francisco Rodrigues Pardal, pág. 39. (Apud: RODRIGUES, Fernando Pereira, *O novo processo civil – os princípios estruturantes*. Coimbra: Almedina: 2013. p. 70

[97] ANDRADE, M., idem, p. 373.

'estímulo externo', proveniente da parte interessada, visando com isso a garantir a *imparcialidade* do órgão jurisdicional. A demanda, portanto, constitui pressuposto normal indispensável ao exercício da atividade jurisdicional.[98]

3.1. Princípio dispositivo propriamente dito (*Dispositionsmaxime*) e Princípio da alegação da parte (*Verhandlungsmaxime*)

Tradicionalmente, no princípio dispositivo encontram-se fundidos dois princípios diversos, os quais se complementam: o princípio dispositivo em sentido estrito (o *Dispositionsmaxime*), ou seja, a disponibilidade que a parte possui sobre o interesse privado e a oportunidade ou não de recorrer ao órgão jurisdicional para pretender a satisfação de seus interesses e o princípio de alegação da parte (o *Verhandlungsmaxime*), segundo o qual a parte tem também o poder de deduzir no processo os elementos de fato e os meios de prova.[99] O princípio da alegação, por exemplo, permite que uma das partes reconheça como existente os fatos afirmados pela outra parte.

Tendo em vista essa fusão doutrinária, é importante definir claramente os dois princípios.

O princípio dispositivo funda-se, em regra, na natureza privada do direito subjetivo deduzido no processo, de titularidade, em regra, individual, o qual se encontra sob a autonomia de vontade dos cidadãos. Como ensinava Calamandrei, deduzir um direito na via judiciária é um modo de dispor do próprio direito e, portanto, condicionar a tutela jurisdicional à instância do interessado; é uma consequência lógica da autonomia negocial reconhecida ao privado no âmbito da própria esfera jurídica.[100] Na realidade, o princípio da demanda é considerado, por isso, como a lógica projeção da *disponibilidade* dos direitos e das relações jurídicas substanciais controvertidas, reconhecida de forma exclusiva, sob o plano privatístico, a quem se afirma seu titular. Porém, a afirmação não é de todo exata, especialmente quando o ordenamento jurídico reconhece também essa

[98] COMOGLIO, L. P.; FERRI, C.; TARUFFO, M., op. cit., loc. cit.

[99] AROCA, Juan Montero. *I principi politici del nuovo processo civile spagnolo*. Trad. Vittorio Bratteli e Nicoletta Magrino. Napoli: Edizioni Scientifiche Italiane, 2002. p. 68 e 69.

[100] AROCA, J. M., idem, p. 69.

possibilidade de demanda ao Ministério Público em prol da tutela de direitos e interesses supra-individuais e indisponíveis.[101]

Em todo caso, a *disponibilidade do direito,* dos meios e sua tutela encontram sua mais ampla expressão nas diversas formas de *definição antecipada* da lide, como, por exemplo, desistência da demanda, a conciliação, a transação, a renúncia aos atos, a renúncia ao direito e à própria demanda etc, suspensão do processo, reconhecimento do pedido que no curso da relação jurídica processual implica em uma *disposição negocial* da demanda e da própria *res litigiosa.*[102]

Observa-se, portanto, que o princípio dispositivo está diretamente vinculado ao domínio da instância ou da demanda, tendo em vista que cabe às partes *"o 'dominus litis' (domínio da lide); a sua vontade é inexpugnável, designadamente na opção assumida pelo autor quanto à instauração da demanda, quanto à escolha do seu objeto e partes, quanto à alegação dos factos e ao impulso processual e até quanto à resolução de lhe pôr termo. Não menos relevante é a vontade do demandado, a quem cabe aceitar ou controverter o pedido ou mesmo deduzir, em resposta, pedido reconvencional, com idênticas prerrogativas às do autor".*[103]

3.2. Princípio dispositivo quanto à alegação dos fatos

O *princípio dispositivo ou da demanda* não se limita apenas a consagrar o poder de impulso inicial, que encontra amparo no direito fundamental constitucional do *acesso à jurisdição,* mas é também um verdadeiro ônus, em sentido técnico, que recai sobre aquele que entenda de obter, por meio de um instrumento processual, um resultado a si favorável. Tal ônus processual é, por sua vez, o pressuposto funcional indispensável de todas as outras figuras derivadas de *poder*, de *direito* ou de *ônus* para a alegação e para a produção de provas sobre os fatos controvertidos que caracterizam o papel ativo daquele que há proposto a demanda, na dinâmica do processo.[104]

Com referência ao princípio dispositivo quanto à alegação dos fatos, às partes são atribuídos o poder de afirmar e delimitar os fatos, porque a

[101] COMOGLIO, L. P.; FERRI, C.; TARUFFO, M., op. cit., p. 232.

[102] COMOGLIO, L. P.; FERRI, C.; TARUFFO, M., idem, p. 232.

[103] RODRIGUES, Fernando Pereira. *O novo processo civil – os princípios estruturantes.* Coimbra: Almedina, 2013. p. 71.

[104] COMOGLIO, L.P.; FERRI, C.; TARUFFO, M., idem, p. 232.

elas compete a *determinação do objeto do processo e do debate jurídico*. O juiz não pode aduzir fatos no processo.[105]

A alegação dos fatos caracteriza um monopólio da parte de determinar em modo vinculante o objeto do processo, os limites da pronúncia da tutela jurisdicional, como também a área de operatividade da coisa julgada.

Por isso, conforme estabelece o art. 492 do novo C.P.C., é vedado ao juiz proferir decisão de natureza diversa da pedida, bem como condenar a parte em quantia superior ou em objeto diverso do que lhe foi demandado.

Em regra, o juiz somente poderá proferir decisão de acordo com os fatos que são articulados pelas partes e que sejam fornecidos com base na prova produzida no processo. Daí a razão do brocardo latino: *"judex judiare debet secundum allegata et probata partium"*.

Assim, à parte não compete apenas alegar os fundamentos jurídicos do pedido, mas, também, os fundamentos de fato que darão sustentação à pretensão formulada na demanda.

Esse ônus de alegação de comprovação dos fatos pode trazer consequências importantes para a parte, tanto no sentido de procedência quanto no sentido de improcedência do pedido, pois ao autor incumbe provar os fatos constitutivos de seu direito, enquanto que ao réu incumbe comprovar os fatos impeditivos, modificativos ou extintivos do direito do autor. Nesse sentido, aliás, é o que dispõe o art. 373, inc. I e II, do novo C.P.C. brasileiro:

> *Art. 373. O ônus da prova incumbe:*
> *I – ao autor, quanto ao fato constitutivo do seu direito;*
> *II – ao réu, quanto à existência de fato impeditivo, modificativo ou extintivo do direito do autor.*

No mesmo sentido dispõe o art. 342º do Código Civil português, que assim estabelece:

> *"1. Àquele que invocar um direito cabe fazer a prova dos factos constitutivos do direito alegado.*
> *2. A prova dos factos impeditivos, modificativos ou extintivos do direito invocado compete àquele contra quem a invocação é feita*
> *3. Em caso de dúvida, os factos devem ser considerados como constitutivos do direito".*

[105] AROCA, J. M., op. cit., p. 75 e 76.

São exemplos dos fatos impeditivos, na generalidade dos casos, o erro, o dolo, a coação, a simulação, a incapacidade, a condição. São exemplos de fato extintivos, o cumprimento da obrigação, a condição resolutiva, a prescrição, a decadência. São exemplos de fatos modificativos, a moratória concedida ao devedor, a mudança de servidão, a concentração do objeto da prestação.[106]

Conforme bem leciona Fernando Pereira Rodrigues, *"saber se um facto é constitutivo ou impeditivo não poderá o mesmo ser considerado isoladamente, mas antes com atenção à sua relação com o direito invocado ou com a pretensão formulada. Deste modo, o erro, o dolo e a coação revestem em regra a natureza de factos impeditivos, mas, se o autor alegar qualquer desses vícios para pedir a declaração judicial de nulidade de negócio, os factos respectivos passam a funcionar como constitutivos da pretensão pelo autor deduzida"*.[107]

É certo que em relação a determinados fatos alegados pela parte, esta está dispensada de comprová-los, conforme dispõe o art. 374 do novo C.P.C. brasileiro:

> ***Art. 374.*** *Não dependem de prova os fatos:*
> *I – notórios;*
> *II – afirmados por uma parte e confessados pela parte contrária;*
> *III – admitidos no processo como incontroversos;*
> *IV – em cujo favor milita presunção legal de existência ou de veracidade.*

No mesmo sentido é o que dispõe o art. 412º do C.P.C. português:

> *Artigo 412.º Factos que não carecem de alegação ou de prova*
> *1 – Não carecem de prova nem de alegação os factos notórios, devendo considerar –se como tais os factos que são do conhecimento geral.*
> *2 – Também não carecem de alegação os factos de que o tribunal tem conhecimento por virtude do exercício das suas funções; quando o tribunal se socorra destes factos, deve fazer juntar ao processo documento que os comprove.*

Importante inovação que se pretende introduzir no processo civil brasileiro diz respeito à *distribuição diferenciada pelo juiz do ônus da prova*, conforme preconiza o §1º do art. 373 do novo C.P.C. brasileiro:

[106] RODRIGUES, F.P., op. cit., p. 76.
[107] RODRIGUES, F.P., idem, ibidem.

§ 1º Nos casos previstos em lei ou diante de peculiaridades da causa relacionadas à impossibilidade ou à excessiva dificuldade de cumprir o encargo nos termos do caput ou à maior facilidade de obtenção da prova do fato contrário, poderá o juiz atribuir o ônus da prova de modo diverso, desde que o faça por decisão fundamentada, caso em que deverá dar à parte a oportunidade de se desincumbir do ônus que lhe foi atribuído.

O art. 373, §1º, do novo C.P.C. reconhece a aplicação da teoria da distribuição dinâmica do ônus da prova, inserindo esse ônus na esfera jurídica daquele que poderá melhor produzi-la. Essa teoria, com certa medida, já era prevista no inc. VIII do art. 6º do Código de Defesa do Consumidor, na hipótese de hipossuficiência do consumidor, bem como nos arts. 12 e 14 do mesmo estatuto normativo.

Poder-se-ia indagar se as partes poderiam impedir a aplicação da distribuição dinâmica do ônus da prova, prevista no §1º do art. 373 do novo C.P.C., mediante acordo procedimental previsto no art. 190 do mesmo estatuto processual. Tendo em vista que a distribuição dinâmica do ônus da prova tem por fundamento, especialmente, peculiaridades da causa relacionadas à impossibilidade ou à excessiva dificuldade de cumprir o encargo de provar, não fica na disponibilidade das partes impedir a inversão dinâmica do ônus da prova, justamente pelo fato de que a finalidade dessa inversão é a efetiva garantia do acesso à justiça e à ampla defesa.

Segundo estabelece o §2º do art. 373 do novo C.P.C. brasileiro: *A decisão prevista no § 1º deste artigo não pode gerar situação em que a desincumbência do encargo pela parte seja impossível ou excessivamente difícil.*

A distribuição diversa do ônus da prova também pode ocorrer por convenção das partes, salvo quando: I – recair sobre direito indisponível da parte; II – tornar excessivamente difícil a uma parte o exercício do direito. (§3º do art. 373 do novo C.P.C.).

A convenção sobre a distribuição diversa dos ônus da prova pode ocorrer antes ou durante o processo.

A iniciativa da parte faz surgir as seguintes obrigações por parte do juiz: Num sentido positivo: a) dever de pronunciar-se e de decidir de todo modo sobre a demanda, mediante o exercício da atividade jurisdicional que não pode ser negada, nem mesmo diante de uma demanda infundada ou na presença de prova insuficiente do direito acionado; em outras palavras, trata-se da proibição de *negar justiça* ou do denominado *non liquet*; b) também no sentido positivo, o dever de pronunciar-se e de decidir sobre toda a demanda (também sobre as exceções que forem formuladas). Em sentido negativo: a) a proibição de o juízo pronunciar-se além dos limites da demanda ou de se pronunciar de ofício sobre exceções em sentido próprio que são de exclusiva disponibilidade das partes.[108]

Contudo, não se pode confundir o *princípio dispositivo* com o *princípio da aportação da parte* para efeito de produção probatória.

Na ordem processual civil, a doutrina vem sustentando como justificação teórica para ampliação da atividade probatória do órgão jurisdicional a existência de uma crise na construção das "Máximas" alemãs, origem da elaboração do "princípio dispositivo".

A doutrina alemã, no início do século XX, já vinha consagrando a diferenciação entre "princípio dispositivo em sentido estrito" e o princípio de "contribuição da parte" ou "*aportação de parte*". Com base nessa distinção, o princípio dispositivo permaneceria preservando à disposição da parte o início do processo, assim como a possibilidade de encerrá-lo mediante a renúncia, transação e desistência, tendo a parte domínio sobre o próprio objeto do processo. Ao "contrário sensu", o princípio da "contribuição da parte" não teria caráter necessário, seria contingente. O fato de que somente as partes poderiam aportar ao material fático e aos meios de prova conferidos pelo sistema jurídico seria uma opção do legislador que não teria porque subsistir, ao menos de forma plena. Tal postura é uma tentativa de se desligar a atividade probatória do princípio dispositivo. O princípio dispositivo deveria ser mantido apenas em relação ao momento em que o litígio pudesse ser invocado pela petição da parte, e como delimitador da decisão sobre a matéria litigiosa inserida dentro dos limites da demanda. Porém, uma vez que as partes determinaram o alcance do litígio, deve ficar a cargo do juiz realizar o que for necessário para o esclarecimento do assunto; não se pode deixá-lo reduzido aos fatos e meios de provas apresentados pelas partes.[109]

Por isso, o art. 370 do novo C.P.C. assim prescreve:

[108] COMOGLIO, L.P.; FERRI, C.; TARUFFO, M., op. cit., p. 233.

[109] CABIALE, José Antonio Diaz. *Principios de aportación de parte y acusatório.*: la imparcialidad del juez. Granada: Comares, 1996. p. 11.

Art. 370. Caberá ao juiz, de ofício ou a requerimento da parte, determinar as provas necessárias ao julgamento do mérito.

Parágrafo único. O juiz indeferirá, em decisão fundamentada, as diligências inúteis ou meramente protelatórias.

Assim, diante do fato de que o princípio *da aportação da prova* não se aplica exclusivamente às partes, poderá o juiz determinar, de ofício, as provas necessárias ao julgamento do mérito.

Porém, não obstante possa o juiz determinar a realização das provas necessárias ao julgamento do mérito, isso não significa dizer que possa o juiz modificar o conteúdo da prova a ser realizada, pois esse conteúdo somente poderá ser ditado pela parte em face do *princípio dispositivo.*

3.3. Princípio dispositivo e sua congruência com o dispositivo da decisão

Em face dessa concepção doutrinária alemã, em que se realiza uma efetiva diferenciação entre o *princípio dispositivo* e o *princípio da participação da parte,* é que atualmente se postula uma ampliação dos poderes instrutórios do juiz no processo civil.

Alguns doutrinadores, diante do conteúdo normativo do princípio da *aportação da parte,* aduzem que essa previsão normativa faz com que se reconheça no sistema processual uma *atenuação ao modelo dispositivo,* especialmente pelo fato de o juiz poder, no âmbito probatório, agir de ofício.

O *princípio dispositivo,* além de fazer impender sobre os interessados o ônus da iniciativa processual, implica, também, *"que sejam eles a 'conformar o objecto do processo, através da formulação do pedido que, em concreto, pretendem ver apreciado e da alegação da matéria de fato que lhe sirva de fundamento".*[110]

Aliás, um dos requisitos da petição inicial é justamente expor os fatos essenciais que constituem a causa de pedir e as razões de direito que servem de fundamento à demanda.

Nesse sentido é o art. 552º, n. 1, als. d) e e), do Código de Processo Civil português, bem como o art. 319, inc. III e IV do novo Código de Processo Civil brasileiro:

[110] GERALDES, A. S. A., op. cit., p. 41.

> *"Art. 319. A petição inicial indicará:*
> *(...).*
> *III – o fato e os fundamentos jurídicos do pedido;*
> *IV – o pedido com as suas especificações".*

Sem que a petição inicial aponte esses requisitos, ela será considerada inepta, nos termos do art. 186º, n. 1 e n. 2º, als, a), b) e c), do Código de Processo Civil português e nos termos do art. 330, §1º, do novo Código de Processo Civil brasileiro.

Prescindindo ora dos elementos subjetivos da demanda (sujeito ativo e sujeito passivo), os elementos objetivos são isso que se pede (pedido) e as razões pelas quais se pede (*causa de pedir*). O princípio dispositivo reforça a ideia de que o juiz não somente deve ater-se ao pedido das partes, mas também que não possa levar em consideração para fins de adotar como fundamento da decisão fatos não introduzidos na demanda pelas partes.[111]

É importante salientar que havendo acordo entre as partes, o pedido e a causa de pedir poderão ser alterados ou ampliados em qualquer fase do processo, em primeira ou em segunda instância, salvo se a alteração ou ampliação perturbar inconvenientemente a instrução, discussão e julgamento do pleito, segundo estabelece o art. 264º do Código de Processo Civil português.

Em relação ao novo C.P.C. brasileiro, a modificação ou alteração do pedido ou causa de pedir somente poderá ocorrer nas seguintes hipóteses:

> ***Art. 329.*** *O autor poderá:*
> *I – até a citação, aditar ou alterar o pedido ou a causa de pedir, independentemente de consentimento do réu;*
> *II – até o saneamento do processo, aditar ou alterar o pedido e a causa de pedir, com o consentimento do réu, assegurado o contraditório mediante a possibilidade de manifestação deste no prazo mínimo de 15 (quinze) dias, facultado o requerimento de prova suplementar.*
> *Parágrafo único. Aplica-se o disposto neste artigo à reconvenção e à respectiva causa de pedir.*

[111] AROCA, J. M., op. cit., p. 76.

Portanto, o limite jurídico processual para que o autor possa aditar ou alterar o pedido ou a causa de pedir, sem consentimento do réu, se dá com a sua citação. Após a citação, e até o saneamento do processo (art. 357 do novo C.P.C.), o aditamento ou a alteração do pedido ou da causa de pedir dependerá do consentimento do réu.

Aliás, conforme estabelece o §2º do art. 357 do novo C.P.C., quando do saneamento e organização do processo, as partes podem apresentar ao juiz, para homologação, delimitação consensual das questões de fato (em relação à incidência da prova) e de direito (relevantes para o mérito), a qual, se homologada, vincula as partes e o juiz.

A determinação da demanda, ou seja, para distingui-la de todas as outras possíveis, postula que sejam observados os seguintes elementos: a) *subjetivos*: a parte do processo que formula a demanda (autor) e aquele contra quem a demanda é formulada (réu); b) *objetivos*: pedido e causa de pedir.

A demanda determina o objeto do processo civil porque, tratando-se de direitos ou interesses subjetivos, o autor tem completa liberdade para definir sua pretensão em juízo. A *causa de pedir* é normalmente constituída pelos fatos, ocorridos na vida e que acontecem em um determinado momento, obtendo relevância jurídica. Os fatos são os pressupostos de uma norma que reconhece a esses consequência jurídica. Esses fatos devem ser alegados pelo autor, dado que de outro modo seria eliminado um dos pilares do princípio dispositivo e com isso a autonomia da vontade e da liberdade dos cidadãos de exercer os direitos subjetivos a eles pertencentes.[112]

Não se deve confundir o *objeto do processo* com o *objeto da controvérsia ou da 'lide'*. Segundo Juan Montero Aroca: *"Diante da pretensão do autor, o réu, ao articular sua própria defesa, pode limitar-se a negar os fatos afirmados pelo primeiro, mas pode também alegar circunstância que servem de fundamento à sua defesa e ao seu pedido de rejeição da demanda. Os fatos alegados pelo réu não servirão para determinar o objeto do processo (que será sempre e somente a demanda), mas servirão para: a) ampliar os termos do debate: se o réu funda a própria defesa alegando ulteriores fatos que ampliam o objeto da lide; b) determinar o conteúdo da sentença: se o réu alega ulteriores fatos, a decisão do juiz não pode referir-se somente à demanda do autor (pedido e causa de pedir), mas deve fundar-se também sobre a defesa do réu. Todos os fatos, tanto aqueles relativos à 'causa de pedir' da demanda do autor, como aqueles relativos à defesa do réu, devem ser deduzidos em juízo pelas*

[112] AROCA, J. M., idem, p. 76 a 78.

partes. O juiz não pode determinar, por meio de própria dedução de fatos, nem o objeto do processo nem o objeto do debate".[113]

O certo é que o juiz fica vinculado ao objeto do processo, assim como ao objeto da controvérsia ou da lide, razão pela qual não poderá inserir no processo fatos ou exceções de defesa não articulados pelo réu. Se o réu alegou, por exemplo, compensação, o juiz não poderá trazer para o processo fatos concernentes ao pagamento.

Portanto, a congruência do dispositivo da decisão não se dá apenas em relação ao objeto do processo, mas, também, em relação ao objeto da controvérsia ou da lide.

Por meio do *princípio da demanda*, a parte estabelecerá algumas diretrizes em relação ao magistrado, ou seja, a) em relação aos *fatos* que comporão a demanda – *princípio dispositivo*; b) quanto ao *pedido* da prestação jurisdicional pretendida – *princípio da adstrição do juiz ao pedido da parte.*[114]

A necessidade de se observar o ônus de formulação de pedido subsiste ainda que diante de situações em que estejam em causa direitos indisponíveis, interesses coletivos ou difusos.

As partes, por meio do pedido, delimitam o '*thema decidendum*', isto é, indicam a pretensão formulada, não podendo o juiz modificar essa delimitação estabelecida na petição inicial ou na reconvenção.[115]

Por isso, estabelece o art. 319, inc. IV do novo C.P.C. brasileiro que a petição inicial indicará *o pedido com suas especificações*, sendo *vedado ao juiz proferir sentença de natureza diversa da pedida, bem como condenar a parte em quantidade superior ou em objeto diverso do que lhe foi demandado* (art. 492 do novo C.P.C. brasileiro).

[113] AROCA, J. M., idem, p. 77.

[114] PORTANOVA, Rui. *Princípios do processo civil.* 4ª Ed. Porto Alegre: Livraria do Advogado, 2001. p. 70.

[115] *"A distinção precedente entre objeto do processo e objeto da lide vai completada por meio da análise do 'thema probandum' (não do objeto da prova, que é coisa diversa), ou seja, isso que se deve provar em um determinado processo a fim de que o juiz conceda a tutela jurídica pedida pela parte. Os temas das provas são: a) os fatos afirmados por um ou por outra parte: a prova deve referir-se não somente aos fatos alegados pelo autor, mas também àqueles afirmados pelo réu, quando estes não se limitem a negar os fatos postos como fundamento da demanda do autor...; b) os fatos controvertidos: no âmbito dos fatos afirmados pelas partes, devem ser provados somente aqueles que, após a alegação, resultam controversos. Os fatos deduzidos por uma parte e admitidos pela outra devem ser considerados existentes pelo juiz, o qual não poderá desconhecê-los na sentença".* (AROCA, J. M., op. cit., p. 78 e 79).

No mesmo sentido dispõe o art. 609º, n. 1, do Código de Processo Civil português:

> *Artigo 609.º Limites da condenação*
> *1 – A sentença não pode condenar em quantidade superior ou em objeto diverso do que se pedir.*
> *2 – Se não houver elementos para fixar o objeto ou a quantidade, o tribunal condena no que vier a ser liquidado, sem prejuízo de condenação imediata na parte que já seja líquida.*
> *3 – Se tiver sido requerida a manutenção em lugar da restituição da posse, ou esta em vez daquela, o juiz conhece do pedido correspondente à situação realmente verificada.*

O art. 492 do novo C.P.C. brasileiro, assim como o art. 609º, n. 1, do Código de Processo Civil português, trata especificamente da *congruência* que deve existir entre o *princípio dispositivo* e o *conteúdo da sentença,* pois aquele permite que as partes delimitem tanto o objeto do processo em sentido estrito quanto o objeto da controvérsia.

É importante salientar que o S.T.J. não tem considerado como julgamento 'extra petita' a fixação de danos morais em valor superior ao da causa. Nesse sentido, é a seguinte decisão:

> *(...).*
> *3. Mesmo que superado o referido óbice, não há falar em julgamento extra petita na hipótese em que o órgão judicial fixa indenização por dano moral em montante superior ao valor da causa, mas compatível com o pedido inicial, em que se requereu condenação sem nenhum montante pré-estabelecido – com observância do ato ilícito propriamente dito, da finalidade pedagógica, da repercussão e da gravidade do ato praticado, conforme parâmetros tirados da petição inicial –, pois foi observado o princípio da correlação ou congruência entre o pedido e a decisão, tendo sido a questão analisada e decidida como posta a julgamento, ressaltando-se que a utilização de fundamentação contrária aos interesses da parte não pode ser confundida com a utilização de fundamento diverso da questão jurídica que está sendo decidida (AgRg no AREsp nº 324.927/RJ, Rel. Ministra ELIANA CALMON, SEGUNDA TURMA, DJe 26/06/2013).*
> *(...).*
> (EDcl no AREsp 647.825/MG, Rel. Ministro MOURA RIBEIRO, TERCEIRA TURMA, julgado em 23/06/2016, DJe 01/07/2016)

A congruência que deve existir entre a sentença a o objeto do processo ou da controvérsia não significa dizer que o juiz não possa conhecer, de ofício, de questões não debatidas pelas partes, como é o caso da avaliação dos pressupostos processuais ou dos próprios fundamentos jurídicos. Porém, se assim o fizer, deverá observar o contraditório prévio, nos termos do art. 10 do novo C.P.C.

A *congruência* faz parte do princípio dispositivo, é uma das suas consequências essenciais e deriva da natureza dos interesses em jogo na relação jurídica processual.

A *incongruência* por excesso pode decorrer: a) quando a sentença atinge a esfera de terceiros não participante da relação jurídica processual; b) quando a sentença manifesta-se sobre um determinado pedido mediato ou imediato não solicitado pela parte; c) quando a sentença acolha o pedido do autor, mas por uma razão de fato (causa de pedir) diversa daquela inserida pelo autor na demanda. É bem verdade que uma coisa são os fatos que identificam a *causa de pedir,* e outra, que se acrescentam àquela.[116]

A incongruência da sentença em relação à defesa pode ocorrer somente se o réu apresentou *exceção material* e o juiz tenha levado em consideração uma exceção não alegada. Não se poderá falar de incongruência na hipótese em que o juiz leve em consideração uma exceção material que possa ser revelada de *ofício* (por exemplo, a decadência).[117]

Além do mais, a decisão que julgar total ou parcialmente o mérito terá *força de lei* apenas *nos limites da questão principal expressamente decidida* (art. 503 do novo C.P.C.).

A norma do art. 503 do novo C.P.C. brasileiro, assim como o art. 609º, n. 1, do Código de Processo Civil português, regulamenta o conteúdo da sentença e vem esclarecer aquilo que é decorrente do *princípio dispositivo ou da demanda*, ou seja, que não pode o juiz sobrepor-se à vontade das partes.

Disso decorre que a sentença deve ser delimitada pelo pedido formulado, não podendo o juiz condenar em quantia superior ou em objeto diverso do que se pedir. Nesse sentido já decidiu o Tribunal Português de Porto: *"Não pode o juiz convolar o pedido de reconhecimento do direito de propriedade sobre determinado prédio para o de reconhecimento do direito real de servidão predial"* (Ac. Da Rel. do Porto, de 12.10.93, in CJ, tomo IV, pág. 228).

[116] AROCA, J. M., idem, p. 90.
[117] AROCA, J. M., idem, p. 91.

Porém, o Ac. do S.T.J. português de 23.1.96 (in CJSTJ, tomo I, pág. 67) admitiu a possibilidade de o juiz declarar a nulidade de um contrato de sociedade, quando o autor formulara o pedido de declaração de inexistência de tal sociedade, considerando estar-se perante matéria de qualificação jurídica.

No âmbito de ações de indenização decorrentes de acidente de trabalho, ensina o autor português António Santos Abrantes Geraldes, *"constitui orientação dominante a possibilidade de proferir condenação com base em responsabilidade objetiva ou pelo risco, apesar de o autor fundar o seu pedido em responsabilidade culposa"*.[118]

É importante salientar que em nosso sistema processual foi adotada a *teoria da substanciação*, onde vigoram as parêmias *iura novit cúria e da mihi factum, dabo tibi ius*, conquanto a indicação imprecisa dos fundamentos legais que embasem o pedido não impedirá ao magistrado que venha a apreciar a pretensão consoante a aplicação da norma jurídica correta, atribuindo ao fato narrado na exordial o adequado enquadramento legal, de modo que a causa de pedir constitui-se não pela relação jurídica afirmada pelo autor, mas pelo fato ou complexo de fatos que fundamentam a pretensão que se entende por resistida (S.T.J. AREsp n 961152).

Em relação à questão da congruência ou incongruência do pedido no ordenamento jurídico brasileiro, eis os seguintes precedentes:

> *RECURSO DE REVISTA. COMPLEMENTAÇÃO DE APOSENTADORIA. JULGAMENTO –EXTRA PETITA –. CAUSA DE PEDIR. ALTERAÇÃO. PRINCÍPIO DA ADSTRIÇÃO OU DA CONGRUÊNCIA. TEORIA DA SUBSTANCIAÇÃO. LIMITES.*
>
> *1. Configura-se o julgamento fora dos limites da lide –extra petita –quando o magistrado concede prestação jurisdicional diferente da que postulada na petição inicial ou defere o pedido formulado, porém com base em fundamento não invocado como causa de pedir.*
>
> *2. No caso vertente, o Tribunal Regional, invocando a teoria da substanciação, manteve a sentença que deferiu pedido de diferenças de complementação de aposentadoria com base na função de assistente jurídico, quando a petição inicial é expressa em postular diferenças em razão do cargo de coordenador jurídico.*

[118] GERALDES, A. S. A., op. cit., p. 44.

3. Todavia, a teoria da substanciação não contém base legal para autorizar o julgamento fora dos limites traçados pela parte, devendo haver a necessária correlação (princípio da congruência ou adstrição) entre o pedido/causa de pedir e o provimento judicial (CPC, arts. 128 e 460), sob pena de nulidade por julgamento -citra, -extra – ou -ultra petita-.

4. O provimento judicial está adstrito, não somente ao pedido formulado pela parte na petição inicial, mas também à causa de pedir, que, segundo a teoria da substanciação, adotada em nossa legislação processual, é delimitada pelos fatos narrados na petição inicial, sendo que a livre atuação judicial está limitada ao fato constitutivo do direito, que não poderá ser alterado.

5. Dessa orientação divergiu o acórdão recorrido ao manter a sentença proferida fora dos limites da lide, violando os arts. 128 e 460, do CPC. Recurso de revista parcialmente conhecido e provido.

(TST – RR: 743009820085040006, Relator: Walmir Oliveira da Costa, Data de Julgamento: 25/06/2014, 1ª Turma, Data de Publicação: DEJT 01/08/2014)

AGRAVO REGIMENTAL NO AGRAVO REGIMENTAL NO RECURSO ESPECIAL. PROCESSUAL CIVIL. CAUSA DE PEDIR. ALTERAÇÃO NA QUALIFICAÇÃO JURÍDICA DOS FATOS. PRINCÍPIO DA CONGRUÊNCIA. VIOLAÇÃO. PRECEDENTES. JULGAMENTO EXTRA PETITA. OCORRÊNCIA.

1. A jurisprudência desta Corte Superior é firme em que "O juiz pode decidir a causa baseando-se em outro dispositivo legal que não o invocado pela parte, mas não lhe é dado escolher, dos fatos provados, qual deve ser o fundamento de sua decisão, se o fato eleito for diferente daquele alegado pela parte, como fundamento de sua pretensão" (REsp 1.043.163/SP, Rel. Ministra Nancy Andrighi, DJe 28/6/2010).

2. É de ser reconhecido como extra petita o julgamento que empresta qualificação jurídica diversa aos fatos narrados pelas partes. Precedentes. 3. Agravo regimental não provido.

(STJ – AgRg no AgRg no REsp: 696079 BA 2004/0131787-6, Relator: Ministro RICARDO VILLAS BÔAS CUEVA, Data de Julgamento: 05/11/2013, T3 – TERCEIRA TURMA, Data de Publicação: DJe 28/11/2013)

CIVIL E PROCESSUAL CIVIL. RECURSO ESPECIAL. RESPONSABILIDADE CIVIL. CLÍNICA MÉDICA. SÓCIOS. JULGAMENTO EXTRA PETITA. CAUSA DE PEDIR. ALTERAÇÃO. PRINCÍPIO DA ADSTRIÇÃO OU

DA CONGRUÊNCIA. NEXO DE CAUSALIDADE. EXCLUSÃO. RECURSOS ESPECIAIS PROVIDOS.

1. Segundo o princípio da adstrição ou da congruência, deve haver necessária correlação entre o pedido/causa de pedir e o provimento judicial (artigos 128 e 460 do Código de Processo Civil), sob pena de nulidade por julgamento citra, extra ou ultra petita.

2. O provimento judicial está adstrito, não somente ao pedido formulado pela parte na inicial, mas também à causa de pedir, que, segundo a teoria da substanciação, adotada pela nossa legislação processual, é delimitada pelos fatos narrados na petição inicial.

3. Incide em vício de nulidade por julgamento extra petita a decisão que julga procedente o pedido com base em fato diverso daquele narrado pelo autor na inicial como fundamento do seu pedido.

4. Se a causa de pedir veio fundada no sofrimento dos autores em função da morte do paciente, imputada aos maus tratos sofridos durante a internação, era defeso ao Tribunal de origem condenar os réus com base nas más condições de atendimento da clínica, não relacionadas com o óbito.

5. Excluído pelo acórdão recorrido, com base na prova dos autos, o nexo causal entre o resultado morte e o tratamento recebido pelo paciente, ao consignar que se tratava de paciente em estado terminal, a improcedência da ação é solução que se impõe. 6. Recursos especiais providos.

(STJ – REsp: 1169755 RJ 2009/0239120-0, Relator: Ministro VASCO DELLA GIUSTINA (DESEMBARGADOR CONVOCADO DO TJ/RS), Data de Julgamento: 06/05/2010, T3 – TERCEIRA TURMA, Data de Publicação: DJe 26/05/2010)

3.4. Princípio dispositivo e as exceções legais

A regra geral é de que o princípio dispositivo impede o juiz de levar em consideração fatos ou questões jurídicas não articuladas pelas partes, enquanto sejam elementos essenciais da causa de pedir ou servindo de suporte às exceções.[119] Nesse sentido, aliás, é o que dispõe o art. 5º, n. 1, do C.P.C. português:

Artigo 5.º Ónus de alegação das partes e poderes de cognição do tribunal

1 – Às partes cabe alegar os factos essenciais que constituem a causa de pedir e aqueles em que se baseiam as exceções invocadas.

[119] RODRIGUES, F.P., op. cit., p. 79

No contexto da doutrina de Cappelletti, todavia, a argumentação não concerne à alegação de qualquer fato, mas somente à alegação dos 'fatos jurídicos (principais), isto é, a alegação dos 'fatos constitutivos, extintivos ou impeditivos da relação *'de quo agitur'*, sendo deste rol excluída a alegação dos 'fatos secundários' (ou 'simples' ou 'acessórios'), ou seja, os 'fatos dos quais diretamente ou indiretamente possa dessumir-se a existência ou a inexistência ou o modo de ser dos fatos jurídicos.[120]

Conforme afirma Cappelletti, *"pode acontecer e acontece em nosso ordenamento jurídico', que estes fatos sejam conhecidos ou promovidos pelo juiz 'ex officio', e isso não somente no sentido de que o juiz possa e deva levar em conta esses fatos secundários não alegados pela parte interessada, como igualmente aqueles fatos que sejam alegados pela parte à qual prejudicam, ou decorram da prova produzida ou provenham de outros fatos, ou sejam notórios, mas também no sentido de que ele pode valer-se dos poderes de iniciativa instrutória que a lei lhe concede, seja para inserir no processo fatos secundários que lhe tenham chegado ao conhecimento de forma privada, seja para investigar na realidade extraprocessual temas secundários de prova para introduzir no processo".*[121]

Por isso o art. 5º, n. 2., do Código de Processo Civil português afirma que além dos fatos articulados pelas partes, serão ainda considerados pelo juiz: *"a) os factos instrumentais que resultem da instrução da causa; b) os factos que sejam complemento ou concretização dos que as partes hajam alegados e resultem da instrução da causa, desde que sobre eles tenha tido a possibilidade de se pronunciar; c) os factos notórios e aqueles de que o tribunal tem conhecimento por virtude do exercício das funções.*

Segundo anota Rui Pinto:

> *"(...)*
>
> *II. Dentro desses factos integradores de normas de procedência há, no plano do tratamento processual, que distinguir entre o 'núcleo essencial' e os 'factos acessórios ou complementares. O 'núcleo essencial' é constituído pelos 'factos principais', ou seja, os 'elementos típicos do direito que pretende fazer valer (Rl 22-2-2001/0006926 (Granja da Fonseca). É aquilo que Lebre de Freitas, 'A ação declarativa comum. À luz do Código de Processo Civil de 2013, 3ª edição, 2013, 41, designa como 'núcleo fáctico essencial tipicamente previsto por uma ou mais normas como causa do efeito de direito material pretendido'(...).*

[120] CAVALLONE, Bruno. *Il giudice e la prova nel processo civil.* Padova: CEDAM, 1991. p. 105.

[121] CAVALLONE, B., idem, p. 116 e 117.

III. Por seu turno, os 'factos acessórios ou complementares, concretizam ou qualificam os primeiros, conforme previsto nas normas de procedência (complementaridade intrínseca). No plano processual, são todos os demais factos que integram a causa de pedir e que, apesar disso, não individualizam a causa, nem a sua omissão dita a inaptidão. Por ex: na acção de indemnização por dano extracontratual podem ser alegados na petição inicial tanto os factos principais ou típicos (facto, dano, nexo...) como já os factos que lhes sejam complementares como a 'medida' do dano; na acção de condenação no cumprimento podem ser alegados tanto os factos principais ou típicos (celebração do contrato) como os factos que lhes sejam complementares, como a 'data do vencimento' da obrigação. (...).

6. Os factos instrumentais. I. Os 'factos instrumentais' não integram a causa de pedir: são factos indiciários ou presuntivos dos factos integrantes da causa de pedir.

Recorde-se que de acordo com o artigo 349º CC as 'Presunções são as ilações que a lei ou o julgador tira de um facto conhecido para firmar um facto desconhecido'. Assim, os factos instrumentais são 'factos conhecidos' que permitem à parte firmar um 'facto constitutivo' (facto desconhecido). Portanto, são factos meramente probatórios e não integram as normas de procedência, i.e., as previsões normativas dos regimes materiais que suportam o pedido do autor. Por ex. na ação de reivindicação pode provar-se o facto da titularidade da propriedade pela prova da posse, graças ao artigo 268º CC. II. Esta categoria está, por conseguinte, fora do ónus da alegação (...).".[122]

Observa-se, portanto, que há no direito processual civil português exceções ao princípio dispositivo em matéria de fato, a saber: *"O juiz pode servir-se de 'factos instrumentais', ainda que 'não alegados', desde que resultem da instrução e discussão da causa, nos termos do art. 264º, n. 2.; por último, serão ainda considerados os 'factos essenciais', ainda que 'não alegados', desde que resultantes da instrução e discussão da causa, de acordo com o condicionalismo previsto no art. 264º, n. 3".*[123]

Muito embora o legislador português tenha restringido o âmbito da causa de pedir àquilo que se denomina de *factos essenciais*, é certo que em relação aos fatos complementares ou instrumentais o tribunal poderá conhecer *oficiosamente*, como, por exemplo, *'é admissível o adaptamento de facto na sentença, não incluído na base instrutória e não alegado nos articulados (...) resultante de confissão do réu feita através de depoimento da parte'*

[122] PINTO, R., op. cit., p. 21 e 22.

[123] GERALDES, A. S. A., op. cit., p. 51.

(RL 31-1-3013-396/2000.L1-2 (Jorge Vilaça). Esses fatos são, na realidade delimitados *fatos complementares.*

Quanto aos fatos instrumentais, eis a seguinte decisão do STJ português: *"STJ 13-12-2001 (Miranda Busmão): 'Quanto aos factos instrumentais, o tribunal pode não só investigá-los como ordenar quanto a eles as actividades instrutórias que possam ser de iniciativa oficiosa (...)".*

Nos termos do art. 612º do C.P.C. português, o tribunal poderá conhecer também *oficiosamente* dos fatos que sirvam para caracterizar o uso anormal do processo.[124]

Também o art. 374 do novo C.P.C. brasileiro prevê de certa forma hipóteses de exceção ao princípio dispositivo quando afirma que não dependem de prova os fatos notórios, afirmados por uma parte e confessados pela parte contrária, admitidos no processo como incontroversos ou em cujo favor milita presunção legal de existência ou de veracidade.

Diferenciação importante existente entre o processo civil português e o brasileiro diz respeito ao fato de que, nos termos do art. 5º, n. 2, letra c, do C.P.C. português, o juiz poderá servir-se para a decisão da causa de fatos que tenham chegado ao seu conhecimento em virtude do exercício das suas funções jurisdicionais, sendo que quando se utilizar desses fatos deverá juntar ao processo documentos que os comprovem.

Na Itália também se observa algumas exceções ao princípio dispositivo ou da demanda. As mais importantes estão previstas na lei falimentar e em matéria de jurisdição voluntária. Quanto à lei falimentar, é de se recordar sobretudo o disposto no art. 6º, segundo o qual a falência pode ser declarada também de ofício se resultar o estado de insolvência do empreendedor comercial. Em relação à matéria de jurisdição voluntária, deve-se recordar o art. 336, inc. 3º, c.c., segundo o qual *'no caso de urgência necessidade o tribunal (dos menores) pode adotar, também de ofício, provimentos temporários de interesse do filho.*[125]

No Brasil, muito embora o juiz possa determinar, de ofício, a produção probatória, nos termos do art. 370 do novo C.P.C. brasileiro, isso não significa que o juiz brasileiro poderá levar em consideração fatos que tenham chegado ao seu conhecimento, mas que não foram alegados pelas partes no processo.

[124] RODRIGUES, F.P., op. cit., loc. cit.

[125] PISANI, A. P., op. cit., p. 205 e 206.

Mas não somente em relação aos fatos que o princípio dispositivo sofre exceções. Também no que concerne aos aspectos jurídicos poderá o princípio dispositivo ser relativizado.

Aliás, o art. 2º do novo C.P.C. brasileiro expressamente excepciona o aspecto jurídico do princípio dispositivo ao estabelecer: *O processo começa por iniciativa da parte e se desenvolve por impulso oficial, salvo as exceções previstas em lei.*

O princípio dispositivo, portanto, pode sofrer exceções previstas em lei.[126]

Entre essas exceções, citam-se as seguintes:

O art. 297 do novo C.P.C. brasileiro estabelece que o *juiz poderá determinar as medidas que considerar adequadas para a efetivação da tutela provisória*, mesmo que essa medidas não tenham sido requeridas pelas partes.

Esse poder de efetivação atípico e genérico, tal como se verifica no direito anglo-saxão, ultrapassa os limites do princípio dispositivo. Ainda que a parte tenha formulado um pedido de tutela provisória ditando a sua forma de efetivação, o juiz poderá modificar as medidas solicitadas, desde que essa mudança tenha por finalidade dar maior efetivação à tutela provisória.

Verifica-se a existência de enorme poder discricionário do juiz brasileiro no que concerne às medidas a serem utilizadas, havendo somente vinculação dessas medidas à maior efetivação da tutela provisória.

Com isso, de certa forma e com as devidas modulações, o direito processual civil brasileiro aproxima-se do direito processual anglo-saxão e alemão.

Preceito normativo similar encontra-se no art. 376º, n. 3, 1ª parte do C.P.C. português, que permite ao juiz, independentemente da providência 'concretamente requerida', decretar aquela que mais se ajuste à situação fática adequada.

Estabelece o art. 376º, n. 3, 1º, do C.P.C. português:

[126] *"O campo privilegiado das excepções ao princípio dos dispositivos situa-se nos processos de 'jurisdição voluntária' onde, ao invés do que invariavelmente ocorre nos processos de jurisdição contenciosa, nem sempre se procura dirimir um conflito de interesses, conferindo-se ao juiz o 'poder-dever de adoptar a solução que julgue mais conveniente e oportuna para acautelar os interesses que neles se discutem"* (GERALDES, A. S. A., op., cit.; pág. 45).

Artigo 376.º Aplicação subsidiária aos procedimentos nominados
(...).
3 – O tribunal não está adstrito à providência concretamente requerida, sendo aplicável à cumulação de providências cautelares a que caibam formas de procedimento diversas o preceituado nos n.os 2 e 3 do artigo 37.º

Comentando este dispositivo, anota o processualista português António Santos Abrantes Geraldes: *"Note-se que a previsão legal não se reporta a simples 'correcção de forma de procedimento', já abarcada pela norma do art. 199º, nem sequer se limita a autorizar a atribuição de divergente 'qualificação jurídica' da providência material requerida, poder este também conferido genericamente pelo art. 664'. A referida norma comporta, de modo que nos parece claro, uma 'excepção ao princípio do dispositivo', atribuindo ao juiz poderes para determinar a medida cautelar que considere mais adequada à tutela dos interesses, no contexto da relação jurídica litigada e com respeito pela matéria de facto trazida no processo pelo requerente ou por ambas as partes, consoante as circunstâncias"*[127]

No novo C.P.C. brasileiro encontram-se também diversas disposições legais que relativizam o princípio dispositivo, a saber: a) O juiz pode, de ofício, determinar a restauração de autos, nos termos do artigo 712; b) o juiz também, de ofício, poderá determinar a alienação judicial de bens, nos termos do artigo 730; c) pode o juiz, ainda, determinar a arrecadação de bens no caso de herança jacente, nos termos do artigo 738; d) da mesma forma poderá, o juiz, arrecadar os bens do ausente, nos termos do artigo 744 e) o artigo 773 diz que o juiz poderá, de ofício ou a requerimento, determinar as medidas necessárias ao cumprimento da ordem de entrega de documentos e dados; f) pedido de instauração de incidente de resolução de demandas repetitivas, de ofício, pelo relator ou pelo juiz, nos termos do art. 977, inc. I.

Porém, conforme preconiza o art. 10 do novo C.P.C. brasileiro o juiz não pode decidir, em grau algum de jurisdição, com base em fundamento a respeito do qual não se tenha dado às partes oportunidade de se manifestar, ainda que se trate de matéria sobre a qual deva decidir de ofício.

Quanto à aplicação da norma jurídica, mantém-se o aforisma de que o juiz não está limitado às alegações das partes, pois em relação à aplicação

[127] GERALDES, A. S. A., idem, p. 46.

e à interpretação da norma jurídica prevalece o brocardo *iura novit curia* ou *da mihi factum dabo tibi ius*.

O juiz, antes de tudo, deve conhecer o direito, para em seguida aplicar a norma adequada ao caso concreto. Por isso, a norma jurídica, segundo a doutrina mais abalizada, não serve para delimitar o objeto do processo. Aliás, nesse sentido já se manifestou o Supremo Tribunal Constitucional espanhol: *"Os tribunal não tem a necessidade nem a obrigação de adaptar-se, nas razões jurídicas que servem para motivar a própria sentença, às deduções de direito das partes e podem basear as próprias decisões sobre fundamentos jurídicos distintos, a partir do momento que isso é autorizado pela regra do aforisma 'iura novit cúria"* (STC 20/1982, 5 maio).

Em que pese competir às partes, em seus articulados, apresentar os fundamentos jurídicos das suas pretensões, o direito invocado não vincula o juiz, que nesse campo é soberano. Conforme leciona António Santos Abrantes Geraldes: *"Na sentença deve o juiz, nos termos do art. 659º, n. 2, aplicar as normas jurídicas correspondentes, sem prejuízo do respeito pelo princípio do contraditório, agora explicitado, quanto à matéria de direito, no art. 3º, n. 3, normativo introduzido com o objectivo de impedir as 'decisões surpresas'". Mesmo no que respeita ao 'direito estrangeiro, consuetudinário ou local', cuja prova incumbe à parte que o invoca, o tribunal deve exercer o poder de averiguação oficiosa (art. 348º do CC).".*[128]

3.5. Princípio dispositivo e a gestão do processo (impulso oficial)

No Século XIX, partia-se da ideia da natureza privada dos interesses em jogo no processo civil, razão pela qual as partes poderiam ser também 'patrões do processo'. Essa ideia provinha da desconfiança do liberalismo em relação a toda atividade do Estado e, portanto, também em relação aos órgãos jurisdicionais. Estes, segundo essa concepção, estariam a serviço dos privados para resolver, como e quando desejassem, os seus conflitos de interesses. Disso resultava a limitação extraordinária dos poderes do juiz no processo regulado no Século XIX. Porém, no curso do Século XX, deu-se preferência à concepção publicista do processo, que teve início com Klein e pela Ordenança Processual Civil austríaca de 1895. Assim, passou-se a entender que o melhor sistema seria aquele em que o juiz não se limitaria

[128] GERALDES, A. S. A., idem, p. 63.

a julgar, mas, sim, no qual ele se transformaria em um verdadeiro gestor do processo, dotado de grandes poderes idôneos a garantir não somente os direitos das partes, mas, sobretudo os valores e os interesses da sociedade. Passa o processo, a partir de Klein, a ter uma concepção publicista. Com isso, amplia-se os poderes materiais do juiz de direito do processo, dentre os quais se encontra o do *impulso oficial*.[129]

A direção formal do processo é concedida àquele que ao mesmo tempo exercitará os poderes de controle da regularidade formal ou técnica dos atos processuais e aqueles de impulso do procedimento, a fim de que este se desenvolva passando de uma fase à outra. Em outras palavras, a direção formal não condiciona nem se refere ao conteúdo do processo; condiciona o processo em si mesmo, e especialmente individua entre o juiz e as partes quem tem a obrigação de controlar a admissibilidade da demanda e, portanto, se é possível emitir ou não uma sentença de mérito, sempre que estejam presentes os pressupostos necessários, assim como dar impulso ao processo fazendo avançar através das fases previstas na lei.

O início do processo depende das partes, em face do que dispõe o princípio dispositivo. Também a impugnação da decisão depende das partes, salvo se houver no ordenamento jurídico o denominado recurso de ofício. Também o cumprimento de sentença dependerá de impulso das partes. Mas uma vez realizado o impulso inicial da parte, passará o juiz a ditar, com base no impulso oficial, os provimentos idôneos para fazer avançar o processo.

Atualmente, o impulso oficial aplica-se a todos os processos.

Segundo estabelece o art. 2º do novo C.P.C. brasileiro, *o processo começa por iniciativa da parte e se desenvolve por impulso oficial, salvo as exceções previstas em lei.*

No mesmo sentido prescreve o art. 6º do C.P.C. português:

> *Artigo 6.º Dever de gestão processual*
>
> *1 – Cumpre ao juiz, sem prejuízo do ónus de impulso especialmente imposto pela lei às partes, dirigir ativamente o processo e providenciar pelo seu andamento célere, promovendo oficiosamente as diligências necessárias ao normal prosseguimento da ação, recusando o que for impertinente ou meramente dilatório e, ouvidas as partes, adotando*

[129] AROCA, J. M., op. cit., p. 71 a 75.

mecanismos de simplificação e agilização processual que garantam a justa composição do litígio em prazo razoável.

2 – O juiz providencia oficiosamente pelo suprimento da falta de pressupostos processuais suscetíveis de sanação, determinando a realização dos atos necessários à regularização da instância ou, quando a sanação dependa de ato que deva ser praticado pelas partes, convidando estas a praticá-lo.

O conteúdo normativo desses dispositivos tem por objetivo realizar uma ponderação entre o princípio dispositivo e o da oficiosidade ou do impulso oficial, em termos que se consideram razoáveis e adequados.

Conforme bem ensina Fernando Pereira Rodrigues: *"Na versão da lei atual o princípio do inquisitório é não apenas um poder conferido ao juiz da direção do processo, mas antes um dever da boa gestão processual, exigindo ao juiz uma postura ativa na condução do mesmo processo, devendo diligenciar pelo seu andamento célere, promovendo para tanto oficiosamente as diligências adequadas ao normal desenvolvimento da lide e recusando o que for impertinente ou dilatório, tudo com vista a alcançar uma base justa composição do litígio em prazo razoável"*.[130]

Assim, com base no princípio do impulso oficial ou inquisitivo, pode-se extrair as seguintes prerrogativas outorgadas ao juiz: *"a) providenciar pelo andamento regular e célere do processo, promovendo oficiosamente as diligências necessárias ao normal prosseguimento da ação e recusando o que for impertinente ou meramente dilatório; b) providenciar pelo suprimento da falta de pressupostos processuais suscetíveis de sanação, determinando a realização dos atos necessários à regularização da instância ou, quando a sanação dependa de ato que deva ser praticado pelas partes, convidando as partes a praticá-los; c) adotar mecanismos de simplificação e agilização processual que garantam a justa composição do litígio em prazo razoável"*.[131]

O princípio do impulso oficial, ao relativizar o princípio dispositivo, confere ao juiz velar e zelar por uma regular e eficaz condução da relação jurídica processual, pois, como se sabe, o processo civil é desenvolvido por meio de procedimento concatenado numa sucessão de atos destinados ao fim último da atividade jurisdicional que é a realização da Justiça.

No âmbito do novo C.P.C. brasileiro (Lei n...), as principais atuações do juiz durante a aplicação do impulso oficial dizem respeito, entre outras: a)

[130] RODRIGUES, F. P., op. cit., p. 88.

[131] RODRIGUES, F. P., idem, ibidem.

as partes podem modificar a competência em razão do valor ou do território, porém, antes da citação, a cláusula de eleição de foro, se abusiva, pode ser reputada ineficaz de ofício pelo juiz, hipótese em que determinará a remessa dos autos ao juízo do foro de domicílio do réu (§3º do art.63); b) a incompetência absoluta pode ser alegada em qualquer tempo e grau de jurisdição e deve ser declarada de ofício (§1º do art. 64); c) de ofício ou a requerimento do ofendido, o juiz determinará que as expressões ofensivas sejam riscadas e, a requerimento do ofendido, determinará a expedição de certidão com inteiro teor das expressões ofensivas e a colocará à disposição da parte interessada (§2º do art. 78); d) de ofício ou a requerimento, o juiz condenará o litigante de má-fé a pagar multa, que deverá ser superior a um por cento e inferior a dez por cento do valor corrigido da causa, a indenizar a parte contrária pelos prejuízos que esta sofreu, e a arcar com os honorários advocatícios e com todas as despesas que efetuou (art. 81); e) o juiz ou o relator, considerando a relevância da matéria, a especificidade do tema objeto da demanda ou a repercussão social da controvérsia, poderá, por decisão irrecorrível, de ofício ou a requerimento das partes ou de quem pretenda manifestar-se, solicitar ou admitir a manifestação de pessoa natural ou jurídica, órgão ou entidade especializada, com representatividade adequada, no prazo de 15 (quinze) dias da sua intimação (art. 138); f) o juiz dirigirá o processo, incumbindo-lhe: I – assegurar às partes igualdade de tratamento; II – velar pela duração razoável do processo; III – prevenir ou reprimir qualquer ato contrário à dignidade da justiça e indeferir postulações meramente protelatórias; IV – determinar todas as medidas indutivas, coercitivas, mandamentais ou sub-rogatórias necessárias para assegurar o cumprimento de ordem judicial, inclusive nas ações que tenham por objeto prestação pecuniária; V – promover, a qualquer tempo, a autocomposição, preferencialmente com auxílio de conciliadores e mediadores judiciais; VI – dilatar os prazos processuais e alterar a ordem de produção dos meios de prova, adequando-os às necessidades do conflito de modo a conferir maior efetividade à tutela do direito; VII – exercer o poder de polícia, requisitando, quando necessário, força policial, além da segurança interna dos fóruns e tribunais; VIII – determinar, a qualquer tempo, o comparecimento pessoal das partes, para inquiri-las sobre os fatos da causa, hipótese em que não incidirá a pena de confesso; IX – determinar o suprimento de pressupostos processuais e o saneamento de outros vícios processuais; X – quando se deparar com diversas demandas individuais repetitivas, oficiar o Ministério Público, a Defensoria Pública e, na medida do possível, outros legitimados a que se referem os arts. 5º da Lei nº 7.347, de 24 de julho de 1985, e 82 da Lei nº 8.078, de 11 de setembro de 1990, para, se for o caso, promover a propositura da ação coletiva respectiva(art. 139); g) o juiz determinará de ofício as intimações em processos pendentes, salvo disposição em contrário (art. 271); h) a nulidade dos atos deve ser alegada na primeira oportunidade em que couber à parte falar nos autos, sob pena de preclusão, sendo que esta determinação não se aplica às nulidades que o juiz deva decretar de ofício (art. 278).

Também no C.P.C. português observam-se diversas disposições em que o juiz realiza concretamente o impulso oficial do processo, dentre outras, a saber: a) as nulidades mencionadas nos artigos 186º a 187º, na segunda parte do n. 2 do artigo 191º e nos artigos 193º e 194º pode o tribunal conhecer oficiosamente (art. 196º); b) pode o tribunal conhecer de ofício a nulidade de citação (art. 187º); c) o erro na qualificação do meio processual utilizado pela parte é corrigido oficiosamente pelo juiz, determinando que se sigam os termos processuais adequados (art. 193º, 3); d) o juiz deve adotar a tramitação processual adequada às especificidades da causa e adaptar o conteúdo e a forma dos atos processuais ao fim que visam atingir, assegurando um processo equitativo (art. 547º); e) incumbe ao tribunal, por sua iniciativa ou a requerimento de qualquer das partes, requisitar informações, pareceres técnicos, plantas, fotografias, desenhos, objetos ou outros documentos necessários ao esclarecimento da verdade. A requisição pode ser feita aos organismos oficiais, às partes ou a terceiros (art. 436º); f) o tribunal, sempre que o julgue conveniente, pode, por sua iniciativa ou a requerimento das partes, e com ressalva da intimidade da vida privada e familiar e da dignidade humana, inspecionar coisas ou pessoas, a fim de se esclarecer sobre qualquer facto que interesse à decisão da causa, podendo deslocar-se ao local da questão ou mandar proceder à reconstituição dos factos, quando a entender necessária (art. 490º, 1); g) o juiz pode, em qualquer altura do processo, ouvir as partes, seus representantes ou mandatários judiciais, convidando-os a fornecer os esclarecimentos sobre a matéria de facto ou de direito que se afigurem pertinentes e dando-se conhecimento à outra parte dos resultados da diligência (art. 7º, 2).

4.

Princípio/garantia do acesso à justiça ou da ubiquidade

O art. 1º do Código de Processo Civil português incorporou o princípio da *proibição da autodefesa* ao estabelecer que: *a ninguém é lícito o recurso à força com o fim de realizar ou assegurar o próprio direito, salvo nos casos e dentro dos limites declarados na lei.*

Sobre o exercício arbitrário das próprias razões, prescreve o art. 345 do Código Penal brasileiro:

> *Art. 345 – Fazer justiça pelas próprias mãos, para satisfazer pretensão, embora legítima, salvo quando a lei o permite:*
>
> *Pena – detenção, de quinze dias a um mês, ou multa, além da pena correspondente à violência.*
>
> *Parágrafo único – Se não há emprego de violência, somente se procede mediante queixa.*

São raras as exceções em que a lei permite o exercício da própria tutela jurídica, como é o caso da legítima defesa da posse e do direito de retenção.

Porém, de nada adianta preconizar-se a proibição do exercício arbitrário das próprias razões, proibindo-se que cada pessoa use do recurso da força por si própria para realizar ou assegurar seus direitos, sem que o Estado ofereça uma via institucional adequada e de amplo acesso para que o conflito seja definitivamente resolvido no campo institucional apropriado.

Com a proibição da autodefesa, observa-se que o processo civil contemporâneo está fundamentado e estruturado em um princípio que decorre da própria essência do Estado Democrático de Direito, ou seja, que a autoridade legítima para o exercício da força de coerção é monopólio do Estado, devendo ser exercida por um Poder institucionalizado e legitimado, no caso, o Poder Judiciário.

Essa concepção democrática do acesso ao Poder Judiciário encontra-se preconizada nas convenções internacionais.

A Declaração Universal dos Direitos do Homem, estabelece em seu art. 10º, que *toda pessoa tem direito, em plena igualdade, a que a sua causa seja equitativa e publicamente julgada por um tribunal independente e imparcial que decida dos seus direitos e obrigações ou das razões de qualquer acusação em matéria penal que contra ela seja deduzida.*

Por sua vez, a Convenção Europeia dos Direitos do Homem prescreve em seu art. 6º, n. 1º que *"qualquer pessoa tem direito a que a sua causa seja examinada, equitativamente e publicamente, num prazo razoável por um tribunal independente e imparcial, estabelecido pela lei, o qual decidirá, quer sobre a determinação dos seus direitos e obrigações de caráter civil, quer sobre o fundamento de qualquer acusação em matéria penal dirigida contra ela. O julgamento deve ser público, mas o acesso à sala de audiências pode ser proibido à imprensa ou ao público durante a totalidade ou parte do processo, quando a bem da moralidade, da ordem pública ou da segurança nacional numa sociedade democrática, quando os interesses de menores ou a proteção da vida privada das partes no processo o exigirem, ou, na medida julgada estritamente necessária pelo tribunal, quando, em circunstâncias especiais, a publicidade pudesse ser prejudicial para os interesses da justiça.*

A exigência de amplo e irrestrito acesso ao exercício da atividade jurisdicional em um Estado Democrático de Direito também foi devidamente incorporado pelo art. 5º, incs. XXXIV e XXXV da Constituição Federal brasileira:

> *Art. 5º (...).*
>
> *XXXIV – são a todos assegurados, independentemente do pagamento de taxas:*
>
> *a) o direito de petição aos Poderes Públicos em defesa de direitos ou contra ilegalidade ou abuso de poder;*
>
> *b) a obtenção de certidões em repartições públicas, para defesa de direitos e esclarecimento de situações de interesse pessoal;*

XXXV – a lei não excluirá da apreciação do Poder Judiciário lesão ou ameaça a direito.

O art. 3º do novo C.P.C. brasileiro vem reforçar a aplicação do direito e garantia fundamental previsto expressamente no texto Constitucional brasileiro de 1988, ou seja, o princípio do acesso à jurisdição.[132]

O direito/garantia de *acesso à jurisdição* corresponde a um princípio estruturante do Estado de Direito. Aliás, *"os princípios gerais estruturantes do processo civil, em qualquer das suas fases, deverão essencialmente representar um desenvolvimento, concretização e densificação do princípio constitucional do acesso à justiça"*.[133]

Da mesma forma, o princípio do acesso à justiça é expressamente consignado no ar. 20º da Constituição da República Portuguesa:

"1. A todos é assegurado o acesso ao direito e aos tribunais para defesa dos seus direitos e interesses legalmente protegidos, não podendo a justiça ser denegada por insuficiência de meios económicos.

2. Todos têm direito, nos termos da lei, à informação e consulta jurídicas ao patrocínio judiciário e a fazer-se a acompanhar por advogado perante qualquer autoridade.

3. A lei define e assegura a adequada proteção do segredo de justiça.

4. Todos têm direito a que uma causa em que intervenham seja objeto de decisão em prazo razoável e mediante processo equitativo.

5. Para defesa dos direitos, liberdades e garantias pessoais, a lei assegura aos cidadãos procedimentos judiciais caracterizados pela celeridade e prioridade, de modo a obter tutela efetiva e em tempo útil contra ameaça ou violações desses direitos".

Também o art. 24 da Constituição Italiana apresenta a mesma garantia constitucional: *"Tutti possono agire in giudizio per la tutela dei propri diritti e interessi legittimi"*. (Todos podem agir em juízo para a tutela dos próprios direitos e interesses legítimos).

Daí por que, como diz Enrico Tullio Liebman, deve-se fazer uma distinção entre direito substancial e a *ação*. Enquanto o primeiro tem por

[132] Alguns autores falam em *garantia constitucional* (Alessandro Pace, *Problemática delle liberta constitucionale*, Padova, 1984. Alguns utilizam a expressão *tutela de direitos fundamentais* (Cardoso da Costa. *A tutela dos direitos fundamentais)*.

[133] Preâmbulo do Decreto-lei n. 329-A/95, de 12 de dezembro.

objeto uma prestação da parte contrária, o direito fundamental de ação visa a provocar uma atividade dos órgãos jurisdicionais; justamente por isso, a pretensão de direito material em regra dirige-se à parte contrária e tem, conforme o caso, natureza privada ou pública e um conteúdo que varia de caso a caso, enquanto a ação se dirige ao Estado e por isso tem natureza sempre pública e um conteúdo uniforme, qual seja o pedido de tutela jurisdicional de um direito que se intitula próprio (embora varie o tipo de provimento que cada vez se pede ao juiz).[134]

O direito de ação, conforme afirma Enrico Tullio Liebman, adquire, com isso, uma fisionomia suficientemente precisa: *"é um direito subjetivo diferente daqueles do direto substancial, porque dirigido ao Estado, sem se destinar à obtenção de uma prestação deste. É, antes disso, um direito de iniciativa e de impulso, direito do particular de pòr em movimento o exercício de uma função pública, através da qual espera obter a tutela de suas pretensões, dispondo, para tanto, dos meios previstos pela lei para defendê-las (embora sabendo que o resultado poderá ser-lhe desfavorável); é, pois, um direito fundamental particular, a qualificar a sua posição no ordenamento jurídico e perante o Estado, conferido e regulado pela lei processual mas reforçado por uma garantia constitucional em que encontramos esculpidos os seus traços essenciais"*.[135]

Porém, quando se fala que a todos é assegurado o acesso à justiça, isso não significa dizer que basta a existência de um órgão institucional estatal para a resolução dos conflitos.

O acesso à justiça inclui, o direito de ação, o direito de defesa, a existência de tutelas jurisdicionais diferenciadas para atender as necessidades do postulante e para resguardar seus direitos, gratuidade de justiça para os mais necessitados, independência e imparcialidade dos juízes etc.

Conforme já teve oportunidade anotar J. J. Gomes Canotilho e Vital Moreira, *"O direito de acesso aos tribunais inclui, desde logo, no seu âmbito normativo, o 'direito de ação', isto é, o direito subjetivo de levar determinada pretensão ao conhecimento de um órgão jurisdicional, solicitando a abertura de um processo, com o consequente dever (direito ao processo) do mesmo órgão de sobre ela se pronunciar mediante decisão fundamentada. O 'direito ao processo' inclui a possibilidade de direito de vista do processo, o que implica que, sob o ponto de vista*

[134] LIEBMAN. Enrico Tullio. *Manual de direito processual civil.* Trad. Cândido Rangel Dinamarco. 2º ed. Vol. I. Rio de Janeiro: Forense, 1985. p. 149 e 150.

[135] LIEBMAN, E. T., idem, p. 152.

jurídico-constitucional, a possibilidade de consulta dos autos só pode ser restringida observados que sejam determinados pressupostos. O direito de acesso aos tribunais compreende desde logo um direito a prazos razoáveis de ação ou de recurso, proibindo prazo de caducidade exíguos do direito de ação ou de recurso (Ac. TC n. 148/87). O direito de acesso aos tribunais concretiza-se também através do 'direito a uma decisão judicial sem dilações indevidas'. Este direito é uma dimensão ineliminável do direito a uma tutela judicial efetiva. As partes formais num processo judicial em tramitação têm o direito de obter do órgão jurisdicional competente uma decisão dentro dos prazos legais preestabelecidos, ou, no caso de esses prazos não estarem fixados na lei, de um lapso temporal proporcional e adequado à complexidade do processo. Cabe também no âmbito normativo do direito a uma tutela judicial efetiva o direito a um processo justo baseado nos 'princípios da prioridade e da sumariedade' no caso daqueles direitos cujo exercício pode ser aniquilado pela falta de medidas de defesa expeditas. Este direito que encontra expressão concreta no direito de 'habeas corpus' e em algumas providências cautelares, não dispõe ainda de adequada densificação legal, tornando inoperantes, na prática, o exercício de certos direitos (ex.: garantir o direito de reunião contra uma proibição policial; reagir contra certos atos silentes de administração). O âmbito jurídico normativo do acesso aos tribunais abrange ainda o 'direito a um processo de execução', ou seja, o direito a que, através do órgão jurisdicional se desenvolva e efetive toda a atividade dirigida à execução de sentença proferida pelo tribunal. Através deste direito pretende-se evitar que as decisões judiciais e a garantia de direitos e interesses se reduzam a meras declarações de intenção a fazer de uma das partes".[136]

4.1. Acesso à justiça e o duplo grau de jurisdição

Em termos sintéticos, a garantia de acesso aos tribunais significa, fundamentalmente, "*direito à protecção jurídica através dos tribunais*".

Por sua vez, a indicação do tribunal competente, bem como da forma e do processo, pertence ao legislador ordinário ('margem de livre regulação do legislador).[137]

Note-se que o Tribunal Constitucional português tem entendido que o direito de acesso aos tribunais não garante, necessariamente, e em todos os casos, o direito a um *duplo grau de jurisdição* (AC. 38/87, *in DR I, n. 63*

[136] CANOTILHO, J. J. Gomes. *Constituição da República Portuguesa Anotada*. 3º ed. Coimbra; 1993. págs. 163 e ss; Apud. RODRIGUES, F. R., op. cit., p. 10 e 11.

[137] CANOTILHO, J. J. G., 2003, op. cit., p. 652.

de 17.3.87); Ac. 65/88, *in DR II, n. 192, de 20.8.88;* Ac 359/86, *in DRII, n. 85 de 11.4.87.*

Conforme anota Fernando Pereira Rodrigues, *"o direito a ação no sentido amplo, que se vem expondo, não comporta o alcance, que por vezes é pretendido pelos pleiteantes, de assegurar o direito ao recurso em todos os graus de jurisdição admissíveis. O que o art. 20, n. 1, da CRP e demais normas citadas garantem é que a todos é assegurado o direito a que a sua causa seja submetida a juízo, para a declaração e o exercício de direitos, através dos meios processuais adequados, que podem limitar-se a um único grau de jurisdição".*[138]

Na realidade, o direito ao duplo grau de jurisdição não é, *prima facie*, um direito fundamental. Nesse sentido é o seguinte precedente do Supremo Tribunal Federal:

> *Consoante a jurisprudência do Supremo, o inciso II do artigo 108 da Lei Fundamental não é norma instituidora de recurso. O dispositivo apenas define a competência para o julgamento daqueles criados pela lei processual. Nada impede a opção legislativa pela inviabilidade de inconformismo dirigido à segunda instância.*
>
> (RE 460162 AgR, Relator(a): Min. MARCO AURÉLIO, Primeira Turma, julgado em 10/02/2009, DJe-048 DIVULG 12-03-2009 PUBLIC 13-03-2009 EMENT VOL-02352-06 PP-01062 RTJ VOL-00209-03 PP-01364)

Observa-se, porém, em relação ao ordenamento jurídico brasileiro, uma exigência de duplo grau de jurisdição em se tratando de recurso extraordinário e especial, os quais estão previstos e regulados expressamente na Constituição da República Federativa do Brasil.

No Brasil, há um exemplo claro da exigência do duplo grau de jurisdição quando diante do denominado Recurso Extraordinário a ser interposto perante o Supremo Tribunal Federal. Trata-se dos embargos infringentes que são interpostos perante o próprio juiz que prolatou a sentença de embargos à execução fiscal, quando o valor de alçada é inferior ao estabelecido na lei de execução fiscal.[139] Nesse caso, não haverá duplo grau de jurisdição para os Tribunais de Apelação, pois a decisão será analisada

[138] RODRIGUES, F. P., op. cit., 16.

[139] Art. 34 da Lei 6.830/80: *Das sentenças de primeira instância proferidas em execuções de valor igual ou inferior a 50 (cinquenta) Obrigações Reajustáveis do Tesouro Nacional – ORTN, só se admitirão embargos infringentes e de declaração.*

pelo próprio juízo em que ela foi prolatada. Contudo, em se tratando de Recurso Extraordinário, desde que preenchidos os requisitos legais, haverá o duplo grau de jurisdição obrigatório de competência do S.T.F. Sobre o tema, eis o seguinte precedente:

> *Ementa: Reclamação. Recurso extraordinário de decisão em embargos infringentes em processo de execução. Seguimento negado em face do irrisório valor do débito – valor de alçada lei 6830/80 –. agravo de instrumento arquivado pelo juiz de primeira instância, por ter sido interposto no juízo de 1º grau. Usurpação de competência do STF para decidir a respeito. Cf, art. 102, iii. Precedentes. Reclamação julgada procedente.*
> *(Rcl 1155, Relator(a): Min. NELSON JOBIM, Tribunal Pleno, julgado em 19/02/2003, DJ 13-06-2003 PP-00010 EMENT VOL-02114-01 PP-00074)*

4.2. Acesso à justiça e a dimensão de natureza prestacional incondicional

A garantia de acesso aos Tribunais apresenta um amplo espectro, pois tem por conteúdo aspectos 'defensivos' ou garantísticos: defesa dos direitos através dos tribunais, mas, também, a garantia aos tribunais pressupõe igualmente *dimensões de natureza prestacional*, na medida em que o Estado deve criar órgãos judiciários e processos adequados (direitos fundamentais dependentes da organização e procedimento) e assegurar prestações ('apoio judiciário', 'patrocínio judiciário', dispensa total ou parcial de pagamento de custas e preparos), tendentes a evitar a denegação da justiça por insuficiência de meios econômicos. O acesso à justiça é um acesso materialmente informado pelo princípio da igualdade de oportunidades.[140]

O Tribunal Constitucional português considerou que o direito de acesso à justiça é inconstitucionalmente violado quando se condiciona o seguimento do recurso ao depósito prévio de certa quantia, não tendo o recorrente condições econômicas para satisfazer esse pagamento (Acs TC, n.s. 318/85, 269/87, 345/87, 412/87, *in* DR II, n. 87, de 15.4.86; DR II, n. 202 de 3.9.87; DR II, n. 275 de 28.11.87; DR II, n. 1 de 2.1.88).

O Supremo Tribunal Federal brasileiro também assim entendeu na hipótese de exigibilidade de depósito prévio do valor correspondente à multa como condição de admissibilidade de recurso interposto junto aos Tribunais do trabalho. Nesse sentido são os seguintes precedentes:

[140] CANOTILHO, J. J. G., 2003, op. cit., p. 654.

EMENTA: 1. Incompatibilidade da exigência de depósito prévio do valor correspondente à multa como condição de admissibilidade de recurso administrativo interposto junto à autoridade trabalhista (§ 1o do art. 636, da Consolidação das Leis do Trabalho) com a Constituição de 1988. Inobservância das garantias constitucionais do devido processo legal e da ampla defesa (art. 5º, incs. LIV e LV); do princípio da isonomia (art. 5º, caput); do direito de petição (art. 5º, inc. XXXIV, alínea a). Precedentes do Plenário do Supremo Tribunal Federal: Recursos Extraordinários 389.383/SP, 388.359/PE, 390.513/SP e Ação Direta de Inconstitucionalidade 1.976/DF. Súmula Vinculante n. 21. 2. Ação julgada procedente para declarar a não recepção do § 1º do art. 636 da Consolidação das Leis do Trabalho pela Constituição da República de 1988.

(ADPF 156, Relator(a): Min. CÁRMEN LÚCIA, Tribunal Pleno, julgado em 18/08/2011, DJe-208 DIVULG 27-10-2011 PUBLIC 28-10-2011 EMENT VOL-02617-01 PP-00001 RT v. 100, n. 914, 2011, p. 379-393).

EMENTA: Recurso extraordinário – medida cautelar – pressupostos necessários à concessão do provimento cautelar (RTJ 174/437-438) – exigência legal de prévio depósito do valor da multa como condição de admissibilidade do recurso administrativo –transgressão ao art. 5º, LV, da Constituição da república – nova orientação jurisprudencial firmada pelo plenário do supremo tribunal federal – cumulativa ocorrência, no caso, dos requisitos concernentes à plausibilidade jurídica e ao "periculum in mora" – precedentes – magistério da doutrina – decisão referendada pela turma.

(AC 2185 MC-REF, Relator(a): Min. CELSO DE MELLO, Segunda Turma, julgado em 11/11/2008, DJe-105 DIVULG 10-06-2010 PUBLIC 11-06-2010 EMENT VOL-02405-02 PP-00254 RTJ VOL-00219 –PP-00159).

No mesmo sentido é o teor da Súmula Vinculante n. 21 do S.T.F.: *"É inconstitucional a exigência de depósito ou arrolamento prévios de dinheiro ou bens para admissibilidade de recurso administrativo.*

Porém, o S.T.F., ao analisar a exigência do pagamento da multa fixada de acordo com o §2º do art. 557 do C.P.C. brasileiro de 1973 para efeito de conhecimento de outros recursos, houve por bem afirmar a legitimidade dessa exigência, reconhecendo que não houve mácula ao princípio do *acesso à jurisdição*. Nesse sentido é o seguinte precedente:

EMENTA: A possibilidade de imposição de multa, quando manifestamente inadmissível ou infundado o agravo, encontra fundamento em razões de caráter ético-jurídico, pois, além de privilegiar o postulado da lealdade processual, busca imprimir maior celeridade ao processo de administração da justiça, atribuindo-lhe um coeficiente de maior racionalidade, em ordem a conferir efetividade à resposta jurisdicional do Estado. A multa a que se refere o art. 557, § 2º, do CPC, possui inquestionável função inibitória, eis que visa a impedir, nas hipóteses referidas nesse preceito legal, o exercício irresponsável do direito de recorrer, neutralizando, dessa maneira, a atuação processual do "improbus litigator". – O ordenamento jurídico brasileiro repele práticas incompatíveis com o postulado ético-jurídico da lealdade processual. O processo não pode ser manipulado para viabilizar o abuso de direito, pois essa é uma idéia que se revela frontalmente contrária ao dever de probidade que se impõe à observância das partes. O litigante de má-fé – trate-se de parte pública ou de parte privada – deve ter a sua conduta sumariamente repelida pela atuação jurisdicional dos juízes e dos tribunais, que não podem tolerar o abuso processual como prática descaracterizadora da essência ética do processo. – A norma inscrita no art. 557, § 2º, do CPC, na redação dada pela Lei nº 9.756/98, especialmente quando analisada na perspectiva dos recursos manifestados perante o Supremo Tribunal Federal, não importa em frustração do direito de acesso ao Poder Judiciário, mesmo porque tem por única finalidade coibir os excessos, os abusos e os desvios de caráter ético-jurídico nos quais incidiu o "improbus litigator". Precedentes.

(AI 802783 ED-ED-AgR, Relator(a): Min. CELSO DE MELLO, Segunda Turma, julgado em 19/04/2011, DJe-112 DIVULG 10-06-2011 PUBLIC 13-06-2011 EMENT VOL-02542-02 PP-00285)

O *agir em juízo* é um direito reconhecido a todos, pois é uma garantia constitucional instituída em decorrência da própria existência dos órgãos do Poder Judiciário; eles possuem a tarefa de realizar a *justiça* a quem dela necessitar, razão pela qual uma das garantias fundamentais do nosso ordenamento Constitucional é assegurar a todos a possibilidade de levar suas pretensões ao crivo do Poder Judiciário. Essa possibilidade é absolutamente genérica e indeterminada, inexaurível e inconsumível, não se ligando a qualquer situação concreta.[141]

Por isso, em razão desse direito e garantia fundamental de *agir em juízo*, conforme já preconizou a Corte Constitucional italiana ao analisar a amplitude do art. 24 da Constituição italiana, não pode sofrer qualquer impedimento ou condição que afastem o seu efetivo exercício (Sent. n. 47, de 18.3.57).

[141] LIEBMAN, E. T., op. cit., p. 150.

O princípio do *acesso à jurisdição* torna indiscutível a vinculação da jurisdição aos direitos fundamentais. Em razão dessa estreita vinculação, o Judiciário não só tem o dever de guardar estrita obediência aos denominados direitos e garantias fundamentais de caráter judicial, mas também o de assegurar a efetiva aplicação do direito, especialmente dos direitos fundamentais, seja nas relações entre os particulares e o Poder Público, seja nas relações tecidas exclusivamente entre particulares.[142]

Sendo os direitos e garantias fundamentais princípios de ordem objetiva, tal perspectiva legitima a ideia de que o Estado se obriga não apenas a observar e proteger os direitos de qualquer indivíduo em face das investidas do Poder Público (direito fundamental enquanto direito de proteção ou de defesa – *Abwehrrecht*), mas também a garantir os direitos fundamentais contra agressão propiciada por terceiros (*Schutzpflicht des Staatsi)*.[143]

Não é por outro motivo que o art. 1º, n. 3, da Lei Fundamental da República Federal da Alemanha expressamente consigna: *"Os direitos fundamentais a seguir enunciados vinculam, como direito diretamente aplicável, os poderes legislativo, executivo e judicial"*.[144]

4.3. Acesso à justiça e a dimensão de proteção eficaz

O princípio de *acesso à jurisdição*, também denominado de *proteção jurídica através dos tribunais*, implica a garantia de uma *proteção eficaz*, razão pela qual ele engloba a exigência de uma apreciação, pelo juiz, da matéria de fato e de direito, objeto da pretensão formulada pela parte.

Também faz parte do conteúdo normativo do *acesso à jurisdição* a exigência de que a prestação da tutela jurisdicional seja realizada em *tempo útil*, pois justiça tardia equivale a não justiça. Note-se, porém, *"que a exigência de um 'direito sem dilações indevidas', ou seja, de uma protecção judicial em tempo adequado, não significa necessariamente 'justiça acelerada'. A 'aceleração' da proteção jurídica que se traduza em diminuição de garantias processuais e materiais*

[142] MENDES, Gilmar Ferreira. *Direitos fundamentais e controle de constitucionalidade*. 4ª ed. São Paulo: Saraiva, 2012. p. 120.

[143] MENDES, G. F., idem, p. 121.

[144] Sobre a eficácia direta dos direitos fundamentais cf.: A. BLECKMANN, *Allgemeine Grundrechtslehere*, Munique, 1979; N. LUHMANN, *Grundrechte als Institution*, 1965; E. WIENHOLTZ, *Normative Verfassung und Gesetzgebung. Die Verwirklichung von Gesetzgebungsaufträgen des Bonner Grundgesetzes*, 1968; K. WESP. *Die Dritwirkung der Freiheitsrechte*, 1968; F. MÜLLER, *Die Positivität der Grundrechste*, 1969.

(prazos de recurso, supressão de instância) pode conduzir a uma justiça pronta mas materialmente injusta".[145]

O princípio do acesso à justiça, portanto, reclama uma imediata proteção eficaz, não só aos eventuais direitos violados, mas, também, à ameaça de lesão a esses mesmos direitos. Por isso, na perspectiva do direito processual civil moderno deve-se ofertar tutelas jurisdicionais eficazes para impedir que a lesão ao direito se consume, razão pela qual da importância de se impedir desde logo qualquer ameaça a direito.

Diante dessa imediata proteção eficaz, *"o processo só poderá se revelar habilitado a cumprir todas as suas funções institucionais (sócio-político-jurídica) com eficiência se, a par de um contexto estrutural favorável, ele puder dispor de um modo de ser que represente, a um só tempo, instrumento adequado ao pleno exercício do direito de ação e do direito de defesa – expresso pelas faculdades de pedir, alegar e provar e, também, recorrer – e instrumento hábil à produção de um provimento que assegure ao vencedor exatamente aquilo que a ordem jurídica material lhe promete e que só não se realizou por causa da resistência da parte contrária. Vêem-se, aí, com clareza, as duas vertentes do processo efetivo: de um lado, um processo cujo procedimento seja, pelo menos, razoavelmente adaptado às peculiaridades da relação material controvertida, de sorte a permitir o desenvolvimento de atividades postulatórias e probatórias adequadas pelos sujeitos parciais para o alcance de uma também adequada e eficiente atividade decisória por parte do magistrado (o procedimento como sede formal do bom desempenho do 'actum trium personarum'); do outro lado, um ato final do processo que seja carregado de potencialidade jurídica para gerar no mundo dos fatos alterações em grau eficiente, de forma a realizar em prol do vencedor exatamente aquilo que a ordem jurídica material lhe acenou como devido (o provimento jurisdicional útil)".*[146]

Em face desse princípio Constitucional da *ubiquidade* ou do *acesso à justiça*, a construção de tutelas especificas e eficazes para atender o postulado de ameaça ou lesão a direito é uma técnica de cognição necessária como forma de dar eficácia a este princípio.

Daí por que não vingou no ordenamento jurídico brasileiro as concepções doutrinárias que postulavam a extinção das medidas cautelares em geral.

[145] CANOTILHO, J J. G., op. cit., 2003, p. 653.

[146] COSTA MACHADO, Antônio Cláudio da. *Tutela antecipada*. 3. Ed., revista. São Paulo: Editora Juarez de Oliveira, 1999. p. 34 e 35.

A previsão legislativa de medidas cautelares é importante como mecanismo de transparência para utilização de instrumentos necessários para se evitar a ameaça ou lesão a direitos, nem que esse direito seja concebido como *direito substancial de cautela* ou *situação acautelanda*.

Assim, podem-se considerar, conforme ensina José Carlos Barbosa Moreira, os cincos escopos necessários para garantir o efetivo acesso à jurisdição: a) o processo deve dispor de instrumentos de tutela adequada a todos os direitos; b) tais instrumentos devem se revelar praticamente utilizáveis por quem quer que se apresente como suposto titular desses direitos; c) é necessário que se assegurem condições propícias à exata e completa reconstituição dos fatos relevantes a fim de que o convencimento do juiz corresponda, tanto quanto possível, à realidade; d) o resultado do processo deve ser tal que permita ao vencedor o pleno gozo da utilidade específica assegurada pelo ordenamento; e) tais resultados devem ser atingidos com um mínimo dispêndio de tempo e de energia processual.[147]

4.4. Acesso à justiça e a pobreza como barreira externa

Ao se tratar do princípio do *acesso à justiça* não se poderia deixar de afirmar que *a pobreza é na atualidade a principal barreira externa (Tendão de Aquiles) do acesso à Justiça*.

O acesso à justiça não se dá apenas pelo fato de ser nomeado um advogado dativo ao hipossuficiente econômico a fim de se formular uma petição inicial perante um tribunal, dando início a uma demanda judicial ou com o intuito de defesa. O acesso à justiça é muito mais que isso, pois abrange também uma efetiva, eficaz e eficiente atuação da parte no âmbito da relação jurídica processual, a fim de que a sua pretensão possa ser devidamente posta e defendida em juízo.

Ao se tratar do processo civil e da atividade jurisdicional nele desenvolvida, deve-se abordar a questão vital "da pobreza", e se fazer referência aos paliativos em uso que originariamente se costumam denominar de "benefício de pobreza", ou melhor, "assistência judiciária gratuita" (eufemismo: que benefício pode dar a pobreza numa sociedade de consumo e da cultura

[147] Apud COSTA MACHADO, A. C., ou MOREIRA, José Carlos Barbosa. Notas sobre o problema da efetividade do processo, *in* Temas de Direito Processual, Terceira Série, São Paulo, Saraiva, 1982. p. 27 e 28.

de satisfação?). Na verdade, trata-se de epidérmicas ou presumidas compensações (Francesco Carnelutti), que na perspectiva de eximir dos gastos alguns sujeitos da relação jurídica processual, procuram emparelhar situações intrinsecamente desiguais, de quem não pode eleger seu advogado, muito menos assumir o processo em condições ideais ou com melhores possibilidades por causa de insuficiência de recursos.[148]

A pobreza não é mera ficção, senão efeito da desigualdade econômica e social, principalmente no âmbito dos países da América latina.

As grandes barreiras do processo civil são aquelas que advêm de fora, endoprocessuais, e que se erguem como muros de contenção ao *justo processo*. Entre essas barreiras, a pobreza caracteriza-se como o tendão de Aquiles de qualquer ciência processual que tenha por objetivo a factibilidade de resultado *équo e justo*.

Até mesmo as nações do chamado sistema mundo desenvolvido reconhecem que a pobreza é o maior entrave para se conseguir o justo desenvolvimento de um processo jurisdicional.[149]

É por isso que a Comunidade Econômica Europeia, em suas considerações sobre a essência e o desenvolvimento de medidas concretas sobre a questão da pobreza, a fim de facilitar o acesso à Justiça, fixou o entendimento de que o acesso, assim como o direito a *uma justa audiência* – garantido pelo art. 6º da Convenção Europeia dos Direitos Humanos (1950), são fatores essenciais de toda sociedade democrática.[150]

Quanto ao ordenamento jurídico italiano, prescreve o art. 3º, inciso 2º, da Constituição italiana, que é obrigação da "República" na sua globalidade de instituições e de órgãos (não excluído, portanto, o judiciário) operar no sentido de se conseguir cada vez mais a igualdade "substancial" e não apenas "formal". Tal é o sentido fundamental indicado pelo princípio que estabelece como obrigação da República remover os obstáculos de ordem econômica e social que, limitando de fato a liberdade e a igualdade dos cidadãos, impedem o pleno desenvolvimento da pessoa humana e a efetiva participação de todos os trabalhadores na organização política, econômica e social do país. Mais especificamente, o inciso 3º, do art. 24, da Constituição Italiana, consagra um plano contundente de inviolabilidade dos direitos

[148] MORELLO, Augusto. *El processo justo*. Buenos Aires: Abeledo-Perrot, 1994. p. 621 e 622.

[149] MORELLO, A., idem. p. 242.

[150] MORELLO, A., dem. p. 242 e 243.

de “ação” e de “defesa”, vinculando o legislador ordinário a estabelecer as condições e os modos para a reparação dos erros judiciários. Contudo:

> *Il programa di ‘politica sociale della giustizia’ che traspare dai citati articoli della Costituzione è tuttavia, ancor oggi, ben lontano dall’essersi tradotto in un efficace apparto di tutela processuale dei soggetti in condizioni sócio-economiche più deboli.*[151]

A Constituição Federal brasileira de 1988 estabelece como objetivos fundamentais da República Federativa do Brasil, a erradicação da pobreza e a redução das desigualdades sociais e regionais (artigo 3º, inciso III).

O judiciário como componente importante da República tem papel preponderante na concretização desses objetivos

Para se ter uma ideia da influência do problema econômico na administração da justiça, pode-se observar o que acontece nos EE.UU.: *“La verdad es que el costo de la Justicia, en todas las latitudes, es caro y poco accesible. Uno de los fiscales del caso “Watergate”, el famoso Philip Heymann, ha reconocido que éste es el “talón de Aguiles” cuando se capta que la crítica más seria al sistema norteamericano de Justicia es que resulta muy oneroso a la hora en que todos los acusados solicitan sus derechos y piden que se realice el juicio con jurados. ‘Entonces, y finalmente, sólo el veinte (20) por ciento de los acusados llega suele negociar entre el fiscal y el defensor; el inculpado se declara culpable y logra una condena menor de la que hubiera obtenido en un hipotético juicio. Habría que buscar una vía para que más casos lleguen al Tribunal. Como están las cosas, tenemos procesos ejemplares – que cuestan mucho dinero –para un porcentaje reducido de los acusados y un sistema barato que, de manera indirecta, alienta a decir ‘Yo soy culpable’. Sinceramente, no me parece justo.*[152]

O sistema, na verdade, não funciona para “o homem comum” (Gelsi Bidart). O cidadão, em geral, ou bem tem uma justiça (sua defesa) de segunda categoria ou simplesmente não conta com possibilidade de acesso à jurisdição, nem a outras opções alternativas, se é que elas efetivamente existem. Qualquer tentativa de análise do tema, pragmaticamente, demonstra que um aspecto é a possibilidade de se valer do devido processo legal adjetivo para os ricos, e outra para aquele, que de fato, envolvido em sua

[151] CHIAVARIO, Mario. Garanzie individuali ed efficienza del processo. Il giusto processo. Associazione tra gli studiosi del processo penal, n. 8. Milano: giuffrè, 1998. p. 371 e 372.

[152] MORELLO, A, op. cit., p. 260.

pobreza, quer usar a vestimenta de litigante. Tudo o mais não passa de simples retórica. É por isso que se exige para a resolução dos conflitos uma urgente e desesperada mudança fundamental e suficiente, que vá além do que atualmente se vem oferecendo, a fim de que a jurisdição seja uma atividade efetivamente igualitária.[153]

O que se percebe, atualmente, principalmente no pensamento da grande massa desprovida de atenção social e estatal, é que os atuais mecanismos processuais só funcionam para alguns poucos. Na realidade: *"Hay una atmósfera de desconfianza, de enojo, con lo que se proclama y ofrece, por los profesionales del derecho, porque así no tiene destino, no sirve, es insuficiente. Una fachada que oculta el muy diferente rostro de la realidad, sin logros de superación, porque en los hechos no atinamos sino a brindar más de lo mismo. La única verdad es la que los pobres pierden siempre"*.[154]

É por isso que se indaga sempre: *¿Quién se defenderá cuando de hecho no puede hacerlo con igualdad de armas? ¿No está ya vencido, antes de estructurarse un litigio que, en tales condiciones, sólo será aparente y que aunque formalmente se colorea como tal, en lo que es sustancial o materialmente exigido por la Constitución, termina en un fallo contrario a sus normas fundamentales?*[155]

Não basta apenas proclamar-se o direito ao acesso à justiça e ao justo processo. Exige-se um desafio muito mais eloquente, ou seja, a derrubada das barricadas, especialmente as sociais e econômicas, consistentes em fatores de desigualdades reais das partes na relação jurídica processual. Sem isso, para muitos o caminho para justiça permanecerá intransitável.

As barreiras exógenas são verdadeiras "arbitrariedades externas", cuja irrazoável incidência produz os mesmos resultados que a "arbitrariedade na motivação das sentenças", que é uma grave irracionalidade interna do processo.[156]

Conforme preconiza Augusto Morello, tudo isso nos propõe ao desafio do redescobrimento das pautas fundamentais que dão sustentação ao justo processo. Postula-se a retirada dessa máscara (formal) que disfarça, mas que também, paradoxalmente, deixa a descoberto "la indefensión

[153] Idem. Ibidem. p. 614.
[154] Idem. Ibidem. p. 616.
[155] Idem. Ibidem. p. 450.
[156] Idem. Ibidem. p. 264.

sustancial", encapsulada na viva realidade do processo penal ou civil, e que não se conforma com o sentimento de justiça.[157]

Devem-se observar as coisas concernentes à jurisdição *"(...) con los ojos del que está necesitado de que se le haga justicia en su concreto reclamo"*.[158]

Segundo Augusto Morello: *"No intentamos, obviamente, allegar respuestas políticas a todos los males de la sociedad, ni hacer de Quijote o Robin Hood para enmendar las situaciones con las que nos topamos a diario y que, de una o otra manera, "perturban" en grados cada vez más intensos el sentido global del servicio por la generalización y la hondura de las discriminaciones. De lo que se trata – nos parece – es de reformular la manera de organizar la "empresa" de la justicia – que siempre se ha encarado desde un exclusivo matiz de técnica formal – lo que reputamos erróneo y parcial porque no permite alcanzar un deseado sinceramiento en la comprensión del debido proceso justo, que no tolera ya el infértil y simplificador paradigma que lo reduce al constante empeño de "idealizarlo" en las normas constitucionales. En verdad nos consta del modo más fehaciente que sus predicados rectores, desde el afianzar la justicia para muchos – una gran mayoría – son inaccesibles o prácticamente imposible de hacerlos medianamente ciertos en el derecho vivido (Ortega y Gasset)"*.[159]

Há necessidade de se refletir o processo civil, conforme já o fez Juan Eduardo Couture, buscando um encontro de equilíbrio entre os postulados *políticos, sociais e econômicos externos*. Segundo o processualista uruguaio, o direito processual de uma democracia há de eliminar as bases do individualismo e formular *todo um sistema* que seja construído de acordo com o próprio regime democrático, que é o da defesa de nossa natureza humana; para isso deve-se transitar pelos valores da dignidade e da igualdade, sem os quais não se poderão assumir *solidariamente* as exigências do bem comum.[160]

Deve-se compatibilizar o estudo do processo com a realidade social, ou seja, fundamentalmente: *"(...)para valorar si el régimen jurídico de aquélla es adecuado a los fines que debe alcanzar, y si son efectivas para todas las personas, cualquiera sea su condición, las garantías que (en principio) supone la existencia de*

[157] Idem. Ibidem. p. 609.

[158] Idem. Ibidem. p. 610.

[159] Idem. Ibidem. p. 610.

[160] Apud Idem. Ibidem. p. 611.

la jurisdicción y del proceso, y tras esa valoración, para configurar los instrumentos apropiados para un ajuste más perfecto entre norma y realidad social".[161]

A pobreza, indubitavelmente, afeta a própria participação da parte em juízo, causando danos irremediáveis à ampla defesa, ao contraditório, à igualdade de armas e especialmente ao acesso à Justiça.[162]

Muito embora não seja o processo ontologicamente um meio em si de "promoção" de justiça social, pode-se dizer que o processo, com os seus custos humanos e econômicos e com as suas consequências, *"(...) offre infatti un terreno paticolarmente idoneo a divenire, a seconda dei casi, un amplificatore di quei condizionamenti, ovvero un, sia pur indiretto, fattore di eguaglianza 'sostanziale'.*[163]

É por isso que se propõe o princípio da "parcialidade positiva" do juiz como forma de se transpor as barreiras externas do processo em prol de uma atividade jurisdicional que efetivamente resguarde o efetivo *acesso à justiça.*[164]

4.5. Acesso à justiça e a exceção Constitucional

Muito embora o direito de ação seja irrenunciável, ele pode ser restringido em certos limites, como se verifica no Direito português, por meio de contrato, quando as partes exercem o princípio da *pacta sunt servanda* prevista no art. 406, n. 1, do Código Civil português.

Há uma exceção, no direito Constitucional brasileiro, ao princípio do acesso à jurisdição estatal que se verifica quando tenham as partes voluntariamente optado pelo instituto do *juízo arbitral*, uma vez que a arbitragem é permitida na forma da lei.

A Lei n. 9.307, de 23 de setembro de 1996, introduziu no ordenamento jurídico brasileiro uma nova forma de resolução de conflitos à margem do acesso ao Poder Judiciário. Trata-se do juízo arbitral.

[161] Idem. Ibidem. Loc. Cit.

[162] "La stessa natura dialettica del processo vuole duello ad armi uguali e non sarebbero eguali le armi di un accusatore giurisperito e di un accusato digiuno di diritto". (BELLAVISTA, Girolamo. *Lezioni di diritto processuale penale.* 4. ed. Milano: Dott. A. Giuffrè Editore, 1973. p. 203).

[163] CHIAVARIO, M., op. cit. loc. cit.

[164] Cf. SOUZA, Artur César. *A parcialidade positiva do juiz.* São Paulo. Editora: Revista dos Tribunais, 2008.

Optando as partes pelo juízo arbitral, não poderão valer-se do Poder Judiciário para a resolução de seus conflitos, sendo que isso não caracteriza mácula ao princípio do *acesso à justiça*.

A Lei n. 9.307, de 23 de setembro de 1996, traz duas importantes inovações em relação ao juízo arbitral que não havia quando da sua regulação pelo art. 1072 ss do C.P.C. de 1973. A primeira, a possibilidade de execução específica da obrigação de firmar o compromisso arbitral objeto de cláusula compromissária, se necessário, mediante provimento judicial substitutivo da manifestação da vontade da parte recalcitrante (arts. 6º e 7º). A segunda inovação é a equiparação, no plano do direito interno, dos efeitos da sentença arbitral aos da sentença judiciária, incluída a formação de título executório, se condenatório o laudo, independentemente de homologação judicial (art. 31).

É certo que não se subtrai ao Poder Judiciário a verificação de nulidade do laudo, por um dos vícios enumerados no art. 32: a nulidade, contudo, há de ser demandada em procedimento ordinário (art. 33, §2º) ou, havendo execução da sentença arbitral, arguida mediante impugnação.

Avaliando a constitucionalidade da Lei 9.307 de 23 de setembro de 1996, assim se pronunciou o Supremo Tribunal Federal brasileiro:

> *EMENTA: (...).2. Laudo arbitral: homologação: Lei da Arbitragem: controle incidental de constitucionalidade e o papel do STF. A constitucionalidade da primeira das inovações da Lei da Arbitragem (...). 3. Lei de Arbitragem (L. 9.307/96): constitucionalidade, em tese, do juízo arbitral; discussão incidental da constitucionalidade de vários dos tópicos da nova lei, especialmente acerca da compatibilidade, ou não, entre a execução judicial específica para a solução de futuros conflitos da cláusula compromissória e a garantia constitucional da universalidade da jurisdição do Poder Judiciário (CF, art. 5º, XXXV). Constitucionalidade declarada pelo plenário, considerando o Tribunal, por maioria de votos, que a manifestação de vontade da parte na cláusula compromissória, quando da celebração do contrato, e a permissão legal dada ao juiz para que substitua a vontade da parte recalcitrante em firmar o compromisso não ofendem o artigo 5º, XXXV, da CF. Votos vencidos, em parte – incluído o do relator – que entendiam inconstitucionais a cláusula compromissória – dada a indeterminação de seu objeto – e a possibilidade de a outra parte, havendo resistência quanto à instituição da arbitragem, recorrer ao Poder Judiciário para compelir a parte recalcitrante a firmar o compromisso, e, consequentemente, declaravam a inconstitucionalidade de dispositivos da Lei 9.307/96 (art. 6º, parág. único; 7º e seus parágrafos e, no art. 41, das novas redações atribuídas ao art.*

267, VII e art. 301, inciso IX do C. Pr. Civil; e art. 42), por violação da garantia da universalidade da jurisdição do Poder Judiciário. Constitucionalidade – aí por decisão unânime, dos dispositivos da Lei de Arbitragem que prescrevem a irrecorribilidade (art. 18) e os efeitos de decisão judiciária da sentença arbitral (art. 31).

(SE 5206 AgR, Relator(a): Min. SEPÚLVEDA PERTENCE, Tribunal Pleno, julgado em 12/12/2001, DJ 30-04-2004 PP-00029 EMENT VOL-02149-06 PP-00958).

No voto proferido no julgado, a cima citado, bem observou o Ministro Sepúlveda Pertence:

"(...).

No ponto, entretanto, a nova lei de Arbitragem introduz alteração radical na legislação anterior, cuja significação no ponto não se pode eludir: a possibilidade de conversão, por sentença judiciária, da cláusula arbitral em compromisso.

A L. 9.307/96 distinguiu com precisão o 'compromisso' do 'pactum de compromittendo' ou 'cláusula compromissória', e a ambos tratou como espécies do gênero 'convenção arbitral'(...).

Nada de novo. A distinção segue as linhas da doutrina consolidada sob o regime anterior (...).

Nessa diferença substancial de objeto, como logo se recordará, é que se assenta, no direito brasileiro anterior, a conclusão quase unânime da inadmissibilidade da chamada execução específica da cláusula compromissória.

E nesse ponto, para os especialistas, situou-se a causa primordial da pouquíssima utilização da arbitragem entre nós (José Carlos Magalhães, ob. Cit., p. 8. e 25; Luiz Olavo Baptista, ob. Loc., cit.; J. A. Tavares Guerreiro, ob. cit., p. 51)(...).

Cheguei, porém, – depois de longa reflexão – à conclusão de que, nesse tópico, a lei foi efetivamente além das marcas impostas pela Constituição ao âmbito de validez da disciplina legal da arbitragem.

A constitucionalidade do juízo arbitral – perdoe-me a insistência – deriva da renunciabilidade, no caso, do exercício do direito de ação – que é o reflexo subjetivo da garantia da prestação jurisdicional, insculpida hoje no art. 5º, XXXV, da Lei Fundamental – relativamente a uma pretensão material disponível.

Mas, a renunciabilidade da ação – porque direito de caráter instrumental – não existe 'in abstracto': só se pode aferi-la em concreto, pois tem por pressuposto e é coexistensiva, em cada caso, da disponibilidade do direito questionado, ou melhor, das pretensões materiais contrapostas, que substantivam a lide confiada pelas partes à decisão arbitral.

Segue-se que a manifestação de vontade da qual decorra a instituição do juízo arbitral – onde exista a garantia constitucional da universalidade da jurisdição judicial e, pois, do direito de ação – não pode anteceder à efetiva atualidade da controvérsia a cujo deslinde pelo Poder Judiciário o acordo implica renunciar. Vale dizer, que não prescinde da concreta determinação de um litígio atual.

A esse pressuposto de constitucionalidade do juízo arbitral, atende o compromisso, mas não cláusula arbitral: esta, no texto de Luiz Olavo Baptista (ob. loc. cits., p. 32), 'é genérica, objetivando resolver número não definitivo ou não definido de controvérsias', ao passo que, no compromisso, o objeto é 'específico, visando solução de controvérsia ou controvérsias já definidas. É o futuro condicional' – conclui – 'por oposição ao presente'.

Por isso mesmo é que a doutrina firmada antes da Lei de Arbitragem repeliu, quase à unanimidade, a possibilidade da execução judicial específica da cláusula compromissória, como demonstrado, de modo definitivo, por José Carlos Barbosa Moreira (ob. loc. cits.).

(...).

Sendo a vontade da parte, manifestada na cláusula compromissória, insuficiente – dada a indeterminação do seu objeto – e, pois, diversa da necessária a compor o consenso exigido à formação do compromisso, permitir o suprimento judicial seria admitir a instituição de um juízo arbitral com dispensa da vontade bilateral dos litigantes, que, só ela, lhe pode emprestar legitimidade constitucional: entendo nesse sentido a lição de Pontes (ob. cit., XV/224) de que fere o princípio constitucional invocado – hoje, art. 5º, XXXV, da Constituição – atribuir, ao compromisso que assim se formasse por provimento judicial substitutivo do assentimento de uma das partes, 'eficácia fora do que é a vontade dos figurantes em se submeterem'.

Não posso fugir, desse modo, à declaração da inconstitucionalidade do parágrafo único do art. 6º e do art. 7º da Lei de Arbitragem e, em consequência, dos outros dispositivos que delas derivam, isto é, no art. 41, da nova redação dada aos arts., 267, VII, e 301, IX, do C.Pr. Civil (que estendem a qualquer modalidade de convenção de arbitragem – e, pois, à hipótese de simples cláusula compromissória – a força impeditiva da constituição ou da continuidade do processo judicial sobre a mesma lide objeto do acordo arbitral)), o art. 42, que acrescenta um novo inciso, n. VI, ao art. 520 C. Pr. Civil para incluir no rol dos casos de apelação com efeito só devolutivo, o da interposta contra a sentença 'que julgar procedente o pedido de instituição de arbitragem'

(...)".

Não obstante o brilhante voto proferido pelo eminente ex-Ministro do Supremo Tribunal Federal, Sepúlveda Pertence, que foi acompanhado pelos então Ministros Sydney Sanches, Néri da Silveira e Moreira Alves, prevaleceu o voto do Ministro Nelson Jobim pela constitucionalidade da cláusula compromissória arbitral.

Na realidade, conforme bem acentou o Min. Sepúlveda Pertence no SE 5206, o que se tem entendido é que afetaria a garantia da ubiqüidade da jurisdição a estipulação de *arbitragem compulsória*. A imposição do juízo arbitral para certo tipo de litígios foi banida – 'sem deixar saudades' – (segundo J. X. Carvalho de Mendonça) – desde 1866, eis que acentua José Carlos Magalhães – 'repugna à própria natureza do instituto, lastreado fundamentalmente na vontade das partes'.

Na Itália, a arbitragem obrigatória sobreviveu bem mais; fulminou-a, entretanto, não faz muito, a Corte Constitucional – sentença de 14.7.1977, n. 127, Elia, *Giurisprudenza Costituzionale*, 1977, 8/1.103: *"Se la Costituzione garantisce ad ogni soggetto il diritto di agire in giudizio per la tutela dei propri diritti ed interessi legittimi, ne deriva che (fuori delle ipotesi previste dall'art. 103 Cost.) tale diritto deve potersi esercitare dinanzi agli organi giudiziari ordinari. Il fondamento di qualsiasi arbitrato è da rinvenirse nella libera scelta delle parti; il principio fissato nell' art. 806 comma 1 c.p.c., (secondo cui le parti possono far decidere da arbitri le controversie tra loro insorte) assume il carattere di principio generale, costituzionalmente garantito, dell' intero ordinamento"*.

Na Itália, a preocupação não é tanto com a legitimidade constitucional da arbitragem instituída consensualmente, mas com a necessidade de se impor limites eficazes contra o risco de que, sob a alegação da amplitude do princípio da *pacta sunt servanda*, prevaleça na realidade o poder da parte economicamente mais forte *'nella imposizione di clausole di compromissione, di arbitraggio o addiriture di renunica tout court al" azzionabilità di una pretesa'*.[165]

Sobre o tema referente ao compromisso e cláusula arbitral, eis os seguintes precedentes do S.T.J. e do S.T.F.:

> *(...).*
>
> *– A Lei de Arbitragem brasileira tem incidência imediata aos contratos que contenham cláusula arbitral, ainda que firmados anteriormente à sua edição. Precedentes da Corte Especial.*
>
> *– A análise do STJ na homologação de sentença arbitral estrangeira está limitada aos aspectos previstos nos artigos 38 e 39 da Lei 9.307/96. Não compete a esta Corte a apreciação do mérito da relação material objeto da sentença arbitral.*

[165] TROCKER, Nicolò. *Processo e constituzione*. Milano: Giuffrè, 1974, p. 694.

Sentença arbitral estrangeira homologada".

(SEC .894/UY, Rel. Ministra NANCY ANDRIGHI, CORTE ESPECIAL, julgado em 20/08/2008, DJe 09/10/2008)

(...).

2. Nos termos do art. 39, parágrafo único, da Lei de Arbitragem, é descabida a alegação, in casu, de necessidade de citação por meio de carta rogatória ou de ausência de citação, ante a comprovação de que o requerido foi comunicado acerca do início do procedimento de arbitragem, bem como dos atos ali realizados, tanto por meio das empresas de serviços de courier, como também via correio eletrônico e fax.

3. O requerido não se desincumbiu do ônus constante no art. 38, III, da mesma lei, qual seja, a comprovação de que não fora notificado do procedimento de arbitragem ou que tenha sido violado o princípio do contraditório, impossibilitando sua ampla defesa.4. Doutrina e precedentes da Corte Especial.

5. Sentença arbitral homologada".

(SEC 3.660/GB, Rel. Ministro ARNALDO ESTEVES LIMA, CORTE ESPECIAL, julgado em 28/05/2009, DJe 25/06/2009)

1. A sociedade de economia mista, quando engendra vínculo de natureza disponível, encartado na mesma cláusula compromissória de submissão do litígio ao Juízo Arbitral, não pode pretender exercer poderes de supremacia contratual previsto na Lei 8.666/93.

(...).

5. Questão gravitante sobre ser possível o juízo arbitral em contrato administrativo, posto relacionar-se a direitos indisponíveis.

6. A doutrina do tema sustenta a legalidade da submissão do Poder Público ao juízo arbitral, calcado em precedente do E. STF, in litteris: "Esse fenômeno, até certo ponto paradoxal, pode encontrar inúmeras explicações, e uma delas pode ser o erro, muito comum de relacionar a indisponibilidade de direitos a tudo quanto se puder associar, ainda que ligeiramente, à Administração." Um pesquisador atento e diligente poderá facilmente verificar que não existe qualquer razão que inviabilize o uso dos tribunais arbitrais por agentes do Estado.

Aliás, os anais do STF dão conta de precedente muito expressivo, conhecido como 'caso Lage', no qual a própria União submeteu-se a um juízo arbitral para resolver questão pendente com a Organização Lage, constituída de empresas privadas que se dedicassem a navegação, estaleiros e portos.

A decisão nesse caso unanimemente proferida pelo Plenário do STF é de extrema importância porque reconheceu especificamente 'a legalidade do juízo arbitral, que o nosso direito sempre admitiu e consagrou, até mesmo nas causas contra a Fazenda.' Esse acórdão encampou a tese defendida em parecer da lavra do eminente Castro Nunes e fez honra a acórdão anterior, relatado pela autorizada pena do Min, Amaral Santos.

Não só o uso da arbitragem não é defeso aos agentes da administração, como, antes é recomendável, posto que privilegia o interesse público." (in "Da Arbitrabilidade de Litígios Envolvendo Sociedades de Economia Mista e da Interpretação de Cláusula Compromissória", publicado na Revista de Direito Bancário do Mercado de Capitais e da Arbitragem,, Editora Revista dos Tribunais, Ano 5, outubro – dezembro de 2002, coordenada por Arnold Wald, esclarece às páginas 398/399).

7. Deveras, não é qualquer direito público sindicável na via arbitral, mas somente aqueles cognominados como "disponíveis", porquanto de natureza contratual ou privada.

8. A escorreita exegese da dicção legal impõe a distinção jus-filosófica entre o interesse público primário e o interesse da administração, cognominado "interesse público secundário". Lições de Carnelutti, Renato Alessi, Celso Antônio Bandeira de Mello e Min. Eros Roberto Grau.

(MS 11.308/DF, Rel. Ministro LUIZ FUX, PRIMEIRA SEÇÃO, julgado em 09/04/2008, DJe 19/05/2008)

1. As regras para a homologação da sentença arbitral estrangeira encontram-se elencadas na Lei nº 9.307/96, mais especificamente no seu capítulo VI e na Resolução nº 9/2005 do STJ.

2. As duas espécies de convenção de arbitragem, quais sejam, a cláusula compromissória e o compromisso arbitral, dão origem a processo arbitral, porquanto em ambos ajustes as partes convencionam submeter a um juízo arbitral eventuais divergências relativas ao cumprimento do contrato celebrado.

3. A diferença entre as duas formas de ajuste consiste no fato de que, enquanto o compromisso arbitral se destina a submeter ao juízo arbitral uma controvérsia concreta já surgida entre as partes, a cláusula compromissória objetiva submeter a processo arbitral apenas questões indeterminadas e futuras, que possam surgir no decorrer da execução do contrato.

4. Devidamente observado o procedimento previsto nas regras do Tribunal Arbitral eleito pelos contratantes, não há falar em qualquer vício que macule o provimento arbitral.

5. O mérito da sentença estrangeira não pode ser apreciado pelo Superior Tribunal de Justiça, pois o ato homologatório restringe-se à análise dos seus requisitos formais. Precedentes do STF e do STJ.

6. Pedido de homologação deferido".
(SEC 1.210/GB, Rel. Ministro FERNANDO GONÇALVES, CORTE ESPECIAL, julgado em 20/06/2007, DJ 06/08/2007 p. 444).

(...).
2. A existência de ação anulatória da sentença arbitral estrangeira em trâmite nos tribunais pátrios não constitui impedimento à homologação da sentença alienígena, não havendo ferimento à soberania nacional, hipótese que exigiria a existência de decisão pátria relativa às mesmas questões resolvidas pelo Juízo arbitral. A Lei n. 9.307/96, no § 2º do seu art.33, estabelece que a sentença que julgar procedente o pedido de anulação determinará que o árbitro ou tribunal profira novo laudo, o que significa ser defeso ao julgador proferir sentença substitutiva à emanada do Juízo arbitral.
Daí a inexistência de decisões conflitantes.
3. Sentença arbitral estrangeira homologada".
(SEC .611/US, Rel. Ministro JOÃO OTÁVIO DE NORONHA, CORTE ESPECIAL, julgado em 23/11/2006, DJ 11/12/2006 p. 291)

1. Para a homologação de sentença de arbitragem estrangeira proferida à revelia do requerido, deve ele, por ser seu o ônus, comprovar, nos termos do inciso III do art. 38 da Lei n. 9.307/96, que não foi devidamente comunicado da instauração do procedimento arbitral.
2. Homologação deferida".
(SEC .887/FR, Rel. Ministro JOÃO OTÁVIO DE NORONHA, CORTE ESPECIAL, julgado em 06/03/2006, DJ 03/04/2006 p. 196).

Ementa: recurso. Extraordinário. Inadmissibilidade. Arbitragem. Cláusula arbitral. Negócio público celebrado antes do início de vigência da Lei nº 9.307/96. Caracterização como promessa de constituir o juízo arbitral. Interpretação do tribunal local. Reexame da cláusula. Impossibilidade na via extraordinária. Agravo de instrumento não conhecido. Agravo regimental improvido. Aplicação das súmulas 454 e 636. Recurso extraordinário não serve para reinterpretação de cláusula negocial.
(AI 475917 AgR, Relator(a): Min. CEZAR PELUSO, Segunda Turma, julgado em 02/02/2010, DJe-035 DIVULG 25-02-2010 PUBLIC 26-02-2010 REPUBLICAÇÃO: DJe-040 DIVULG 04-03-2010 PUBLIC 05-03-2010 EMENT VOL-02392-04 PP-00756).

Ementa: Poder Público. Transação. Validade. Em regra, os bens e o interesse público são indisponíveis, porque pertencem à coletividade. É, por isso, o Administrador, mero gestor da coisa pública, não tem disponibilidade sobre os interesses confiados à sua guarda e realização. Todavia, há casos em que o princípio da indisponibilidade do interesse público deve ser atenuado, mormente quando se tem em vista que a solução adotada pela Administração é a que melhor atenderá à ultimação deste interesse. Assim, tendo o acórdão recorrido concluído pela não onerosidade do acordo celebrado, decidir de forma diversa implicaria o reexame da matéria fático-probatória, o que é vedado nesta instância recursal (Súm. 279/STF). Recurso extraordinário não conhecido.

(RE 253885, Relator(a): Min. ELLEN GRACIE, Primeira Turma, julgado em 04/06/2002, DJ 21-06-2002 PP-00118 EMENT VOL-02074-04 PP-00796).

Além da possibilidade de juízo de arbitragem, o Estado promoverá, sempre que possível, a solução consensual dos conflitos.

Passa a ser um dos pilares da moderna solução de conflitos a promoção pelo Estado de critérios consensuais para a resolução de conflitos entre as partes, como é o caso da mediação e conciliação.

Por isso, a conciliação, a mediação e outros métodos de solução consensual de conflitos deverão ser estimulados por magistrados, advogados, defensores públicos e membros do Ministério Público, inclusive no curso do processo judicial, nos termos do §3º do art. 3º do novo C.P.C.

4.6. Acesso à justiça e abuso de direito

Muito embora o princípio do acesso à justiça represente uma incondicional possibilidade de qualquer pessoa peticionar perante os órgãos do Poder Judiciário, a fim de formular pretensão ou refutar lesão ou ameaça de lesão a direitos, isso não significa dizer que a Constituição Federal respalde a proposição de toda e qualquer postulação de natureza temerária.

O direito de ação não pode ser compreendido como um direito temerário ou arbitrário, de que seja lícito lançar mão, independentemente de qualquer interesse legítimo na litigância.[166]

O Código Civil brasileiro reconhece o abuso de direito em seu art. 187: *Também comete ato ilícito o titular de um direito que, ao exercê-lo, excede manifestamente os limites impostos pelo seu fim econômico ou social, pela boa-fé ou pelos bons costumes.*

[166] RODRIGUES, F. P., op. cit., p. 17.

O reconhecimento do abuso do direito também se encontra evidenciado no art. 334º do Código Civil português.

Muito embora o instituto do abuso do direito seja regulado pela lei material, *"é um dado adquirido a aplicação geral do instituto do abuso do direito (artigo 334º do CC) no âmbito do direito processual civil, pois aqui também o direito de ação não está imune ao abuso do direito previsto para o direito substantivo, com todas as consequências daí decorrentes. Deste modo, o abuso do direito é, indubitavelmente, aplicável ao direito de ação judicial, ou, de uma forma mais ampla, ao exercício de quaisquer posições no processo...A aplicação da boa-fé e do abuso de direito no domínio do processo civil é de inconcusso acolhimento, o que desde logo sucede no plano substancial do processo, pois que as ações judiciais instauradas contra a confiança previamente infundida ou em grave desequilíbrio, de modo a provocar danos máximos a troco de vantagens mínimas, não podem deixar de ser abusivas. Haverá, então, abuso do direito de ação judicial no seu todo".*[167]

Assim, o abuso do direito, especialmente quando macula o princípio da boa-fé objetiva, tem aplicação também no âmbito do direito processual.

No Brasil, há muito se observar a presença de disposições legais processuais expressas que determinam o ressarcimento do réu quando a pretensão formulada pela parte autora não for acolhida ou for temerária. É o que preceituava, por exemplo, o art. 811 do C.P.C. de 1973, a saber:

> *Sem prejuízo do disposto no art. 16, o requerente do procedimento cautelar responde ao requerido pelo prejuízo que lhe causar a execução da medida:*
>
> *I – se a sentença no processo principal lhe for desfavorável;*
>
> *II – se, obtida liminarmente a medida no caso do art. 804 deste Código, não promover a citação do requerido dentro em 5 (cinco) dias;*
>
> *III – se ocorrer a cessação da eficácia da medida, em qualquer dos casos previstos no art. 808, deste Código;*
>
> *IV – se o juiz acolher, no procedimento cautelar, a alegação de decadência ou de prescrição do direito do autor (art. 810).*
>
> *Parágrafo único. A indenização será liquidada nos autos do procedimento cautelar.*

Essa indenização também se aplicava à antecipação de tutela prevista no art. 273 do C.P.C. de 1973.

[167] RODRIGUES, F. P., idem, p. 17.

A mesma determinação de reparação de danos por abuso do direito de ação encontra-se no art. 302 do novo C.P.C. brasileiro.

Art. 302. Independentemente da reparação por dano processual, a parte responde pelo prejuízo que a efetivação da tutela de urgência causar à parte adversa, se:

I – a sentença lhe for desfavorável;

II – obtida liminarmente a tutela em caráter antecedente, não fornecer os meios necessários para a citação do requerido no prazo de 5 (cinco) dias;

III – ocorrer a cessação da eficácia da medida em qualquer hipótese legal;

IV – o juiz acolher a alegação de decadência ou prescrição da pretensão do autor.

Parágrafo único. A indenização será liquidada nos autos em que a medida tiver sido concedida, sempre que possível.

O abuso de direito no âmbito processual não se restringe, porém, apenas ao direito de ação por parte do autor, mas também ao direito de defesa por parte do réu, conforme preconizava o 273, inc. II, do C.P.C. brasileiro de 1973:

Art. 273. O juiz poderá, a requerimento da parte, antecipar, total ou parcialmente, os efeitos da tutela pretendida no pedido inicial, desde que, existindo prova inequívoca, se convença da verossimilhança da alegação e: (Redação dada pela Lei nº 8.952, de 13.12.1994)

(...).

II – fique caracterizado o abuso de direito de defesa ou o manifesto propósito protelatório do réu. (Incluído pela Lei nº 8.952, de 13.12.1994)

A concessão de tutela de evidência em razão do abuso de direito de defesa ou manifesto propósito protelatório do réu foi mantida pelo art. 311, inc. I, do novo C.P.C., *in verbis:*

Art. 311. A tutela da evidência será concedida, independentemente da demonstração de perigo de dano ou de risco ao resultado útil do processo, quando:

I – ficar caracterizado o abuso do direito de defesa ou o manifesto propósito protelatório da parte;

(...).

Mas o abuso de direito de ação não pode ficar restrito ao campo das pretensões formuladas incidentalmente de tutelas provisórias, uma vez que a simples propositura da ação poderá ensejar graves danos ao réu. Com efeito, *"no abuso do direito de ação é de tomar em consideração qualquer violação da boa-fé, dolosa ou meramente negligente, sendo que qualquer pessoa é responsabilizável, mesmo as pessoas coletivas, desde que se verifique a existência de danos, sendo que todos os danos devem ser considerados"*.[168]

Na realidade, *"o que se diz das providências cautelares diz-se de qualquer outra providência, ou ação, em que as iniciativas processuais de alguém tenham, injustificadamente, afetado de forma negativa o património ou fortuna de outrem. E é extensível aos danos morais sempre que as iniciativas processuais do seu autor colidam com direitos de personalidade ou com regras de ordem pública de tutela pessoal. Note-se, todavia, que qualquer demanda judicial representa sempre, para quem a sofra, uma fonte de incómodo e, mesmo, de angústia, pelo que enaltecer esse aspecto seria dificultar o acesso aos tribunais, que a Constituição da República assegura. No entanto, há ações inúteis e outras que, sendo úteis, nelas se envereda por uma litigância reprovável, transformando-se, sem qualquer necessidade processual, num conjunto de incómodos, danos e ofensas contra a outra parte, com a violação de direito subjetivos ou de normas de proteção, pelo que representam, em termo normais, muito mais do que o risco comum que qualquer pessoa corre de, a todo o tempo, ser demandada. Sendo assim, não se compreenderia que no Direito não houvesse mecanismos, de natureza substantiva, e processual, para se exercer um papel preventivo e compensatório relativamente a tais situações"*.[169]

Nos Tribunais portugueses, conforme citado por Fernando Pereira Rodrigues, observam-se algumas decisões que, ao repudiar o abuso de direito de ação, determinam o ressarcimento de eventuais danos causados. No Acórdão do STJ, de 17.05.1940, entendeu-se que comete abuso de direito de ação, incorrendo em responsabilidade civil, o exequente que nomeia e faz penhorar bens, sabendo não pertencerem ao executado, mas, sim, a um terceiro, para quem se haviam transmitido por trespasse do estabelecimento que o executado fez com reserva do passivo (*in Colecção Oficial, 39, pg. 230*). No Acórdão de Relação de Coimbra, de 28.10.1958, considerou-se haver abuso de direito de ação quando o litigante aciona por capricho ou por malévolo espírito de vexar e arreliar o que é acionado, intentando ações com base em pretensões de fantasia, requerendo diligências e interpondo recursos a pretexto de defesa... (*in Jurisprudência*

[168] RODRIGUES, F.P., idem p. 17.
[169] RODRIGUES, F.P., idem, p. 23.

das Relações, 4º, pg. 1075). No Acórdão da mesma Relação, de 21.02.1968, entendeu-se haver abuso de direito, e não litigância de má fé (que tem por conceitos distintos), numa ação de interdição por demência, quando a ação é proposta com um fim repreensível, verificado quando a injustiça ou inutilidade à pretensão do autor forem manifestas... No Acórdão do STJ, de 21.10.93, entendeu-se que o recurso representará um abuso de direito de ação quando se recorra apenas por recorrer... No Acórdão da Relação do Porto, de 20.05.1997, julgou-se que constitui um nítido abuso de direito de ação, terem os autores pedido a anulação das deliberações tomadas em assembleia-geral, com fundamento no disposto no artigo 56º, n.s. 1. e 2, do Código das Sociedades Comerciais, quando foram eles que impediram a realização da assembleia no local para onde tinha sido convocada... No Acórdão da mesma Relação, de 22.01.2002, afirmou-se que constitui abuso intentar uma ação de execução específica de uma promessa contra os promitentes adquirentes de ações de uma sociedade que, entretanto, perdeu o seu valor, por ter sido declarada falida *(in CJ, 2002, I, pg. 188).* Acórdão da Relação do Porto, de 02.02.2006, defendeu-se que, depositando o inquilino, demandado numa ação de despejo por falta de pagamento de rendas, as devidas até à contestação acrescidas da indenização legal, mas fazendo-o, não nos termos previstos no RAU, mas antes como depósito autônomo, e não questionando o locador, nem o valor das rendas depositadas, nem o da indenização, nem pretendendo impugnar o depósito, mas insistindo no 'despejo' apenas porque, formalmente, o depósito não obedeceu aos preceitos daquele diploma... (acessível em http://333.dgsi.pt/jtrp).[170]

É importante ressaltar que Fernando Pereira Rodrigues distingue o pedido de ressarcimento de danos ilícitos causados pela propositura de ações judiciais e o pedido de condenação em indenização, por litigância de má-fé. O autor português aduz que ficam de fora da condenação em litigância de má-fé: "*– as atuações danosas ilícitas, meramente negligentes; – as atuações ilícitas cuja danosidade se prolongue no tempo, de modo a ser insindicável no mero incidente de má fé; – as atuações ilícitas cuja complexidade genética e cujas consequências difíceis de abordar apenas sejam compagináveis, em termos de razoável administração da justiça e de efetivação do contraditório, em ação própria; – as atuações ilícitas que envolvam a conjugação com terceiras pessoas: estas, não sendo*

[170] RODRIGUES, F.P., idem, p. 18 e 19.

partes no processo considerado, sempre escapariam à litigância de má fé; – as atuações cuja ilicitude provenha não do processo em si, mas da conjugação de diversas ações judiciais".[171]

Na realidade, o instituto de litigância de má fé tem origem pública e por finalidade sancionar e reprimir, funcionando num âmbito oficioso e num perfil muito estrito e pouco diferenciado; já o abuso de direito de ação faculta aos interessados e, em certa margem, ao próprio tribunal, sancionar as condutas que, embora legitimadas pelo exercício de direitos, se apresentem, todavia, como disfuncionais, por contrárias aos valores fundamentais do sistema.[172]

[171] RODRIGUES, F.P., idem, p. 24.

[172] RODRIGUES, F.P., idem, p. 25.

5.
Princípio da celeridade processual

Há dois séculos e meio atrás, ensinava Jeremy Bentham que *justice delaye is justice denied*, o que significa dizer nos dias atuais *"que o direito de ação dos cidadãos resulta vulnerado se o sistema não consegue garantir uma 'duração razoável dos processos"*.[173]

A cláusula final do inciso segundo do art. 111 da Constituição Italiana, referindo-se a qualquer tipo de processo, estabelece que *"a lei assegura a razoável duração"*. Esse dispositivo apresenta um eco do que está estabelecido no art. 6º da Convenção europeia de direito humanos.[174]

O artigo 5º, inciso LXXVII, da Constituição Federal da República Federativa do Brasil estabelece que: *"a todos, no âmbito judicial e administrativo, são assegurados a razoável duração do processo e os meios que garantam a celeridade de sua tramitação". (Incluído pela Emenda Constitucional nº 45, de 2004).*

O novo C.P.C. brasileiro incorporou expressamente esse princípio no seu art. 4º.

Idêntica garantia encontra-se prevista no artigo 2º do C.P.C. português: *"A proteção jurídica através dos tribunais implica o direito de obter,*

[173] CHIARLONI, Sergio. Il nuovo art. 111 cost. e il processo civile. *In: Revista de Processo*. vol. 230, abr. 2014. São Paulo, R.T., p. 11; *In: Rivista di Diritto Processuale*, CEDAM, Milani, 2000, Vol. LV (II Serie), Anno. 2000. p. 1032.

[174] CHIARLONI, S., idem, p. 1032.

em prazo razoável, uma decisão judicial que aprecie, com força de caso julgado, a pretensão regularmente deduzida em juízo, bem como a possibilidade de fazer executar".

As partes, portanto, segundo o C.P.C. português, possuem um direito fundamental de obter em prazo razoável a decisão judicial, com força de coisa julgada, solucionando a pretensão regularmente deduzida em juízo, assim como a possibilidade de executá-la.

O art. 4º do novo C.P.C. brasileiro, assim estabelece: *As partes têm direito de obter em prazo razoável a solução integral do mérito, incluída a atividade satisfativa.*

Porém, o art. 4º do novo C.P.C. brasileiro (Lei n...), ao invés de incorporar na essência o princípio da celeridade processual, previsto no art. 5º, inciso LXXVII, da C.F. brasileiro, foi demasiadamente tímido, para não dizer restritivo ao direito fundamental ao processo célere.

Na realidade, quando se fala em celeridade processual, isso não se reduz ao direito de obter num prazo razoável *a solução integral do mérito, incluída a atividade satisfativa.*

O princípio da celeridade processual é muito mais elástico, abrangendo, igualmente, o direito a obter num prazo razoável uma decisão de tutela de urgência (que não soluciona de forma integral o mérito), ou mesmo uma decisão sem resolução de mérito, que diga os motivos pelos quais a relação jurídica processual não possa seguir em frente.

Também a redação contida no art. 2º do C.P.C. português é tecnicamente restritiva, pois delimita o princípio da celeridade processual à obtenção, *em prazo razoável, de uma decisão judicial que aprecie, com força de caso julgado, a pretensão regularmente deduzida em juízo, bem como a possibilidade de fazer executar".*

Ora, o princípio da celeridade processual não se limita à apreciação célere de uma pretensão somente por meio de decisão judicial com força de caso julgado. Note-se que a apreciação de uma pretensão de tutela de urgência, seja ela satisfativa ou cautelar, muito embora não produza coisa julgada, deve também ser abrangida pelo princípio da celeridade processual.

O certo é que, com essa perspectiva principiológica, o legislador processual pretende resgatar a importância e a credibilidade do processo civil como método de instrumentalização e efetivação do direito material, uma vez que o processo judicial, em razão de sua demora e falta de celeridade, especialmente o processo de conhecimento, vem perdendo terreno para outras formas heterogêneas de solução de conflitos.

Diante da morosidade processual, observa-se um fenômeno denominado de 'fuga da justiça', que significa uma fuga para outros métodos de resolução de conflitos, mais eficientes e de razoável duração.

Que o processo deva ter uma duração 'razoável' ou pelo menos 'tolerável' é princípio de primeira importância, pois é fácil compreender como em muitos casos uma decisão, apesar de favorável, proferida muito tarde em relação ao momento em que a parte tenha postulado em juízo, pode resultar concretamente inútil ou pouco útil.[175]

Porém, a celeridade processual não decorre de uma simples previsão normativa, sem que se ataquem com firmeza os diversos fenômenos que contribuem para a lentidão dos processos, a saber: a) endêmicas carências organizativas dos aparatos judiciários, sob o aspecto da racional distribuição no território nacional de recursos humanos e dos meios materiais, fenômeno que aproxima o Poder Judiciário às outras formas de administração do Estado brasileiro; b) legislação supra-abundante e caótica; c) elevada taxa de litigiosidade, sobretudo em determinados setores judiciários e em particular áreas geográficas, localizadas, sobretudo, em regiões de grande concentração de massas.

É importante salientar que a falta de celeridade processual não atinge apenas os interesses individuais inseridos no âmbito da relação jurídica processual, pois essa lentidão acaba por gerar efeitos perniciosos igualmente no desenvolvimento social e econômico de uma nação.

Segundo Maurzio De Paolis, sob a base de uma série de relatórios anuais provenientes do Banco Mundial, um dos principais 'freios' do desenvolvimento produtivo na Itália deve-se identificar à *lentidão dos processos* que produz uma forte incerteza nas trocas comerciais e desencoraja os investidores nacionais e estrangeiros, representando um fortíssimo encolhimento em todos os outros indicadores internacionais. Segundo o autor italiano, em 1º de janeiro de 2010, a Itália figurava em 5º lugar, com 7.150 processos pendentes dentre os países com maior número de recurso promovido perante a Corte europeia de Direitos do Homem de Estrasburgo, perdendo apenas para Rússia, Turquia, Ucrânia e Romênia. Esses recursos

[175] BALENA, Giampiero. *Istituzioni di diritto processuale civile* – i princìpi. Primo Volume. Seconda Edizione. Bari: Cacucci Editore, 2012. p. 66.

apresentados perante a Corte Europeia tinham duas grandes questões, sendo que a principal era *a da excessiva duração dos processos.*[176]

5.1. Celeridade processual e o conteúdo normativo jurídico

Não se pode considerar o formalismo processual como algo que terá sempre um conteúdo negativo.[177]

Há necessidade de se fazer uma distinção entre o conteúdo normativo de cada ordenamento jurídico para se avaliar a razoável duração do processo.

Deve-se levar em consideração nessa questão da *razoável duração do processo* que toda causa tem um tempo 'fisiológico' próprio, que evidentemente é delineado pela particularidade da controvérsia e da objetiva urgência que tenham as partes da imediata eficácia da decisão.[178]

O ordenamento jurídico brasileiro é caracterizado como um sistema normativo particularmente complexo como o é o sistema jurídico italiano. O papel do juiz, como artífice do direito *vivo* encontra uma maior relevância, superando assim a histórica diferenciação entre ordenamentos jurídicos da *common law*, com um direito não codificado e com um juiz 'forte', e os ordenamentos jurídicos da *civil law*, com um direito codificado e com um juiz, por assim dizer, 'fraco'.[179]

O reforço dessa diferenciação entre *civil law* e *common law* ganha peso inclusive com o novo C.P.C. brasileiro, que, não sendo suficiente a previsão dos direitos e garantias fundamentais de natureza processual na Constituição Federal de 1988, houve por bem codificá-los numa legislação formal processual, como se a sua eficiência e efetiva aplicação dependesse dessa impostergável codificação.

[176] "Não faltam críticas às indicações fornecidas pelo Banco Mundial que tem sempre considerado de maneira fortemente crítica o formalismo processual totalmente estranho à cultura e à mentalidade dos juristas ligados à tradição do *common law* própria dos países anglosaxões. (DE PAOLIS, Maurzio. *Eccessiva durata del processo: risarcimento del dano.* II ed. Republica de San Marino, 2012. p. 33 e 35).

[177] Cf. Kiern. *Justice between simplification and formalism, a discussion and critique of the world sponsored lex mundi project on efficency of civil procedure.* Freigurg, 2006.

[178] BALENA, G., op. cit., p. 32.

[179] DE PAOLIS, M., op. cit., p. 42.

O papel interpretativo do juiz não depende somente da quantidade e da ineficiente qualidade das disposições normativas a serem aplicadas em sede de contencioso judiciário; de fato, depende também de outros importantes fatores como a complexidade de um ordenamento jurídico dividido entre legislações provenientes da União, Estados e Municípios, sem contar ainda os inúmeros acordos internacionais e as milhares resoluções, portarias, decretos, medidas provisórias etc, os quais determinam uma multiplicação das disposições normativas, sobretudo no âmbito quantitativo e um pouco menos pelo aspecto qualitativo. Para se ter uma ideia dessa multiplicidade de regras normativas, o novo C.P.C. brasileiro não pode ser produzido sem que apresente no mínimo aproximadamente 1.000 artigos. A fragmentação da produção legislativa contribui de maneira determinante a provocar um consistente 'calo' na efetividade da norma. Isso, sem dúvida, aumenta sobremaneira o trabalho artesanal do magistrado nas causas individualizadas, especialmente pelo fato de que o exercício da atividade jurisdicional significa o último anel de uma longa cadeia de conteúdo normativo.[180]

Além do mais, o papel do magistrado não é simplesmente descortinar uma norma já posta pelo legislador diante desse emaranhado de leis e regulamentos. Conforme bem anota De Paolis: "*Os juízes devem estar atentos ao seu novo papel no ordenamento judiciário. De fato, a questão dos tempos processuais excessivamente longos pode ser resolvida igualmente por meio do conteúdo das sentenças pronunciadas e mediante a modernidade, a clareza e a coerência dos endereços jurisprudenciais. Ao lado do papel de garantista dos direitos já reconhecidos, o magistrado está transformando o motor de sua constante evolução, para adequá-lo ao novo contexto social em constante e tempestuosa evolução até se transformar em uma fonte inexaurível de novas posições subjetivas meritórias de tutela, sobretudo se disser respeito à liberdade, à segurança, e ao justo processo. Isso contribui para por em crise a tradicional regra: o legislador dita a regra, o juiz a aplica. De fato, o juiz chamado a decidir uma controvérsia judiciária, antes mesmo de aplicar uma determinada norma, deve encontrá-la, ou melhor, descobri-la, operando uma verdadeira e própria escavação em um magma estratificado de disposições descoordenadas, até a surgir um específico dado normativo... Não poucas vezes, para resolver a controvérsia, o juiz é chamado a colmatar as lacunas normativas buscando regras de textos muitas vezes ambíguos. Talvez o magistrado é constrangido a aplicar a casos concretos, objeto de disputa judiciária, leis que contenham verdadeiros e próprios ditames*

[180] DE PAOLIS, M., idem, p. 42.

de caracteres programáticos, fazendo funcionar na vida real afirmações normativas adotadas no âmbito dos debates políticos e, frequentemente a nível midiático. Em outras circunstâncias, o juiz é constrangido a adaptar tecidos normativos obsoletos a disposições, por vezes introduzidas em um particular momento contingencial, provenientes de um contexto social e econômico conotado por um desenvolvimento em veloz transformação... Consequentemente, o ordenamento jurídico não pode conceber-se como uma entidade pré-constituída, nem, muito menos, como um organismo complexo que possa desenvolver-se naturalmente de maneira autônoma, mas sim se deve entender como uma entidade que se forma e se desenvolve mediante uma assídua e coerente obra de interpretação".[181]

5.2. Celeridade processual e a *máxima* da *razoabilidade*

Diante da conjuntura normativa, o juiz deve estar atento à construção de uma decisão que possa ao mesmo tempo ser célere e justa. Para isso, deve proceder a um *balanceamento* entre a exigência de *qualidade* dos sistemas judiciários e a *duração do processo*, sem deixar de levar em consideração a responsabilidade pela particular situação da exigência de *justiça* da decisão a ser pronunciada.[182]

Deve-se ter em mente que a celeridade processual não é um fim em si mesmo, nem é sinônimo de decisão *justa*.

Deve-se ter em mente a preocupação de que a simples exigência da *celeridade processual* como um fim em si mesmo pode gerar mácula ao processo *justo e équo*.

Devem os operadores do direito, de modo particular os magistrados em geral, levar em conta que o rápido desenvolvimento da relação jurídica processual, por si só, pode gerar incertezas num contexto normativo muito complexo, ou pode fazer prevalecer interpretações demasiadamente restritivas e formalistas contribuindo, sobremaneira, para a insegurança e insatisfação social quanto à atividade jurisdicional exercida pelo Poder Judiciário.

O novo C.P.C. brasileiro incorpora em seu conteúdo normativo o *princípio da razoável duração do processo* deixando claro que essa duração deve observar a *máxima* da *razoabilidade* do transcurso do tempo.

[181] DE PAOLIS, M., idem, p. 51.

[182] DE PAOLIS, M., idem, p. 34.

Por sua vez, o termo 'razoabilidade' vem ganhando terreno no mundo jurídico como conceito jurídico indeterminado.

Se se indagar o que significa "razoável duração do processo", a resposta mais prudente seria: "depende do caso".

Pode-se dizer, num primeiro momento, que 'razoável' seria aquilo *justificado e não arbitrário*.

O termo 'razoável' aparece nos textos internacionais como 'medida de tempo': proporção entre o tempo e o processo (artigo 5, §3º e 6, §1º do Convênio Europeu de Direitos Humanos de 4 de novembro de 1950, e artigo 7º, §5º da Convenção Americana de Direitos Humanos de 1969).

O Tribunal Europeu de Direitos Humanos estabelece uma série de critérios objetivos para estabelecer a existência ou não de prazo razoável, podendo ser citados, dentre esses critérios, os seguintes: a) natureza e circunstância do litígio; b) complexidade e média geral dos litígios com o mesmo objeto; c) conduta do demandante e do órgão judicial; d) consequências para os litigantes em razão da demora. Esses critérios podem ser observados nas seguintes decisões: Sts Wemhift (27 de junho de 1968); König (28 de julho de 1978); Foti y otros (10 de dezembro de 1982); Zimmermann y Steiner (13 de julho de 1983); Lechner y Hess (23 de abril de 1987); Erkner y Hofaur (23 de abril de 1987).

A somatória de fatores, portanto, será um critério importante para se avaliar se determinado processo teve ou não uma razoável duração, uma vez que estando diante de um termo indeterminado, não se pode estabelecer aprioristicamente e numericamente qual seria o critério objetivo mais eficaz para essa avaliação.

Assim, a razoável duração do processo é avaliada pela *justiça do processo*, entendida como o resultado final da resposta do juiz à demanda da parte, somada à sua utilidade e necessidade;

O novo C.P.C. brasileiro garante o direito a uma razoável duração do processo, tanto para a solução integral da lide, como para a satisfação integral do direito material reconhecido, assim, também, para a concessão de decisões interlocutórias de medidas de urgência cautelar ou satisfativa.

O direito à razoável duração do processo abrange tanto o processo de conhecimento como o processo de execução.

O art. 4º do novo C.P.C. brasileiro, por sua vez, preocupa-se tanto com a razoável duração do processo para a resolução jurídica da pretensão formulada quanto em relação à satisfação concreta do direito reconhecido, uma vez que não basta uma manifestação jurídica para que a parte tenha efetivamente reconhecida sua tutela jurisdicional.

Assim, a razoável duração do processo diz respeito também às atividades satisfativas inseridas no âmbito do processo civil, atividades que podem decorrer antecipadamente (tutelas de urgência) ou definitivamente (tutelas executivas), quanto à própria análise do direito material controvertido.

5.3. Algumas circunstâncias procedimentais que podem contribuir para a razoável duração do processo

A preocupação pela rápida duração do processo deve ocorrer em cada fase e em todo o arco do procedimento.

Cabe ao o juiz velar pelo andamento regular e célere do processo, utilizando-se do instrumental procedimental que a lei lhe confere para tal desiderato, inclusive realizando mediante impulso de ofício diligências que promovam o rápido andamento do processo, bem como refutando toda e qualquer diligência que possa ser caracterizada como meramente protelatória.

Como mecanismo instrumental procedimental de aceleração da relação jurídica processual, pode-se citar o processo eletrônico, a transmissão de dados ou a utilização dos correios para comunicação de atos processuais, como intimação, citação, etc; a utilização de vídeo conferência para coleta de prova.

Um critério procedimental que o juiz pode utilizar para uma duração razoável do processo é delimitar o número de partes que devem compor a demanda, ou em relação à intervenção de terceiro que deve ocorrer durante a relação jurídica processual. Sobre o tema, eis o seguinte precedente do S.T.J.:

> *1. "A denunciação da lide, como modalidade de intervenção de terceiros, busca atender aos princípios da economia e da presteza na entrega da prestação jurisdicional, não devendo ser prestigiada quando susceptível de pôr em risco tais princípios" (REsp 216.657/SP, 4ª Turma, Rel. Min. Sálvio de Figueiredo Teixeira, DJ de 16.11.1999).*
>
> *2. Recurso especial não provido".*
>
> (REsp 1187943/GO, Rel. Ministra ELIANA CALMON, SEGUNDA TURMA, julgado em 25/05/2010, DJe 07/06/2010).

O juiz deve, mesmo que de ofício, zelar pelo constante saneamento do processo, determinando, se for o caso, o suprimento da falta de pressupostos processuais ou das condições da demanda, evitando-se com isso o perpetuar de uma relação jurídica processual que poderá, após o transcurso do tempo, ser extinta por falta desses requisitos legais.

Não deve o juiz permitir a realização de atos processuais inúteis, *"devendo os atos processuais ter a forma que, nos termos mais simples, melhor corresponda ao fim que visam atingir (artigos 130º e 131º do CPC português), o que não pode deixar de contribuir para a maior celeridade processual. O mesmo desiderato pode ser prosseguido com a realização da audiência prévia, onde se faculta: tentativa de conciliação; discussão de facto e de direito, nos casos em que o juiz cumpra apreciar exceções dilatórias ou quando tencione conhecer imediatamente, no todo ou em parte, do mérito da causa; discutir as posições das partes, com vista à delimitação dos termos do litígio e suprir as insuficiências ou imprecisões na exposição a matéria de facto que ainda subsistam ou se tornem patentes na sequência do debate; proferir despacho saneador; determinar, após debate, a adequação formal, a simplificação ou agilização processual; decidir reclamações deduzidas pelas partes e programar os atos a realizar na audiência final (art. 591º do CPC português).*[183]

A cooperação das partes com o resultado útil do processo também é uma circunstância importante para a rápida solução do conflito, pois a constante cooperação permite acelerar os trâmites processuais, especialmente no campo da produção probatória.

Daí por que da importância da utilização pelas partes, como forma de promover a celeridade processual, do disposto nos art. 190 e 191 do novo C.P.C., *in verbis:*

> *Art. 190. Versando o processo sobre direitos que admitam autocomposição, é lícito às partes plenamente capazes estipular mudanças no procedimento para ajustá-lo às especificidades da causa e convencionar sobre os seus ônus, poderes, faculdades e deveres processuais, antes ou durante o processo.*
>
> *Parágrafo único. De ofício ou a requerimento, o juiz controlará a validade das convenções previstas neste artigo, recusando-lhes aplicação somente nos casos de nulidade ou de inserção abusiva em contrato de adesão ou em que alguma parte se encontre em manifesta situação de vulnerabilidade.*

> *Art. 191. De comum acordo, o juiz e as partes podem fixar calendário para a prática dos atos processuais, quando for o caso.*

[183] RODRIGUES, F. P., op. cit., p. 256.

§ 1º O calendário vincula as partes e o juiz, e os prazos nele previstos somente serão modificados em casos excepcionais, devidamente justificados.

§ 2º Dispensa-se a intimação das partes para a prática de ato processual ou a realização de audiência cujas datas tiverem sido designadas no calendário.

É importante salientar, também, que o princípio da celeridade processual não é um princípio absoluto, pois por vezes deve ceder a outros princípios ou direitos e garantias fundamentais que também promovem o justo processo. É o caso em que se justifica a suspensão dos recursos de apelação, enquanto se aguarda a decisão a ser proferida no instituto de recursos repetitivos, seja perante o S.T.J. ou o S.T.F.. Nessa hipótese, a celeridade processual deverá ceder lugar à igualdade de decisões e à segurança jurídica. Nesse sentido é o seguinte precedente do S.T.J.:

1. A submissão de matéria jurídica sob o rito prescrito no artigo 543-C, do Código de Processo Civil, inserido pela Lei n.º 11.672, de 8 de maio de 2008, justifica a suspensão do julgamento de recursos de apelação interpostos nos Tribunais.

2. A suspensão dos julgamentos das apelações que versam sobre a mesma questão jurídica submetida ao regime dos recursos repetitivos atende a exegese teleológico-sistêmica prevista, uma vez que decidida a irresignação paradigmática, a tese fixada retorna à Instância a quo para que os recursos sobrestados se adequem à tese firmada no STJ (art. 543-C, § 7.º, I e II, do CPC).

3. É que o novel instituto tem como ratio essendi evitar o confronto das decisões emanadas dos Tribunais da Federação com a jurisprudência do Superior Tribunal de Justiça, mercê de a um só tempo privilegiar os princípios da isonomia e da segurança jurídica.

4. A ponderação de valores, técnica hoje prevalecente no pós-positivismo, impõe a duração razoável dos processos ao mesmo tempo em que consagra, sob essa ótica, a promessa calcada no princípio da isonomia, por isso que para causas com idênticas questões jurídicas, as soluções judiciais devem ser iguais.

5. Ubi eadem ratio ibi eadem dispositio, na uniformização de jurisprudência, a cisão funcional impõe que a tese fixada no incidente seja de adoção obrigatória no julgado cindido, por isso que a tese repetitiva adotada pelo Tribunal competente para conferir a última exegese à legislação infraconstitucional também é, com maior razão, de adoção obrigatória pelos Tribunais locais.

6. A doutrina do tema assenta que: Outro é, pois, o fenômeno que se tem em vista quando se alude à conveniência de adotar medidas tendentes à uniformização dos pronunciamentos judiciais. Liga-se ele ao fato da existência, no aparelho estatal, de uma pluralidade de órgãos judicantes que podem ter (e com frequência têm) de enfrentar iguais questões de direito e, portanto, de enunciar teses jurídicas em idêntica matéria. Nasce daí a possibilidade de que, num mesmo instante histórico – sem variação das condições culturais, políticas, sociais, econômicas, que possa justificar a discrepância –, a mesma regra de direito seja diferentemente entendida, e a espécies semelhantes se apliquem teses jurídicas divergentes ou até opostas. Assim se compromete a unidade do direito – que não seria posta em xeque, muito ao contrário, pela evolução homogênea da jurisprudência dos vários tribunais – e não raro se semeiam, entre os membros da comunidade, o descrédito e o cepticismo quanto à efetividade da garantia jurisdicional.

(MOREIRA, José Carlos Barbosa. Comentários ao Código de Processo Civil, Lei nº 5.869, de 11 de janeiro de 1973, vol. V: Arts. 476 a 565. 15. ed. Rio de Janeiro: Forense, 2009, págs. 4 e 5) 7. Deveras, a estratégia político-jurisdicional do precedente, mercê de timbrar a interpenetração dos sistemas do civil law e do common law, consubstancia técnica de aprimoramento da aplicação isonômica do Direito, por isso que para "casos iguais", "soluções iguais".

8. Recurso especial conhecido e desprovido".

(REsp 1111743/DF, Rel. Ministra NANCY ANDRIGHI, Rel. p/ Acórdão Ministro LUIZ FUX, CORTE ESPECIAL, julgado em 25/02/2010, DJe 21/06/2010)

Por sua vez, o Supremo Tribunal Federal já entendeu que a questão da *razoável duração do processo* não é uma questão que fere diretamente a Constituição Federal, mas que a atinge de forma reflexa. Nesse sentido é o seguinte precedente do S.T.F.:

1. A jurisprudência do Supremo Tribunal Federal é pacífica em não admitir recurso extraordinário para debater matéria referente a ofensa aos postulados constitucionais da ampla defesa, do contraditório, do devido processo legal e da prestação jurisdicional, pois, se existente, seria meramente reflexa ou indireta. 2. Contrariedade aos arts. 5º, LIV, LV, LXXVIII, da Constituição Federal, que não prescinde da análise de legislação infraconstitucional (Lei Municipal 8.896/2002) e do corpo probatório dos autos. Incidência da Súmulas STF 279 e 280. 3. Em sede de recurso extraordinário não é permitido inovar com argumentos não abordados pelo acórdão recorrido, nem pelos embargos de declaração opostos. Ausência do necessário prequestionamento (Súmula STF 282). 4. Agravo regimental improvido".

(AI 765586 AgR, Relator(a): Min. ELLEN GRACIE, Segunda Turma, julgado em 04/05/2010, DJe-091 DIVULG 20-05-2010 PUBLIC 21-05-2010 EMENT VOL-02402-08 PP-01809).

5.4. Sanções ao descumprimento do princípio da celeridade processual

O legislador do novo C.P.C. brasileiro, assim como o legislador do C.P.C. português, poderia ter avançado um pouco mais, para não somente reconhecer o direito e a garantia fundamental à celeridade processual, como também impor eventuais sanções ou tutelas específicas pelo descumprimento desse dever estatal legal e Constitucional.

Na Itália, por exemplo, visando a dar efetiva salvaguarda à Convenção dos Direitos do Homem e do Cidadão, no que concerne à duração razoável do processo, entrou em vigor a Lei n. 89, de 24 de março de 2001, prevendo uma *equânime reparação* em favor do sujeito que tenha sofrido um dano patrimonial ou não patrimonial em razão da violação do prazo razoável previsto, inicialmente, no art. 6, §1º, do Tratado dos Direitos do homem e, a *posteriori*, no art. 111 da Constituição Italiana. Por isso, conforme afirma De Paolis, *"De fato, o princípio do justo processo, identificável no direito de toda pessoa ao exame imparcial e público do julgamento, ou em um tempo razoável dentro do qual deve ser proferida a decisão da causa, encontrou uma especial sistematização no interior da Carta constitucional por meio da reestruturação do art. 111 da Constituição, segundo o qual, 'a lei assegura a razoável duração de todo processo'. Consequentemente, a Lei n. 89/2001 assegura uma 'cobertura' de grande relevo e particularmente sólida, enquanto salvaguarda uma tutela de direito de natureza constitucional"*.[184]

É bem verdade que a Lei italiana n. 89/2001 perseguiu também o objetivo de diminuir o enorme número de recursos pendentes perante a Corte Europeia de Direitos do Homem de Estrasburgo. Além do mais, o juízo europeu, após ter dado uma inicial atenção à morosidade do processo penal italiano, rapidamente passou a admitir pesadas condenações ressarcitórias acerca da duração do processo civil, do processo previdenciário e, enfim, do processo de pensões diante da Corte de Contas como juiz contábil investido como juízo único de pensões.

A Lei italiana n. 89/2001 representa um grande avanço legislativo de salvaguarda concreta e eficaz dos mais comezinhos direitos fundamentais do cidadão, como no caso o do *justo processo*.

A Itália, portanto, com essa atitude de soberania nacional, respeita o empenho assumido mediante a subscrição da Convenção sobre os Direitos do Homem.

[184] DE PAOLIS, M., op. cit., p. 126.

Diante dessa legislação, os juízes italianos deverão esforçar-se para encontrar no ordenamento interno italiano todos os critérios e as regras indispensáveis para a formulação de um juízo concreto sobre a *'irrazoável duração do processo'*.[185]

A Lei italiana n. 89/2001 já de início apresenta um critério para a questão da razoável duração do processo, ao afirmar que a razoável duração do processo deve ser assegurada pela lei. O significado textual da referida norma confirma a vontade do legislador italiano de introduzir uma verdade e própria *reserva legal.* Além disso, deve ser observada como critério a complexidade do caso singular, o comportamento das partes e do juiz.

Efetivamente, a noção de razoável duração do processo não apresenta uma característica objetiva absoluta e não se presta a uma predeterminação certa, enquanto for condicionada a parâmetros factuais, estreitamente ligados à singular fattispécie, que não permite estabelecer rígidos prazos fixos de decadência temporal e predefinidos esquemas valorativos.[186]

É bem verdade que a Itália já está passando por graves problemas, especialmente pelo fato de que está havendo também atraso processual na análise do pedido de ressarcimento com base na Lei n. 89/2001. Sobre isso, afirma De Paolis: *"Assim, pela dificuldade que apresentamos, as Cortes de apelo, nos últimos anos, estão presenciando o lamentável fenômeno denominado Pinto-bis, ou seja, o pedido de reparação de danos também pelo retardo na conclusão dos procedimentos disciplinados pela Lei n. 89/2001, todas as vezes que o julgamento não esteja concluído no prazo de quatro meses. Infelizmente, se deve assinalar também casos de Pinto –ter e de Pinto –quater..."*.[187] Isso tem causado um grande rombo nas contas públicas italianas em razão da ressarcibilidade do dano pela *irrazoável duração do processo.* Nos últimos anos, este tipo de demanda custou aos contribuintes italianos em torno de 64 milhões de euros, sendo que 25 milhões de euros somente para o ano de 2008 e outros 13 milhões de euros na data de 16 de fevereiro de 2009. Para se ter uma ideia, em 2002, o custo devido pela lei Pinto foi igual a 1,8 milhões de euros.[188]

Por isso, a razoável duração do processo deve ser avaliada *in concreto.*

185 DE PAOLIS, M., idem, p. 128.

186 Cf. Cass. Civile, sezione I, 4 febbraio 2003, n. 1600; Cass. Civile, sezione I, 14 gennaio 2003, n. 363; Casso,. Civile, sezione I, 27 dicembre 2002, n. 18332.

187 DE PAOLIS, M. op. cit., p. 131.

188 DE PAOLIS, M., idem, p. 132.

O art. 2, inc. II, da Lei italiana n. 89, de 24 de março de 2001, estabelece critérios taxativos, impondo ao juiz verificar a existência da violação em relação à complexidade da fattispécie, ao comportamento das partes em causa e do juiz do procedimento, ou de qualquer outra autoridade que participe do processo, ou, de qualquer modo, contribua para sua definição, utilizando-se, talvez, um parâmetro de referência com base em um modelo de duração média, afirmado na jurisprudência da Corte Europeia de Direitos do Homem, o que não se resolve na simples síntese do tipo mecanicista do cadenciamento dos prazo processuais, assim como previsto em abstrato pelo Código de Processo Civil italiano.[189]

Saliente-se que a simples referência à complexidade do pedido, sem outras anotações sobre o transcurso da relação jurídica processual, não é suficiente para evidenciar uma particular complexidade do caso, expressa pela consistência dos temas sobre os quais o juiz deve desenvolver uma atividade instrutória e decisória e não permite a individualização de específicas circunstâncias que tenham solicitado uma instrução mais longa e complexa sob o aspecto quantitativo ou qualitativo, justificando de maneira concreta, a maior duração do processo (Cass. Civile, sezione, I, 13 ottobre 2005, n. 19881). Também a mera referência aos acertamentos *médico-legais*, para avaliar a complexidade do caso, em ausência de qualquer alegação referente à tipologia da controvérsia e o seu objeto, ou a falta de adequada ilustração sobre a incidência dos referidos acertamentos sobre a complexa duração do processo, constituem uma motivação de tudo insuficiente enquanto não idônea a apresentar razões da decisão assumida pelo juiz (Cass. Civile, sezione, I, 7 marzo 2007, n. 5212).

O juízo sobre a complexidade dos casos deve ater-se: *"a) à matéria; b) ao tipo de procedimento aplicado; c) à novidade ou seriedade das questões discutidas; d) ao número de partes; e) ao número de demanda formulada; f) à tipologia (quantitativa e qualitativa) da investigação levada a cabo; g) à necessidade de reenvio para fins instrutórios ou ao lapso de tempo ocorrido entre o reenvio e audiência sucessiva; h) à presença de sub-procedimentos sumários; i) à quantidade de documentos produzidos para exame dos magistrados e dos advogados; j) aos acertamentos técnicos desenvolvidos; l) às provas produzidas"*.[190]

[189] DE PAOLIS, M., idem, p. 135.

[190] DE PAOLIS, M., idem, p. 139.

5.5. Do julgamento segundo a ordem cronológica de conclusão dos processos

Estabelece o art. 12 do novo C.P.C. que *os juízes e os tribunais atenderão, preferencialmente, à ordem cronológica de conclusão para proferir sentença ou acórdão. (Redação dada pela Lei n. 13.256, de 2016).*

Este dispositivo traz uma importante inovação quanto ao critério de julgamento dos processos, optando por estabelecer uma cronologia objetiva com base na conclusão dos processos em andamento em determinado órgão jurisdicional.

O critério *objetivo* cronológico para a prolação de sentenças e acórdãos é a *data da conclusão* do processo para o julgamento, salvo o disposto no §5º do art. 1.046 do novo C.P.C.

Sem dúvida que é o melhor critério legal a ser apresentado ao julgador, pois com a conclusão para o julgamento, o processo está somente à disposição do magistrado para o seu encerramento final.

É importante salientar que a opção pela data de distribuição não representaria o melhor critério, pois o trâmite processual não depende apenas do magistrado, mas, principalmente, da complexidade do caso, das provas requeridas pelas partes etc.

A emenda apresentada na Câmara dos Deputados ao projeto do novo C.P.C., a fim de determinar que não somente os juízes, mas que todos os órgãos jurisdicionais observem, preferencialmente, a ordem cronológica de conclusão para julgamento de processos foi salutar por ser mais abrangente.

Outra alteração importante promovida pela Emenda apresenta na Câmara dos Deputados foi a modificação da expressão *recurso* para *acórdão*.

Na realidade, os tribunais não apenas apreciam recursos, mas também realizam julgamentos de demandas originárias, razão pela qual a ordem cronológica deve ser de conclusão para proferir acórdão e não simplesmente para julgamento de recursos.

A inserção de um critério objetivo para a escolha de processos que devem ser julgados preferencialmente é muito salutar, além de concretizar o princípio da efetiva prestação da tutela jurisdicional e da celeridade processual.

Mediante o critério cronológico de processos conclusos para a decisão, evita-se que o magistrado escolha apenas os processos mais fáceis de solução, deixando de lado os processos mais complexos, apenas para fazer números estatísticos para efeito de satisfazer os órgãos correcionais, especialmente o C.N.J., gerando, por sua vez, enorme prejuízo aos princípios acima referidos.

É certo que deveria ter prevalecido a redação originária do art. 12 do novo C.P.C., quando a observância da ordem cronológica era *obrigatória*.

Lamentavelmente, a Lei 13.256 de 2016 alterou a redação do art. 12, para estabelecer que a observância da ordem cronológica não é mais obrigatória, mas meramente preferencial.

5.5.1. Publicação da lista de processo para consulta pública

Estabelece o *§1º do art. 12* do novo C.P.C. que *a lista de processo aptos a julgamento deverá estar permanentemente à disposição para consulta pública em cartório e na rede mundial de computadores.*

Atualmente, com a rede mundial de computadores, assim como em face da franca ascensão do processo eletrônico, muito mais eficaz é a publicação dessa lista na *internet*, a fim de que todos os usuários do sistema processual possam saber a localização exata do seu processo para fins de prioridade de julgamento.

Por isso foi apresentada emenda na Câmara dos Deputados, inserindo a obrigação de publicação da lista também na rede mundial de computadores.

A publicação em cartório somente terá sentido enquanto existirem processos físicos ou em papel.

Após a elaboração da lista própria, respeitar-se-á a ordem cronológica das conclusões entre as preferências legais, conforme estabelece o §3º do art. 12 do novo C.P.C. brasileiro.

Por sua vez, depois da inclusão do processo na lista a que se refere o §1º do art. 12, o requerimento formulado pela parte não altera a ordem cronológica para a decisão, exceto quando implicar a reabertura da instrução ou a conversão do julgamento em diligência.

Assim, não obstante o processo esteja indicado na lista de preferência de julgamento, isso não impede que as partes possam peticionar solicitando esclarecimentos e diligências, sem qualquer prejuízo à ordem cronológica para julgamento.

Apesar de o juiz ter que decidir sobre o conteúdo das petições, isso não retira o processo da ordem (posição) de preferência anteriormente constante da lista de prioridade de julgamento, conforme preconiza o §5º do art. 12 do novo C.P.C. brasileiro.

Porém, essa ordem não será mantida quando o peticionamento implicar na reabertura da instrução ou na conversão do julgamento em diligência (§4º do art. 12 do atual C.P.C. brasileiro).

O §6º do art. 12 do novo C.P.C. brasileiro estabelece que ocupará o primeiro lugar na lista preferencial de julgamento ou, conforme o caso, no §3º, o processo: I – que tiver sua sentença ou acórdão anulado, salvo quando houver necessidade de realização de diligência ou de complementação da instrução. Assim, se a sentença ou o acórdão for anulado por julgamento de tribunal superior, o processo retornará ao juízo competente para o seu prosseguimento, sendo que, não havendo necessidade de realização de novas diligências ou de complementação da instrução, o processo ocupará lugar de preferência na lista para julgamento; II – quando ocorrer a hipótese do art. 1.040, inciso II, do novo C.P.C. brasileiro, isto é, nas hipóteses de julgamento dos recursos extraordinário e especial repetitivos. Preceitua o art. 1.040, inc. II, do novo C.P.C. brasileiro:

> *Art. 1040. Publicado o acórdão paradigma:*
> *(...).*
> *II – o órgão que proferiu o acórdão recorrido, na origem, reexaminará a causa de competência originária, a remessa necessária ou o recurso anteriormente julgado, na hipótese de o acórdão recorrido contrariar a orientação do tribunal superior;*

5.5.2. Das exceções legais da ordem cronológica de julgamento

O §2º do art. 12 do novo C.P.C. brasileiro estabelece que estão excluídos da regra do 'caput': I – as sentenças proferidas em audiência, homologatórias de acordo ou de improcedência liminar do pedido; II – o julgamento de processos em bloco para aplicação de tese jurídica firmada em julgamento de casos repetitivos; III – o julgamento de recursos repetitivos ou de incidente de resolução de demandas repetitivas; IV – as decisões proferidas com base nos arts. 485 e 932; V – o julgamento de embargos de declaração; VI – o julgamento de agravo interno; VII – as preferências legais e as metas estabelecidas pelo Conselho Nacional de Justiça; VIII – os processos criminais, nos órgãos jurisdicionais que tenham competência penal; IX – a causa que exija urgência no julgamento, assim reconhecida por decisão fundamentada.

Muito embora tenha sido providencial a inserção de critérios objetivos para efeito de preferência de julgamentos, o certo é que existem processos que devem, até por uma questão de logicidade, ser julgados preferencialmente, pois não se justifica aguardar uma lista de espera quando a solução está praticamente definida

Daí por que o §2º do art. 12 do novo C.P.C. brasileiro apresenta diversas hipóteses que excepcionam o *caput* do mesmo dispositivo, estabelecendo algumas circunstâncias que merecem ser privilegiadas, a fim de que o processo seja imediatamente solucionado.

A primeira hipótese ocorre em relação às sentenças proferidas em audiência, homologatória de acordo ou de improcedência liminar do pedido. Nessas hipóteses, a decisão será proferida de imediato, independente da ordem estabelecida na lista de processos conclusos para decisão.

Ora, se após a instrução processual realizada em audiência, o julgador já se sentir apto ao julgamento, deverá fazê-lo, sem que o processo seja encaminhado para a conclusão.

Tendo em vista que as decisões *homologatórias de acordo* são sentenças simplificadas e que não demandam maiores considerações, deve o juiz proferir essas decisões independentemente da lista de espera. A expressão acordo abrange transação, conciliação e mediação. É possível nessa hipótese fazer uma interpretação extensiva, para aí incluir as sentenças homologatórias da desistência da demanda, pois não se justifica a permanência ativa de um processo em que seu autor já desistiu da pretensão formulada.

O legislador também excepcionou a sentença que reconhece a improcedência liminar do pedido. As hipóteses em que o juiz poderá proferir a *improcedência liminar do pedido* encontram-se no art. 332 do novo C.P.C. brasileiro, a saber:

> *Art. 332. Nas causas que dispensem a fase instrutória, o juiz, independentemente da citação do réu, julgará liminarmente improcedente o pedido que contrariar:*
>
> *I – enunciado de súmula do Supremo Tribunal Federal ou do Superior Tribunal de Justiça;*
>
> *II – acórdão proferido pelo Supremo Tribunal Federal ou pelo Superior Tribunal de Justiça em julgamento de recursos repetitivos;*
>
> *III – entendimento firmado em incidente de resolução de demandas repetitivas ou de assunção de competência;*
>
> *IV – enunciado de súmula de tribunal de justiça sobre direito local.*
>
> *§ 1º O juiz também poderá julgar liminarmente improcedente o pedido se verificar, desde logo, a ocorrência de decadência ou de prescrição.*

Essas exceções evitam que se dê prosseguimento a processo, cujo pedido deverá ser liminarmente indeferido.

O legislador também excepcionou as hipóteses de julgamento de processos em bloco para *aplicação de tese jurídica firmada em julgamento de casos repetitivos.*

Penso que essa exceção introduzida no Relatório final da Câmara dos Deputados representa um retrocesso, pois o juiz poderá dar preferência ao julgamento das demandas repetitivas instauradas e que estejam sob sua competência jurisdicional, o que, pelo menos na Justiça Federal, faz com que toda a equipe trabalhe apenas para produzir números, enquanto que os demais casos (mais complexos) ficam meses ou anos aguardando julgamento.

É certo que os magistrados, diante desse fato, procurarão dar preferência aos processos repetitivos, pois além de já terem decisão sobre a matéria, aumentariam os dados estatísticos para efeito de avaliação de produção mensal.

A hipótese do inc. II é diversa da hipótese do inc. III do §2º do art. 12 do novo C.P.C. brasileiro.

O legislador, no inc. III do §2º do art. 12 do novo C.P.C. brasileiro excepcionou a hipótese de *julgamento de recursos repetitivos ou de incidente de resolução de demandas repetitivas*

Se a tese já se encontra firmada em razão de julgamento do incidente de resolução de demandas repetitivas ou em razão de decisão proferida pelo S.T.F. ou S.T.J. em recursos repetitivos, aplica-se o disposto no inc. II do art. 12 do novo C.P.C., pois não há motivo para aguardar mais tempo para se solucionar o processo com base nessas orientações definitivas estabelecidas pelos Tribunais Superiores. É importante salientar que o legislador, neste inciso, somente excepcionou as decisões em processo em bloco quando já haja decisão final no incidente de resolução de demandas repetitivas ou em recursos repetitivos.

O legislador igualmente excepcionou a hipótese de decisões proferidas com base nos arts. 485 e 932 do novo C.P.C. brasileiro, que assim dispõem:

> *Art. 485. O juiz não resolverá o mérito quando:*
> *I – indeferir a petição inicial;*
> *II – o processo ficar parado durante mais de 1 (um) ano por negligência das partes;*

III – por não promover os atos e as diligências que lhe incumbir, o autor abandonar a causa por mais de 30 (trinta) dias;

IV – verificar a ausência de pressupostos de constituição e de desenvolvimento válido e regular do processo;

V – reconhecer a existência de perempção, de litispendência ou de coisa julgada;

VI – verificar ausência de legitimidade ou de interesse processual;

VII – acolher a alegação de existência de convenção de arbitragem ou quando o juízo arbitral reconhecer sua competência;

VIII – homologar a desistência da ação;

IX – em caso de morte da parte, a ação for considerada intransmissível por disposição legal; e

X – nos demais casos prescritos neste Código.

Art. 932. Incumbe ao relator:

I – dirigir e ordenar o processo no tribunal, inclusive em relação à produção de prova, bem como, quando for o caso, homologar autocomposição das partes;

II – apreciar o pedido de tutela provisória nos recursos e nos processos de competência originária do tribunal;

III – não conhecer de recurso inadmissível, prejudicado ou que não tenha impugnado especificamente os fundamentos da decisão recorrida;

IV – negar provimento a recurso que for contrário a:

a) súmula do Supremo Tribunal Federal, do Superior Tribunal de Justiça ou do próprio tribunal;

b) acórdão proferido pelo Supremo Tribunal Federal ou pelo Superior Tribunal de Justiça em julgamento de recursos repetitivos;

c) entendimento firmado em incidente de resolução de demandas repetitivas ou de assunção de competência;

V – depois de facultada a apresentação de contrarrazões, dar provimento ao recurso se a decisão recorrida for contrária a:

a) súmula do Supremo Tribunal Federal, do Superior Tribunal de Justiça ou do próprio tribunal;

b) acórdão proferido pelo Supremo Tribunal Federal ou pelo Superior Tribunal de Justiça em julgamento de recursos repetitivos;

c) entendimento firmado em incidente de resolução de demandas repetitivas ou de assunção de competência.

VI – decidir o incidente de desconsideração da personalidade jurídica, quando este for instaurado originariamente perante o tribunal;

VII – determinar a intimação do Ministério Público, quando for o caso;
VIII – exercer outras atribuições estabelecidas no regimento interno do tribunal.
Parágrafo único. Antes de considerar inadmissível o recurso, o relator concederá o prazo de cinco dias ao recorrente para que seja sanado vício ou complementada a documentação exigível.

Assim, haverá preferência para os processos em que a sentença será de extinção sem resolução do mérito, conforme estabelece o art. 485 do novo C.P.C. brasileiro ou nas hipóteses em que o relator deverá proferir decisão monocraticamente nos termos do art. 932 do novo C.P.C. brasileiro.

É evidente que essa exceção somente terá sentido se o juiz ou o relator puder aplicar o art. 485 e 932 em *status assertionis*, pois se a análise do processo for de extrema complexidade, sem se saber, de plano, se se poderá aplicar os dispostos acima referidos, o processo deverá aguardar a ordem cronológica de conclusão.

Haverá também preferência para o julgamento dos embargos de declaração (inc. V do §2º do art. 12 do novo C.P.C. brasileiro), uma vez que os embargos são esclarecimentos que devem ser realizados em relação a uma sentença ou a um acórdão que já foi proferido, o que legitima essa preferência de julgamento.

Igualmente será preferencial o julgamento do agravo interno (inc. VI do §2º do art. 12 do novo C.P.C. brasileiro). Tem sua razão de ser essa preferência, pois somente haverá agravo interno, nos tribunais, diante de julgamento já iniciado, ainda que por decisão monocrática do relator, o que justifica a sua imediata análise. Pense-se na hipótese de o relator conceder ou negar tutela provisória de urgência, tendo a parte interposto recurso de agravo interno contra essa decisão.

Tendo em vista que é de competência do Conselho Nacional de Justiça avaliar e traçar diretrizes aos demais órgãos jurisdicionais sobre a efetiva aplicação do princípio da celeridade processual, também será pertinente dar-se preferência ao julgamento dos processos que estejam nas *metas* do Conselho Nacional de Justiça (inc. VII do §2º do art. 12 do novo C.P.C. brasileiro).

O inc. VII do §2º do art. 12 do novo C.P.C. também determina que se agilizem os processos que possuam preferência legal, como, por exemplo, o julgamento de processos em que haja pessoa idosa, com mais de sessenta anos de idade.

Em complemento, estabelece o art. 1.048 do novo C.P.C.:

> *Art. 1.048. Terão prioridade de tramitação, em qualquer juízo ou tribunal, os procedimentos judiciais:*
>
> *I – em que figure como parte ou interessado pessoa com idade igual ou superior a 60 (sessenta) anos ou portadora de doença grave, assim compreendida qualquer das enumeradas no art. 6o, inciso XIV, da Lei no 7.713, de 22 de dezembro de 1988;*
>
> *II – regulados pela Lei no 8.069, de 13 de julho de 1990 (Estatuto da Criança e do Adolescente).*
>
> *III – em que figure como parte a vítima de violência doméstica e familiar, nos termos da Lei nº 11.340, de 7 de agosto de 2006 (Lei Maria da Penha). (Incluído pela Lei nº 13.894, de 2019)*
>
> *§ 1º A pessoa interessada na obtenção do benefício, juntando prova de sua condição, deverá requerê-lo à autoridade judiciária competente para decidir o feito, que determinará ao cartório do juízo as providências a serem cumpridas.*
>
> *§ 2º Deferida a prioridade, os autos receberão identificação própria que evidencie o regime de tramitação prioritária.*
>
> *§ 3º Concedida a prioridade, essa não cessará com a morte do beneficiado, estendendo-se em favor do cônjuge supérstite ou do companheiro em união estável.*
>
> *§ 4º A tramitação prioritária independe de deferimento pelo órgão jurisdicional e deverá ser imediatamente concedida diante da prova da condição de beneficiário.*

Como não poderia deixar de ser, o legislador também apresentou como exceção à ordem da lista de julgamento, nos termos do inc. VIII do §2º do art. 12 do novo C.P.C. brasileiro, os processos criminais, nos órgãos jurisdicionais que tenham competência penal. Diante dos valores que estão em jogo no processo penal, especialmente a liberdade e o patrimônio, não se poderia deixar de se dar preferência a esse tipo de processo.

Nessa classe de preferência, entendo que também deveria ser inserido os processos em que há pedido de prisão do obrigado por prestação alimentícia, pois nesse caso o valor liberdade que está envolvido também justifica o julgamento preferencial.

Por fim, o inc. IX do §2º do art. 12 do novo C.P.C. brasileiro excepciona a causa que exija urgência no julgamento, assim reconhecida por decisão fundamentada.

Poderá ocorrer que a causa inserida no processo não se enquadre em nenhuma das hipóteses previstas nos incisos do §2º do art. 12 do novo

C.P.C. brasileiro, mas, em face da urgência no julgamento, deverá ser antecipada a sua decisão. Nessa hipótese, para que o juiz possa dar preferência ao julgamento, deverá, objetivamente, externar os motivos que justificam o julgamento preferencial do processo.

Parece-me que um dos motivos ensejadores do julgamento preferencial de algumas demandas, seria a análise do pedido de tutela provisória de urgência cautelar ou satisfativa.

6.
Princípio da cooperação

6.1. Princípio da cooperação no processo civil brasileiro

No momento em que se insere o processo no campo do direito público, surge Oskar Von Bülow preconizando que no processo há uma *relação entre as partes e o juiz, que não se confunde com a relação jurídica de direito material controvertida.*[191]

Conforme já teve oportunidade de afirmar ROSEMBERG: *"El proceso está sujeto a una doble consideración: de un lado como procedimiento, es decir, como la totalidad de las actuaciones del tribunal y de las partes, que se ejecutarán sucesivamene teniendo cada una a la anterior por presupuesto y a la seguiente por consecuencia; pero dirigidas todas al logro de la tutela jurídica judicial y unidas por este fin común; o como relación jurídica, es decir, como la totalidad de las "relaciones jurídicas" producidas entre el tribunal y las partes. "Todo" proceso es una relación jurídica, es decir, una "relación" entro los sujetos procesales "regulada jurídicamente"; no sólo lo es el procedimiento de sentencia o resolución, sino también los procedimientos de ejecución, embargo, monitorio, etc".*[192]

Diante dessa perspectiva de processo como relação jurídica, pode-se afirmar que os atos processuais nele praticados e produzidos têm um objetivo comum, isto é, corresponde a uma mútua colaboração (parte e

[191] CINTRA, Antonio Carlos de Araújo; GRINOVER, Ada Pellegrini; DINAMARCO, Cândido R. *Teoria Geral do Processo.* 15 ed. São Paulo: Ed. Malheiros, 1999. p. 278.

[192] ROSEMBERG. *Tratado de Derecho Procesal Civil.* Tomo I. Bueno Aires: 1955. p. 9.

juiz) para a concretização do fim último da atividade jurisdicional que é a realização da Justiça.

O princípio da cooperação encontra-se expressamente previsto no art. 7º do C.P.C. português:

Artigo 7.º Princípio da cooperação

1 – Na condução e intervenção no processo, devem os magistrados, os mandatários judiciais e as próprias partes cooperar entre si, concorrendo para se obter, com brevidade e eficácia, a justa composição do litígio.

2 – O juiz pode, em qualquer altura do processo, ouvir as partes, seus representantes ou mandatários judiciais, convidando –os a fornecer os esclarecimentos sobre a matéria de facto ou de direito que se afigurem pertinentes e dando –se conhecimento à outra parte dos resultados da diligência.

3 – As pessoas referidas no número anterior são obrigadas a comparecer sempre que para isso forem notificadas e a prestar os esclarecimentos que lhes forem pedidos, sem prejuízo do disposto no n.º 3 do artigo 417.º.

4 – Sempre que alguma das partes alegue justificadamente dificuldade séria em obter documento ou informação que condicione o eficaz exercício de faculdade ou o cumprimento de ónus ou dever processual, deve o juiz, sempre que possível, providenciar pela remoção do obstáculo.

Por sua vez, estabelece o art. 8º do C.P.C. português:

Artigo 8.º Dever de boa –fé processual

As partes devem agir de boa –fé e observar os deveres de cooperação resultantes do preceituado no artigo anterior.

O princípio da Cooperação foi incorporado ao processo civil português na reforma ocorrida em 1995 e 1996.

Sobre o princípio da cooperação, eis as seguintes decisões proferidas pelos Tribunais portugueses:

STJ 21 – Mar-2012/410/06.4TBCSC.L1.S1 (Ana Paula Boularot): '*Os princípios que regem o processo civil, nomeadamente os da igualdade e da cooperação fazem com que o processo judicial em curso se transforme numa comunidade de trabalho".*

RL 2-Jul-2009/5124/07.0TVLSB.L1-8 (Catarina Manso): *"O n. 2 do art. 266º do CPC traduz um afloramento do princípio geral da cooperação a permitir que o juiz interpelo as partes sobre determinados pontos do processo, em termos de clarificar a sua vontade processual".*

O novo C.P.C. brasileiro igualmente incorporou o *princípio da cooperação* em seu art. 6º, *in verbis: Todos os sujeitos do processo devem cooperar entre si para que se obtenha, em tempo razoável, decisão de mérito justa e efetiva.*

As partes, bem como os demais sujeitos processuais, devem participar ativamente do processo, cooperando entre si, fornecendo subsídio para uma rápida e justa decisão.

No Projeto originário do novo C.P.C. brasileiro, n. 166/2010, estabelecia-se que a cooperação não se dava apenas entre a parte e o juiz, mas também entre as próprias partes. Essa determinação de cooperação entre as partes foi retirada do Relatório-Geral apresentado pelo Senador Pereira quando do seu encaminhamento à Câmara dos Deputados.

Agora, pelo que tudo indica, o novo C.P.C. restabelece a cooperação também entre as partes, não obstante seus interesses possam ser contrapostos.

Assim, *todos os sujeitos do processo devem colaborar entre si.*

Além das partes, a cooperação ou contribuição para a rápida solução da lide configura também um *dever* dos procuradores/advogados que atuam na relação jurídica processual.

Como é público e notório, os procuradores/advogados são os que, diante do conhecimento técnico e especializado do ordenamento jurídico, ou em decorrência de artimanhas processuais, mais contribuem para rápida ou lenta solução da lide.

Na realidade, o princípio Constitucional da celeridade processual, previsto no artigo 5º, inciso LXXVII, da Constituição Federal brasileira, que estabelece que *"a todos, no âmbito judicial e administrativo, são assegurados a razoável duração do processo e os meios que garantam a celeridade de sua tramitação". (Incluído pela Emenda Constitucional nº 45, de 2004)*, somente se justifica se houver por parte dos procuradores e das próprias partes que compõem a relação jurídica processual um específico fim de contribuição e cooperação com o juízo para que a solução da causa se concretize o mais rapidamente possível. De nada valerá esse direito constitucional fundamental à celeridade processual, se, pragmaticamente, as partes ou seus procuradores, ao invés de agirem com esse espírito colaborativo, promovam chicanas ou atos protelatórios que possam retardar o andamento processual.

Enquanto que o artigo 4º do novo C.P.C. brasileiro preconiza a existência de um *"direito"* da parte à rápida solução da lide, o princípio da cooperação previsto no art. 6º do mesmo estatuto processual estabelece um *"dever"* da parte e de seu procurador em contribuir para que o juiz consiga solucionar o mais rapidamente possível a controvérsia decorrente da demanda.

Trata-se de dois lados de uma mesma moeda.

Daí por que a importância da colaboração realizada pela parte ou por seus procuradores para o fim de auxiliar o juiz na identificação das questões de fato e de direito, abstendo-se de provocar incidentes desnecessários e procrastinatórios.

A colaboração para identificação da matéria de fato é proveniente do dever das partes e de seus procuradores em apresentar meios de prova que possam contribuir para a resolução da lide, mediante a oitiva de testemunhas, apresentação de documentos ou colaboração na realização de perícias.

Por sua vez, a colaboração ou contribuição das partes e de seus advogados para a identificação das questões de direito pode decorrer da qualidade do trabalho jurídico apresentado pelo autor e pelo réu, mediante a inserção de ensinamentos doutrinários pertinentes para a solução da lide, bem como indicação de precedentes jurisprudenciais que possam nortear a decisão final a ser prolatada no processo.

Sendo o processo não um jogo, mas um instituto de contribuição mútua, todos os participantes devem atuar de forma a contribuir para a rápida solução do litígio.

Verifica-se que princípio da cooperação exige das partes e de seus procuradores atitudes comportamentais voltadas à boa-fé processual, o que significa dizer que devem ser evitados os incidentes indevidos ou meramente procrastinatórios.

São exemplos de alguns incidentes que podem ser provocados apenas para a quebra de colaboração e para a procrastinação do processo: a) alegações indevidas de impedimentos ou suspeição do juiz; b) indicação de provas impertinentes; c) alegação impertinentes sobre matéria de fato ou mesmo de direito na inicial ou na contestação; c) embargos do devedor impertinentes ou procrastinatório; d) recursos procrastinatórios etc.

6.2. Princípio da cooperação no processo civil português

O princípio da cooperação entre os sujeitos processuais há muito está previsto no Direito Processual Civil português, o qual já o previa expressamente no art. 266º do Decreto-lei n. 44129/61, de 28 de dezembro:

> *Art. 266º (Princípio da cooperação)*
>
> *1. Na condução e intervenção no processo, devem os magistrados, os mandatários judiciais e as próprias partes cooperar entre si, concorrendo para se obter, com brevidade e eficácia, a justa composição do litígio.*
>
> *2. O juiz pode, em qualquer altura do processo, ouvir as partes, seus representantes ou mandatários judiciais, convidando-os a fornecer os esclarecimentos sobre a matéria de facto ou de direito que se afigurem pertinentes e dando-se conhecimento à outra parte dos resultados da diligência.*
>
> *3. As pessoas referidas no número anterior são obrigadas a comparecer sempre que para isso forem notificadas e a prestar os esclarecimentos que lhes forem pedidos, sem prejuízo do disposto no n. 3 do art. 519º.*
>
> 4. Sempre que alguma das partes alegue justificadamente dificuldade séria em obter documento ou informação que condicione o eficaz exercício de faculdade ou o cumprimento de ônus ou dever processual, deve o juiz, sempre que possível, providenciar pela remoção do obstáculo.

Sobre o conteúdo normativo previsto no art. 266º do C.P.C. português revogado, ensina António Abrantes Geraldes, que se trata de uma norma inovadora, a qual prevê e define o 'dever de cooperação' judiciária entre todos os intervenientes processuais, com vista a alcançar, com celeridade e eficácia, a *justiça da decisão.*[193]

O atual C.P.C. português, Lei n. 41/2013, em seu art. 7º, manteve o princípio da cooperação nos seguintes termos:

> *Artigo 7.º Princípio da cooperação*
>
> *1 – Na condução e intervenção no processo, devem os magistrados, os mandatários judiciais e as próprias partes cooperar entre si, concorrendo para se obter, com brevidade e eficácia, a justa composição do litígio.*
>
> *2 – O juiz pode, em qualquer altura do processo, ouvir as partes, seus representantes ou mandatários judiciais, convidando-os a fornecer os esclarecimentos sobre a matéria*

[193] GERALDES, A. S. A., op. cit., p. 78.

de facto ou de direito que se afigurem pertinentes e dando-se conhecimento à outra parte dos resultados da diligência.

3 – As pessoas referidas no número anterior são obrigadas a comparecer sempre que para isso forem notificadas e a prestar os esclarecimentos que lhes forem pedidos, sem prejuízo do disposto no n.º 3 do artigo 417.º.

4 – Sempre que alguma das partes alegue justificadamente dificuldade séria em obter documento ou informação que condicione o eficaz exercício de faculdade ou o cumprimento de ónus ou dever processual, deve o juiz, sempre que possível, providenciar pela remoção do obstáculo.

Por sua vez, estabelece o art. 8º do C.P.C. português:

Artigo 8.º Dever de boa-fé processual

As partes devem agir de boa-fé e observar os deveres de cooperação resultantes do preceituado no artigo anterior.

Também o art. 519º do Decreto-lei n. 44129/61, de 28 de dezembro, fazia expressa referência ao princípio da cooperação para a descoberta da verdade, a saber:

Art. 519º (Dever de cooperação para a descoberta da verdade)

1. Toda as pessoas, sejam ou não partes na causa, têm o dever de prestar a sua colaboração para a descoberta da verdade, respondendo ao que lhes for perguntado, submetendo-se às inspecções necessárias, facultando o que for requisitados e praticando os actos que forem determinados.

2. Aqueles que recusem a colaboração devida serão condenados em multa, sem prejuízo dos meios coercitivos que forem possíveis; se o recusante for parte, o tribunal apreciará livremente o valor da recusa para efeitos probatórios, sem prejuízo da inversão do ônus da prova decorrente do preceituado no n. 2 do artigo 344º do Código Civil.

O novo C.P.C. português, Lei n. 41/2013, manteve igualmente o princípio da cooperação na descoberta da verdade, em seu art. 417º, a saber:

Artigo 417.º Dever de cooperação para a descoberta da verdade

1 – Todas as pessoas, sejam ou não partes na causa, têm o dever de prestar a sua colaboração para a descoberta da verdade, respondendo ao que lhes for perguntado, submetendo -se às inspeções necessárias, facultando o que for requisitado e praticando os atos que forem determinados.

2 – Aqueles que recusem a colaboração devida são condenados em multa, sem prejuízo dos meios coercitivos que forem possíveis; se o recusante for parte, o tribunal aprecia livremente o valor da recusa para efeitos probatórios, sem prejuízo da inversão do ónus da prova decorrente do preceituado no n.º 2 do artigo 344.º do Código Civil.

3 – A recusa é, porém, legítima se a obediência importar:

a) Violação da integridade física ou moral das pessoas;

b) Intromissão na vida privada ou familiar, no domicílio, na correspondência ou nas telecomunicações;

c) Violação do sigilo profissional ou de funcionários públicos, ou do segredo de Estado, sem prejuízo do disposto no n.º 4.

4 – Deduzida escusa com fundamento na alínea c) do número anterior, é aplicável, com as adaptações impostas pela natureza dos interesses em causa, o disposto no processo penal acerca da verificação da legitimidade da escusa e da dispensa do dever de sigilo invocado.

O realce dado ao princípio pelo código português corresponde à introdução de uma *nova cultura judiciária* que potencialize o diálogo franco entre todos os sujeitos processuais, tendente a alcançar solução mais ajustada aos casos concretos submetidos à apreciação do juiz, em que pese, e sem perder de vista, como acentua Antunes Varela (*in* RLJ, ano 129º, p.8), que a 'natureza publicista do processo, implica que a sua direção caiba ao juiz, sem prejuízo de 'leal colaboração' entre todos os sujeitos da relação jurídica processual.[194]

6.3. Princípio da cooperação – processo como jogo individualista

Havendo no processo jurisdicional uma relação jurídica de mútua colaboração, afasta-se aquela ideia de que o processo seria um jogo, uma disputa, um incessante confronto entre autor e réu.

O princípio da cooperação também caracteriza uma forte reação ao juiz autoritário, pois coloca o juiz e as partes numa posição de igualdade, de mútua colaboração.

Essa reação ao processo individualista encontra-se bem esclarecida na exposição de motivos do Decreto-lei n. 329-A/95, de 12 de dezembro

[194] GERALDES, A. S. A., idem, ibidem

(português): *"Consagra-se o princípio da cooperação, como princípio angular e exponencial do processo civil, de forma a propiciar que juízes e mandatários cooperem entre si, de modo a alcançar-se, de uma feição expedita e eficaz, a justiça do caso concreto... Tem-se, contudo, plena consciência de que nesta sede se impõe a renovação de algumas mentalidades, o afastamento de alguns preconceitos, de algumas inusitadas e esotéricas manifestações de um já desajustado individualismo, para dar lugar a um espírito humilde e construtivo, sem desvirtuar, no entanto, o papel que cada agente judiciário tem no processo, idôneo a produzir o resultado que a todos interessa – cooperar com boa fé numa sã administração da justiça. Na realidade, sem a formação desta nova cultura judiciária facilmente se poderá pôr em causa um dos aspectos mais significativos desta revisão, que se traduz numa visão participada do processo e não numa visão individualista, numa visão cooperante e não numa visão autoritária".*

O princípio da cooperação dos sujeitos do processo é um princípio orientador do direito processual civil, o qual determina que partes, juízes e demais sujeitos do processo cooperem entre si para que o processo realize sua função num prazo razoável.

Porém, haverá limites para esse dever de cooperação entre partes e juízes, especialmente quando a cooperação possa por em risco direitos fundamentais, a integridade física ou moral das pessoas, o dever de sigilo etc.

Quando se diz que no processo haverá uma efetiva cooperação entre as partes e o juiz para a construção de uma decisão final justa, isso significa dizer que, apesar dos interesses divergentes que possam existir no confronto de pretensões, o certo é que todos devem pautar a sua efetiva participação processual como colaboradores, agindo de forma leal e com boa-fé, fornecendo ao juiz subsídios para a construção de uma decisão équo e justa.

Não é outra a afirmação de Kellner: *"Antes de tudo, o princípio da denominada colaboração entre juiz e parte em função do assim denominado acertamento e então da conexão do direito de defesa com fundo 'colaboracionista', é no sentido de que cumpre ao advogado não a tutela dos interesses da parte, que nele recai a própria fidúcia, mas sim aquele de ajudar o juiz a conseguir seu primário objetivo".*[195]

[195] Apud. MONTELEONE, Girolamo. Intorno al conceitto di verità 'materiale' o 'oggettiva' nel proceso civile. In: *Rivista di Diritto Processuale.* CEDAM, 2009. Volume LXIV (II Serie), Anno 2009, p. 2.

O novo C.P.C. brasileiro, conforme estabelece o seu art. 6º, pautou-se expressamente no princípio da *colaboração ou cooperação* entre os sujeitos da relação jurídica processual, eliminando de uma vez por todas a ideia de que o processo teria a natureza de um jogo meramente individualista.

Para, além disso, o princípio da colaboração pode constituir uma mola que permita encurtar o percurso que leva ao julgamento, possibilitando que se circunscreva o objeto da controvérsia aos fatos que efetivamente importam clarificar para a decisão a proferir e acelerar a proposição dos meios de prova e o início da audiência de instrução e julgamento.[196]

Porém, conforme anota António Santos Abrantes Geraldes: "*Todos esses nobres objetivos ditados pelo dever de colaboração tornar-se-ão letra morta se esta fase não for encarada com seriedade por todos os que relativamente ao processo têm a sua quota de responsabilidade: – 'Em primeiro lugar', pelo 'juiz do processo' que, com o poder de persuasão que por vezes nele encontram as partes dasavindas, fundadamente assente numa rigorosa apreciação do estado do processo, na análise detalhada das 'falhas' que podem ser supridas e não supridas e de onde possam resultar prejuízos para as partes e nos estudos das diversas soluções plausíveis da questão de direito; – 'Em segundo lugar', por cada uma das 'partes' que, sem prejuízo das naturais divergências que possam existir quanto à matéria de fato ou quanto à solução jurídica do caso, devem encarar o processo como um simples instrumento necessário à busca da 'solução justa' e não como um local limitado a esgrimir argumentos de duvidosa consistência, a deduzir incidentes ou oposições sem fundamento razoável ou a procurar ilegitimamente dilatar a conclusão do processo*".[197]

6.4. Princípio da cooperação – dever de boa-fé – sanção

Todos aqueles que de alguma forma participam da relação jurídica processual têm o dever de prestar sua colaboração no processo, visando em última *ratio* a descoberta da verdade para que a decisão a ser proferida seja justa e *équo*.

O novo C.P.C. brasileiro, ao instituir o princípio da *cooperação*, demonstra uma clara evolução relativamente ao C.P.C. de 1973, tendo em vista que somente as normas gerais referentes ao princípio dispositivo, ao de aportação da prova pela parte e ao da refutação à litigância de má-fé

196 GERALDES, A. S. A., op. cit., p. 79.

197 GERALDES, A. S. A., idem, p. 80.

continham uma incipiente descrição do princípio da cooperação sob a égide do C.P.C. de 1973.

Sem dúvida, o novo C.P.C. brasileiro manteve essa determinação de contribuição da parte para o desenvolvimento do processo, mas dando maior ênfase e conteúdo ao princípio da cooperação ao destacá-lo no art. 6º, dentre as normas gerais e fundamentais do processo.

Assim, o princípio da cooperação passou a regular expressamente toda a conduta dos sujeitos processuais na relação jurídica processual, sendo que a sua inobservância poderá ensejar sanção de natureza processual. Essa exigência de cooperação recai sobre todo e qualquer cidadão de colaborar com a justiça.[198]

Um dos momentos importantes de colaboração das partes é referente à possibilidade de conciliação ou mediação como medida antecipatória do processo litigioso.

O art. 334 do novo C.P.C. brasileiro estabelece que *se a petição inicial preencher os requisitos essenciais e não for o caso de improcedência liminar do pedido, o juiz designará audiência de conciliação ou de mediação com antecedência mínima de 30 (trinta) dias, devendo ser citado o réu com pelo menos 20 (vinte) dias de antecedência.*

É, portanto, um dever da parte comparecer à audiência de conciliação ou mediação para se tentar por fim à controvérsia mediante colaboração mútua, mesmo que tal desiderato não seja possível de ser alcançado ao final da audiência.[199]

[198] *"Mas gravoso será se o recusante for parte, porque então o tribunal apreciará livremente o valor da recusa para efeitos probatórios, sem prejuízo da inversão do ónus da prova decorrente do preceituado no n. 2, do artigo 344º, do Código Civil. Há casos em que a recusa é legítima, o que acontece se a obediência importar: a) violação da integridade física ou moral das pessoas; b) intromissão na vida privada ou familiar, no domicílio, na correspondência ou nas telecomunicações; c) violação do sigilo profissional ou de funcionários públicos, ou do segredo do Estado".* (RODRIGUES, F.P., op. cit. p. 114).

[199] *"Mas não se pode, em todo o caso, olvidar que, numa relação adequada entre os direitos, ónus e deveres das partes, em que não é lícito demandar ou deduzir oposição com má fé ou negligência grosseira, não se poderá também instituir um sistema de responsabilização processual de tal ordem que implique para aquelas um complexo, de compromissos e inibições processuais, incopatível com o interesse privado que cada uma aspira, legitimamente, alcançar com a sua litigância. Assim, o dever de dizer a verdade, de cooperar com a efetiva realização da justiça, nunca significaria impor à mesma parte um comportamento processual contrário ao seu interesse. A ordem jurídica põe a tutela jurisdicional à disposição de todos os titulares de direitos, sendo indiferente que no caso concreto o litigante tenha ou não razão: num e noutro caso gozam dos mesmos poderes processuais"* (RODRIGUES, F.P., idem., p. 112).

Se a parte não cumprir com o seu dever de colaboração, mediante o comparecimento espontâneo à audiência de conciliação ou mediação, o §8º do art. 331 do novo C.P.C. brasileiro prevê uma sanção, nos seguintes termos: *o não comparecimento injustificado do autor ou do réu à audiência de conciliação é considerado ato atentatório à dignidade da justiça e será sancionado com multa de até dois por cento da vantagem econômica pretendida ou do valor da causa, revertida em favor da União ou do Estado.*

O princípio da cooperação não representa apenas um importante estímulo para a conciliação entre as partes, como também está predestinado a ultrapassar eventuais obstáculos que impeçam o avanço do processo ou que coloquem em sérios riscos a obtenção de uma decisão de mérito justa e célere.

E uma das formas de ultrapassar determinados obstáculos é justamente impondo deveres às partes e a todos aqueles que de qualquer forma participam da relação jurídica processual de agirem com lealmente e boa-fé.

Preceitua o art. 77 do novo C.P.C. brasileiro:

> *Art. 77. Além de outros previstos neste Código, são deveres das partes, de seus procuradores e de todos aqueles que de qualquer forma participem do processo:*
>
> *I – expor os fatos em juízo conforme a verdade;*
>
> *II – não formular pretensão ou de apresentar defesa quando cientes de que são destituídas de fundamento;*
>
> *III – não produzir provas e não praticar atos inúteis ou desnecessários à declaração ou à defesa do direito;*
>
> *IV – cumprir com exatidão as decisões jurisdicionais, de natureza provisória ou final, e não criar embaraços a sua efetivação;*
>
> *V – declinar, no primeiro momento que lhes couber falar nos autos, o endereço residencial ou profissional onde receberão intimações, atualizando essa informação sempre que ocorrer qualquer modificação temporária ou definitiva;*
>
> *VI – não praticar inovação ilegal no estado de fato de bem ou direito litigioso.*

Este dispositivo denota o dever de todos aqueles que participam na relação jurídica processual em colaborar com a prestação da atividade jurisdicional, especialmente mediante a observância do princípio da boa-fé objetiva.

Sobre a obrigação de agir com boa fé objetiva, anota Fernando Pereira Rodrigues: *"A figura da boa-fé, como acima já se viu, é uma figura dominante tanto no momento da celebração, como no momento da exceção de qualquer negócio jurídico, quer ainda no exercício do direito de ação. A lei utiliza a expressão 'boa-fé' em dois sentidos: no sentido subjetivo ou psicológico e no sentido objetivo ou ético. A boa fé em sentido subjetivo, ou psicológico, traduz-se na convicção do agente da licitude dum ato ou situação jurídica. E então diz-se boa-fé o agente que estava na ignorância dos fundamentos da ilicitude, da imoralidade ou do vício, ou de certo fundamento que a lei toma como essencial. A má fé, por seu lado, estaria na consciência desses fundamentos. Sucede que quando a lei se refere a ditames, ou princípios, ou regras da boa-fé quer significar a boa fé em sentido objetivo ou ético, que consiste naquela inclinação de vontade que conduz o agente a tomar em consideração os interesses legítimos da contraparte. Deste modo, atua de boa-fé o agente que na legítima prossecução dos seus próprios interesses, procura evitar, na medida do possível, o sacrifício injustificado dos interesses alheios. Quando a medida do sacrifício do interesse alheio não é justificada por um interesse próprio, estamos fora da boa-fé em sentido ético. E este sentido ético consiste em erigir a boa-fé como princípio pelo qual o sujeito de direito deve atuar como pessoa de bem, honestamente e com lealdade. Não se trata já, como anteriormente, de um estado ou situação de espírito que aquela regra impõe à vontade.*[200]

Não há dúvida de que a atitude do sujeito processual que viole a lealdade e a boa-fé fere a essência do princípio da colaboração, inserindo-se no âmbito da litigância de má fé.

Sobre a litigância de má fé, estabelece o art. 542º do C.P.C. português:

> *Artigo 542.º Responsabilidade no caso de má –fé – Noção de má –fé*
>
> *1 – Tendo litigado de má –fé, a parte é condenada em multa e numa indemnização à parte contrária, se esta a pedir.*
>
> *2 – Diz –se litigante de má –fé quem, com dolo ou negligência grave:*
>
> *a) Tiver deduzido pretensão ou oposição cuja falta de fundamento não devia ignorar;*
>
> *b) Tiver alterado a verdade dos factos ou omitido factos relevantes para a decisão da causa;*
>
> *c) Tiver praticado omissão grave do dever de cooperação;*
>
> *d) Tiver feito do processo ou dos meios processuais um uso manifestamente reprovável, com o fim de conseguir um objetivo ilegal, impedir a descoberta da verdade, entorpecer a ação da justiça ou protelar, sem fundamento sério, o trânsito em julgado da decisão.*

[200] RODRIGUES, F. P., idem, p. 107 e 108.

> *3 – Independentemente do valor da causa e da sucumbência, é sempre admitido recurso, em um grau, da decisão que condene por litigância de má –fé.*

Fernando Pereira Rodrigues, em relação à litigância de má fé no processo civil português, ensina: "*Antes da reforma de 1995/96 propendia-se, inequivocamente, para a aproximação da má fé ao dolo, invocando-se a índole caraterística do processo. Passou-se, na sistemática processual civil, introduzida por aquela reforma, que se mantém na presente lei do processo, na conjugação com um modelo processual de responsabilização e cooperação intersubjetiva, a tipificar aqueles comportamentos processuais passíveis de obter um juízo de reprovação, abrangendo-se não só condutas dolosas como também as gravemente negligentes, determinantes de lesões na esfera jurídica das demais partes processuais, bem como de simultânea violação de interesse público, base da multa a que dão também lugar*".[201]

Sobre a litigância de má-fé no Brasil, eis o teor do art. 80 do novo C.P.C. brasileiro:

> *Art. 80. Considera-se litigante de má-fé aquele que:*
> *I – deduzir pretensão ou defesa contra texto expresso de lei ou fato incontroverso;*
> *II – alterar a verdade dos fatos;*
> *III – usar do processo para conseguir objetivo ilegal;*
> *IV – opuser resistência injustificada ao andamento do processo;*
> *V – proceder de modo temerário em qualquer incidente ou ato do processo;*
> *VI – provocar incidente manifestamente infundado;*
> *VII – interpuser recurso com intuito manifestamente protelatório.*

Não agindo os sujeitos processuais mediante mútua colaboração de lealdade e boa-fé objetiva, tal situação jurídica poderá ensejar *ato atentatório à dignidade da justiça*[202], legitimando a aplicação de sanção processual em relação ao sujeito desidioso, conforme preconizam os §§1º a 8º do art. 77 do novo C.P.C. brasileiro:

[201] RODRIGUES, F. P., idem, p. 109 e 110.

[202] *"para melhor concretização ainda, diga-se que há uma correspondência entre este artigo 542º, n.º 2 e os artigos 7º e 8º, todos do CPC, que se referem aos deveres de probidade, cooperação e á boa conduta processual das partes"* (RODRIGUES, F. P., idem, p. 110).

Art. 77 (...).

§ 1º Nas hipóteses dos incisos IV e VI, o juiz advertirá qualquer das pessoas mencionadas no caput de que sua conduta poderá ser punida como ato atentatório à dignidade da justiça.

§ 2º A violação ao disposto nos incisos IV e VI constitui ato atentatório à dignidade da justiça, devendo o juiz, sem prejuízo das sanções criminais, civis e processuais cabíveis, aplicar ao responsável multa de até vinte por cento do valor da causa, de acordo com a gravidade da conduta.

§ 3º Não sendo paga no prazo a ser fixado pelo juiz, a multa prevista no § 2º será inscrita como dívida ativa da União ou do Estado após o trânsito em julgado da decisão que a fixou, e sua execução observará o procedimento da execução fiscal, revertendo-se aos fundos previstos no art. 97.

§ 4º A multa estabelecida no § 2º poderá ser fixada independentemente da incidência das previstas nos arts. 523, § 1º, e 536, § 1º.

§ 5º Quando o valor da causa for irrisório ou inestimável, a multa prevista no § 2º poderá ser fixada em até 10 (dez) vezes o valor do salário-mínimo.

§ 6º Aos advogados públicos ou privados e aos membros da Defensoria Pública e do Ministério Público não se aplica o disposto nos §§ 2º a 5º, devendo eventual responsabilidade disciplinar ser apurada pelo respectivo órgão de classe ou corregedoria, ao qual o juiz oficiará.

§ 7º Reconhecida violação ao disposto no inciso VI, o juiz determinará o restabelecimento do estado anterior, podendo, ainda, proibir a parte de falar nos autos até a purgação do atentado, sem prejuízo da aplicação do § 2º.

§ 8º O representante judicial da parte não pode ser compelido a cumprir decisão em seu lugar.

O art. 81 do novo C.P.C. brasileiro impõe, igualmente, a aplicação de sanção ao litigante de má fé, nos seguintes termos:

Art. 81. De ofício ou a requerimento, o juiz condenará o litigante de má-fé a pagar multa, que deverá ser superior a um por cento e inferior a dez por cento do valor corrigido da causa, a indenizar a parte contrária pelos prejuízos que esta sofreu e a arcar com os honorários advocatícios e com todas as despesas que efetuou.

§ 1º Quando forem 2 (dois) ou mais os litigantes de má-fé, o juiz condenará cada um na proporção de seu respectivo interesse na causa ou solidariamente aqueles que se coligaram para lesar a parte contrária.

§ 2º Quando o valor da causa for irrisório ou inestimável, a multa poderá ser fixada em até 10 (dez) vezes o valor do salário-mínimo.

§ 3º O valor da indenização será fixado pelo juiz ou, caso não seja possível mensurá--lo, liquidado por arbitramento ou pelo procedimento comum, nos próprios autos.

O valor das sanções impostas ao litigante de má-fé reverterá em benefício da parte contrária; o valor das impostas aos serventuários pertencerá ao Estado ou à União (art. 96 do novo C.P.C. brasileiro).

Por sua vez, em relação à litigância de má-fé no processo de execução, prescreve o art. 777 do novo C.P.C. brasileiro: *A cobrança de multas ou de indenizações decorrentes de litigância de má-fé ou de prática de ato atentatório à dignidade da justiça será promovida nos próprios autos do processo.*

No que concerne à indenização no caso de má fé processual no direito português, preconiza o art. 543º do C.P.C. de Portugal:

Artigo 543.º Conteúdo da indemnização

1 – A indemnização pode consistir:

a) No reembolso das despesas a que a má –fé do litigante tenha obrigado a parte contrária, incluindo os honorários dos mandatários ou técnicos;

b) No reembolso dessas despesas e na satisfação dos restantes prejuízos sofridos pela parte contrária como consequência direta ou indireta da má –fé.

2 – O juiz opta pela indemnização que julgue mais adequada à conduta do litigante de má –fé, fixando –a sempre em quantia certa.

3 – Se não houver elementos para se fixar logo na sentença a importância da indemnização, são ouvidas as partes e fixa –se depois, com prudente arbítrio, o que parecer razoável, podendo reduzir –se aos justos limites as verbas de despesas e de honorários apresentadas pela parte.

4 – Os honorários são pagos diretamente ao mandatário, salvo se a parte mostrar que o seu patrono já está embolsado.

Sobre a questão da litigância de má-fé, eis algumas decisões proferidas pelo Superior Tribunal de Justiça do Brasil:

1. A Quinta Turma desta Corte determinou a baixa imediata do Resp nº 378.450 e aplicou multa à Embargante pelo intuito procrastinatório do feito, tendo em vista a oposição sucessiva de quatro embargos de declaração.

2. A incessante interposição de petições com vistas a prolongar o exercício da prestação jurisdicional, impedindo o trânsito em julgado, não pode ser acobertado pelo Judiciário. Precedentes desta Corte e do Supremo Tribunal Federal.

3. Agravo Regimental não provido.

(AgRg na Pet 3.696/MG, Rel. Ministro EDSON VIDIGAL, CORTE ESPECIAL, julgado em 29/06/2005, DJ 29/08/2005 p. 133)

1. O ora Agravado, ao interpor o recurso de apelação da sentença monocrática que lhe foi desfavorável, agiu conforme lhe faculta a legislação recursal, não havendo abuso de seu direito constitucional na tentativa de efetivar a sua pretensão, devendo, desse modo, ser afastada a multa que lhe foi imposta. Precedentes.

(...).

(AgRg no Ag 545.387/RJ, Rel. Ministra LAURITA VAZ, QUINTA TURMA, julgado em 24/05/2005, DJ 20/06/2005 p. 339)

(...).

II – Assim sendo, não há se conceber deseje a Fazenda Nacional, in casu, interpor o agravo, na instância ordinária, somente para ter acesso aos recursos extraordinários, sem qualquer fim procrastinatório, como diz. Uma vez sabedora de que a jurisprudência desta colenda Corte está, há muito, assentada no entendimento de que devido o percentual de 42,72% na correção dos débitos judiciais relativos a janeiro de 1989, outra conclusão não seria possível senão aquela a que chegou o acórdão recorrido, a encontrar-se amparado pelo art. 557, § 2º, da Lei Instrumental Civil, cuja eficácia também atinge a instância ordinária. (AgRg no AG nº 418.418/SP, Rel. Min. DENISE ARRUDA, DJ de 20/09/2004, dentre outros).

III – Consentir-se com a tese de que sempre legítima a interposição do referido agravo, porque a viabilizar o acesso à instância extraordinária, é tornar letra morta o dispositivo infraconstitucional que visa, à justa, coibir os abusos processuais.

IV – Agravo regimental desprovido.

(AgRg no REsp 685.134/SP, Rel. Ministro FRANCISCO FALCÃO, PRIMEIRA TURMA, julgado em 07/04/2005, DJ 16/05/2005 p. 257).

(...).

3. A publicação de certidão equivocada de ter sido o Estado condenado a multa por litigância de má-fé gera, quando muito, mero aborrecimento ao Procurador que atuou no feito, mesmo porque é situação absolutamente corriqueira no âmbito forense incorreções na comunicação de atos processuais, notadamente em razão do volume de processos que tramitam no Judiciário. Ademais, não é exatamente um fato excepcional que, verdadeiramente, o Estado tem sido amiúde condenado por demandas temerárias ou por recalcitrância injustificada, circunstância que, na consciência coletiva dos partícipes do cenário forense, torna desconexa a causa de aplicação da multa a uma concreta conduta maliciosa do Procurador.

4. Não fosse por isso, é incontroverso nos autos que o recorrente, depois da publicação equivocada, manejou embargos contra a sentença sem nada mencionar quanto ao erro, não fez também nenhuma menção na apelação que se seguiu e não requereu administrativamente a correção da publicação. Assim, aplica-se magistério de doutrina de vanguarda e a jurisprudência que têm reconhecido como decorrência da boa-fé objetiva o princípio do Duty to mitigate the loss, um dever de mitigar o próprio dano, segundo o qual a parte que invoca violações a um dever legal ou contratual deve proceder a medidas possíveis e razoáveis para limitar seu prejuízo. É consectário direto dos deveres conexos à boa-fé o encargo de que a parte a quem a perda aproveita não se mantenha inerte diante da possibilidade de agravamento desnecessário do próprio dano, na esperança de se ressarcir posteriormente com uma ação indenizatória, comportamento esse que afronta, a toda evidência, os deveres de cooperação e de eticidade.

5. Recurso especial não provido.

(REsp 1325862/PR, Rel. Ministro LUIS FELIPE SALOMÃO, QUARTA TURMA, julgado em 05/09/2013, DJe 10/12/2013)

Também o Supremo Tribunal Federal brasileiro apresenta as seguintes hipóteses procrastinatórias realizadas no âmbito processual:

1. Não se encontram configuradas no acórdão embargado a obscuridade, a contradição ou a omissão que autorizariam a integração do julgado com fundamento nos incisos I e II do artigo 535 do Código de Processo Civil. 2. Multa de 5% [cinco por cento] sobre o valor corrigido da causa. 3. A ausência dos requisitos exigidos para a oposição dos embargos de declaração e suas sucessivas reiterações refletem o caráter procrastinatório do recurso. A jurisprudência deste Tribunal, em tais casos, autoriza o imediato cumprimento da decisão proferida por esta Corte, prescindindo da publicação do acórdão do respectivo julgamento e de eventual interposição de qualquer recurso. Precedentes. Embargos de declaração rejeitados".

(AI 745957 AgR-ED-ED-ED, Relator(a): Min. EROS GRAU, Segunda Turma, julgado em 20/04/2010, DJe-086 DIVULG 13-05-2010 PUBLIC 14-05-2010 EMENT VOL-02401-08 PP-01700)

Não cabem embargos infringentes contra decisão unânime de Turma do Supremo Tribunal Federal que tenha sido proferida em causa diversa daquelas enunciadas, taxativamente, em rol exaustivo ("numerus clausus"), no art. 333 do RISTF. Precedentes. – A ocorrência de erro grosseiro evidente não justifica a aplicação do princípio da fungibilidade recursal. Precedentes. Doutrina. – O abuso do direito de recorrer – por qualificar-se como prática incompatível com a exigência de celeridade processual – constitui ato de litigância injustificável repelido pelo ordenamento positivo, especialmente nos casos em que a parte, ainda que beneficiária da gratuidade, interpõe recurso com intuito evidentemente protelatório, hipótese em que se legitimará, ainda, a imposição de multa. A multa a que se refere o art. 18 do CPC – também incidente sobre o beneficiário da gratuidade – possui inquestionável função inibitória, eis que visa a impedir a procrastinação processual e a obstar o exercício abusivo do direito de recorrer. Precedentes.

(AI 342393 AgR-ED-EI, Relator(a): Min. CELSO DE MELLO, Segunda Turma, julgado em 06/04/2010, DJe-071 DIVULG 22-04-2010 PUBLIC 23-04-2010 EMENT VOL-02398-04 PP-00674).

Os embargos de declaração – desde que ausentes os seus requisitos de admissibilidade – não podem ser utilizados com a finalidade de sustentar eventual incorreção do acórdão impugnado ou de propiciar um novo exame da própria questão de fundo, em ordem a viabilizar, em sede processual absolutamente inadequada, a desconstituição de ato decisório regularmente proferido. Precedentes. – A mera circunstância de os embargos de declaração haverem sido opostos com o objetivo de infringir o julgado não basta, só por si, para autorizar a formulação, contra a parte recorrente, de um juízo de desrespeito ao princípio da lealdade processual. É que não se presume o caráter malicioso, procrastinatório ou fraudulento da conduta processual da parte que recorre, salvo se se demonstrar, quanto a ela, de modo inequívoco, que houve abuso do direito de recorrer. Comprovação inexistente, na espécie.

(RE 485863 AgR-ED, Relator(a): Min. CELSO DE MELLO, Segunda Turma, julgado em 02/12/2008, DJe-025 DIVULG 05-02-2009 PUBLIC 06-02-2009 EMENT VOL-02347-07 PP-01324).

O novo C.P.C. brasileiro introduz em nosso ordenamento jurídico um importante preceito normativo, que além de promover de forma impositiva a colaboração das partes, impede a prorrogação do processo por meio de interposição de recurso.

Trata-se dos *honorários recursais sucumbenciais* previstos no art. 85, §11, do novo C.P.C.

Os honorários recursais representam certa medida pedagógica, com o intuito de se impedir que o vencido ingresse com recursos meramente protelatórios ou peremptoriamente improcedentes. Diante dessa nova normatização processual, se o recurso interposto pela parte sucumbente não for acolhido, o tribunal, de ofício ou por provocação da parte, poderá majorar os honorários fixados anteriormente na decisão recorrida, levando-se em conta o trabalho adicional realizado em grau recursal. Assim, o tribunal deverá avaliar o trabalho adicional realizado pela parte recorrida, especialmente quanto aos argumentos expendidos em suas contrarrazões recursais, sustentação oral, entrega de memoriais etc, para o efeito de majorar os honorários fixados anteriormente, observando, conforme o caso, o disposto nos §§2º a 6º do art. 85 do novo C.P.C., sendo vedado ao tribunal, no cômputo geral da fixação de honorários devidos ao advogado do vencedor, ultrapassar os respectivos limites estabelecidos nos §§2º e 3º para a fase de conhecimento.

A 1ª Turma do S.T.F. admitiu a aplicação dos honorários recursais sucumbenciais, ainda que a parte recorrida não tenha apresentado contrarrazões de recurso. Nesse sentido eis a seguinte notícia veiculada no sitio do S.T.F[203]:

> *Terça-feira, 30 de agosto de 2016*
>
> *1ª Turma pode majorar honorários ainda que advogado não apresente contrarrazões*
>
> *Por maioria dos votos, a Primeira Turma do Supremo Tribunal Federal (STF) entendeu que a majoração de honorários pode ocorrer mesmo que o advogado não apresente contrarrazões. A discussão ocorreu no julgamento de agravo regimental nos Recursos Extraordinários com Agravo (ARE) 711027, 964330 e 964347.*
>
> *A maioria dos ministros desproveu os agravos com imposição de multa e majoração de honorários recursais, vencido o relator, ministro Marco Aurélio, quanto a este último ponto. Isso porque, para ele, o acréscimo de honorários advocatícios pressupõe o trabalho dado ao advogado da parte contrária. "Quando a parte recorrida sequer tem o trabalho de apresentar contrarrazões, entendo que não é o caso de majorar honorários", ressaltou o ministro, que se baseou no disposto no artigo 85, parágrafo 11, do Código de Processo Civil (CPC).*
>
> *Segundo esse dispositivo do novo Código de Processo Civil, a sentença condenará o vencido a pagar honorários ao advogado do vencedor e o tribunal, ao julgar recurso, majorará os honorários fixados anteriormente levando em conta o trabalho adicional realizado em grau recursal. Ao analisar o caso, o ministro Marco Aurélio não fixou*

[203] http://www.stf.jus.br/portal/cms/verNoticiaDetalhe.asp?idConteudo=324186

honorários recursais. "Como a parte contrária não teve nenhum trabalho, eu penso que não cabe a fixação dos honorários".

O ministro Luís Roberto Barroso votou de forma contrária e foi seguido pela maioria dos ministros. Para ele, "o fato de não ter apresentado contrarrazões não significa que não houve trabalho do advogado", ao observar que a defesa pode ter pedido audiência ou apresentado memoriais.

"Em última análise, como eu considero que essa medida é procrastinatória e que a majoração de honorários se destina a desestimular essa litigância procrastinatória, eu fixo honorários recursais neste caso", votou o ministro Barroso. Os ministros Edson Fachin e Rosa Weber acompanharam a divergência.

EC/CR

Na verdade, a natureza jurídica do preceito normativo previsto no art. 85, §11, do novo C.P.C. é de *abuso de direito constitucional de defesa.*

O direito à utilização de recurso inerente ao procedimento está previsto no art. 5º, inc. LV, da Constituição Federal que assim estabelece: *aos litigantes, em processo judicial ou administrativo, e aos acusados em geral são assegurados o contraditório e ampla defesa, com os meios e recursos a ela inerentes;*

O direito ao recurso, portanto, tem previsão e se configura como uma garantia constitucional.

Porém, quando a utilização desse direito ultrapassa os fundamentos normativos dessa garantia, como no caso de utilização meramente procrastinatória do recurso, permite-se que haja uma sanção a essa conduta, no caso, aumento de ofício dos honorários sucumbenciais.

Porém, se não houve a utilização do recurso com essa finalidade ou não havendo sobreposição aos fundamentos axiológicos normativos da garantia constitucional, não se legitima a aplicação da sanção legal, uma vez que essa imposição estaria restringindo por norma infraconstitucional um direito fundamental previsto na Constituição Federal.

Em relação ao direito intertemporal para aplicação dos honorários recursais como caráter pedagógico ou sancionatório, entendem Dierle Nunes, Victor Barboa Dutra e Délio Mota de Oliveira Júnior: *"Em razão das mudanças empreendidas pelo NCPC, certamente surgirão conflitos aparentes entre normas reguladoras de situações assemelhadas. Diante disso, qual lei deve regular determinada situação, a anterior ou a posterior? No caso específico dos honorários recursais, já se antevê o conflito: interposto recurso contra determinada decisão na vigência do CPC/73, poderá haver condenação em honorários recursais previstos no CPC/15? Importa rememorar que o sistema amplamente aceito pela doutrina processual para regular essa espécie de conflito é o do 'isolamento dos atos processuais', segundo o qual 'a lei nova não atinge os atos processuais já praticados, nem seus efeitos, mas se aplica aos atos processuais a praticar, sem limitações relativas às chamadas fases processuais'. Neste sentido, o CPC/2015 se posicionou no art. 14, em termos: A norma processual não retroagirá e será aplicável imediatamente aos processos em curso, respeitados os atos processuais praticados e as situações jurídicas consolidadas sob a vigência da norma revogada. No caso em exame, o ato processual em questão é a interposição de recurso (na vigência da lei anterior) e o efeito que se pretende analisar é a condenação em honorários recursais (na vigência do CPC/15). Em primeiro lugar, é relevante delimitar se esse efeito condenatório é decorrente estritamente daquele ato processual. Em outras palavras, se não houvesse interposição do recurso poderia haver a condenação em honorários recursais? Parece-nos que não; logo, o efeito condenatório decorre da interposição em si – e não de algum fato jurídico ao longo da tramitação do recurso ou mesmo do acórdão que o julgará. Nessa perspectiva, sendo os honorários recursais um efeito do ato de interposição (e havendo uma nítida relação de causalidade que deflagra a condenação honorária) é de se concluir que nos recursos interpostos na vigência do CPC/73 não poderá haver condenação em honorários recursais previstos no CPC/15, visto que o efeito do ato realizado sob a égide do CPC/73 deve, também, ser regulado por este estatuto. Esse entendimento se mostra como o mais adequado, pois, além de harmonizar-se com a teoria do isolamento dos atos processuais, protege legítimas expectativas e a boa-fé objetiva (art. 5º) do jurisdicionado (de que o ato de interposição, no momento em que foi realizado, não deflagraria a condenação em honorários recursais). Além disso, em nosso sentir, se entendemos que o recurso é desdobramento do direito de ação e de defesa, e que o âmbito recursal é mais um espaço dialógico para construção da decisão que solucionará o litígio, devem ser evitadas restrições antes não previstas ao espaço normativo de discussão".* (Dierle Nunes, Victor Barbosa Dutra e Délio Mota de Oliveria Júnior, in: Honorários advocatícios. Coleção grandes temas do Novo CPC. Salvador: Jus Podivm, 2015 (No prelo). Págs. 14 e 15).

Acompanho a posição dos ilustres processualistas a cima citados, especialmente no que concerne à teoria do isolamento dos atos processuais.

Contudo, a não retroatividade da norma prevista no art. 85, §11, do novo C.P.C., em relação aos recursos interpostos sob a égide do C.P.C. de 1973, tem por fundamento alguns outros aspectos jurídicos.

Em primeiro lugar, não se aplica o art. 85, §11, do novo C.P.C. aos recursos interpostos sob a égide do C.P.C. de 1973, tendo em vista que a norma que prevê sanção processual ao abuso de direito de recorrer (majoração de honorários) somente pode ser aplicada à conduta típica realizada quando da vigência da lei; *mutatis mutantis*, "não há crime sem lei anterior que o defina". No caso, o C.P.C. de 1973 não previa como conduta típica a interposição de recurso meramente protelatório ou manifestamente improcedente para efeito de majoração dos honorários de advogados do recorrido. Em segundo lugar, é de ser aplicado o disposto no art. 85, §11, do novo C.P.C. aos recursos interpostos na vigência do novo C.P.C., ainda que a sentença tenha sido proferida na vigência do Código revogado, uma vez que a conduta típica sancionatória ao abuso de direito de recorrer é justamente a interposição do recurso meramente protelatório ou categoricamente improcedente.

Apresenta o conteúdo normativo previsto no art. 85, §11, do novo C.P.C., apesar de entendimento diverso, caráter sancionatório pela falta de cooperação e pela interposição de recurso protelatório ou categoricamente improcedente, com o fim último de se prolongar no tempo a efetiva prestação da tutela jurisdicional.

Sobre o tema, o S.T.J. expediu o seguinte enunciado administrativo:

Enunciado administrativo número 7: *Somente nos recursos interpostos contra decisão publicada a partir de 18 de março de 2016, será possível o arbitramento de honorários sucumbenciais recursais, na forma do art. 85, § 11, do novo CPC.*

Eis, ainda, as recentes decisões do S.T.J. sobre a incidência dos honorários recursais:

> *AGRAVO INTERNO NO AGRAVO EM RECURSO ESPECIAL. EMBARGOS À EXECUÇÃO. ONEROSIDADE EXCESSIVA. TEORIA DA IMPREVISÃO. NECESSIDADE DE REVOLVIMENTO FÁTICO. INCIDÊNCIA DA SÚMULA N. 7 DO STJ. REVALORAÇÃO DAS PROVAS. HIPÓTESE NÃO CONFIGURADA. HONORÁRIOS RECURSAIS. ART. 85, § 11, DO CPC/15.*
>
> *(...).*
>
> *3. O § 11 do art. 85 do Código de Processo Civil de 2015 tem dupla funcionalidade, devendo atender à justa remuneração do patrono pelo trabalho adicional na fase recursal e inibir recursos provenientes de decisões condenatórias antecedentes.*
>
> *4. Atendidos os limites legais dos §§ 2º e 3º do art. 85 do CPC/15, a majoração da verba honorária a título de honorários recursais é medida que se impõe.*
>
> *5. Agravo interno conhecido e desprovido.*
>
> (AgInt no AREsp 196.789/MS, Rel. Ministro JOÃO OTÁVIO DE NORONHA, TERCEIRA TURMA, julgado em 09/08/2016, DJe 18/08/2016)

CIVIL. PROCESSUAL CIVIL. AGRAVO REGIMENTAL NO RECURSO ESPECIAL. RESPONSABILIDADE CIVIL. AÇÃO DE REPARAÇÃO DE DANOS. ACIDENTE DE TRÂNSITO. MORTE. (1) RECURSO MANEJADO SOB A ÉGIDE DO CPC/73 (2) OFENSA AOS ARTS. 458, II, E 535 DO CPC. OMISSÃO E FALTA DE FUNDAMENTAÇÃO INEXISTENTES. (3) DANO MORAL. QUANTUM. MAJORAÇÃO. DESNECESSIDADE. VALOR FIXADO COM RAZOABILIDADE. REFORMA. SÚMULA Nº 7 DO STJ. (4) DISSÍDIO JURISPRUDENCIAL. DANO MATERIAL (PENSIONAMENTO).

DEPENDÊNCIA ECONÔMICA NÃO COMPROVADA. VÍTIMA QUE NÃO EXERCIA ATIVIDADE LABORATIVA. DIVERGÊNCIA FUNDADA NOS FATOS DA CAUSA. SÚMULA Nº 7 DO STJ. (5) HONORÁRIOS ADVOCATÍCIOS. SUCUMBÊNCIA RECÍPROCA. CARACTERIZAÇÃO. DECAIMENTO DE PARTE DOS PEDIDOS. PRECEDENTES.

1. As disposições do NCPC, no que se refere aos requisitos de admissibilidade dos recursos, são inaplicáveis ao caso concreto ante os termos do Enunciado nº 2 aprovado pelo Plenário do STJ na sessão de 9/3/2016: Aos recursos interpostos com fundamento no CPC/1973 (relativos a decisões publicadas até 17 de março de 2016) devem ser exigidos os requisitos de admissibilidade na forma nele prevista, com as interpretações dadas até então pela jurisprudência do Superior Tribunal de Justiça.

(...).

6. Eventual recurso interposto contra este acórdão estará sujeito às normas do NCPC, inclusive no que tange ao cabimento de multa (arts. 1.021, § 4º e 1.026, § 2º) e honorários recursais (art. 85, § 11).

7. Agravo Regimental não provido.

(AgRg no REsp 1475007/DF, Rel. Ministro MOURA RIBEIRO, TERCEIRA TURMA, julgado em 23/06/2016, DJe 01/07/2016)

AGRAVO INTERNO. DECISÃO QUE DEU PROVIMENTO AO RECURSO ESPECIAL. APELO FUNDADO NO CPC/73 PROCEDÊNCIA DO PEDIDO AUTORAL. FIXAÇÃO DA VERBA HONORÁRIA. CRITÉRIOS DO NOVO CPC/2015. INAPLICABILIDADE. ENUNCIADO ADMINISTRATIVO 7/STJ. MAJORAÇÃO. INDEFERIMENTO. PRECEDENTE DO STJ.

1. O acórdão recorrido (fls. 184/195) foi publicado na vigência do CPC/73. Desse modo, as alterações relativas ao cálculo dos honorários advocatícios introduzidas pelo novo CPC/2015 não têm aplicação ao caso dos autos, em observância à regra de direito intertemporal prevista no artigo 14 da nova Lei Adjetiva Civil.

2. Nessa diretriz, a propósito, o Plenário do STJ, na sessão realizada no dia 9 de março de 2016, aprovou o Enunciado Administrativo n. 7/STJ, segundo o qual "somente nos recursos interpostos contra decisão publicada a partir de 18 de março de 2016, será possível o arbitramento de honorários sucumbenciais recursais, na forma do art. 85, § 11, do novo CPC)."

3. Consequentemente, não há falar na observância dos critérios tarifados que vêm estabelecidos no artigo 85, §§ 2º e 3º, do novo CPC/2015.

4. Segundo o entendimento consolidado pela Primeira Seção do Superior Tribunal de Justiça, em julgamento pelo rito previsto artigo no artigo 543-C do Código de Processo Civil, "vencida a Fazenda Pública, a fixação dos honorários não está adstrita aos limites percentuais de 10% e 20%, podendo ser adotado como base de cálculo o valor dado à causa ou à condenação, nos termos do art. 20, § 4º, do CPC, ou mesmo um valor fixo, segundo o critério de equidade." (REsp nº 1.155.125/MG, Relator Ministro Castro Meira, DJe de 06/04/2010).

5. A verba honorária foi estipulada pela decisão ora agravada de forma adequada e razoável, além de observar os critérios delineados pela jurisprudência do Superior Tribunal de Justiça, não se mostrando possível a majoração pleiteada pela ora agravante.

6. Agravo interno a que se nega provimento.

(AgInt no REsp 1325649/AP, Rel. Ministro SÉRGIO KUKINA, PRIMEIRA TURMA, julgado em 16/06/2016, DJe 30/06/2016)

6.5. Fases do processo em que ocorre o dever de cooperação

O *dever de cooperação* não se verifica apenas na fase de saneamento do processo e da remoção de eventuais obstáculos à apreciação do mérito.

Há outros momentos importantes em que esse dever está bem delineado, a saber:

a) as partes e seus procuradores têm o dever de contribuir para a rápida solução da lide, colaborando com o juiz para a identificação das questões de fato e de direito e abstendo-se de provocar incidentes desnecessários e procrastinatórios;
b) dever de proceder com boa-fé;
c) dever de não formular pretensões, nem alegar defesa, cientes de que são destituídas de fundamento;
d) dever de não produzir provas, nem praticar atos inúteis ou desnecessários à declaração ou à defesa do direito;

e) dever de cumprir com exatidão as decisões de caráter executivo ou mandamental e não criar embaraços à efetivação de pronunciamentos judiciais, de natureza antecipatória ou final;
f) dever de declinar o endereço, residencial ou profissional, em que receberão intimações, atualizando essa informação sempre que ocorrer qualquer modificação temporária ou definitiva;
g) dever de não por resistência injustificada ao andamento do processo;
h) dever de não proceder de modo temerário em qualquer incidente ou ato do processo;
i) dever de não provocar incidentes manifestamente infundados;
j) dever de não interpor recurso com intuito manifestamente protelatório;
k) dever do autor adiantar as despesas relativas a atos cuja realização o juiz determinar de ofício ou a requerimento do Ministério Público, quando sua intervenção ocorrer como fiscal da ordem jurídica;
l) dever do advogado ou da parte, quando postular em causa própria, declarar na petição inicial ou na contestação, o endereço em que receberá intimação e comunicar ao juízo qualquer mudança de endereço;
m) dever do autor adotar as providências necessárias para a citação do réu nos dez dias subsequentes ao despacho que a ordenar;
n) ninguém, muito menos as partes, se eximem do dever de colaborar com o Poder Judiciário para o descobrimento da verdade;
o) dever da parte comparecer em juízo, respondendo ao que lhe for perguntado;
p) dever de colaborar com o juízo na realização de inspeção judicial que for considerada necessária;
q) dever da parte praticar o ato que lhe for determinado.

Em matéria de *direito probatório* são diversos os preceitos normativos do dever de cooperação, inclusive cooperação mútua entre as partes, especialmente o dever de cooperação para a descoberta da verdade.

Também o §138 do Código de Processo Civil alemão estabelece o princípio do dever de cooperação para a descoberta da verdade, nos seguintes termos:

> *"§138. Obrigação de declaração em mérito aos fatos; obrigação de dizer a verdade. As partes devem formular as suas declarações sob circunstância de fato em modo completo e segundo a verdade...".*

O novo C.P.C. português, Lei n. 41/2013, manteve igualmente o princípio da cooperação na descoberta da verdade, em seu art. 417º, a saber:

> *Artigo 417.º Dever de cooperação para a descoberta da verdade*
>
> *1 – Todas as pessoas, sejam ou não partes na causa, têm o dever de prestar a sua colaboração para a descoberta da verdade, respondendo ao que lhes for perguntado, submetendo –se às inspeções necessárias, facultando o que for requisitado e praticando os atos que forem determinados.*
>
> *2 – Aqueles que recusem a colaboração devida são condenados em multa, sem prejuízo dos meios coercitivos que forem possíveis; se o recusante for parte, o tribunal aprecia livremente o valor da recusa para efeitos probatórios, sem prejuízo da inversão do ónus da prova decorrente do preceituado no n.º 2 do artigo 344.º do Código Civil.*
>
> *3 – A recusa é, porém, legítima se a obediência importar:*
>
> *a) Violação da integridade física ou moral das pessoas;*
>
> *b) Intromissão na vida privada ou familiar, no domicílio, na correspondência ou nas telecomunicações;*
>
> *c) Violação do sigilo profissional ou de funcionários públicos, ou do segredo de Estado, sem prejuízo do disposto no n.º 4.*
>
> *4 – Deduzida escusa com fundamento na alínea c) do número anterior, é aplicável, com as adaptações impostas pela natureza dos interesses em causa, o disposto no processo penal acerca da verificação da legitimidade da escusa e da dispensa do dever de sigilo invocado.*

Também o novo C.P.C. brasileiro, em seu art. 77, inc. I, preconiza que as partes têm o dever de expor os fatos em juízo conforme a verdade.

Aliás, ninguém se exime do dever de colaborar com o Poder Judiciário para o descobrimento da verdade (art. 378 do novo C.P.C. brasileiro).

Em relação ao dever de *comparecimento* em juízo como forma de efetiva colaboração dos sujeitos que participam da relação jurídica processual, há muito se aplica à testemunha.

O dever de comparecimento em juízo também se aplica às partes da relação jurídica processual, conforme se pode observar pelos seguintes dispositivos previstos no novo C.P.C. brasileiro, a saber:

"Art. 772. O juiz pode, em qualquer momento do processo:
I – ordenar o comparecimento das partes;
(...)".

"Art. 856. A penhora de crédito representado por letra de câmbio, nota promissória, duplicata, cheque ou outros títulos far-se-á pela apreensão do documento, esteja ou não este em poder do executado.
(...).
§ 4º A requerimento do exequente, o juiz determinará o comparecimento, em audiência especialmente designada, do executado e do terceiro, a fim de lhes tomar os depoimentos".

"Art. 139. O juiz dirigirá o processo conforme as disposições deste Código, incumbindo-lhe:
(...).
VIII – determinar, a qualquer tempo, o comparecimento pessoal das partes, para inquiri-las sobre os fatos da causa, hipótese em que não incidirá a pena de confesso".

"Art. 334. Se a petição inicial preencher os requisitos essenciais e não for o caso de improcedência liminar do pedido, o juiz designará audiência de conciliação ou de mediação com antecedência mínima de 30 (trinta) dias, devendo ser citado o réu com pelo menos 20 (vinte) dias de antecedência.
(...).
§ 8º O não comparecimento injustificado do autor ou do réu à audiência de conciliação é considerado ato atentatório à dignidade da justiça e será sancionado com multa de até dois por cento da vantagem econômica pretendida ou do valor da causa, revertida em favor da União ou do Estado.

Sobre o dever de comparecimento em juízo, ensina Jacinto Rodrigues Bastos: *"Quanto ao dever de comparecimento, ele não deve ser confundido com a obrigação da parte acorrer a juízo, para demandar ou para contradizer. A contestação é uma faculdade; não é um encargo, nem um dever, embora da revelia do réu resultem, por vezes, consequências que poderiam ser tomadas como sanção, mas que, na verdade, nunca têm essa natureza no direito processual moderno. Como bem observa Chiovenda ('Istituzioni, §44, n. 267) os processos primitivos envolviam um verdadeiro dever para o demandado de se apresentar em juízo, uma vez que esses processos exerciam eminentemente uma função de pacificação social e esta não podia ser normalmente atingida sem a presença das partes entre as quais surgia a discórdia. Assim acontecia no antigo processo germânico, bem como no antigo processo romano. Este conceito projetou-se no tempo, vendo-se uma aplicação dele na 'litis contestatio' do processo romano clássico. No nosso antigo direito ainda a revelia era havida como uma espécie de delito e tinha, por isso, penas estabelecidas (multa, sequestro e prisão), impostas segundo as circunstâncias. Nas modernas conceções a relação processual considera-se perfeitamente constituída com a demanda, nascendo desta os efeitos que antigamente se atribuíam à contestação da lide".*[204]

Também diversas outras normas poderiam ser indicadas sobre a necessidade de cooperação entre os sujeitos processuais, sem pretensão ao seu esgotamento, devendo destacar o dever de cooperação que deve existir em todo o processo executivo, desde a indicação de bens à penhora, à realização da penhora e efetivação da venda.[205]

Aliás, em relação ao executado encontram-se diversos dispositivos que determinam expressamente a sua efetiva colaboração, como, por exemplo, as hipóteses previstas no art. 772 do novo C.P.C. brasileiro.

Há também o dever de cooperação do executado para indicar bens a serem penhorados, sob pena de ato atentatório da dignidade da justiça. Nesse sentido estabelece o art. 774, inc. V do novo C.P.C. brasileiro.

Essa previsão legal é mais que um dever de colaboração, sendo também um dever de celeridade e efetiva prestação jurisdicional.

É importante salientar que esse dever de colaboração somente terá efetiva eficácia se os Tribunais superiores, especialmente o S.T.J., evitar manifestações que indiquem que o executado não tem a obrigação de indicar bens que possam ser penhorados, se esses bens efetivamente existirem. Nesse sentido eis o seguinte precedente do S.T.J.:

> *A circunstância de o executado não indicar, em execução fiscal, bens passíveis de penhora, acarreta, tão-somente, a perda do benefício da indicação, sem que esteja configurada a prática de ato atentatório à dignidade da justiça.*
>
> *Estabelece o artigo 659 do CPC que "se o devedor não pagar, nem fizer nomeação válida, o oficial de justiça penhorar-lhe-á tantos bens quantos bastem para o pagamento do principal, juros, custas e honorários advocatícios".*

[204] BASTOS, Jacinto Rodrigues. *Notas ao código de processo civil.* 3ª ed. Vol. II, p. 18.

[205] GERALDES, A. S. A., op. cit., p. 80

"O executado não está obrigado a relacionar seus bens passíveis de penhora, sob pena de sofrer a multa do art. 601 do CPC" (4ª Turma, REsp 153.737/MG, Rel. Min. Ruy Rosado, DJ 30/03/98).

Recurso especial improvido.

(REsp 511.445/SP, Rel. Ministro FRANCIULLI NETTO, SEGUNDA TURMA, julgado em 10/08/2004, DJ 08/11/2004, p. 201)

Porém, conforme constata Antonio dos Santos Abrantes Geraldes, quem não cumpre espontaneamente a obrigação exequenda, sabendo que está em falta perante o credor, será difícil esperar o cumprimento deste 'dever acessório' de colaborar com o tribunal e com o exequente na execução do respectivo patrimônio, o que parece ser insuficiente a cominação da atitude de desrespeito da determinação judicial com a sanção meramente pecuniária correspondente à litigância de má-fé (sanção pecuniária).[206]

O dever de colaboração, portanto, significa uma atividade pautada na boa-fé, na verdade processual, na lisura, na transparência, na ética e nas virtudes morais.

6.6. A mentira e o princípio da cooperação

O dever de lealdade com a descoberta da verdade nem sempre foi tão tranquilo no entendimento da doutrina.

Em um famoso ensaio aparecido em 1939 nas páginas da *Rivista di diritto processuale civile*, Guido Calogero afrontava a *vexata questio* da obrigação da verdade das partes no processo civil, indagando se os litigantes poderiam legitimamente mentir em juízo e, em particular se poderiam ser leais mentindo.[207]

Tal reflexão surgia pelo fato de um singular acontecimento ligado à reforma do Código de Processo Civil italiano de 1865.

De fato, o projeto preliminar Solmi de 1937 tinha proposto de introduzir, ao art. 26, uma norma com o seguinte teor: *"As partes, os procuradores e os defensores têm a obrigação de expor ao juiz os fatos segundo a verdade e de não propor demandas, defesas, exceções ou provas que não fossem de boa-fé"*, prevendo, em caso de violação de referido preceito, ao lado de uma responsabilidade

[206] GERALDES, A. S. A., idem, p. 83.

[207] CALOGERO, Guido. Probità, lealtà, veridicità nel processo civile. In: *Rivista di Diritto Processuale Civile*, 1939, I, pág. 129 e ss.

processual de natureza ressarcitória a cargo da parte sucumbente, uma multa pecuniária de relativo valor. Tal projeto, enviado para parecer da Faculdade de Jurisprudência e dos principais operadores jurídicos italianos da época, encontrou profundas críticas na doutrina, especialmente sob a alegação de que poderia ferir a liberdade das partes.

Essas críticas fizeram com que o legislador da reforma processual italiana retirasse a referência contida na norma sobre 'a verdade', mantendo a sanção pecuniária apenas para a questão da lealdade e probidade, conforme a redação do art. 88 do atual C.P.C. italiano de 1940, a saber: *"As partes e seus defensores tem o dever de comportar-se em juízo com lealdade e probidade. Em caso de falta dos defensores com tal dever, o juiz deve comunicar tal falta à autoridade que exercitam o poder disciplinar sobre eles"*.[208]

A doutrina italiana, num primeiro momento, adotou uma interpretação muito restritiva sobre a obrigação de lealdade processual, optando por negar a subsistência de uma exigência de veracidade das partes no ordenamento jurídico italiano. Tal preocupação fundava-se no fato de que a obrigação da verdade poderia transformar-se em um instrumento inquisitório ou, talvez, em um meio indireto de pressão moral nos confrontos das partes, o que parecia em substância inaceitável do ponto de vista do direito de ação e de defesa. Assim, seja sob o aspecto Constitucional, seja sob o aspecto ontológico do processo, a própria qualidade de parte terminaria por autorizar a legitimidade de todos aqueles comportamentos mais idôneos e profícuos à perseguição de um resultado útil, em nítido contraste com a posição assumida pela testemunha ou pelo consulente técnico, os quais, contrariamente à parte e próprio porque estranhos à lide, estariam por sua vez a serviço do acertamento da verdade. Daí porque a falsa alegação da parte deveria então ser apreciada apenas sob o plano exclusivamente moral, e não sob o plano jurídico.[209]

Porém, também houve vozes na doutrina italiana no sentido de que a verdade é, de fato, *pars justitiae*, isso que é verdadeiramente incorruptível no

[208] GRADI, Marco. Sincerità dei litiganti ed etica della narrazione nel processol. *In: Rivista di Filosofia*. N. 8. 2012, p. 96.

[209] C. Furno, *Contributo allá dottrina delle prove legali*, Padova, 1940, p. 46 ss.; C. Calvosa, Riflexxioni sulla frode allá legge nel processo, in *Riv. Dir. proc.*, 1949, I, p. 95 ss; ª Attardi. *La revocazione*, Padova, 1959, p. 140 ss.; S. Chiarloni,. Processo civile e verità. *In: Quest. Giustizia*, 1987. p. 510 ss. Autores citados na obra de GRADI, M., idem, ibidem.

conteúdo da ideia da justiça previsto no art. 111, inciso I, da Constituição italiana. Isso confere certa razoabilidade no sentido de que o processo seja finalizado, também mediante a contribuição das partes, com o objetivo de uma decisão fundada sobre a verdade dos fatos.

Como foi observado por Guido Calogero, muito embora a lei processual italiana vigente imponha às partes somente a obrigação de lealdade e não também de veracidade, o certo é que em alguns casos a simples mentira da parte pode resolver-se em uma violação da obrigação de lealdade. Além do mais, pode-se retirar do ordenamento jurídico italiano, em abstrato, a obrigação da parte de dizer a verdade sobre os fatos, não obstante o aparente silêncio do legislador. Tal exigência pode em concreto advir não somente do princípio da lealdade, mas também e, sobretudo,da interpretação sistemática do inteiro corpo do código de processo civil italiano, em particular, fazendo referência à disciplina da responsabilidade processual por danos, ou ao instituto da revogação da sentença por dolo da parte. Além do mais, do ponto de vista constitucional, não se pode razoavelmente afirmar que o uso da arma da consciente mentira e reticência possa ser justificada, nem, de certo modo, tornada nobre, por meio do reenvio ao poder de ação ou de defesa, já que é evidente que, por meio de um tal depreciável comportamento, superam-se os limites próprios de tais garantias processuais, ou melhor, passa-se a abusar desse direito constitucional. Na Verdade: *"A inviolabilidade do direito de ação e de defesa como garantia de liberdade não pode em hipótese alguma levar à conclusão indiscutível de ser avaliado 'a posteriori' o modo do seu exercício, pois não pode certamente ser descuidado o fato que os poderes processuais são concedidos próprio para o fim de obter uma adequada e efetiva tutela jurisdicional e não para consentir a proteção egoísta e incondicionada de interesses individuais privados de qualquer valor sob o plano substancial; o art. 24 da Constituição italiana reconhece de fato uma proteção constitucional aos direitos efetivamente existentes e não às pretensões privadas de fundamento ou, o que é pior, exercitadas 'contra a verdade'"*.[210]

6.7. Dever de cooperação – para além das partes

Comentando o antigo art. 266º do C.P.C. português, anota António Santos Abrantes Geraldes que o dever de colaboração no processo vai além das partes e do juiz: *"O 'princípio da cooperação', previsto no art. 166º, deve orientar*

[210] GRADI, M., idem, p. 98 e 99.

os comportamentos processuais dos magistrados, dos mandatários das partes, mas, por maioria de razão, deve servir de comportamento dos 'funcionários de justiça', sem o que de pouco valerá a enunciação daquela norma programática. Se até as 'pessoas que não são parte na causa' estão sujeitas ao dever de cooperação, como resulta do art. 519º, é bom de ver que o exemplo deve ser dado por quem, no tribunal, exerce funções intermediárias entre o juiz e os cidadãos ou os advogados. O art. 161º, n. 1., que prevê a 'dependência funcional' da secretaria relativamente ao magistrado competente, configurar-se-ia como uma norma plenamente dispensável se não fosse o objetivo de evitar absurdos atritos no relacionamento entre os funcionários e os magistrados. Mas de tal preceito resulta claramente que devem as secretarias assegurar o expediente e regular tramitação dos processos pendentes, constituindo, aliás, um pressuposto básico para que, através dos processos judiciais, se possa obter a justa composição do litígio, prevista no art. 266º, n. 1, e alcançar uma decisão célere que satisfaça os interesses das partes e da administração da justiça. Por conseguinte, e para que não haja quaisquer equívocos, a secretaria constitui um instrumento necessário para a boa administração da justiça, sob a 'superior orientação do juiz do processo', aquele que, em última análise, responde pelo bom ou mau funcionamento dos serviços judiciais".[211]

Percebe-se, portanto, que o dever de colaboração é de todos aqueles que de certa forma participam no processo, seja parte, terceiro ou mesmo auxiliar do juízo.

Aliás, o dever de colaboração de terceiros para a solução da causa encontra-se expressamente previsto no art. 438 do novo C.P.C. brasileiro:

> *Art. 438. O juiz requisitará às repartições públicas, em qualquer tempo ou grau de jurisdição:*
>
> *I – as certidões necessárias à prova das alegações das partes;*
>
> *II – os procedimentos administrativos nas causas em que forem interessados a União, os Estados, o Distrito Federal, os Municípios ou entidades da administração indireta.*

Também essa colaboração encontra-se prevista no art. 403 do novo C.P.C. brasileiro, no caso de exibição de documento na posse de terceiro, a saber:

[211] GERALDES, A. S. A., op. cit., p. 81.

Art. 403. Se o terceiro, sem justo motivo, se recusar a efetuar a exibição, o juiz ordenar-lhe-á que proceda ao respectivo depósito em cartório ou em outro lugar designado, no prazo de 5 (cinco) dias, impondo ao requerente que o ressarça pelas despesas que tiver.

Parágrafo único. Se o terceiro descumprir a ordem, o juiz expedirá mandado de apreensão, requisitando, se necessário, força policial, sem prejuízo da responsabilidade por crime de desobediência, pagamento de multa e outras medidas indutivas, coercitivas, mandamentais ou sub-rogatórias necessárias para assegurar a efetivação da decisão.

Também o juiz tem o dever de colaborar na relação jurídica processual. Conquanto o julgador não esteja obrigado a rebater, com minúcias, cada um dos argumentos deduzidos pelas partes, o Código de Processo Civil de 2015, exaltando os princípios da cooperação e do contraditório, lhe impõe o dever de enfrentar todas as questões capazes de, por si sós e em tese, infirmar as conclusões alcançadas acerca dos pedidos formulados pelas partes, sob pena de se reputar não fundamentada a decisão proferida (art. 489, § 1º, IV).

(REsp 1819062/RJ, Rel. Ministra NANCY ANDRIGHI, TERCEIRA TURMA, julgado em 11/02/2020, DJe 13/02/2020).

Igualmente o Ministério Público, ao participar da relação jurídica processual, deve observar o princípio da colaboração. O princípio da cooperação e também o da "não surpresa" previstos no art. 10 do NCPC – que são desdobramentos do devido processo legal –, permitem e possibilitam que os sujeitos processuais possam influir concretamente na formação do provimento jurisdicional, garantindo um processo mais justo e isonômico, motivo pelo qual não se pode admitir que a sentença se valha de fatos trazidos pelo Ministério Público não conhecidos por elas e não submetidos ao contraditório, impondo-lhes notório prejuízo.

(REsp 1824337/CE, Rel. Ministro MOURA RIBEIRO, TERCEIRA TURMA, julgado em 10/12/2019, DJe 13/12/2019).

6.8. Dever de cooperação entre as próprias partes

No Projeto de Lei originário do novo C.P.C. brasileiro, n. 166/2010, havia expressa previsão de que a cooperação não se dava apenas entre a parte e o juiz, mas *também entre as próprias partes.*

Essa determinação de cooperação recíproca entre as partes foi retirada do Relatório-Geral apresentado pelo Senador Valer Pereira quando do seu encaminhamento à Câmara dos Deputados.

Porém, não havia motivo plausível para não se exigir também entre as partes a colaboração de somente promover a verdade dos fatos e agir reciprocamente de boa-fé.

Além do mais, no novo C.P.C. brasileiro há disposições expressas em que o dever de colaboração entre as partes encontra-se bem evidenciado. Essa exigência de colaboração encontra-se consignada no art. 396 do novo C.P.C.: *O juiz pode ordenar que a parte exiba documento ou coisa que se encontre em seu poder.*

O juiz somente poderá determinar essa exibição de coisa e documento, tendo em vista que é dever de uma das partes em relação à outra parte colaborar na busca da verdade.

O não cumprimento desses deveres de cooperação recíproca entre as partes é sancionado civilmente por meio do instituto de litigância de má-fé ou do ato atentatório à dignidade da justiça.

No que concerne à natureza da conduta para ser considerada inserida na litigância de má-fé, anota António Santos Abrantes Geraldes sobre o direito português: *"Está aberta na jurisprudência a situações que anteriormente passavam despercebidas na recente reforma processual e concretizou-se através de uma maior 'responsabilização das partes' e, consequentemente, do estabelecimento de um 'maior rigor' na aferição dos comportamentos processuais, conforme reflete a actual redacção do art. 456º, n. 2º. De facto, não só 'conductas dolosas', mas ainda as 'gravemente negligentes', passaram a ser civilmente sancionáveis, tipificando-se os comportamentos passíveis de obter um juízo de reprovabilidade: – dedução de pretensão ou oposição cuja falta de fundamento se não devia ignorar; – alteração da verdade dos factos ou omissão de factos relevantes para a decisão, de modo doloso ou gravemente negligente; – omissão grave do dever de cooperação, previsto no art. 266º e que impõe a colaboração de todos os intervenientes processuais com vista a alcançar, com brevidade e eficácia, a justa composição do litígio; – uso reprovável dos instrumentos processuais, sendo de realçar o disposto na última parte da al. d), que permite o sancionamento daqueles que se pautem por actuações tendentes a protelar, sem fundamento sério, o trânsito em julgado da decisão".*

Porém, ao contrário da doutrina e da jurisprudência portuguesa, o Superior Tribunal de Justiça brasileiro – STJ – apenas reconhece a existência de litigância de má-fé ou de ato atentatório à dignidade da justiça se houver *dolo* por parte daquele que assim agir. Nesse sentido são os seguintes precedentes:

Processual civil. Recurso ordinário em mandado de segurança. Discussão de matéria já apreciada em outro mandamus. Falha que é censurável, mas que, por si só, não revela atuação dolosa apta a ensejar a aplicação das sanções previstas no art. 18 do cpc. Afastamento. Extinção do processo mantida. Recurso provido.

(RMS 23.622/SP, Rel. Ministra DENISE ARRUDA, PRIMEIRA TURMA, julgado em 03/05/2007, DJ 31/05/2007, p. 322)

I – Se a atuação da instituição financeira, conquanto censurável, não extrapolou os limites da culpa, fica desautorizada a aplicação da penalidade do artigo 1.531 do Código Civil de 1916, a qual exige que a cobrança excessiva tenha caráter doloso.

Na hipótese, o banco ajuizou ação monitória e posteriormente, ao proceder à atualização do débito, percebeu que estava cobrando valor quase 6 (seis) vezes superior ao devido, e, imediatamente, corrigiu o equívoco.

II – Por terem fundamentos diferentes, o reconhecimento da litigância de má-fé não importa aplicação automática da penalidade do artigo 1.531 do estatuto revogado.

III – No caso de procedência dos embargos monitórios, os honorários advocatícios devem ser calculados sobre o proveito econômico obtido, ou seja, a diferença entre o valor cobrado e aquele que se verificou ser efetivamente devido. O reconhecimento do excesso pelo credor, no ponto, equivale ao reconhecimento da procedência do pedido, nos termos do artigo 269, inciso II, do Código de Processo Civil.

Recurso especial parcialmente provido.

(REsp 730.861/DF, Rel. Ministro CASTRO FILHO, TERCEIRA TURMA, julgado em 10/10/2006, DJ 13/11/2006, p. 252).

6.9. Negócio jurídico processual e calendarização dos atos processuais – cooperação das partes na definição do procedimento processual (art. 190 e 191 do novo C.P.C.)

Os arts. 190 e 191 do novo C.P.C. brasileiro apresentam uma singular forma de cooperação entre as partes em prol de uma construção específica e adequada do procedimento a ser desenvolvido na relação jurídica processual.

Segundo estabelece o art. 190 do novo C.P.C., versando o processo sobre direitos que admitam autocomposição, é lícito às partes plenamente capazes estipular mudanças no procedimento para ajustá-lo às especificidades da causa e convencionar sobre os seus ônus, poderes, faculdades e deveres processuais, antes ou durante o processo.

A possibilidade de negócio jurídico processual não é novo em nosso ordenamento jurídico, pois havia previsão de negócios jurídicos bilaterais no C.P.C. de 1973, como, por exemplo, a possibilidade, antes da demanda, de se eleger o foro (art. 111 do C.P.C. de 1973); redução ou prorrogação do prazo dilatório (art. 181 do C.P.C. de 1973); nomeação de depositário em cautelar de sequestro (art. 824, inc.I, do C.P.C. de 1973); suspensão do processo (art. 265, inc. II, do C.P.C. de 1973) etc. Aliás, as partes poderiam inclusive convencionar a própria afastabilidade da jurisdição, mediante a convenção de arbitragem (art. 267, inc. VII, do C.P.C. de 1973).

Atualmente, o art. 190 do novo C.P.C. dá uma amplitude maior e mais genérica para o negócio jurídico processual, desde que o processo verse sobre direitos que admitam a autocomposição.

Sendo objeto da demanda direito substancial que permite a autocomposição, as partes poderão estipular mudanças no procedimento, adequando-o de acordo com as especificidades da causa.

Sem dúvida, essa forma de diálogo entre as partes corresponde a uma ramificação importante do dever de colaboração para uma célere e eficaz prestação jurisdicional.

As partes poderão convencionar, dentro desse negócio jurídico processual, alterações nos ônus, poderes, faculdades e deveres processuais, antes ou durante o processo.

Tal possibilidade de colaboração e coordenação dos atos procedimentais poderá ensejar muitas indagações, especialmente em relação aos limites jurídicos de ampliação ou limitação dos ônus, poderes, faculdades e deveres processuais.

Poder-se-ia indagar se é possível às partes:

a) estabelecer que não será concedido tutela provisória ou que não haverá possibilidade de interposição do recurso de agravo contra a concessão ou não da tutela provisória;
b) estabelecer que não haverá audiência de conciliação ou mediação ou que o autor nem o réu poderão abrir mão da audiência de conciliação ou mediação;
c) estabelecer que não será permitida a realização de prova testemunhal ou pericial, ou que somente poderá ser indicada uma testemunha para comprovação de cada fato;
d) estabelecer que não haverá interposição de recurso de apelação contra a sentença proferida ou que os prazos para interposição de recurso serão reduzidos ou aumentados;

e) estabelecer que na hipótese de recurso, não haverá a incidência de eventuais honorários de sucumbência recursal;
f) estabelecer que não serão aplicados os efeitos de eventual revelia;
g) estabelecer que não haverá o ônus da impugnação específica dos fatos;
h) estabelecer que o ônus da prova será da parte que produziu o documento quando for arguida a falsidade documental ou preenchimento abusivo;
i) estabelecer que não deverão expor os fatos de acordo com a veracidade;
j) estabelecer que não deverão arguir o impedimento ou suspeição do juiz ou dos auxiliares do juízo;
k) estabelecer que não haverá a decretação do sigilo processual em qualquer hipótese;
l) estabelecer que as partes não deverão ser intimadas pelo juiz do ato de expedição de carta precatória ou rogatória;
m) estabelecer que o ofício de intimação não deverá ser instruído com cópia do despacho, da decisão ou da sentença;
n) estabelecer que o juiz não deverá conceder à parte oportunidade para, se possível, corrigir determinado vício, antes de proferir decisão sem resolução de mérito;
o) estabelecer que o valor incontroverso não deverá continuar a ser pago no tempo e modo contratados, nas ações que tenham por objeto a revisão de obrigação decorrente de empréstimo, de financiamento ou de alienação de bens;
p) estabelecer que o autor não poderá apelar da decisão que indeferir a petição inicial;
q) estabelecer que o réu não poderá ingressar com reconvenção, mas somente com processo autônomo;
r) estabelecer que as parte poderão, não somente com a petição inicial, mas a qualquer momento do processo apresentar documentos destinados a provar suas alegações, independentemente se são novos ou não;
s) estabelecer que não caberá ao advogado da parte informar ou intimar a testemunha por ele arrolada do dia, da hora e do local da audiência designada;

t) estabelecer que o juiz poderá promover a execução de sentença de ofício;
u) estabelecer que no cumprimento definitivo ou provisório de sentença não haverá a incidência de multa de dez por cento e nem honorários de advogado na hipótese de não ocorrer o pagamento voluntário ou que o exequente não poderá proceder ao levantamento de determinado valor incontroverso;
v) estabelecer que eventual decisão judicial não poderá ser levada a protesto;
w) estabelecer que demandas não poderão ser cumuladas;
x) estabelecer que eventual penhora não poderá recair sobre determinado bem do devedor, ainda que esse bem não seja impenhorável ou bem de família;
y) etc.

Evidentemente, cada negócio jurídico processual deverá ser analisado de forma específica e no caso concreto, para se verificar se a convenção sobre os ônus, poderes, faculdades e deveres processuais é legítima ou não.

Porém, não obstante a perspectiva pragmática dessa análise, é possível estabelecer previamente alguns critérios jurídicos estruturais que irão sinalizar os limites normativos para a realização do negócio jurídico processual, a saber:

a) O negócio jurídico processual somente poderá ser realizado quando a demanda tiver por objeto *direitos que admitam autocomposição*

Assim, se o processo disser respeito a direito material ou processual que não se permita possibilidade de as partes se autocomporem, ou seja, dispor do todo ou de parcela desse direito, não será possível às partes promoverem o negócio jurídico processual.

É importante salientar que não se deve confundir direito *indisponível* com direito que não permite *autocomposição*. Note-se que o art. 334, §4º, inc. II, do novo C.P.C., não fala em direito *indisponível* para efeito de não realização da audiência de conciliação ou mediação, mas, sim, em direito que não se admite a autocomposição.

É possível que se tenha no âmbito da relação jurídica material um bem jurídico de caráter indisponível, como é o caso da vida, liberdade, dignidade, patrimônio público etc., mas que os efeitos patrimoniais decorrentes da utilização desses bens possam ser objeto de autocomposição. Pense-se na hipótese em que uma pessoa sofre agressão à sua liberdade ou dignidade. O bem da vida é de caráter indisponível. Porém, é possível às partes estabelecer um negócio jurídico processual em relação ao procedimento que tenha por objeto eventual pagamento de indenização, uma vez que a fixação do valor do pagamento indenizatório poderá ser objeto de autocomposição. Porém, o negócio jurídico processual somente será legítimo se a mudança do procedimento disser respeito somente ao conteúdo monetário da indenização, sem que se estenda essa mudança à própria disponibilidade do bem, liberdade ou dignidade. No exemplo citado, tanto autor quanto o réu terão disponibilidade sobre o pagamento da importância da indenização, podendo o autor, inclusive, renunciar ao direito sobre o que se funda a ação, no caso, o valor da indenização.

Em sentido contrário, será ilegítimo o negócio jurídico processual quando ponha em risco o próprio bem da vida indisponível. Pense-se na hipótese em que a União faça um negócio jurídico processual com proprietários rurais, no sentido de que em eventual ação de desapropriação não será permitida a realização de perícia para se apurar o justo valor da desapropriação. Em que pese nesse caso o proprietário rural possa abrir mão do justo valor da indenização, inclusive recebendo menos do que vale sua propriedade, a União, por sua vez, não tem disponibilidade do 'dinheiro público', razão pela qual jamais poderia pagar valor superior ao equivalente ao valor justo previsto na Constituição, pois se assim o fizesse, estaria dispondo indevidamente do patrimônio público. Assim, esse negócio jurídico processual não teria legitimidade, pois poderia por em risco o próprio bem jurídico indisponível, ou seja, o patrimônio público;

b) A possibilidade do negócio jurídico processual exige que as parte sejam *plenamente capazes*

Segundo estabelece o art. 3º do Código Civil brasileiro, com a redação dada pela Lei n. 13.146 de 2015, *são absolutamente incapazes de exercer pessoalmente os atos da vida civil os menores de 16 (dezesseis) anos.*

Portanto, sendo parte no processo menor de 16 (dezesseis) anos, não será permitido o negócio jurídico processual.

A partir da Lei n. 13.146 de 2015, as pessoas com deficiências[212] não são mais consideradas incapazes, razão pela qual poderão realizar o negócio jurídico processual.

O art. 84 da Lei 13.146 de 2015 preconiza que a pessoa com deficiência tem assegurado o direito ao exercício de sua capacidade legal em igualdade de condições com as demais pessoas.

Aliás, segundo estabelece o art. 79 da Lei 13.146 de 2015, o poder público deve assegurar o acesso da pessoa com deficiência à justiça, em igualdade de oportunidades com as demais pessoas.

Além do mais, é facultado à pessoa com deficiência a adoção de processo de tomada da decisão apoiada, quando dela necessitar (§1º do art. 84 do novo C.P.C.).

Tenho para mim que mesmo quando a pessoa com deficiência for submetida à curatela, mesmo assim será possível o negócio jurídico processual, mediante tomada de decisão apoiada, salvo se a curatela for em decorrência de fato em razão do qual o curatelado não possa exprimir sua vontade.

Tendo em vista que o art. 190 do novo C.P.C. exige que as partes sejam *plenamente capazes* para a realização do negócio jurídico processual, não será possível a realização de aludido acordo processual se houver no processo *relativamente incapazes* indicados no art. 4º do Código Civil brasileiro, a saber: a) maiores de dezesseis e menores de dezoito anos; b) ébrios habituais e os viciados em tóxico; c) aqueles que, por causa transitória ou permanente, não puderem exprimir sua vontade; d) pródigos.

c) A possibilidade do negócio jurídico processual somente se dá no *procedimento* e não no *processo jurisdicional*

Essa sutileza da disposição normativa prevista no art. 190 do novo C.P.C. é a fronteira delimitadora entre o que é permitido e o que é proibido na constituição do negócio jurídico processual.

Não se deve e não se pode confundir o *processo* com o *procedimento.*

Concebido o Direito como uma ordem concreta, instituída para a realização de valores coletivos, a sua efetivação se dá através da concretização do ordenamento jurídico.

[212] Estabelece o art. 2o da Lei n. 13.146/2015: *Considera-se pessoa com deficiência aquela que tem impedimento de longo prazo de natureza física, mental, intelectual ou sensorial, o qual, em interação com uma ou mais barreiras, pode obstruir sua participação plena e efetiva na sociedade em igualdade de condições com as demais pessoas.*

E quando se fala em concretização do ordenamento jurídico, fala-se no "exercício do poder".

A concepção moderna de processo jurisdicional e seus aspectos fundamentais não se dá por meio de uma análise estritamente formal e tecnicista, desvinculada de sua missão maior quc é, por meio do exercício do poder, a concretização do ordenamento jurídico de forma justa e efetiva.

Uma nova concepção de processo está em vigor, agora como forma de adequação e realização dos direitos e garantias fundamentais do homem e do cidadão, inseridos num Estado Democrático de Direito, e fruto do constitucionalismo moderno.

Com base nessa nova concepção, o processo democrático moderno é concebido como instrumento do poder desenvolvido por meio de uma relação jurídica consubstanciada num procedimento em contraditório.

O processo jurisdicional moderno, como instrumento de poder de um Estado Democrático de Direito, tem por essência o *contraditório,* elemento substancial do *devido processo legal.*

Porém, o processo como fenômeno abstrato, depende de um instrumental que lhe dê concretude e legitimidade.

Daí por que o processo se legitima pelo procedimento legal.

O art. 190 do novo C.P.C. somente permite que as partes negociem sobre os ônus, poderes, faculdades e deveres processuais que digam respeito ao *procedimento legal* e não ao *processo jurisdicional.*

Portanto, não está no âmbito de disponibilidade das partes acordar sobre *a essência* do processo, ou seja, atos que possam por em risco os elementos constitutivos do *devido processo legal,* no caso, o *contraditório,* a *ampla defesa,* a *independência do* Poder Judiciário, a *imparcialidade do juiz* dentre outros elementos estruturantes do *due processo of Law.*

O legislador, como não poderia deixar de ser, permite que as partes negociem ou estipulem mudança em relação ao *rito* ou *procedimento* a ser desenvolvido no âmbito do processo jurisdicional, ajustando-o às especificidades da causa, convencionando sobre os ônus, poderes, faculdades e deveres processuais, antes ou durante o processo.

Por isso, se a mudança do procedimento não por em risco qualquer dos elementos estruturantes do devido processo legal, não haverá impedimento para que as partes assim procedam.

Dentre essas possibilidades encontra-se a de se convencionar a impossibilidade de concessão de tutela provisória ou de interposição de recurso contra a decisão que apreciar o pedido de tutela provisória; de estabelecer que não haverá audiência de conciliação ou mediação; de estabelecer que não será permitida a realização de prova testemunhal ou pericial (salvo se o fato a ser provado ocorrer após a convenção em decorrência de circunstâncias não previstas pelas partes no momento do ajuste do procedimento, pois se tal impedimento persistir haverá mácula ao princípio do acesso à justiça e à ampla defesa); estabelecer que não haverá recurso de apelação contra a sentença proferida pelo juízo de primeiro grau (salvo em relação a determinadas situações procedimentais, como, por exemplo, recurso de apelação contra decisão proferida por juiz suspeito ou impedido, uma vez que tal circunstância põe em risco o princípio da imparcialidade do juiz). Daí por que as partes não poderão convencionar a escolha do magistrado (pessoa física) que irá analisar sua pretensão, pois isso rompe com o princípio da imparcialidade, independência e do juiz natural que são princípios estruturantes do devido processo legal.

Portanto, a legitimidade do negócio jurídico processual dependerá da análise específica de cada caso em concreto, mediante conjunção entre os elementos estruturantes do devido processo legal e a liberdade de mudança procedimental.

É importante salientar que, nos termos do p.u. do art. 190 do novo C.P.C., compete ao juiz, de ofício ou a requerimento, controlar a validade do negócio jurídico processual, recusando aplicação na hipótese de nulidade (mácula aos elementos estruturantes do devido processo legal) ou de inserção abusiva em contrato de adesão ou em que uma parte se encontre em manifesta situação de vulnerabilidade.

Dentro dessa possibilidade de negociação há ainda a previsão de calendarização da prática dos atos processuais, nos termos do art. 191 do novo C.P.C., que assim dispõe:

> *Art. 191. De comum acordo, o juiz e as partes podem fixar calendário para a prática dos atos processuais, quando for o caso.*
>
> *§ 1º O calendário vincula as partes e o juiz, e os prazos nele previstos somente serão modificados em casos excepcionais, devidamente justificados.*
>
> *§ 2º Dispensa-se a intimação das partes para a prática de ato processual ou a realização de audiência cujas datas tiverem sido designadas no calendário.*

7.

Os fins sociais, a dignidade da pessoa humana, a legalidade, a impessoalidade, a publicidade e a eficiência como critérios finalísticos de aplicação do ordenamento jurídico

Estabelece o art. 8º do novo C.P.C. brasileiro que ao aplicar o ordenamento jurídico, o juiz atenderá aos fins sociais e às exigências do bem comum, resguardando e promovendo a dignidade da pessoa humana e observando a proporcionalidade, a razoabilidade, a legalidade, a publicidade e a eficiência.

O artigo 8º do novo C.P.C. brasileiro, na sua primeira parte, nada mais fez do que reproduzir parcialmente o critério de hermenêutica previsto no artigo 5º da Lei de Introdução às Normas de Direito Brasileiro (Decreto-lei n.4.657/42, denominação dada pela Lei 12.376 de 2012), que assim dispõe: *"Na aplicação da lei, o juiz atenderá aos fins sociais a que ela se dirige e às exigências do bem comum"*.

O art. 8º do novo C.P.C. aproxima-se, de certa maneira, da concepção ideológica existente no *common law*, pois, *"mesmo no fim do século XVIII, auge da 'common Law, a função das cortes não era propriamente a solução de controvérsias, mas a conferência de significação aos valores públicos por meio da criação e implantação das normas públicas, tais como as que constituem o direito penal, as referentes à propriedade, aos contratos e à responsabilidade por perdas e danos decorrentes de atos ilícitos"*.[213]

[213] FISS, O., op. cit., p. 75.

Os fins traçados pelo art. 8º do novo C.P.C. reformula a estrutura do processo judicial brasileiro, adaptando a forma tradicional do processo à realidade social em transformação.

7.1. Texto e norma

A aplicação e concretização do ordenamento jurídico, segundo uma perspectiva clássica, consistia apenas em subsumir um fato da vida na respectiva norma jurídica, de modo que se produzisse uma consequência jurídica determinada. Então procedia-se de tal forma a realizar a subsunção exata, a fim de encontrar a *norma jurídica* adequada e fixar seu sentido.[214]

O primeiro passo seria indicar o texto da lei.

Porém, em muitos casos as normas provenientes da interpretação do texto, abstratamente concebidas, não são unívocas, senão que demandam, como todas as formas de hermenêutica, que se averigue o seu sentido. A averiguação do sentido é denominada de *interpretação*.[215]

Assim, o objetivo da interpretação seria justamente estabelecer o sentido próprio de uma proposição jurídica.

Porém, assim como bem afirmou Humberto Ávila, não se pode esquecer que *normas* não são textos nem o conjunto deles, mas, sim, os *sentidos* construídos a partir da interpretação sistemática de textos normativos. Daí se afirmar que os dispositivos se constituem no objeto da interpretação; e as normas, no seu resultado.[216]

Segundo Humberto Ávila: "*Essas considerações que apontam para a desvinculação entre o texto e seus sentidos também conduzem à conclusão de que a função da Ciência do Direito não pode ser considerada como mera descrição do significado, quer na perspectiva da comunicação de uma informação ou conhecimento, a respeito de um texto, quer naquela da intenção do seu autor. De um lado, a compreensão do significado como o conteúdo conceptual de um texto pressupõe a existência de um significado intrínseco que independa do uso ou da interpretação. Isso, porém, não ocorre, pois o significado não é algo incorporado ao conteúdo das palavras, mas algo que depende precisamente de seu uso e interpretação, como comprovam as modificações*

[214] ENNECCERUS, Ludwig; KIPP, Theodor; WOLF, Martin. *Tratado de derecho civil*. Trad. Blas Pérez Gonzáles e José Alguer. Primeiro Tomo. Parte Geral. Barcelona: 1953. p. 191 e 192.

[215] ENNECCERUS, L.; KIPP, T.; WOLF, M., idem, p. 192.

[216] ÁVILA, Humberto. *Teoria dos princípios* – da definição à aplicação dos princípios jurídicos. 5ª ed. São Paulo: Malheiros, 2006. p.30.

de sentidos dos termos no tempo e no espaço e as controvérsias doutrinárias a respeito de qual o sentido mais adequado que se deve atribuir a um texto legal. Por outro lado, a concepção que aproxima o significado da intenção do legislador pressupõe a existência de um autor determinado e de uma vontade unívoca fundadora do texto. Isso, no entanto, também não sucede, pois o processo legislativo qualifica-se justamente como um processo complexo que não se submete a um autor individual, nem a uma vontade específica".[217]

Por isso, a interpretação não se caracteriza como um ato de descrição de um significado previamente dado, mas como um ato de decisão que constitui a sua significação e os sentidos do texto. Daí por que a atividade do intérprete não consiste simplesmente em descrever o significado previamente existente dos dispositivos, pois sua atividade consiste em constituir esses significados. Diante disso, também não é plausível aceitar a ideia de que a aplicação do Direito envolve uma atividade de mera subsunção entre conceitos prontos antes mesmo do processo de aplicação.[218]

Todavia, o fato de que os sentidos são construídos pelo intérprete no processo de interpretação não deve levar à conclusão de que não há qualquer significado antes do término do processo interpretativo. Estabelecer que o significado depende do uso não significa o mesmo que sustentar que ele só surja com o uso específico e individual. Wittgenstein refere-se aos *jogos de linguagem*, tendo em vista que há sentidos que preexistem ao processo particular de interpretação, na medida em que resultam de estereótipos de conteúdos já existentes na comunicação linguística geral.[219]

Heidegger diz que há estruturas de compreensão existentes de antemão, *a priori*, que permitem a compreensão mínima de cada sentença sob certo ponto de vista já incorporado ao uso comum da linguagem.[220]

Transportando essa concepção dos jogos de linguagem para o conteúdo normativo do art. 8º do novo C.P.C., pode-se dizer que 'os fins sociais', 'a dignidade da pessoa humana', a legalidade, 'a impessoalidade', a publicidade' e a 'eficiência seriam mais que um critério finalístico de aplicação do ordenamento jurídico, uma vez que essas circunstâncias podem ser consideradas como estruturas de compreensão normativa existente *a priori*

[217] ÁVILA, H., idem, p. 31.
[218] ÁVILA, H., idem, p. 32.
[219] ÁVILA, H., idem, p. 32.
[220] ÁVILA, H., idem, p. 33.

para que o juiz possa interpretar a norma processual de acordo com um processo equo e justo. Esses critérios são o ponto de partida e o ponto de chegada da aplicação do ordenamento jurídico processual.

7.2. Fim social e bem comum

O art. 8º do novo C.P.C. brasileiro tem por finalidade justamente estabelecer alguns significados prévios que devem nortear o processo de interpretação do texto legal quando da aplicação da lei. Este dispositivo é claro ao estabelecer que na aplicação do ordenamento jurídico o juiz deverá encontrar o seu sentido que melhor promova o *seu fim social* e que melhor atenda ao *bem comum*.

Muito embora o legislador, com esses critérios, estabeleça os fins ou o resultado a que se deve chegar na aplicação da ordem jurídica, isso não deixa de ser um critério de significados previamente já definidos como limite imposto ao intérprete do texto normativo.

Quando se fala do significado das palavras, pode-se fazer referência tanto à sua *denotação* (ou extensão) – a classe de coisas ou fatos nomeados pela palavra, como à sua *designação* (ou conotação ou intenção) – o conjunto de propriedades que devem reunir as coisas ou fatos para formar parte da classe denotada do termo.[221]

No caso, o 'bem comum' e os 'fins sociais' são expressões de amplo conteúdo conotativo ou de designação.

Para Maria Helena Diniz, *"é mister salientar que, em filosofia social, o conceito de 'fim social' equipara-se ao de 'bem comum'*.[222]

Porém, não parece que no âmbito conotativo da expressão 'fins sociais' da lei tenha vinculação à expressão 'bem comum'.

Nem sempre os 'fins sociais' têm por objetivo garantir o 'bem comum'.

Na falta de definição legal do termo 'fins sociais', *"o intérprete-aplicador em cada caso sub judice deverá averiguar se a norma a aplicar atende à finalidade social, que é variável no tempo e no espaço, aplicando o critério teleológico na interpretação da lei, sem desprezar os demais processos hermenêuticos"*.[223]

[221] NINO, Carlos Santiago. *Introdución al análisis del derecho*, 10ª Ed. Barcelona: Editorial Ariel, 2001. p.251.252.

[222] DINIZ, Maria Helena. *Lei de introdução ao código civil brasileiro interpretada*. 14ª Ed. São Paulo: Ed. Saraiva, 2009. p.170.

[223] DINIZ, M. H., idem, ibidem, p. 171.

A noção de bem comum, segundo Maria Helena Diniz, ao comentar o artigo 5º da Lei de Introdução às Normas de Direito Brasileiro "*é bastante complexa, metafísica e de difícil compreensão, cujo conceito dependerá da filosofia política e jurídica adotada. Esta noção se compõe de múltiplos elementos ou fatores, o que dará origem a várias definições. Assim se reconhecem, geralmente, como elementos do bem comum a liberdade, a paz, a justiça, a segurança, a utilidade social, a solidariedade ou cooperação. O bem comum não resulta da justaposição mecânica desses elementos, mas de sua harmonização em face da realidade sociológica. O juiz, ao aplicar a lei, entregar-se-á a uma delicada operação de harmonização desses elementos, em face das circunstâncias reais do caso concreto*".[224]

> *O S.T.J. tem reconhecido a necessidade de se observar o 'bem comum' no âmbito do acesso à justiça. Há que se compatibilizar o postulado constitucional de universalização do acesso ao Judiciário, previsto no art. 5º, LXXIV – precipuamente quando o patrocínio do hipossuficiente é feito pela Defensoria Pública (art. 134 da CF) – com as hipóteses em que a própria deficiência estrutural dessa instituição obriga o Estado a socorrer-se de defensores dativos, situação em que ainda há prevalência do interesse público, isto é, do bem comum que se sobrepõe ao individual.*
>
> (REsp 1665033/SC, Rel. Ministro ROGERIO SCHIETTI CRUZ, TERCEIRA SEÇÃO, julgado em 23/10/2019, DJe 04/11/2019).

> *Igualmente no âmbito da abusividade de cláusula em relações contratuais, observa-se a possibilidade de mácula aos 'fins sociais' da norma jurídica. Abusividade da cláusula das condições particulares do seguro habitacional que restringe direitos ou obrigações fundamentais inerentes à natureza do contrato. Incompatibilidade com os fins sociais do seguro obrigatório habitacional da exclusão dos principais vícios que acometam o bem objeto de garantia do financiamento.*
>
> (AgInt no REsp 1773491/SP, Rel. Ministro PAULO DE TARSO SANSEVERINO, TERCEIRA TURMA, julgado em 23/03/2020, DJe 25/03/2020).

> *O 'fim social' também foi reconhecido em relação ao FIES. Muito mais que constituir simples remuneração por serviços prestados, os créditos recebidos do FIES retribuem a oportunidade dada aos estudantes de menor renda de obter a formação de nível superior, de aumentar suas chances de inserção no mercado de trabalho formal e, por conseguinte,*

[224] DINIZ. M. H., idem, ibidem, p. 172 e 173.

de melhorar a qualidade de vida da família. Então, permitir a penhora desses recursos públicos transferidos às instituições particulares de ensino poderia frustrar a própria adesão ao programa e, em consequência, o atingimento dos objetivos por ele traçados. Como se vê, são recursos vinculados a um 'fim social', e, portanto, impenhoráveis.

(REsp 1840737/DF, Rel. Ministra NANCY ANDRIGHI, TERCEIRA TURMA, julgado em 12/11/2019, DJe 21/11/2019).

7.3. Outros princípios e máximas como diretrizes de aplicação do ordenamento jurídico

O artigo 8º do novo C.P.C. vai além do que estabelece o art. 5º da Lei de Introdução às Normas de Direito Brasileiro.

Determina o art. 8º do novo C.P.C. brasileiro que o juiz, na aplicação do ordenamento jurídico, deverá observar valores como o da dignidade da pessoa humana, da impessoalidade, da moralidade, bem como os princípios da legalidade e da eficiência, além de observar a *máxima* da razoabilidade.

Assim, para que o juiz, no momento da aplicação da norma, possa focar sua interpretação nos fins sociais da lei e no bem comum, deve realizar uma racionalidade prática que tenha por valores, princípios e máximas.

Aliás, esses critérios de interpretação da norma legal não é novidade, pois são diretrizes constantes na própria Constituição Federal brasileira.

No Capítulo VII da Constituição Federal, ao tratar da Administração Pública, prescreve o artigo 37 da C.F.: *"A administração pública direta e indireta de qualquer dos Poderes da União, dos Estados, do Distrito Federal e dos Municípios obedecerá aos princípios da legalidade, impessoalidade, moralidade, publicidade e eficiência..."*.

O Código de Ética da Magistratura Judicial, elaborado pelo Conselho Nacional de Justiça, pode ser um grande complemento para essa questão da aplicação e interpretação da lei processual, pois estabelece em seu Artigo 1º: *"O exercício da magistratura exige conduta compatível com os preceitos deste Código e do Estatuto da Magistratura, norteando-se pelos princípios da independência, da imparcialidade, do conhecimento e capacitação, da cortesia, da transparência, da diligência, da integridade profissional e pessoal, da dignidade, da honra e do decoro"*.

Por sua vez, o valor, dignidade da pessoa humana, como critério norteador da aplicação da norma com base em seu fim social e no bem comum é a concretização dos fundamentos da República Federativa do Brasil previstos no artigo 1º, inciso III, da C.F.: *"Art. 1º. A República Federativa do Brasil, formada pela união indissolúvel dos Estados e Municípios e do Distrito Federal, constitui-se em Estado Democrático de Direito e tem por fundamentos: III – a dignidade da pessoa humana".*

Também com os olhos voltados para a Constituição Federal brasileira, pode-se estabelecer alguns critérios para se buscar o real significado do fim social ou do bem comum como critério de interpretação da lei. Esses critérios norteadores estão previstos no artigo 3º, inciso I, II, III e IV da C.F.:

> *"Art. 3º. Constituem objetivos fundamentais da República Federativa do Brasil:*
> *I – construir uma sociedade livre, justa e solidária; II – garantir o desenvolvimento nacional; III – erradicar a pobreza e a marginalização e reduzir as desigualdades sociais e regionais; IV – promover o bem de todos, sem preconceitos de origem, raça, sexo, cor, idade e quaisquer outras formas de discriminação".*

7.4. Critérios hermenêuticos adotados pela atual jurisprudência brasileira

Existem muitas decisões proferidas pelos nossos Tribunais que já adotam os critérios de interpretação e aplicação da ordem jurídica previstos no art. 8º do novo C.P.C., a saber:

a) Em relação aos fins sociais da ordem jurídica:

> *1. A lei deve ser aplicada tendo em vista os fins sociais a que ela se destina. Sob esse enfoque a impenhorabilidade do bem de família, prevista na Lei 8.009/80, visa a preservar o devedor do constrangimento do despejo que o relegue ao desabrigo.*
> *2. Aplicação principiológica do direito infraconstitucional à luz dos valores eleitos como superiores pela constituição federal que autoriza a impenhorabilidade de bem pertencente ao devedor, mas que encontra-se locado a terceiro.*
> *(...).*
> (AgRg no Ag 902.919/PE, Rel. Ministro LUIZ FUX, PRIMEIRA TURMA, julgado em 03/06/2008, DJe 19/06/2008).

> *(...).*
> *5. Consoante o art. 5º, XXIX, da CF, os direitos de propriedade industrial devem ter como norte, além do desenvolvimento tecnológico e econômico do país, o interesse social. Outrossim, na aplicação da lei, o juiz deverá atender aos fins sociais a que ela se dirige e às exigências do bem comum (art. 5º da LICC).*

6. Recurso especial a que se nega provimento".

(REsp 1145637/RJ, Rel. Ministro VASCO DELLA GIUSTINA (DESEMBARGADOR CONVOCADO DO TJ/RS), TERCEIRA TURMA, julgado em 15/12/2009, DJe 08/02/2010).

I. O direito de propriedade assegurado no art. 524 do Código Civil anterior não é absoluto, ocorrendo a sua perda em face do abandono de terrenos de loteamento que não chegou a ser concretamente implantado, e que foi paulatinamente favelizado ao longo do tempo, com a desfiguração das frações e arruamento originariamente previstos, consolidada, no local, uma nova realidade social e urbanística, consubstanciando a hipótese prevista nos arts. 589 c/c 77 e 78, da mesma lei substantiva.

II. "A pretensão de simples reexame de prova não enseja recurso especial" – Súmula n. 7-STJ.

III. Recurso especial não conhecido.

(REsp 75659/SP, Rel. Ministro ALDIR PASSARINHO JUNIOR, QUARTA TURMA, julgado em 21/06/2005, DJ 29/08/2005, p. 344)

b) Em relação à dignidade da pessoa humana:

(...).

4. A interpretação da lei ordinária deve pautar-se, dentre outros princípios, no princípio da dignidade da pessoa humana, encartado no art. 1º, inciso III da Constituição Federal, por isso que "o princípio da dignidade da pessoa humana identifica um espaço de integridade moral a ser assegurado a todas as pessoas por sua só existência no mundo. (...) A dignidade relaciona-se tanto com a liberdade e valores do espírito como com as condições materiais de subsistência." (Luís Roberto Barroso, "A nova interpretação constitucional", fls. 372).

(...).

(REsp 930.596/ES, Rel. Ministro LUIZ FUX, PRIMEIRA TURMA, julgado em 17/12/2009, DJe 10/02/2010).

1. A impenhorabilidade do bem de família, prevista na Lei 8.009/80, visa a preservar o devedor do constrangimento do despejo que o relegue ao desabrigo.

(...).

6. A exegese proposta coaduna-se com a dignidade humana que tutela o idoso, nos termos do art. 37 da lei 10.741/03.

7. Recurso especial a que se nega provimento".

(REsp 873.224/RS, Rel. Ministro LUIZ FUX, PRIMEIRA TURMA, julgado em 16/10/2008, DJe 03/11/2008).

1. A Constituição Federal adota a família como base da sociedade a ela conferindo proteção do Estado. Assegurar à criança o direito à dignidade, ao respeito e à convivência familiar pressupõe reconhecer seu legítimo direito de saber a verdade sobre sua paternidade, decorrência lógica do direito à filiação (CF, artigos 226, §§ 3º, 4º, 5º e 7º; 227, § 6º).

(...).

3. O direito ao nome insere-se no conceito de dignidade da pessoa humana e traduz a sua identidade, a origem de sua ancestralidade, o reconhecimento da família, razão pela qual o estado de filiação é direito indisponível, em função do bem comum maior a proteger, derivado da própria força impositiva dos preceitos de ordem pública que regulam a matéria (Estatuto da Criança e do Adolescente, artigo 27).

(...).

(RE 248869, Relator(a): Min. MAURÍCIO CORRÊA, Segunda Turma, julgado em 07/08/2003, DJ 12-03-2004 PP-00038 EMENT VOL-02143-04 PP-00773)

c) Em relação à aplicação da razoabilidade:

1. A Segunda Seção desta Corte firmou entendimento segundo o qual são abusivas as cláusulas de contrato de plano de saúde limitativas do tempo de internação, "notadamente em face da impossibilidade de previsão do tempo da cura, da irrazoabilidade da suspensão do tratamento indispensável, da vedação de restringir-se em contrato direitos fundamentais e da regra de sobredireito, contida no art. 5º da Lei de Introdução ao Código Civil, segundo a qual, na aplicação da lei, o juiz deve atender aos fins sociais a que ela se dirige às exigências do bem comum". Súmula 302/STJ.

2. No caso, porém, a recusa da empresa de saúde não foi materializada por nenhum ato concreto. Limitou-se a prestação de informações de que o plano de saúde não cobria internações em UTI superiores a 10 (dez) dias, sem interrupção do tratamento médico da segurada, não sendo capaz de infligir ao autor sofrimento ou dor moral relevantes além daqueles experimentados pela própria situação de enfermidade pela qual passava sua esposa.

3. Por outro lado, o autor não experimentou qualquer prejuízo pecuniário concreto, mas apenas uma "cobrança amigável" do hospital.

Ademais, as instâncias ordinárias não se manifestaram acerca da existência de qualquer dano material, não podendo esta Corte investigar a sua existência sob pena de afronta ao Verbete Sumular nº 7.

4. Especial parcialmente conhecido e, na extensão, provido, apenas para reconhecer a nulidade da cláusula contratual limitativa do tempo de internação".

(REsp 361.415/RS, Rel. Ministro LUIS FELIPE SALOMÃO, QUARTA TURMA, julgado em 02/06/2009, DJe 15/06/2009).

d) Em relação ao bem comum:

1. O Supremo Tribunal Federal, ao julgar o MI n. 712, afirmou entendimento no sentido de que a Lei n. 7.783/89, que dispõe sobre o exercício do direito de greve dos trabalhadores em geral, é ato normativo de início inaplicável aos servidores públicos civis, mas ao Poder Judiciário dar concreção ao artigo 37, inciso VII, da Constituição do Brasil, suprindo omissões do Poder Legislativo. 2. Servidores públicos que exercem atividades relacionadas à manutenção da ordem pública e à segurança pública, à administração da Justiça – aí os integrados nas chamadas carreiras de Estado, que exercem atividades indelegáveis, inclusive as de exação tributária – e à saúde pública. A conservação do bem comum exige que certas categorias de servidores públicos sejam privadas do exercício do direito de greve. Defesa dessa conservação e efetiva proteção de outros direitos igualmente salvaguardados pela Constituição do Brasil. 3. Doutrina do duplo efeito, segundo Tomás de Aquino, na Suma Teológica (II Seção da II Parte, Questão 64, Artigo 7). Não há dúvida quanto a serem, os servidores públicos, titulares do direito de greve. Porém, tal e qual é lícito matar a outrem em vista do bem comum, não será ilícita a recusa do direito de greve a tais e quais servidores públicos em benefício do bem comum.

(...).

(Rcl 6568, Relator(a): Min. EROS GRAU, Tribunal Pleno, julgado em 21/05/2009, incDJe-181 DIVULG 24-09-2009 PUBLIC 25-09-2009 EMENT VOL-02375-02 PP-00736)

1. O art. 16, "g", do Decreto n.º 20.931/32, que veda aos médicos "fazer parte, quando exerça a clínica de empresa que explore a indústria farmacêutica ou seu comércio", não se aplica às farmácias que não ostentem finalidade comercial, posto instituídas por cooperativas, e que visem apenas atender aos seus médicos cooperados e usuários conveniados, vendendo remédios a preço de custo. Essa exegese que implica no acesso aos instrumentos viabilizadores do direito à saúde, atende aos fins sociais a que a lei se destina.

2. É assente na Corte que "inexiste concorrência desleal com farmácias em geral e farmacêuticos se uma cooperativa médica, sem fins lucrativos, presta assistência aos segurados de seu plano de saúde, quando respeitados os Códigos de Ética Médica e de Defesa do Consumidor" (REsp n.º 611.318/GO, Rel. Min. José Delgado) Isto porque "a manutenção de farmácia por cooperativa médica não encontra proibição no art. 16, 'g', do Decreto n.º 20.931/1932, ainda mais se a instituição atende, tão-somente, a seus cooperados e usuários conveniados, com a venda de medicamentos a preço de custo." (Precedentes: REsp n.º 608.667/RS, Rel. Min. Francisco Falcão, DJ de 25/04/2005; REsp n.º 610.634/GO, deste Relator, DJ de 25/10/2004; e REsp n.º 611.318/GO, Rel. Min. José Delgado, DJ de 26/04/2004).

3. Deveras, a Cooperativa não se encarta no conceito de empresa, que por força da Lei específica que lhe veda atos de mercancia (Lei n.º 5.764/71), quer pelo fato de adstringir seus destinatários.

4. Destarte, a sua presença implica em que outros segmentos, para atender a suposta concorrência "legal", viabilizem o acesso da população aos remédios necessários, a preços admissíveis com o que se protege, no seu mais amplo sentido, a "vida digna", eleita como um dos fundamentos da República.

(...).

(AgRg no REsp 1016213/SP, Rel. Ministro LUIZ FUX, PRIMEIRA TURMA, julgado em 09/06/2009, DJe 05/08/2009).

e) Em relação à moralidade e legalidade:

1. O deferimento do pedido de inscrição do bacharel em direito nos quadros da Ordem dos Advogados carece do cumprimento dos requisitos cumulativos e objetivos de apuração, constantes do artigo 8º da Lei nº 8.906/94, verbis: "Art. 8º Para inscrição como advogado é necessário: I – capacidade civil; II – diploma ou certidão de graduação em direito, obtido em instituição de ensino oficialmente autorizada e credenciada; III – título de eleitor e quitação do serviço militar, se brasileiro; IV – aprovação em Exame de Ordem; V – não exercer atividade incompatível com a advocacia; VI – idoneidade moral; VII – prestar compromisso perante o conselho.

§ 1º O Exame da Ordem é regulamentado em provimento do Conselho Federal da OAB.

§ 2º O estrangeiro ou brasileiro, quando não graduado em direito no Brasil, deve fazer prova do título de graduação, obtido em instituição estrangeira, devidamente revalidado, além de atender aos demais requisitos previstos neste artigo.

§ 3º A inidoneidade moral, suscitada por qualquer pessoa, deve ser declarada mediante decisão que obtenha no mínimo dois terços dos votos de todos os

membros do conselho competente, em procedimento que observe os termos do processo disciplinar.

§ 4º Não atende ao requisito de idoneidade moral aquele que tiver sido condenado por crime infamante, salvo reabilitação judicial." (grifo nosso) 2. O magistrado, ao aplicar a lei, não pode restringir-se à subsunção do fato à norma, ao revés, deve estar atento aos princípios maiores que regem o ordenamento jurídico e aos fins sociais a que a lei se dirige (art. 5º, da Lei de Introdução ao Código Civil).

(...).

9. O ato administrativo, no Estado Democrático de Direito, está subordinado ao princípio da legalidade (CF/88, arts. 5º, II, 37, caput, 84, IV), o que equivale a assentar que a Administração só pode atuar de acordo com o que a lei determina. Desta sorte, não pode a Administração inovar na ordem jurídica, impondo obrigações ou limitações a direitos de terceiros.

10. Consoante a melhor doutrina: "(...) O princípio da legalidade é o da completa submissão da Administração às leis.(...) Logo, a Administração não poderá proibir ou impor comportamento algum a terceiro, salvo se estiver previamente embasada em determinada lei que lhe faculte proibir ou impor algo a quem quer que seja. (Celso Antônio Bandeira de Mello. Curso de Direito Administrativo, São Paulo, Malheiros Editores, 2007, pág: 98/99).

(REsp 930.596/ES, Rel. Ministro LUIZ FUX, PRIMEIRA TURMA, julgado em 17/12/2009, DJe 10/02/2010).

f) Em relação à impessoalidade e legalidade:

1. Recurso ordinário em mandado de segurança no qual se discute a possibilidade de cumprir-se exigência de edital de licitação, consistente na concordância do responsável técnico indicado para a obra a ser realizada, por outros documentos que não a declaração exigida pela administração pública por ocasião da apresentação dos documentos de habilitação do licitante.

2. A Administração Pública, por conta própria, não poderia atribuir a responsabilidade técnica, por presunção, uma vez que necessária expressa concordância do profissional, razão pela qual não se pode falar que se trata de pura formalidade que poderia ser relevada pela administração.

3. Oportunizar que a recorrente, em momento posterior àquele previsto no edital, realize ato em prazo superior ao conferido aos demais licitantes e, ainda, por outro meio que não a pré-estabelecida declaração de concordância do responsável técnico, por ocasião do envelope de habilitação, importaria em violação dos princípios da legalidade e da impessoalidade.

4. Recurso ordinário não provido.

(RMS 38.359/SE, Rel. Ministro BENEDITO GONÇALVES, PRIMEIRA TURMA, julgado em 11/04/2013, DJe 17/04/2013)

1. Busca o recorrente a computação, para fins de classificação geral, do ponto relativo à aprovação em concurso público para cargo de carreira jurídica outrora recusado pela Comissão do Concurso Público a que se refere o Edital n. 001/99.

2. A questão não é nova nesta Corte Superior. No RMS 19.095/MG, da Relatoria do eminente Ministro Felix Fischer, o pleito do ora recorrente foi integralmente provido. Contra tal decisão, a candidata anteriormente classificada em 1º lugar (Janice Hilária Fonseca), beneficiada pela recolocação do ora recorrente, manejou ação rescisória perante esta Corte Superior, autuada sob o n. 3.646/MG, na qual a eminente Ministra Relatora Eliana Calmon concedeu liminar para suspender os efeitos do acórdão objeto da presente reclamação. Após, a Primeira Seção desta Corte julgou procedente o pedido rescisório para anulação do processo ab initio, em razão da ausência de citação da litisconsorte passiva necessária, determinando a remessa dos autos ao Tribunal de Justiça de Minas Gerais, competente para julgar a ação constitucional. Após julgamento pela Corte de origem, vieram os autos com novo recurso ordinário.

3. Não há motivos para alterar a decisão que deu provimento ao RMS 19.095/MG.

4. "Não tendo o edital do certame definido quais cargos da carreira jurídica serviriam para pontuação de títulos no concurso para serventia, não poderia a Comissão do Concurso, posteriormente à publicação do edital, alterar os critérios de definição, principalmente se os candidatos já haviam apresentado seus títulos.

Respeito aos princípios da moralidade, impessoalidade e finalidade" (RMS 19095/MG, Rel. Ministro FELIX FISCHER, QUINTA TURMA, julgado em 03/05/2005, DJ 23/05/2005, p. 312) 5. Recurso Ordinário provido.

(RMS 40.956/MG, Rel. Ministro MAURO CAMPBELL MARQUES, SEGUNDA TURMA, julgado em 19/03/2013, DJe 01/04/2013)

8.
Princípio do contraditório

Consagrado nas Constituição de numerosos países e em diversos tratados internacionais, o princípio do contraditório ilumina toda a sistemática processual, sendo frequente a afirmação segundo a qual não existe processo sem contraditório.

O princípio do contraditório encontra-se nas normas sobre os direitos do homem e muitos o consideram derivado da dignidade da pessoa humana, tendo em vista que *"nel processo l'uomo non deve essere considerato um mero oggetto, ma assumere un ruolo attivo di soggetto processaule"*.[225]

Num *sentido objetivo*, a participação dos interessados é a própria *lógica* de estruturação do processo e que pode ser sintetizada na seguinte afirmação: *"a decisão judicial sobre uma providência requerida deve ser o resultado ou Mitwirkungsbefugnis ou influência ou Einwirkung paritárias. Essa participação exprime-se por meio de uma relação dialéctica que corresponde terminologicamente à expressão 'princípio do contraditório': com o desenvolvimento do processo, cada parte – independentemente da sua posição originária e genética de autor e de réu – pode pronunciar-se previamente sobre cada acto que a afecte (proibição de indefesa)"*.[226]

225 ROSENBERG Leo. SCHWAB Karl-Heinz, GOTTWALD, Peter. *ZivilprozeBrecht,* Mûnche, CH Beck Verlag, 15. Auflage, 1993, p. 456, APUD, CABRAl, Antonio do Passo, *In:* Il principi del contraddittorio come diritto d'influencia e dovere di dibattito. *In: Rivista di Diritto Processuale,* CEDAM, Milani, Anno 2005, Vol. LX (II Serie, 2005). p. 449.

226 PINTO, Rui. *Notas ao código de processo civil.* Coimbra: Coimbra Editora, 2014. p. 17.

Já num sentido *subjetivo*, o princípio do contraditório implica um *direito de defesa*, na sua possibilidade e nas armas de que se serve, e o *direito de ser ouvido lato sensu (Anspruch auf gerechtliches Gehör)*,[227] na expressão do §º103, al. 1ª, da Lei Fundamental Alemã, que assim dispõe:

> *"§103. (Direitos fundamentais do réu)*
> *(1) Todos têm direito a serem ouvidos perante os tribunais..."*

O princípio do contraditório está consagrado em inúmeras disposições do Código de Processo Civil português (Lei n. 41/2013) e do novo Código de Processo Civil brasileiro constituindo, ao lado do princípio dispositivo ou da demanda, *pedra angular* ou *trave-mestra* do sistema, sem o qual dificilmente as decisões poderiam ser consideradas *substancialmente justas e democráticas.*[228]

A inserção do contraditório ao longo de *todo o arco do procedimento* é inerente ao adágio '*da discussão nasce a luz*', pois só a audição de ambas as partes interessadas no pleito e a possibilidade que a Constituição Federal lhes confere de controlarem o modo de decisão dos órgãos jurisdicionais permitirão que a verdade processual seja o fio condutor do acautelamento dos interesses das partes.[229]

Na realidade, está-se diante de um pressuposto de existência do próprio processo jurisdicional.

Conforme afirmam Luigi Paolo Comoglio, Corrado Ferri e Michele Taruffo: *"(...).Ao 'contraditório das partes, em condição de igualdade' se refere um dos fundamentos do 'justo processo' disciplinado no artigo 111, inciso 2'. À luz disso, parece incontestável uma dúplice premissa: a) seguramente, na ótica da Constituição, o 'agir' e o 'defender-se' em juízo configuram-se como atividade contraposta e correspondente, assim como a sua legitimação por meio de uma proteção proporcionalmente igual (art. 24, inc. 3, em correspondência com o art. 3, incisos 1 e 2); b) em todo caso, a 'defesa' justapondo-se à 'ação' e inserindo-se no 'contraditório' entre as partes 'em condição de igualdade', não se comporta apenas como um 'direito inviolável' do indivíduo, mas também integra-se (como, indiretamente, é confirmado pelo inciso 1 do artigo 107 e como atualmente, depois da reforma constitucional de 1999, decorre*

[227] PINTO, R., idem, ibidem.

[228] GERALDES, A. S. A., op. cit., p. 64.

[229] GERALDES, A. S. A., idem, ibidem.

do art. 111, inciso 2) aos extremos de uma 'garantia' de tipo técnico e estrutural, válida para qualquer processo... Completando uma precedente lacuna, como já se verificou, a reforma do 'justo processo', ocorrida em 1999, introduz oportunamente também no artigo 111, inciso 2, da Constituição italiana a referência textual ao 'contraditório', que – segundo a mais accita acepção terminológica – exprime um contraste dialético entre posições tendencialmente antitéticas, procurando anular o acontecimento, e, enfim, a prevalecer uma sobre a outra. Mas a novidade constitucional sanciona e proclama, sobretudo, a necessária coordenação com 'as condições de paridade', assegurando-se em todo caso a qualquer das partes que se contraponham uma à outra em juízo...É de comum opinião que a norma procurou consagrar um princípio geral e diretivo do ordenamento, o qual, aderindo ao espírito da máxima tradicional 'audiatur et altera pars', exprime – sobretudo (mas não somente) nos modelos processuais de tipo 'dispositivo' e 'antagônicos' – uma essencial 'escolha de civilidade' do Estado de direito... Em outras palavras, o juiz nunca poderia estabelecer regra sobre qualquer demanda – e onde o fizesse, sua decisão estaria gravemente viciada, devendo-se considerar nula – todas as vezes em que ele não tivesse verificado, aquela condição mínima de legalidade, a inicial instauração de uma 'situação processual' idônea que permitisse também ao réu, que assim o desejar, a possibilidade de desenvolver em um confronto dialético com o autor, sob bases abstratamente de paridade, as próprias razões e 'defesa'".[230]

A nova concepção da ciência processual civil faz com que se considere esta disciplina não somente como um conjunto de normas destinadas a regular um método para a solução dos conflitos, mas principalmente como um importante lugar de valores autônomos.

Essa concepção da função judicial, *"a qual considera o juiz responsável por dotar os valores constitucionais de significado, espera muito dos juízes – talvez até demais. A expectativa não reside na crença em suas faculdades morais ou na negação de sua condição humana. Os juízes são, em grande parte, pessoas seguras. São juristas, mas em termos de características pessoais não são diferentes de políticos ou de homens de negócios bem –sucedidos. A capacidade que possuem de dar uma contribuição especial para a vida social não decorre de qualquer conhecimento ou traço pessoal, mas da definição da atividade na qual se encontram e pela qual exercem o poder. Essa atividade é estruturada por fatores institucionais e ideológicos que permitem e, talvez, forcem o juiz a ser objetivo – não para expressar suas preferências ou*

[230] COMOGLIO, Luigi Paolo; FERRI, Corrado; TARUFFO, Michele. *Lezioni sul processo civile. I. Il processo ordinario di cognizione.* Bologna: Il Mulino, 2006. p. 70 e 71.

crenças pessoais acerca do que é certo ou justo, ou as preferências populares, mas para o constante empenho na busca do verdadeiro significado dos valores constitucionais. Dois aspectos da atividade judicial conferem-lhe esse molde especial a obrigação do juiz de participar de um diálogo processual e sua independência. Ao juiz é permitido exercer poder somente depois de ter participado de um diálogo a respeito do significado dos valores públicos. Trata-se de um diálogo com características bastante especiais: a) os juízes não têm o controle das suas agendas, mas são obrigados a lidar com demandas que prefeririam ignorar; b) os juízes não possuem controle total sobre quem devem ouvir e são limitados por regras que determinam que eles ouçam diversas pessoas ou representantes; c) são obrigados a responder às demandas e a assumir individualmente a responsabilidade por tal resposta; d) os juízes devem, ademais, justificar suas decisões".[231]

Na realidade, o exercício da jurisdição é um processo pelo qual são dados significados e expressão concretos aos valores incorporados em um texto jurídico dotado de grande autoridade, no caso, a Constituição.[232]

Para que o juiz promova a eficácia a esses valores, não é necessário atribuir a ele a sabedoria dos reis filósofos, pois, *"a idoneidade dos juízes para dar significado aos valores públicos não está associada a aptidões morais especiais, as quais eles não possuem, mas ao processo que limita o poder que exercem. Uma característica desse processo é o diálogo que os juízes devem conduzir: eles devem conhecer de todos os pedidos, considerar uma grande esfera de interesses, pronunciar-se e também assumir responsabilidade individual por suas decisões. Ademais, o juiz deve permanecer independente no que tange aos desejos ou preferências tanto do corpo político quanto dos litigantes particulares que se encontram perante o juízo. A especial idoneidade do Judiciário e, consequentemente, sua legitimidade, dependem da adesão a essas duas qualidades do processo judicial – diálogo e independência..."*.[233]

O valor representado pela garantia do contraditório e da defesa é um valor em si próprio, e não somente porque um procedimento que realiza esta garantia é mais adequado ou mais oportuno para a solução dos conflitos. Nisso deriva que a lei processual ordinária não pode mais ser considerada somente do ponto de vista da funcionalidade (técnica) do procedimento que essa prevê, uma vez que as garantias constitucionais se impõem como parâmetros para a configuração da disciplina jurídica

[231] FISS, O., op. cit., p. 41 e 42.

[232] FISS, O., idem, p. 105.

[233] FISS, O., idem, p. 115.

do processo. Em outras palavras, o legislador ordinário não tem a discricionariedade de modelar esta disciplina sem valer-se das garantias constitucionais.

O princípio do contraditório encontra-se expressamente consagrado no 5º, inc. LV, da Constituição Federal brasileira, no sentido de que aos litigantes, em processo judicial ou administrativo, e aos acusados em geral são assegurados o contraditório e ampla defesa, com os meios e recursos a ela inerentes.

Assim também estabelece a Constituição da República de Portugal, asseverando, em seu art. 32º, que é assegurado, no processo criminal, todas as garantias de defesa e que todo o arguido deve ser julgado no mais curto prazo compatível com as garantias de defesa, estando a audiência de julgamento e os atos instrutórios que a lei determina subordinados ao princípio do contraditório.

Em que pese o art. 32º da Constituição da República portuguesa faça referência ao contraditório no processo penal, este princípio foi incorporado no C.P.C. de Portugal no art. 3º, que assim dispõe:

> *Artigo 3.º Necessidade do pedido e da contradição*
>
> *1 – O tribunal não pode resolver o conflito de interesses que a ação pressupõe sem que a resolução lhe seja pedida por uma das partes e a outra seja devidamente chamada para deduzir oposição.*
>
> *2 – Só nos casos excepcionais previstos na lei se podem tomar providências contra determinada pessoa sem que esta seja previamente ouvida.*
>
> *3 – O juiz deve observar e fazer cumprir, ao longo de todo o processo, o princípio do contraditório, não lhe sendo lícito, salvo caso de manifesta desnecessidade, decidir questões de direito ou de facto, mesmo que de conhecimento oficioso, sem que as partes tenham tido a possibilidade de sobre elas se pronunciarem.*
>
> *4 – Às exceções deduzidas no último articulado admissível pode a parte contrária responder na audiência prévia ou, não havendo lugar a ela, no início da audiência final.*

O projeto de lei originário do novo C.P.C. brasileiro, n. 166/2010, estabelecia que o juiz somente deveria velar pelo contraditório no caso de *hipossuficiência técnica.*

Essa determinação restritiva foi retirada do Relatório-Geral apresentado pelo Senador Valter Pereira quando do seu encaminhamento à Câmara dos Deputados.

Não há dúvida de que a retirada da afirmação de que o juiz somente deveria zelar pelo efetivo contraditório em caso de hipossuficiência da parte ia de encontro à essência do processo jurisdicional moderno.

Na realidade, independentemente da condição social, econômica, cultural ou racial da parte, o contraditório é a *essência* do processo jurisdicional moderno, sendo que na sua falta o processo tornar-se-á *inexistente*.

O artigo 7º do novo C.P.C. brasileiro preconiza que é *assegurada às partes paridade de tratamento em relação ao exercício de direitos e faculdades processuais, aos meios de defesa, aos ônus, aos deveres e à aplicação de sanções processuais, competindo ao juiz zelar pelo efetivo contraditório.*

Aliás, nos Estados Democráticos não se concebe a existência de um processo que não seja desenvolvido com base no contraditório.

Na realidade, a essência do processo jurisdicional moderno e democrático é justamente a sua configuração por meio de um procedimento desenvolvido em contraditório.

Daí porque, *"o processo será estruturado para facultar o debate sempre que o mesmo se justifique e dentro do condicionalismo previsto na lei, a cada uma das partes se permitindo formular as suas pretensões, aduzir os fundamentos de facto e de direito, oferecer as provas e contraprovas e discorrer sobre o seu valor, proferir alegações, bem assim sindicar o conteúdo das decisões"*.[234]

O conteúdo do art. 7º do novo C.P.C. brasileiro, c/c com o art. 5º, LV, da Constituição Federal brasileira, é amplo, já que não 'cobre' somente o momento inicial do processo, mas, também, toda sua fase, assegurando que qualquer das partes tenha a concreta possibilidade de replicar, seja diante de eventual nova alegação ou pedido do adversário, seja diante das próprias iniciativas do juiz, da qual possa derivar algum prejuízo (por exemplo, no caso de exercício de ofício de poderes em matéria de prova).[235]

Por isso, o juiz deve velar pelo efetivo contraditório em qualquer circunstância e em todo o arco do procedimento.

A constitucionalização do contraditório, peremptoriamente realizada no art. 5º, inc. LV, da Constituição Federal brasileira (todo processo se desenvolve no contraditório das partes), pode ensejar uma pequena dúvida acerca da legitimidade dos não poucos procedimentos especiais nos quais

[234] RODRIGUES, F.P., op. cit., p. 39 e 49.

[235] BALENA, Giampiero. *Istituzione di diritto processuale civile – i princìpi.* Primo Volume. Seconda Edizione. Bari: Cacucci Editore, 2012. p. 64.

o código prevê ou de qualquer forma consente que o contraditório entre as partes seja instaurado *após a pronúncia de um dado procedimento* (por exemplo, no caso de tutela provisória de urgência satisfativa ou cautelar, ou, ainda, no caso de tutela de evidencia), especialmente quando essas decisões possam ensejar cumprimento ou execução imediata contra o patrimônio ou bens jurídicos da parte adversa.

Se por um lado todos reconhecem, de fato, que em tais situações o princípio do contraditório deve sofrer uma temporária compressão em nome de outros primários valores de natureza constitucional, especialmente quando esteja em jogo a própria efetividade da tutela jurisdicional, por outro lado, também é verdadeiro que tais compressões ao contraditório devem sempre ser bem circunscritas, ao âmbito normativo, e devem operar pelo tempo estritamente necessário à sucessiva instauração do contraditório.[236] Assim, diante dessas situações especialíssimas, é possível *postergar* o contraditório para um tempo oportuno, sem que haja a efetiva *supressão* dessa garantia fundamental que atualmente configura a essência do processo jurisdicional.

Sobre o tema do contraditório no processo, eis as seguintes decisões do S.T.J.:

> *1. Ainda que não tenha ocorrido a alegada contradição, pois as premissas do voto são coerentes com a conclusão a que chegou, o acórdão embargado foi omisso, ao não atentar para as especiais circunstâncias deste caso, em que a astreinte veio a ser estendida aos agentes públicos que não haviam integrado a relação processual.*
>
> *2. Como anotado no acórdão embargado, o art. 11 da Lei nº 7.347/85 autoriza o direcionamento da multa cominatória destinada a promover o cumprimento de obrigação de fazer ou não fazer estipulada no bojo de ação civil pública não apenas ao ente estatal, mas também pessoalmente às autoridades ou aos agentes públicos responsáveis pela efetivação das determinações judiciais, superando-se, assim, a deletéria ineficiência que adviria da imposição desta medida exclusivamente à pessoa jurídica de direito público.*
>
> *3. Todavia, no caso dos autos, a prolação da decisão interlocutória que determinou a aplicação da multa não foi antecedida de qualquer ato processual tendente a chamar aos autos as referidas autoridades públicas, sucedendo-se apenas a expedição de mandados de intimação dirigidos a informar sobre o conteúdo do citado decisum.*
>
> *4. Assim, as autoridades foram surpreendidas pela cominação de astreintes e sequer tiveram a oportunidade de manifestarem-se sobre o pedido deduzido pelo Parquet*

[236] BALENA, G., idem, p. 65.

Estadual, de sorte que se acabou por desrespeitar os princípios do contraditório e da ampla defesa sob o aspecto material propriamente dito, daí porque deve ser afastada a multa.

5. Embargos de declaração acolhidos com efeitos infringentes".

(EDcl no REsp 1111562/RN, Rel. Ministro CASTRO MEIRA, SEGUNDA TURMA, julgado em 01/06/2010, DJe 16/06/2010)

1. O julgamento do recurso especial conforme o art. 557, § 1º-A, do CPC não ofende os princípios do contraditório e da ampla defesa, se observados os requisitos recursais de admissibilidade, os enunciados de Súmulas e a jurisprudência dominante do STJ.

(...).

(AgRg no REsp 243.127/SP, Rel. Ministro VASCO DELLA GIUSTINA (DESEMBARGADOR CONVOCADO DO TJ/RS), TERCEIRA TURMA, julgado em 01/06/2010, DJe 18/06/2010)

(...).

2. Por força da garantia do contraditório e da ampla defesa, a citação dos interessados no procedimento demarcatório de terrenos de marinha, sempre que identificados pela União e certo o domicílio, deverá realizar-se pessoalmente. Somente no caso de existirem interessados incertos, poderá a União valer-se da citação por edital.

3. Após a demarcação da linha de preamar e a fixação dos terrenos de marinha, a propriedade passa ao domínio público e os antigos proprietários passam à condição de ocupantes, sendo provocados a regularizar a situação mediante pagamento de foro anual pela utilização do bem. Permitir a conclusão do procedimento demarcatório sem a citação pessoal dos interessados conhecidos pela Administração representaria atentado aos princípios do contraditório e da ampla defesa, bem como à garantia da propriedade privada.4. No que se refere ao disposto no art. 1º do Decreto-lei 2.398/87, em que o recorrente faz alegações acerca da suposta irregularidade do reajuste da taxa de ocupação, o conhecimento da matéria perde o sentido, considerando-se a nulidade do processo dessa cobrança, na forma exposta anteriormente.

5. Recurso especial conhecido em parte e provido.

(REsp 1146557/SC, Rel. Ministro CASTRO MEIRA, SEGUNDA TURMA, julgado em 25/05/2010, DJe 09/06/2010)"

1. Nas hipóteses do caput do art. 557 do CPC, é desnecessária a intimação do agravado, uma vez que será beneficiado pela decisão, em atenção aos princípios da celeridade e da economia processual.

2. No caso do art. 557, § 1º-A, do CPC, em atenção aos princípios do contraditório e da ampla defesa, é imprescindível a intimação do agravado para apresentar contrarrazões, pois a decisão modificará a situação jurídica até então estabelecida, em prejuízo à parte recorrida. Precedentes.

3. Recurso especial conhecido e provido".

(REsp 1187639/MS, Rel. Ministra ELIANA CALMON, SEGUNDA TURMA, julgado em 20/05/2010, DJe 31/05/2010)

(...).

2. "Nos processos perante o Tribunal de Contas da União asseguram-se o contraditório e a ampla defesa quando da decisão puder resultar anulação ou revogação de ato administrativo que beneficie o interessado, excetuada a apreciação da legalidade do ato de concessão inicial de aposentadoria, reforma e pensão" (Súmula Vinculante 3/STF – Grifo nosso).

3. "A cobrança pela Administração de valores pagos indevidamente a servidor público deve observar o devido processo legal, com o imprescindível exercício da ampla defesa e do contraditório" (AgRg no REsp 979.050/PE, Rel. Min. JORGE MUSSI, Quinta Turma, DJe 6/10/08).

4. Agravo regimental improvido".

(AgRg no Ag 1239482/RJ, Rel. Ministro ARNALDO ESTEVES LIMA, QUINTA TURMA, julgado em 20/05/2010, DJe 21/06/2010)

(...).

2. A jurisprudência desta Corte reputa escorreita a intimação realizada em nome de qualquer dos advogados constituídos nos autos na hipótese em que, havendo substabelecimento com reserva de poderes, inexiste solicitação de que publicações sejam direcionadas exclusivamente a determinado causídico, daí porque, em princípio, não teria ocorrido qualquer erro de procedimento no caso concreto.

3. O rigorismo dessa orientação sofre alguns temperamentos em hipóteses específicas, sendo o caso mais notório aquele em que o substabelecimento guarda como finalidade evidente possibilitar que o advogado substabelecido acompanhe o processo em uma comarca diferente, de sorte que, nada obstante a ausência de pedido de publicação unicamente em seu nome, a intimação exclusiva do substabelecente é tida por desacertada.

4. O espírito desse posicionamento é justamente atender à teleologia do art. 236, § 1º, do CPC, ou seja, eliminar surpresas que prejudiquem o exercício substancial da ampla defesa e do contraditório, informando diretamente aos advogados – e por intermédio desses, às partes – acerca do andamento da demanda, aí inclusos os atos a serem praticados e as audiências aprazadas.

(...).

(REsp 1186481/AC, Rel. Ministro CASTRO MEIRA, SEGUNDA TURMA, julgado em 18/05/2010, DJe 02/06/2010)

Em relação ao princípio do contraditório e sua arguição em recurso extraordinário, assim tem se manifestado o Supremo Tribunal Federal:

> *1. Alegação de ofensa aos princípios do ato jurídico perfeito, do contraditório, da ampla defesa e do devido processo legal configura, quando muito, ofensa meramente reflexa às normas constitucionais.*
> *2. O Supremo Tribunal Federal entende que é inadmissível o reexame de fatos e provas em recurso extraordinário. Incidência da Súmula STF 279.*
> *3. Decisão fundamentada, contrária aos interesses da parte, não constitui ofensa ao artigo 93, IX, da Constituição Federal.*
> *4. Agravo regimental improvido.*
> (AI 783124 AgR, Relator(a): Min. ELLEN GRACIE, Segunda Turma, julgado em 14/06/2010, DJe-120 DIVULG 30-06-2010 PUBLIC 01-07-2010 EMENT VOL-02408-09 PP-02308)

> *1. Embargos de declaração recebidos como agravo regimental, consoante iterativa jurisprudência do Supremo Tribunal Federal.*
> *2. Para se concluir, como pretende a parte agravante, pela violação ao devido processo legal à míngua de oportunidade para exercer o contraditório e a ampla defesa, seria imprescindível o reexame da matéria fática dos autos (Súmula STF 279), hipótese inviável em recurso extraordinário.*
> *3. Agravo regimental improvido.*
> (AI 749653 ED, Relator(a): Min. ELLEN GRACIE, Segunda Turma, julgado em 04/05/2010, DJe-091 DIVULG 20-05-2010 PUBLIC 21-05-2010 EMENT VOL-02402-08 PP-01770)

8.1. Princípio do contraditório e proibição de *decisões-surpresa*

O princípio do contraditório, porém, não se circunscreve às partes, ou ao momento em que determinada parte formula alguma pretensão no processo.

Também quando o juiz, de ofício, promove o andamento do processo, por vezes o ato processual praticado ensejará a oportunidade de contraditório para ambas as partes. Nesse sentido é o teor do art. 9º, inc. I a III, do novo C.P.C. brasileiro:

Art. 9º Não se proferirá decisão contra uma das partes sem que ela seja previamente ouvida.

Parágrafo único. O disposto no caput não se aplica:

I – à tutela provisória de urgência;

II – às hipóteses de tutela de evidência previstas no art. 311, incisos II e III;

III – à decisão prevista no art. 701.

Não foi por outro motivo que a reforma do C.P.C. italiano de 2009, por levar em conta a exigência do princípio do contraditório, acrescentou o inc. 2º ao art. 101 do código de processo civil italiano, prevendo expressamente que o juiz, caso entenda por inserir um fundamento na decisão que tenha alcançado em razão de sua atividade de ofício, *sob pena de nulidade*, deverá conceder um prazo para o depósito de memoriais sobre a referida questão.[237]

A proibição da prolação de *decisão-surpresa* há muito já era prevista no direito português, estando consignada no preâmbulo do Decreto-lei n. 329-A/95, não sendo lícito aos tribunais decidir questões de fato ou de direito, mesmo que de conhecimento oficioso, sem que seja previamente oportunizada às partes a possibilidade de sobre elas se pronunciarem.[238]

O novo C.P.C. português, Lei 41/2013, manteve o princípio de proibição da prolação de *decisões-surpresa* em seu art. 3º, n. 3º: *O juiz deve observar e fazer cumprir, ao longo de todo o processo, o princípio do contraditório, não lhe sendo lícito, salvo caso de manifesta desnecessidade, decidir questões de direito ou de facto, mesmo que de conhecimento oficioso, sem que as partes tenham tido a possibilidade de sobre elas se pronunciarem.*

Conforme anota Rui Pinto, *"em consequência, são proibidas as 'decisões surpresas, i.e., sem participação ou audição das partes, não sendo o juiz lícito, 'decidir questões de direito ou de facto, mesmo que de conhecimento oficioso, sem que as partes tenham tido a possibilidade de sobre elas se pronunciarem. Uma decisão-surpresa é, salvo manifesta necessidade, uma decisão nula, em princípio, nos termos do art. 195º pois pôde influir no exame ou na decisão da causa".*[239]

Em relação a este preceito normativo, introduzido na reforma processual portuguesa de 1995/1996, anota Lebre de Freitas:

[237] BALENA, G., idem, p. 65.

[238] RODRIGUES, F. P., op. cit., p. 47.

[239] PINTO, R., op. cit., p. 17.

"Mas a proibição da chamada decisão-surpresa tem sobretudo interesse para as questões, de direito material ou de direito processual, de que o tribunal pode conhecer oficiosamente (...); se nenhuma das partes as tiver suscitado, com concessão à parte contrária do direito de resposta, o juiz – ou o relator do tribunal do recurso – que nelas entenda dever basear a decisão, seja mediante o conhecimento do mérito da causa seja no plano meramente processual, deve previamente convidar ambas as partes a sobre elas tomarem posição, só estando dispensado de o fazer em casos de manifesta desnecessidade (art. 3-3) (...). Não basta, pois, para que esta vertente do princípio do contraditório seja assegurada,que às partes, em igualdade (...) seja dada a possibilidade de, antes da decisão, alegarem de direito (arts. 657, 790-1 e 796-2, respetivamente para o processo ordinário e sumário, em 1ª instância; (arts. 690, 705 e 743, em instância de recurso). É preciso que, mesmo depois desta alegação, possam faze-lo ainda quanto a questões de direito novas, isto é, ainda não discutida no processo...".[240]

Conforme já teve oportunidade de decidir o tribunal português – STJ 27 – Ste. – 2011/61/11.7UFLSB (Maia Costa): *"O direito de audiência consubstancia no direito do interessado a conhecer, previamente à decisão, o sentido provável desta, e a poder expor sobre ele o seu ponto de vista, direito que tem apoio no art. 267º, n. 5, da CRP. Para poder exercer o seu direito, o interessado deverá ser notificado dos 'elementos de facto e de direito relevantes da decisão', pois sem esses elementos seria impossível ao interessado apresentar os seus argumentos"*. Eis, também a seguinte decisão do STJ 27 – Set-2011 2005/03.0TVLSB.L1. S1 (Gabriel Catarino): *"O juiz tem o dever de participar na decisão do litígio, participando na indagação do direito – 'iura novit curia' –, sem que esteja peado ou confinado à alegação de direito feita pelas partes. Porém, a indagação do direito sofre constrangimentos endoprocessuais que atinam com a configuração factológica que as partes pretendam conferir ao processo. Há surpresa se o juiz de forma absolutamente inopinada e apartado de qualquer aportamento factual ou jurídico envereda por uma solução que os sujeitos processuais não quiseram submeter ao seu juízo, ainda que possa ser a solução que mais se adeqúe a uma correta e afinidade decisão do litígio"*.[241]

Na realidade, o princípio do contraditório determina que ambas as partes possam pronunciar-se sobre os fundamentos de fato e de direito (respeitado o princípio dispositivo) introduzidos pelo juiz no processo, razão pela qual, antes que seja proferida qualquer decisão que possa afetar

240 Apud RODRIGUES, F. P., op. cit., p. 47 e 48.

241 PINTO, R., op. cit., p. 17 e 18.

o interesse das partes, é importante e decorre do princípio do contraditório, que o tribunal confira a ela a oportunidade de se pronunciar.

Porém, em relação ao fundamento jurídico, o S.T.J. tem assim se pronunciado: *"Não há que se falar em violação à vedação da decisão surpresa quando o julgador, examinando os fatos expostos na inicial, juntamente com o pedido e a causa de pedir, aplica o entendimento jurídico que considerada coerente para a causa. Precedente: (AgInt no AREsp 1.468.820/MG, Rel. Min. Marco Aurélio Bellizze, Terceira Turma, Dje 27/9/2019)."*

Assim, na compreensão do S.T.J. não há falar em decisão surpresa quando o magistrado, diante dos limites da causa de pedir, do pedido e do substrato fático delineado nos autos, realiza a tipificação jurídica da pretensão no ordenamento jurídico posto, aplicando a lei adequada à solução do conflito, ainda que as partes não a tenham invocado (iura novit curia) e independentemente de oitiva delas, até porque a lei deve ser do conhecimento de todos, não podendo ninguém se dizer surpreendido com a sua aplicação. Por isso, à luz dos artigos 128 e 460 do CPC/73, atuais, 141 e 492 do NCPC/15, o vício de julgamento extra petita não se vislumbra na hipótese de o juízo a quo, adstrito às circunstâncias fáticas (causa de pedir remota) e ao pedido constante nos autos, proceder à subsunção normativa com amparo em fundamentos jurídicos diversos dos esposados pelo autor e refutados pelo réu. O julgador não viola os limites da causa quando reconhece os pedidos implícitos formulados na inicial, não estando restrito apenas ao que está expresso no capítulo referente aos pedidos, sendo-lhe permitido extrair da interpretação lógico – sistemática da peça inicial aquilo que se pretende obter com a demanda, aplicando o princípio da equidade. (AgInt no AREsp 1587128/MG, Rel. Ministro LUIS FELIPE SALOMÃO, QUARTA TURMA, julgado em 30/03/2020, DJe 02/04/2020).

Para o S.T.J., o "fundamento" ao qual se refere o art. 10 do CPC/2015 é fundamento jurídico – circunstância de fato qualificada pelo direito, em que se baseia a pretensão ou a defesa, ou que possa ter influência no julgamento, mesmo que superveniente ao ajuizamento da ação – não se confundindo com o fundamento legal (dispositivo de lei regente da matéria).

Portanto, o princípio da 'não surpresa', constante no art. 10 do CPC/ 2015, não é aplicável à hipótese em que há adoção de fundamentos jurídicos contrários à pretensão da parte com aplicação da lei aos fatos narrados pelas partes, como no caso dos autos. (AgInt no AREsp 1359921/SP, Rel. Ministro RICARDO VILLAS BÔAS CUEVA, TERCEIRA TURMA, julgado em 18/11/2019, DJe 21/11/2019).

Sobre o tema, eis a seguinte decisão do S.T.J.:

AGRAVO INTERNO NO AGRAVO EM RECURSO ESPECIAL. EMBARGOS À EXECUÇÃO. INDEFERIMENTO. PETIÇÃO INICIAL. MATÉRIA QUE DEMANDA REEXAME DE FATOS E PROVAS. SUMULA 7 DO STJ. AGRAVO INTERNO NÃO PROVIDO.

1. A jurisprudência desta Corte Superior de Justiça consolidou-se no sentido de que em razão do efeito devolutivo da apelação, o Tribunal de origem pode decidir com base em outros fundamentos que não aqueles utilizados na sentença, sem que isso represente reformatio in pejus. Logo, a Corte de origem não está limitada ao exame da lide pelos fundamentos jurídicos dispostos na sentença, nem pelos elencados pelas partes, podendo adotar enquadramento jurídico diverso para a controvérsia. Dessa forma, não há falar em violação do artigo 1.013 do CPC/15.

2. O 'fundamento' ao qual se refere o art. 10 do CPC/2015 é o fundamento jurídico – circunstância de fato qualificada pelo direito, em que se baseia a pretensão ou a defesa, ou que possa ter influência no julgamento, mesmo que superveniente ao ajuizamento da ação –, não se confundindo com o fundamento legal (dispositivo de lei regente da matéria). A aplicação do princípio da não surpresa não impõe, portanto, ao julgador que informe previamente às partes quais os dispositivos legais passíveis de aplicação para o exame da causa. O conhecimento geral da lei é presunção jure et de jure" A decisão que averigua os requisitos legais e constitucionais para a admissão do recurso não viola o artigo 10 do CPC/15, pois "A aplicação do princípio da não surpresa não impõe, portanto, ao julgador que informe previamente às partes quais os dispositivos legais passíveis de aplicação para o exame da causa.". (EDcl no REsp 1.280.825/RJ, Rel. Ministra MARIA ISABEL GALLOTTI, QUARTA TURMA, julgado em 27/06/2017, DJe de 1º/08/2017).

3. Não é possível alterar o entendimento do Tribunal de origem acerca do indeferimento da petição inicial, pois demandaria, necessariamente, reexame de fatos e provas dos autos, o que é vedado em razão do óbice da Súmula 7 do STJ.

4. Agravo interno não provido.

(AgInt no AREsp 1546130/SP, Rel. Ministro LUIS FELIPE SALOMÃO, QUARTA TURMA, julgado em 17/12/2019, DJe 04/02/2020).

Seja qual for o tipo de processo ou de procedimento, será vedada a prolação de decisão ou sentença sem a prévia oitiva da parte eventualmente prejudicada pela decisão. Ao contrário senso, se a decisão lhe for favorável, não será necessária a sua prévia oitiva.

Os desenvolvimentos ulteriores desta constatação são múltiplos:

> "*a) para os fins do contraditório inicial, basta que ao réu seja assegurado, com uma tempestiva e válida forma de 'vacatio in jus', a mera possibilidade de constituir-se e de defender-se em juízo, para fazer valer, se assim desejar, suas próprias razões;*
>
> *b) não obstante a plena legitimidade da contumácia, a garantia do artigo 101 da Constituição Italiana não implica jamais, como necessária, um efetivo comparecimento ou uma efetiva defesa do réu, mas, somente, de por aquele em grau de fazê-lo ou de não fazê-lo, por sua própria conta e risco, com uma adequada notícia ou comunicação da demanda ou do processo;*
>
> *c) portanto, o contraditório, uniformizando-se aos cânones puros e abstratos do modelo processual 'dispositivo', parece delinear-se como pressuposto mínimo (e imprescindível) de uma ampla garantia, a qual compreende outra, e mais articulada, possibilidade de efetiva defesa do réu no curso do juízo.*
>
> *d) a sua observância, em outras palavras, não está subordinada a alguma efetiva identificação da denominada 'justa parte', realmente dotada de 'legitimatio ad causam', segundo a natureza da relação jurídica litigiosa, cuja presença em juízo será apenas para permitir, em definitivo, uma pronúncia sobre o mérito da demanda proposta;*
>
> *e) a inobservância de tal garantia mínima, repercutindo-se de modo direto sobre o momento da decisão, torna em todo caso inválida toda 'decisão' do juiz sobre a demanda, pois determina a nulidade absoluta da sentença (que é um vício dedutível e relevável, também de ofício, em todo estado e grau do processo, salvo eventual preclusão decorrente de uma eventual coisa julgada interna do processo formada sobre a questão;*
>
> *f) a possibilidade de uma válida 'decisão' sobre a demanda, sem a preventiva 'citação' (e ou preventivo comparecimento) daquele cujo confronto há de formar-se, restringe-se apenas às hipóteses normativas, nas quais excepcionalmente a instauração do contraditório não seja inicial e preventiva, mas seja deferida a uma fase subsequente, ativada sob a iniciativa (quase sempre necessária, e imposta entre termos peremptórios) de quem age ou em seguida de oposição eventualmente proposta por aquele que entende de resistir e defender-se;*
>
> *g) a adequação funcional da possibilidade de defesa técnica mediante a assistência de um defensor profissionalmente qualificado;*

> *h) a adequação qualitativa da possibilidade de fazer-se ouvir em juízo, em condição de igualdade, com o exercício de idôneos poderes (de alegação, de dedução, de exceção e de prova), capaz de incidir sobre a formação do convencimento decisório do próprio juiz.*
>
> *i)o direito a uma adequada e tempestiva notificação ou comunicação dos atos processuais de maior relevância, como condição essencial de legalidade e de correção do procedimento, para uma participação efetiva de todas as partes na dialética processual.*[242]

É importante salientar que o S.T.J. tem se manifestado no sentido de que a vedação da denominada decisão surpresa não diz respeito aos requisitos de admissibilidade recursal. (AgInt no RMS 53.480/ES, Rel. Ministro JORGE MUSSI, QUINTA TURMA, julgado em 19/05/2020, DJe 27/05/2020).

8.2. Postergação do princípio do contraditório

Todo processo desenvolve-se em contraditório entre as partes, em condição de igualdade.

Isso significa dizer que o contraditório deverá estar presente em todo o arco do procedimento.

Porém, quando se fala que o contraditório deverá ser exercido em todo arco do procedimento, isso não significa dizer que em todo processo o contraditório deva ser prévio e realizado antes de toda e qualquer decisão judicial.

Na realidade, é suficiente que o contraditório seja garantido à parte que compõe a relação jurídica processual, ainda que o contraditório seja postergado para um momento sucessivo à prolação da decisão.

A norma processual abre exceções para que o contraditório seja postergado e não suprimido.

Essas exceções estão previstas no *parágrafo único do art. 9º* do novo C.P.C. brasileiro, a saber: *I – à tutela provisória de urgência; II – às hipóteses de tutela de evidência previstas no art. 311, incisos II e III; III – à decisão prevista no art. 701.*

Também no C.P.C. português evidenciam-se casos em que não se exige a audiência prévia da pessoa contra quem se requer a providência, como, por exemplo: a) arresto (art. 391º, n. 1 do C.P.C.); b) restituição provisória da posse (art. 377º e 378º do C.P.C.); c) providência cautelar comum

[242] COMOGLIO, L.P.; FERRI, C.; TARUFFO, M., op. cit., p. 72, 73 e 76.

(art. 362º, n. 1); d) embargos de obra nova (arts. 397º, n. 1, do C.P.C.); e) arrolamento (arts. 403º, n. 1, do C.P.C.) etc.

Para as hipóteses de medidas provisórias de urgência antecipatória satisfativa ou cautelar, assim como para o caso de tutela provisória de evidência, não haverá necessidade de o juiz estabelecer o contraditório prévio, podendo postergá-lo para outra oportunidade do procedimento. Nessas hipóteses, na verdade, não há supressão do contraditório, mas, sim, a postergação do contraditório para momento oportuno.

O legislador, diante das hipóteses de urgência e perecimento de direito, fez prevalecer o princípio da efetividade da tutela jurisdicional, razão pela qual postergou o contraditório. Como bem afirma o jurista italiano Sergio Chiarloni: *"Não é necessário que todo processo desenvolva-se em contraditório. É suficiente que o contraditório seja garantido à parte que o pretende, ainda que em um momento sucessivo ao provimento..."*.[243]

As hipóteses no direito processual italiano que admitem a realização *posticipada* do contraditório são: *"a) hipótese nas quais o contraditório é 'posticipado' quando a 'preventia audição do contraditório do réu frustraria a prática eficaz do provimento requerido (pense-se na hipótese de sequestro consevativo ou de sequestro judiciário de bens móveis; b) hipótese nas quais a urgência do provimento é tal que não se pode realizar nem mesmo o tempo de atuação do contraditório (pense-se na hipótese em que esteja em jogo um direito à vida ou similar); c) hipótese nas quais o contraditório não é assegurado preventivamente em consideração da particular natureza do direito requerido ou da particular natureza da prova dos fatos constitutivos do direito postulado (pense-se no provimento por injunção). Em todas estas hipóteses, como foi dito, o contraditório não é eliminado, mas somente diferido"*.[244]

Também não haverá necessidade do contraditório prévio em relação à decisão monitória prevista no art. 701 do novo C.P.C. brasileiro que assim dispõe: *Sendo evidente o direito do autor, o juiz deferirá a expedição de mandado de pagamento, de entrega de coisa ou para execução de obrigação de fazer ou de não fazer, concedendo ao réu prazo de quinze dias para o cumprimento e o pagamento de honorários advocatícios de cinco por cento do valor atribuído à causa.*

243 CHIARLONI, Sergio. Giusto processo, garanzie processuali, giustizia della decisione. In. *Rivista Trimestrale di Diritto e Procedura Civile*, Milano, Ed. Giuffrè, Marzo 2008, Anno LXII, p. 137.

244 PISANI, A. P., op. cit., p. 223.

Portanto, também não haverá necessidade do contraditório antecipado para a decisão proferida na ação monitória, nos termos do art. 701 do novo C.P.C.

8.3. Princípio do contraditório e da paridade das partes

O princípio do contraditório encontra-se em conexão com outro princípio estrutural do processo civil, que é o princípio da igualdade das partes.[245]

A paridade deve existir entre as partes que compõem a relação jurídica processual, especialmente no exercício de direitos e faculdades processuais, na utilização dos meios de defesa, e em relação aos ônus, deveres e na aplicação de sanções processuais.

A paridade é reconhecida inclusive quanto ao ônus processual (recolhimento de custas) e observância de prazo processual, como se pode observar nas seguintes decisões do S.T.J.:

> *1. Esta Corte Superior consolidou posicionamento no sentido de que "(...) nos termos das Resoluções 20/2004 e 12/2005 do Superior Tribunal de Justiça, o número do processo deve constar obrigatoriamente no DARF (Documento de Arrecadação de Receitas Federais) ou na GRU (Guia de Recolhimento à União), sob pena de deserção. Precedentes" (REsp 961.205/GO, 2ª Turma, Rel. Min. Eliana Calmon, DJe de 18.4.2008).*
>
> *2. "A omissão da parte em indicar o número do processo não se trata de mecanismo voltado a impedir o conhecimento dos recursos especiais no STJ por questões de forma. Certamente, essa exigência orienta-se para garantir a isonomia processual na lide, uma vez que exige em igualdade de condições o zelo, o cuidado, a seriedade e a diligência no ato essencial de preparar o recurso, bem como conferir segurança ao relator do processo, que terá certeza de que o preparo é realmente vinculado ao feito por ele analisado naquele instante. Não há falar-se em rigorismo formal, mas sim em segurança jurídica, justamente para concretizar outros princípios constitucionais, tais como o contraditório e a ampla defesa. A aferição do pagamento de porte de remessa e retorno do recurso especial, não transforma o processo num fim em si mesmo; pelo contrário, faz dele um meio de acesso à justiça, colocando as partes em paridade de armas." (AgRg no Ag 934.048/MG, 2ª Turma, Rel. Min. Luis Felipe Salomão, DJe de 24.8.2009)*
>
> *3. Dessa forma, a alegada contrariedade aos princípios constitucionais deve ser afastada, tendo em vista que o acesso à prestação jurisdicional pressupõe a adoção de normas*

[245] RODRIGUES, F. P., op. cit.,p. 39.

que viabilizem o seu processamento, de modo a garantir a segurança jurídica e a isonomia entre as partes envolvidas na demanda judicial.

4. Agravo regimental desprovido".

(AgRg no REsp 993.309/SP, Rel. Ministra DENISE ARRUDA, PRIMEIRA TURMA, julgado em 20/10/2009, DJe 13/11/2009).

(...).

1 – Prazo comum para interposição de agravo de instrumento não fere a garantia da paridade de armas.

2 – Não se verifica ofensa ao artigo 7º da lei 8906/94 se não há previsão legal para carga dos autos.

3 – Agravo improvido".

(AgRg no Ag 831.838/BA, Rel. Ministra MARIA THEREZA DE ASSIS MOURA, SEXTA TURMA, julgado em 28/08/2007, DJ 17/09/2007 p. 370)

O art. 7º do no novo C.P.C. brasileiro inspirou-se na paridade reconhecida pelo art. 3º-A do Código de Processo Civil português revogado, que assim estabelecia: *"O tribunal deve assegurar, ao longo de todo o processo, um estatuto de igualdade substancial das partes, designadamente no exercício de faculdades, no uso de meios de defesa e na aplicação de cominações ou de sanções processuais".*

8.4. Paridade das partes e tratamento jurídico diferenciado

Quando se afirma que as partes devem ter tratamento paritário, isso não exclui a possibilidade de, em determinadas situações, dar-se a uma delas tratamento especial para compensar eventuais desigualdades, suprindo-se o desnível da parte inferiorizada a fim de, justamente, resguardar a paridade de armas.[246]

Essa paridade de armas, que também foi analisada por Mario Chiavario em relação à Constituição italiana, art. 3º e 24, delineada como princípio fundamental, não implica uma absoluta identidade entre os poderes concedidos às partes de um mesmo processo e nem preconiza, necessariamente, uma perfeita simetria de direitos e deveres respectivos. Aquilo que conta é que eventuais diferenças de tratamento sejam justificadas razoavelmente à

[246] FERNANDES, Antonio Scarance. *Processo penal constitucional.* São Paulo: Revista dos Tribunais, 1999, p. 50.

luz de critérios de reciprocidade, de modo a se evitar que ocorra um global desequilíbrio e danos em relação a uma das partes.[247]

Sobre as garantias subjetivas (não igualitárias) do processo, anotam Luigi Paolo Comoglio, Corrado Ferri e Michele Taruffo: "*Uma outra relevante consequência diz respeito aos sujeitos que operam no processo, sob o aspecto das situações jurídicas que a estes venham ser atribuídas. Sob o plano da disciplina ordinária do processo estas situações são definidas em função do modo pelo qual o processo é regulado: direitos, deveres, poderes, faculdades, ônus são variáveis dependendo da disciplina do processo e variam com a variação daquelas. Se a situação subjetiva no processo deve ser observada na ótica das garantias constitucionais, constata-se que algumas dessas não são mutáveis dependendo da disciplina do procedimento. Podem variar, dentro de certo limites, a modalidade técnica com a qual estas situações venham definidas e os instrumentos processuais dos quais essas se valem. O limite fundamental porém está no fato de que esses não podem ser excluídos ou regulados de modo que a sua existência possa ser comprometida. É o que normalmente se afirma quando se fala em garantia ou direito fundamental, ao invés de mera faculdade ou poder. Em conclusão, aos sujeitos do processo configuram-se duas situações jurídicas distintas: aquela prevista ao nível constitucional, em relação à qual a lei processual pode somente configurar modalidade técnica de atuação, e aquelas que derivam apenas da disciplina ordinária do processo. Esta distinção, porém, não é fixada uma vez para todos: a interpretação das garantias constitucionais desenvolve-se no sentido de estender seu conteúdo e sua incidência sobre a disciplina do processo. Em consequência disso, incrementa-se o número de situações subjetivas processuais de relevância constitucional e se amplia progressivamente o catálogo das garantias fundamentais*".[248]

Por isso a jurisprudência não tem caracterizado como quebra do princípio da igualdade a inserção de competência do juízo com base no domicílio do autor, desde que haja fundamentação e motivação para essa opção legislativa. Nesse sentido é o seguinte precedente do S.T.J.:

> *1. A jurisprudência desta Corte sedimentou-se no sentido de que o art. 100, parágrafo único, do CPC abrange tanto os ilícitos de natureza penal quanto de natureza*

[247] CHIAVARIO, Mario. *Processo e garanzie della persona – le garanzie fondamentali.* 3.ed. v. II. Milano: Dott. A. Giuffrè Editore, 1984. p. 24.

[248] COMOGLIO, Luigi Paolo; FERRI, Corrado; TARUFFO, Michele. *Lezioni sul processo civile.* Il processo ordinário di cognizione. Bologna: Il Mulino, 2006. p. 26.

civil – como no caso vertente –, facultando ao autor propor a ação reparatória no local em que se deu o ato ou fato, ou no foro de seu domicílio.

2. "É digno de lembrança o fato de que dificultaria sobremaneira a defesa do recorrido exigir que ele travasse relação jurídica processual em outra comarca que não a de seu domicílio. É preciso pensar e trabalhar o Direito com atenção às situações da vida cotidiana, sincronizando-os, e não criando distanciamento entre eles. A norma que obriga a vítima de ato ilícito civil a litigar em comarca outra que não a de seu domicílio não atende aos princípios do devido processo legal, do contraditório e da ampla defesa" (AgREsp 1.033.651/RJ, Rel. Min. Mauro Campbell Marques, DJe 24.11.08).

3. Recurso especial não provido".

(REsp 1180609/SP, Rel. Ministro CASTRO MEIRA, SEGUNDA TURMA, julgado em 08/06/2010, DJe 18/06/2010).

Também não se configura quebra da igualdade das partes a concessão de prazo diferenciado à Fazenda Pública ou ao Ministério Público para contestar ou recorrer, bem como a existência de recurso de ofício(ou necessário) em decorrência de existir em um dos polos da relação jurídica processual determinado ente público.

Sobre o tema, eis o entendimento proferido pelo Ministro Gilmar Mendes em voto proferido no RE 453740:

"O atentado à isonomia consiste em se tratar desigualmente situações iguais, ou em se tratar igualmente situações diferenciadas, de forma arbitrária e não fundamentada. É na busca da isonomia que se faz necessário tratamento diferenciado, em decorrência de situações que exigem tratamento distinto, como forma de realização da igualdade.

É o caso do art. 188 do Código de Processo Civil, que dispõe: 'computar-se-á em quádruplo o prazo para contestar e em dobro para recorrer quando a parte for a Fazenda Pública ou o Ministério Público'.

Razões de ordem jurídica podem impor o tratamento diferenciado. O Supremo Tribunal Federal admite esse tratamento, em favor da Fazenda Pública, enquanto prerrogativa excepcional (AI-AgR 349477/PR – rel. Min. Celso de Mello, DJ – 28-2-2003.) Esta Corte, à vista do princípio da razoabilidade, já entendeu, por maioria, que a norma inscrita no art. 188 do CPC é compatível com a CF/88 (RE 194925 – ED-EDV EMB. DIV. NOS EMB. DECL. NO RE, Rel. Min. Ilmar Galvão, DJ, 19.04.02). Com efeito, a Fazenda Pública e o Ministério Público têm direito a prazo em dobro para recursos (RE 133984, Rel. Min. Sydney Sanches, DJ, 15.12.98).

8.5. Paridade no sentido substancial e não meramente formal

A paridade exigida pelo art. 7º do novo C.P.C. brasileiro é de caráter *substancial* e não meramente *formal.*

A exigência de igualdade substancial das partes na relação jurídica processual encontra-se expressamente consignada no art. 4º do atual C.P.C. português, Lei n. 41/2013, de 26 de junho, a saber: *O tribunal deve assegurar, ao longo de todo o processo, um estatuto de igualdade substancial das partes, designadamente no exercício de faculdades, no uso de meios de defesa e na aplicação de cominações ou de sanções processuais.*

Ao comentar o art. 3º-A do C.P.C. português revogado, Decreto-lei 44.129/61, que também previa a igualdade substancial das partes, assim preconizava António Santos Abrantes Geraldes: *"A resolução de situações de 'desigualdade substancial', por razões de ordem económica, era e continua a ser potenciada pelo instituto do 'apoio judiciário', nas suas diversas modalidades, enquanto que na esfera do 'direito laboral', o desequilíbrio de forças entre o trabalhador e a entidade patronal é colmatado com a especial protecção prestada aos trabalhadores por conta de outrem pelo Ministério Público, nos termos do art. 8º do CPT.".*[249]

Observam-se no atual C.P.C. brasileiro diversas normas de ordem processual que na sua essência buscam efetivar o princípio da igualdade das partes, especialmente quando o juiz reconhece de ofício a falta de incapacidade processual, a falta de litisconsorte, ou, ainda, quando anula cláusula de eleição de foro quando há excessiva oneração ao hipossuficiente.

Quando o art. 7º do atual C.P.C. brasileiro estabelece que é assegurada às partes paridade de tratamento em relação ao exercício de direito e faculdades processuais, assim como aos meios de defesa, aos ônus, aos deveres e à aplicação de sanções processuais, essa asseguração normativa é direcionada especialmente ao juiz condutor do processo, pois a ele compete zelar para que essa igualdade seja respeitada durante todo o arco do procedimento.

A igualdade que deve ser conferida às partes não pode ser uma igualdade meramente *formal*, mas, sim, *substancial*, conforme expressamente consignado no art. 4º do atua C.P.C. português, norma na qual se espelhou o atual C.P.C. brasileiro.

A doutrina portuguesa estabelece que o qualificativo 'substancial' aposto na redação final do art. 4º do C.P.C. português, em contraposição

[249] GERALDES. A. S. A., op. cit., p. 95 a 99.

a uma interpretação meramente *formal* do princípio da igualdade, coloca sérias dúvidas quanto ao seu preenchimento casuístico, no âmbito do processo civil.[250]

Porém, embora o legislador tenha tido a preocupação de assegurar a igualdade *plena* entre as partes, especialmente no campo do exercício de faculdades, uso de meios de defesa, aplicação de cominações processuais, concretizando essa paridade em diversas normas no atual código de processo civil brasileiro, de fora ficaram outras situações onde, sob a capa de tratamento igualitário, podem esconder uma verdade *desigualdade substancial*, assente em razões de índole social ou econômica, como é o caso de demandas em que empresas com elevada capacidade econômica sejam demandas por pessoas individuais ou coletivas em manifesta situação de inferioridade econômica. Sobre esta diferenciação social e econômica, indaga António Santos Abrantes Geraldes, *"A detecção de alguns afloramentos do princípio da igualdade substancial não resolve a questão fundamental que se pode resumir da seguinte forma: a fim de restabelecer a plena igualdade substancial das partes pode o juiz (com fundamento legal), 'conceder a espada mais longa à parte que tem o braço mais curto?"*. E o próprio processualista português responde: *"É no foro laboral que nos confrontamos, por vezes, com situações que retratam uma maior desigualdade substancial: de um lado, o trabalhador, patrocinado ou não pelo Ministério Público, mas em situação de sujeição motivada por razões de ordem económica, social ou cultural e pelo facto de a sua vida depender dos resultados do processo (v.g. impugnação de despedimento, recebimento de salários, indemnizações ou pensões); de outra banda, com maior frequência, encontram-se estruturas empresariais dotadas de meios económicos e devidamente apetrechadas com meios técnicos que lhes permitem terçar armas no processo, sustentar as posições e arcar com os efeitos das decisões, porventura prejudicais aos seus interesses, ou com a demora na conclusão do processo. Tal como no domínio laboral, no processo civil comum são igualmente visíveis diferenças de estatuto sócio-económico capazes de se reconduzirem a uma situação de desequilíbrio substancial, sob o manto de uma simples igualdade formal. É o que acontece quando uma empresa multinacional litiga contra um pequeno comerciante, uma entidade bancária ou seguradora 'versus' um pequeno investidor ou um lesado em situação de clara insuficiência económica ou ainda quando nos aparece, de um lado, o Estado e, do outro, um cidadão"*.[251]

[250] GERALDES, A. S. A., idem., p. 95.

[251] GERALDES, A. S. A., idem, p. 97.

Na realidade, a noção de igualdade está vinculada às concepções de cada Estado, de cada ideologia. Apesar disso, podem-se sistematizar as teorias a respeito da igualdade em duas vertentes principais: a que atribui à igualdade uma noção formal e absoluta e a que a conceitua de forma positiva e real.[252] Significa dizer, em outras palavras, que a igualdade apresenta uma dimensão estática e outra dinâmica. A dimensão estática, sob a perspectiva de que todos são iguais perante a lei, representa, nada mais, nada menos, que mera ficção jurídica. Na dimensão dinâmica, por sua vez, reclama-se do Estado-juiz a supressão dessa desigualdade para transformá-la em igualdade real.[253]

Atualmente, uma visão simplesmente idealista e abstrata do processo civil contribui para o aumento das desigualdades processuais.

Na realidade, o puro idealismo representa um seríssimo obstáculo epistemológico. Não se pode subestimá-lo.[254]

A via idealista traz uma noção do direito extremamente banal, pois procura sustentar um universalismo a-histórico e um pluralismo de explicações. Entende-se por universalismo a-histórico, um idealismo em que as "ideias" se destacam do contexto geográfico e histórico no qual efetivamente são produzidas, constituindo-se um conjunto de noções universalmente válidas, sem intervenção de uma história verdadeira. O pensamento idealista torna-se um fenômeno em si mesmo alto-suficiente, deixando de pertencer à sociedade que o produziu.

Pensar a ciência processual apenas no plano ideal e abstrato é subverter a ordem da realidade e da materialidade. Uma coisa é o idealismo de

[252] FERNANDES, Antonio Scarance. *Processo penal constitucional*. São Paulo: Revista dos Tribunais, 1999, p. 46.

[253] "Assim sendo, o contraditório não se identifica com o a igualdade estática, puramente formal, das partes no processo; não exprime a simples exigência de que os sujeitos possam agir em plano de paridade; nem determina ao juiz o mero dever de levar em conta a atividade de ambos, permitindo que façam ou até que deixem de fazer alguma coisa. O contraditório, como contraposição dialética paritária e forma organizada de cooperação no processo, constitui o resultado da moderna concepção da relação jurídica processual, da qual emerge o conceito de *par condicio*, ou *igualdade de armas*. (GRINOVER, Ada Pellegrini. *Novas tendências do direito processual* – de acordo com a constituição de 1988. 2. ed. São Paulo: Forense Universitária Ltda, 1990. p. 7).

[254] MIAILLE, Michel. *Introdução crítica ao direito*. Trad. Ana Prata. Lisboa: Editorial Estampa, 1994. p.52.

um processo civil que represente a aplicação dos princípios democráticos, como o da igualdade, o da ampla defesa e o do contraditório. Outra coisa bem diferente é a realidade concreta desse instrumento de perfectibilização da tutela jurisdicional.

O direito processual civil idealista considera concretizado o contraditório e a ampla defesa com a simples nomeação de defensor técnico para aquele que não tenha condições financeiras para arcar com o custo de um advogado, pouco importando o resultado concreto e efetivo dessa nomeação.

Contudo, a realidade processual é bem diferente, sendo suficiente a simples referência a um exemplo para se abalar os alicerces desse inconsistente idealismo: "Uma determinada pessoa, integrante do restrito círculo dos que detêm o poder econômico e estando ao amparo do privilégio capitalista, terá à sua disposição, durante o transcurso do processo civil ou mesmo do processo penal, a possibilidade concreta e efetiva de contratar os serviços de renomados e altamente qualificados advogados, a fim de que sua pretensão material e processual seja eficazmente exercida em sede de primeiro grau. Em segundo grau, durante eventual apelação, normalmente contratará os serviços de outros profissionais da mesma envergadura para defendê-la perante os Tribunais de segundo grau. Na hipótese de eventual Recurso Especial ou Recurso Extraordinário, sem contar o enorme elenco de agravos regimentais interpostos perante os próprios Tribunais, serão contratados novos profissionais especialistas na complexidade desses recursos".

É evidente que não se está fazendo uma apologia no sentido de impedir ou limitar o exercício da ampla defesa e do contraditório, pois não se advoga a tese atualmente propagada de que com a redução dos recursos resolver-se-ia o dilema da morosidade da justiça.

Parafraseando Enrique Dussel, não se é arremessando a água contaminada juntamente com o copo que a contém que se irá resolver o grave problema da lentidão judiciária. A solução desse grave problema endógeno do Poder Judiciário não se encontra na simples eliminação das poucas e significantes conquistas advindas do iluminismo.

Retornando-se à aludida hipótese, mas agora em uma outra perspectiva, voltam-se os olhos à pessoa que, em razão de sua circunstância social e econômica, necessita utilizar-se da denominada assistência judiciária gratuita. Neste caso, nomear-se-á um defensor técnico para a postulação de sua pretensão no processo civil. Na verdade, o máximo que lhe será fornecido é um defensor dativo em primeiro grau, o qual, apesar de sua boa vontade, na grande maioria dos casos, não terá as mesmas condições econômicas e estruturais para desenvolver a defesa técnica de seu cliente. É público e notório que o trabalho realizado pelo profissional nomeado normalmente não terá a mesma qualidade daquele desenvolvido pelos grandes escritórios pertencentes aos renomados advogados brasileiros. Além do mais, diversamente da pessoa que possui condições financeiras para contratar advogados especializados em matéria de "recursos", no âmbito dos Tribunais de segundo grau, o 'pobre', em grau de recurso, não será representado por outro profissional para o aprimoramento de sua defesa, o que significa dizer que, na maioria das vezes, eventual recurso do defensor dativo nomeado em primeiro grau nenhum acompanhamento especializado terá em segundo grau, nem mesmo a possibilidade de sustentação oral. Esperar que esse processo dirija-se ao Superior Tribunal de Justiça ou mesmo ao Supremo Tribunal Federal, só em casos excepcionalíssimos.[255]

O que se deseja realçar por meio desse exemplo cotidiano é a necessidade de se superar a visão meramente formal e idealista do princípio

[255] "É, todavia, no âmbito da prática judiciária que se constata, com maior nitidez e de maneira muito mais cruel, a falta de paridade entre os ofícios de acusar e defender, nomeadamente quando figura um acusado pobre no polo passivo da lide (sic).
Decerto que a evolução da ciência processual exigiu a criação de mecanismo idôneos a eliminar as dificuldades de acesso à tutela do indivíduo desprovido de recursos para arcar com o custo de um processo judicial e que não esteja bem informado acerca de seus direitos (...).
Todavia, a apregoada igualdade do acusado pobre, em comparação com o rico, no exercício de seus direitos e garantias processuais, permanece como afirmação retórica, pois o que se vê, rotineiramente, é uma substancial desigualdade de armas entre acusação e defesa nas hipóteses – que constituem a expressiva maioria dos casos – nas quais o acusado é um marginalizado social, ou, quando menos, financeiramente incapacitado para a escolha de um profissional experiente e capacitado para defendê-lo.Com efeito, nos processos criminais em que o acusado é patrocinado por defensor público, 'vira frangalhos o princípio da igualdade das partes, não porque o defensor seja um irresponsável quanto a seus deveres, mas por tratar-se, no mais das vezes, de jovens recém –formados e inexperientes, de quem não se pode exigir uma atuação igual à de um experimentado membro do Ministério Público, há muitos anos naquele trabalho, e conhecedor dos meandros judiciais'". (CRUZ, Rogério Schietti Machado. *Garantias processuais nos recursos criminais.* São Paulo: Atlas S.A. 2002., p. 118 e 119).

da igualdade no processo civil, bem como colocar em questão a efetiva eficácia do princípio da igualdade diante das sociedades pluralistas como a nossa.[256]

Mario Chiavario preconiza que um dos aspectos que melhor deveria exaltar a eficiência da administração da justiça seria a igualdade de fato entre as diversas pessoas no exercício do direito de defesa. Segundo ele, a este propósito a Corte Europeia dos Direitos do Homem frequentemente atribui importância fundamental à "efetividade" do direito de defesa. Neste aspecto, tem recordado a Corte, que não basta a um Estado, visando a resguardar seus deveres, a predisposição em abstrato daquele instituto: não é suficiente, em outras palavras, que seja obrigatório nomear um defensor a quem não o tenha, e retribuí-lo. Com a decisão proferida no caso Goddi, há mais de doze anos, a própria Itália foi condenada em Estrasburgo pela ineficiência e inércia do comportamento de um defensor nomeado de ofício.[257]

Gian Domenico Pisapia, ao comentar a questão da assistência obrigatória de defensor, inspirada no critério da igualdade substancial, e consagrada no artigo 24, inciso terceiro, da Constituição italiana, faz a seguinte advertência: "*L'istituto del gratuito patrocínio, destinato appunto a tale scopo, non realizza efficacemente l'esigenza della difesa del povero; così come la difesa d'ufficio, espressamente prevista per il processo penale, si riduce spesso, nella prassi, ad una mera formalità, senza costituire una effetiva ed efficace garanzia per chi non abbia la possibilità di munirsi di un difensore di fiducia*".[258]

Em certas circunstâncias há efetivamente a necessidade de se reconhecer às diferenças para que se possa igualar, em outras palavras:"

[256] "Sin embargo, la experiencia histórica enseña cuan ilusoria suele mostrarse la solemne proclamación de la igualdad *in abstracto.* Es hoy en día una verdad de Perogrullo la distinción entre la igualdad *formal*, que se da por satisfecha con la pura identidad de derechos y deberes otorgados por los textos legales a los miembros de la comunidad, y la igualdad *material*, que tiene en cuenta las condiciones concretas bajo las cuales, *hic et nunc*, se ejercen los derechos y se complen los deberes". (MOREIRA, José Carlos Barbosa. La igualdad de las partes em el proceso civil. *In. Revista de Processo*, São Paulo: Revista dos Tribunais, n. 44, ano 11, out./dez., 1986, (176-185), p. 176.

[257] CHIAVARIO, Mario. Garanzie individuali ed efficienza del processo. In *Il giusto proceso.* Associazione tra gli studiosi del processo penal, n. 8. Milano: Dott. A. Giuffrè editore, 1998. p.61 e 62.

[258] PISAPIA, Gian Domenico. *Copendio di procedura penal.* Padova: CEDAM – Casa Editrice Dott. Antonio Milani, 1975., p.34 e 35.

(...) inclinar la balanza de la justicia en favor de las víctimas cuando se dude cuál de los platillos pesa más".[259]

Conforme já teve oportunidade de advertir Mauro Cappelletti: *"(...). Una vez más, la égalité burguesa demonstró representar un progreso importante, pero sólo parcial. Todos los ciudadanos adquirían una igualdad formal frente a la ley; pero hoy es bien claro que tratar 'como iguales' a sujetos que económica y socialmente están en desventaja, no es otra cosa que una ulterior forma de desigualdad y de injusticia".*[260]

Em relação à igualdade processual, Walter J. Habscheid, citado por Rogério Lauria Tucci, diz que a isonomia processual reclama a concessão das mesmas armas aos sujeitos denominados parciais, paritariamente tratadas, para que *"(...) tenham idênticas chances de reconhecimento, satisfação ou assecuração do direito que constitui o objeto material do processo".*[261]

Mario Chiavario, ao tratar do direito à defesa técnica ou autodefesa, afirma que: *"L'ascolto' delle parti è, senza dubbio, il perno di uno svolgimento processuale autenticamente giurisdizionale, e d'altro canto esso non deve potersi ridurre a mero simulacro.".*[262]

A observação abaixo de Rogério Lauria Tucci, quanto à questão da deficiência da assistência judiciária, continua muito pertinente para os dias atuais, em que pese tenha sido formulada há muitos anos atrás: *"Necessidade de superação da deficiência na prestação de assistência judiciária – enquanto isso não acontece, o dever estatal de prestação de assistência judiciária vem sendo exercido, com inescondível deficiência, pelos órgãos encarregados de prestação de serviços de assistência técnico-jurídica aos necessitados, tanto em plano federal, como nas unidades de nossa República Federativa (...). Dada, porém, a óbvia falta de possibilidade de atendimento a todas as situações ocorrentes, o Governo paulista, objetivando suprir a mencionada deficiência do serviço público, celebrou, em 20 de fevereiro de 1986, um convênio com a Seccional de São Paulo da Ordem dos Advogados do Brasil (...). Esses paliativos, todavia, aqui, como alhures, não tiveram, nem podem ter, o condão*

[259] BERISTAIN, Antonio. Nuevo proceso penal desde las víctimas. *In Direito Criminal.* coord. José Enrique Pierangeli. Belo Horizonte: Del Rey, 2001. p. 31

[260] CAPELLETTI, Mauro. *Proceso, ideologias, sociedad.* Trad. Sentis Melendo y Tomás A. Banzhaf. Buenos Aires: Ediciones Jurídicas Europa-America, 1974. p. 67.

[261] Apud TUCCI, Rogério Lauria. *Direitos e garantias individuais no processo penal brasileiro.* São Paulo: Saraiva, 1993. p. 164.

[262] CHIAVARIO, Mario. *Processo e garanzie della persona – le garanzie fondamentali.* 3.ed. v. II. Milano: Dott. A. Giuffrè Editore, 1984. p. 135.

de solucionar o problema. E, acrescidos a eles os relacionados com a deficiência da atuação profissional do advogado incumbido de efetuá-la, verifica-se, realística e lamentavelmente, que os postulados constitucionais da igualdade e da assistência judiciária gratuita passaram, especialmente em matéria criminal, da salutar intenção do legislador constituinte à quimera dos menos afortunados de, em algum dia, contar com o efetivo patrocínio defensivo de seu direito subjetivo material, precipuamente do da liberdade, relegado ao utópico anseio de assemelhação com o assegurado aos economicamente poderosos".[263]

O que se pretende, na verdade, não é estabelecer uma justiça dos pobres em contraposição à justiça dos mais abastados economicamente, mas, sim, formatar um Poder Judiciário acessível a todos com igualdade de condições e estrutura.[264]

Deseja-se romper com as perspectivas, ainda recente, das indiferenças em relação à realidade do sistema judiciário, pois, *"fatores como diferenças entre os litigantes em potencial no acesso prático ao sistema, ou a disponibilidade de recursos para enfrentar o litígio, não eram (e não são) sequer percebidos como problemas".*[265]

Postula-se o reconhecimento dessas diferenças, não apenas econômicas, mas também culturais, sociais, psicológicas etc, a fim de que se possa dar efetividade concreta ao princípio da igualdade previsto no art. 7º do novo C.P.C. brasileiro e no art. 4º do atual C.P.C. português.

Postula-se o reconhecimento de eventuais *vítimas* do sistema dominante. E por *vítimas* do sistema não significa apenas aqueles que são catalogados como "menos favorecidos economicamente". O desfavorecimento pode provir de questões sociais, culturais, raciais etc. O magistrado deve estar atento a isso.

Portanto, nada adiantará aos processualistas, em geral, ou mesmo à Academia, a realização de estudos sistemáticos do processo civil, simpósios e mais simpósios diante dos mais variados temas, especificamente sobre a melhor forma de se conseguir um resultado *équo e justo* no processo

[263] TUCCI, R. L., op. cit., p. 107, 108 e 109.

[264] "Provavelmente o primeiro reconhecimento explícito do dever do Estado de assegurar igual acesso à justiça (pelo menos quando as partes estejam na Justiça) veio com o Código Austríaco de 1895, que conferiu ao juiz um papel ativo para equalizar as partes" (CAPPELLETTI, Mauro; BRYANT Garth. *Acesso à justiça*. Trad. Ellen Gracie Northfleet. Porto Alegre: Sergio Antonio Fabris Editor, 1988. p. 11).

[265] CAPPELLETTI, M. Idem., p. 10.

jurisdicional, enquanto não forem efetivamente reconhecidas as diferenças culturais, sociais, econômicas das pessoas que participam da relação jurídica processual.

Reconhecer as desigualdades das pessoas é de rigor, não para igualá-las concretamente, pois as diferenças das condições sociais, culturais e econômicas sempre estarão presentes na realidade, mas, sim, para permitir a realização de atos concretos e eficazes que possam atenuar essa lamentável e indesejável circunstância da vida, levando-se sempre em consideração o critério e o princípio fundamental de uma ética material, ou seja, uma ética voltada para a *produção, reprodução e desenvolvimento da vida humana*.

É bem verdade que esse tema nunca foi tratado com a devida preocupação, pois, muito embora os juristas reconheçam a deficiência da relação jurídica processual em face das vítimas do sistema, permanecem resignados com a situação, limitando-se à incessante, desgastante e infrutífera reivindicação de sua melhoria por parte do Poder Executivo ou do Poder Legislativo.

Para não se permanecer nessa posição conformista, pretende-se apresentar uma alternativa.

A alternativa que se apresenta para esse lamentável quadro de desigualdade processual é realçar a *parcialidade positiva do juiz* e direcioná-la para o efetivo reconhecimento das desigualdades existentes no processo, a fim de que, através dos meios legítimos conferidos pelo ordenamento jurídico, e que não são poucos, possa promover-se o desenvolvimento da relação jurídica processual civil com base nos princípios democráticos fundamentais previstos na Constituição Federal brasileira de 1988.[266]

Há necessidade, portanto, de se redefinir o papel do juiz, protagonista das atividades que ele coordena e orienta, com o *"(...) esfuerzo de colaboración de las partes y profesionales, y sin miedo a la proyección de las consecuencias efectivas, es decir sin apego a la rutina"*.[267]

Não se deseja, evidentemente, que essa nova configuração do juiz permaneça circunscrita apenas a uma postura meramente ideal, superficial e formalista, senão que ingresse profundamente no conteúdo pragmático do

[266] SOUZA, Artur César. *A parcialidade positiva do juiz*. São Paulo: Editora Revista dos Tribunais, 2008.

[267] MORELLO, Augusto. *El proceso justo*. Buenos Aires: Abeledo – Perrot, 1994., p. 606.

processo civil. Posição criteriosamente diligente que o conduza a resolver (com certa imaginação) no vértice do direito público e da transcendência da dimensão social em que se encontra estruturado o processo, as desigualdades existentes na relação jurídica processual. Ao juiz são adjudicadas funções, poderes (expressos, implícitos ou inerentes), com o objetivo de exercê-los razoavelmente, exigindo-se, para isso, o devido respeito ao direito de audiência, a bilateralidade, a igualdade das partes, sem incorrer em surpresas desestabilizadoras da regularidade de seu desenvolvimento, *"(...) ni en exceso ritual que frustre la sustancia y destino útil de los actos y las actividades que conducen a la setencia"*.[268]

Para que se alcance algum resultado, exige-se um árduo enfrentamento de dificuldades que, normalmente, configuram o foco filosófico do problema do acesso à justiça, e que circunda e condiciona contextualmente ao desenvolvimento da relação jurídica processual do caso particular e, em grau determinante, a "ideologia dos profissionais" operadores do direito. Esse enfrentamento é de extrema importância, para que não se compare, como ironicamente se diz na Inglaterra, o acesso à justiça com o eventual ingresso ao "Hotel Ritz", que tem sempre as portas abertas "para todos", ainda que sejam muito poucos os que, na verdade, podem hospedar-se nele.[269]

Diante dessas considerações, para que haja efetivo contraditório e ampla defesa, é pressuposto indispensável a igualdade de tratamento no exercício de direitos e faculdades processuais.

É evidente que o princípio da igualdade recomenda tratar igualmente os iguais e desigualmente os desiguais.

[268] MORELLO, A., idem. Loc. Cit.

[269] "Um dos grandes problemas acerca da institucionalização da democracia na América Latina passa pela garantia do acesso universal à justiça. É interessante mencionar, para iniciarmos, a perspectiva pragmática de Aljandro Garro, do New York University:
'Deixando de lado as discussões acadêmicas e altas proclamações, o melhor sistema judicial do mundo não vai ainda permitir justiça se a maior parte do povo não tiver acesso a ele. Tribunais e serviços jurídicos são, em teoria, acessíveis a todos, como o Hotel Sheraton – qualquer um pode entrar, tudo o que se requer é dinheiro. (Garro, A. 'Acess to justice for the poor in Latin América, *In* : O'Donell, G., Mendez, Pinheiro, P. S. The (un) rule of and the underprivileged in Latin America. Notre Dame: Notre Dame University Presse, 1999, p. 278-302)". (VERONESE, Alexandre. O terceiro poder em crise: impasses e saídas; *Cadernos Adenauer,* Ano III, 2002, n. 06, Rio de Janeiro: Ed. Fundação Konrad, p. 95 e 96).

Daí por que o juiz deve estar atento à falta de defesa técnica, tomando as providências necessárias para a garantia do contraditório e da ampla defesa não sofra prejuízo.

As questões prioritárias (nucleares) que capturam a atenção dos estudiosos nesse momento, e que possivelmente dominarão todo o horizonte processual constitucional do Século XXI, circulam por uma ampla faixa geral e comum a todos os países e se desdobram em um elenco integrado por: *"– privilegiar su rol instrumental – de serviço – en el núcleo de la persona (principal referencia del Derecho), con base en la pauta guía de la solidaridad y dimensión social; la meta del debido proceso adjetivo, el desemboque real, es un fallo justo que en verdad solucione o disuelva los conflictos, que brinde una tutela efectiva, facilitando la realización del derecho material; – dar prioridad a los valores; en la cumbre, la dignidad de la persona, pero también en las sociedades de masas y en la escala de los conflictos coexistenciales, preservar la paz jurídica; – reconocer que el hallazgo inteligente de las respuestas será la conclusión de un método interdisciplinario; en donde cada especialización arrime su verdad, su técnica, sumándose al esfuerzo común; – El juez debe saber sumar a su función normal – la de dar con sus sentencias soluciones jurídicas – la creativa del derecho aplicable al caso, la de un activismo protagónico y una presencia y dirección inteligentes".*[270]

A incansável luta para se derrubarem e ultrapassarem os obstáculos e as barreiras, tanto as do interior do processo em si, como as exógenas demonstradas por tantas circunstâncias sociológicas debilitadoras (pobreza, linguagem, desinformação, discriminações), conduz a uma nova perspectiva. Essa perspectiva de um "processo justo" também é representada pela dimensão social de um processo, caracterizada por um aspecto mais *humano e solidário*, bem como pelo trânsito de uma justiça ortodoxamente "liberal" para aquela que incorpora em suas vivencias "(...)las exigencias del estado social de derecho, en el pivote de una clara relevancia del solidarismo (la justicia con un *rostro más humano*)".[271]

São mudanças importantes e adequadas para um perfeito funcionamento do processo atual, ou seja: *"(...)un retorno a la personalización, a la debida consideración central de la persona, también, como sujeto del proceso o de sus alternativas integradoras (...); la constante y preferente atención en el hombre que está envuelto en el conflicto que dio origen a la controversia, y que aguarda la solución*

270 MORELLO, A., op. cit.. p. 625 e 626.

271 MORELLO, A., Idem. Ibidem. p. 234.

de ésos, sus problemas, que son los referentes del derecho y, también, del proceso; el franco reconocimiento de que el proceso es una institución social; los intereses que en él se hallan en juego trascienden los de las partes; humanizar el proceso es personalizarlo; al cabo socializarlo con los aires no egoístas de la solidariedad".[272]

Na verdade, a injustiça percorre todo o organismo social e solta suas raízes onde encontra um terreno propício. A fonte de injustiça está num sistema que reproduz em todos os níveis o abuso sem distinção de classe. Deve-se cada vez mais sustentar e com rigor a aspiração ética e intelectual que, por detrás de qualquer investigação teórica, conserva intacta sua razão de ser: *"(...) la necesidad de eliminar la exploración económica y los abusos y discriminaciones sociales".*[273]

Mas para que se possa eliminar a *la explotación econômica y los abusos y discriminaciones sociales* no âmbito da relação jurídica processual civil ou penal, deve-se romper com o postulado dogmático do *juiz (im)parcial,* na sua concepção clássica iluminista, que é fruto de ultrapassadas e objetivamente criticáveis tendências formalistas vinculadas ao pensamento que pressupõe a existência de um juiz "eunuco" e totalmente "asséptico".

A visão meramente formalista cria uma falsa ilusão em relação ao ser humano juiz.

O juiz não é neutro e muito menos imparcial, pois, de certa forma, está vinculado às suas concepções sociais, econômicas, culturais, psicológicas e ideológicas. É um ser histórico e fruto de seu tempo.

Os poderes disciplinar e biopolítico disseminados perifericamente num determinado momento histórico da humanidade sugestionam a subjetivação do juiz, bem como sua performance no âmbito da relação jurídica processual civil ou penal.

Não sendo o juiz neutro, muito menos (im)parcial, procura-se romper com essa visão meramente formalista, sugerindo-se uma nova leitura para o princípio da *(im)parcialidade* do juiz.

Numa perspectiva humanística do processo civil, postula-se a aplicação do princípio da *parcialidade positiva do juiz.*

O princípio do *juiz positivamente parcial,* que garante o reconhecimento das diferenças sociais, econômicas, culturais das pessoas envolvidas na relação jurídica processual, tem por fundamento a concepção filosófica

[272] MORELLO, A., Idem. Ibidem, p.306.

[273] MORELLO, A., idem, ibidem, p. 346.

da *racionalidade do outro*, desenvolvida por Enrique Dussel e Emmanuel Lévinas.

A *parcialidade positiva do juiz*, portanto, é fruto de uma racionalidade crítica que visa a romper com a totalidade do sistema vigente, com a clausura e delimitação da vida a partir da mera conservação do sistema.

O juiz deve reconhecer a exterioridade das vítimas que se apresenta transcendentalmente no processo, para o efeito de introduzir no âmbito da relação jurídica processual uma ética material voltada para a produção, reprodução e desenvolvimento da vida humana. E para que isso ocorra, necessita-se que o magistrado liberte-se da dogmática de seu "solipsismo", de sua "subjetividade individualista e dogmática", para alcançar o "outro" que se encontra num âmbito transcendental, e, assim, confirmar a sua responsabilidade pré-ontológica no campo da relação jurídica processual.

A *parcialidade positiva do juiz* é um princípio consubstanciado na ética material, isto é, no sentido de que o juiz, durante a relação jurídica processual, reconheça as diferenças sociais, econômicas e culturais das partes, e paute sua decisão com base nessas diferenças, humanizando o processo civil.

Muito embora o postulado de uma nova leitura do princípio da (im) parcialidade do juiz possa dar a impressão de uma mera construção teórica e acadêmica, o certo é que os tribunais, há muito tempo, estão aplicando, mesmo que inconscientemente, o *princípio da parcialidade positiva do juiz*.

Nesse sentido eis as seguintes decisões:

> *EMENTA: HABEAS CORPUS. PENAL E PROCESSUAL PENAL. TRÁFICO DE ENTORPECENTES. PRISÃO EM FLAGRANTE. CONTROVÉRSIA A RESPEITO DA POSSIBILIDADE DE LIBERDADE PROVISÓRIA. IRRELEVÂNCIA. AUSÊNCIA DE FUNDAMENTAÇÃO CAUTELAR. VINGANÇA. A SUBMISSÃO DA PACIENTE AO CÁRCERE É INCOMPATÍVEL COM O DIREITO, AINDA QUE SE POSSA TER COMO ADEQUADO À REGRA. MANTER PRESA EM CONDIÇÕES INTOLERÁVEIS UMA PESSOA DOENTE NÃO RESTABELECE A ORDEM, ALÉM DE NADA REPARAR. SITUAÇÃO PECULIAR A CONFIGURAR EXCEÇÃO. EXCEÇÃO CAPTURADA PELO ORDENAMENTO JURÍDICO. ORDEM CONCEDIDA*
>
> *1. Controvérsia a propósito da possibilidade, ou não, de concessão de liberdade provisória ao preso em flagrante por tráfico de entorpecentes. Irrelevância para o caso concreto, face a sua peculiaridade.*

2. Paciente primária, de bons antecedentes, com emprego e residência fixos, flagrada com pequena quantidade de maconha quando visitiva o marido na penitenciária. Liberdade provisória deferida pelo Juiz da causa, posteriormente cassada pelo Tribunal de Justiça local. Mandado de prisão expedido há cinco anos, não cumprido devido a irregularidade no cadastramento do endereço da paciente. Superveniência de doença contagiosa [AIDS], acarretando outros males. Intenção, da paciente, de entregar-se à autoridade policial. Entrega não concretizada ante o medo de morrer no presídio, deixando desamparada a filha menor.

3. Dizer "peculiaridade do caso concreto" é dizer exceção. Exceção que se impõe seja capturada pelo ordenamento jurídico, mesmo porque, a afirmação da dignidade da pessoa humana acode à paciente.

4. A transgressão à lei é punida de modo que a lei [= o direito] seja restabelecida. Nesse sentido, a condenação restabelece o direito, restabelece a ordem, além de pretender reparar o dano sofrido pela vítima. A prisão preventiva antecipa o restabelecimento a longo termo do direito; promove imediatamente a ordem. Mas apenas imediatamente, já que haverá sempre o risco, em qualquer processo, de ao final verificar-se que o imediato restabelecimento da ordem transgrediu a própria ordem, porque não era devido.

5. A justiça produzida pelo Estado moderno condena para restabelecer o direito que ele mesmo põe, para restabelecer a ordem, pretendendo reparar os danos sofridos pela vítima. Mas a vítima no caso dos autos não é identificada. É a própria sociedade, beneficiária de vingança que como que a pacifica em face, talvez, da frustração que resulta de sua incapacidade de punir os grandes impostores. De vingança se trata, pois é certo que manter presa em condições intoleráveis uma pessoa doente não restabelece a ordem, além de nada reparar. A paciente apresenta estado de saúde debilitado e dela depende, inclusive economicamente, uma filha. Submetê-la ao cárcere, isso é incompatível com o direito, ainda que se possa ter como adequado à regra. Daí que a captura da exceção se impõe. Ordem deferida, a fim de que a paciente permaneça em liberdade até o trânsito em julgado de eventual sentença penal condenatória.

(HC 94916, Relator(a): Min. EROS GRAU, Segunda Turma, julgado em 30/09/2008, DJe-236 DIVULG 11-12-2008 PUBLIC 12-12-2008 EMENT VOL-02345-02 PP-00243 RTJ VOL-00208-03 PP-01165)

EMENTA: PRECATÓRIO. SEQÜESTRO DE VERBAS PÚBLICAS. CONSTRIÇÃO FUNDADA NO QUADRO DE SAÚDE DO INTERESSADO. AUSÊNCIA DE INDICAÇÃO DE PRETERIÇÃO OU QUEBRA DE ORDEM CRONOLÓGICA. VIOLAÇÃO DA AUTORIDADE DA ADI 1.662.

1. Não cabe reclamação contra ato futuro indeterminado. A reclamação pressupõe a prática de ato específico para que possa ser conhecida.

2. Por ocasião do julgamento da ADI 1.662 (rel. min. Maurício Corrêa), a Corte decidiu que a ausência de previsão orçamentária ou o pagamento irregular de crédito que devesse ser solvido por precatório não se equiparam à quebra de ordem cronológica ou à preterição do direito do credor (art. 100, § 2º, da Constituição).

3. Naquela assentada, a Corte não ponderou acerca da influência do direito fundamental à saúde e à vida na formação das normas que regem a sistemática de pagamentos de precatório. Portanto, ordem de bloqueio de verbas públicas, para pagamento de precatório, fundada no quadro de saúde do interessado, não viola a autoridade do acórdão prolatado durante o julgamento da ADI 1.662.

4. Ressalva do ministro-relator, quanto à possibilidade do exame da ponderação, cálculo ou hierarquização entre o direito fundamental à saúde e a sistemática que rege os precatórios em outra oportunidade.

5. Reclamação conhecida parcialmente e, na parte conhecida, julgada improcedente.

(Rcl 3982, Relator(a): Min. JOAQUIM BARBOSA, Tribunal Pleno, julgado em 19/11/2007, DJe-162 DIVULG 13-12-2007 PUBLIC 14-12-2007 DJ 14-12-2007 PP-00049 EMENT VOL-02303-01 PP-00064 RTJ VOL-00204-01 PP-00238).

8.6. Princípio do contraditório nos fundamentos da demanda

O art. 10 do novo C.P.C. brasileiro preconiza que o *juiz não pode decidir, em grau algum de jurisdição, com base em fundamento a respeito do qual não se tenha dado às partes oportunidade de se manifestar, ainda que se trate de matéria sobre a qual deva decidir de ofício.*

Novamente o princípio do contraditório é a base de sustentação da dialética que deve existir no processo civil brasileiro, agora em especial aos fundamentos para a concessão ou não da tutela jurisdicional requerida.

O art. 10 do novo C.P.C. brasileiro foi abeberar-se no preceito normativo previsto no artigo 3º, n. 3, do Código de Processo Civil português, que assim dispõe: *"O juiz deve observar e fazer cumprir, ao longo de todo o processo, o princípio do contraditório, não lhe sendo lícito, salvo caso de manifesta desnecessidade, decidir questões de direito ou de fato, mesmo que e conhecimento oficioso, sem que as partes tenham tido a possibilidade de sobre elas se pronunciarem".*

No artigo 9º do novo C.P.C. brasileiro, observou-se a exigência do contraditório no seu *aspecto estático*, ou seja, o juiz não poderá decidir qualquer conflito ou questão de fato ou de direito sem que a parte seja previamente ouvida.

Mas para que a garantia constitucional do contraditório seja efetiva, sua aplicação não se restringe apenas a determinada fase do processo jurisdicional, pois não é suficiência a aplicação do contraditório apenas no seu aspecto *estático*.

Há necessidade também de um contraditório 'dinâmico', mediante uma colaboração efetiva das partes durante o transcurso do processo, com possibilidade efetiva de influir, com suas próprias atividades de articulação e argumentação, na formação do convencimento do magistrado. Isso é o que significa dizer a garantia mínima de legalidade do 'justo processo', o contraditório entre as partes em condição de igualdade.

Segundo estabelece o art. 10 do novo C.P.C. brasileiro, não será lícito ao juiz decidir com base em fundamento, mesmo que proveniente de conhecimento *oficioso*, sem que as partes tenham tido a possibilidade de sobre ele se pronunciarem.

Essa determinação normativa deve ser observada por qualquer órgão jurisdicional e em qualquer grau de jurisdição.

O preceito normativo previsto no art. 10 do novo C.P.C. brasileiro teve por finalidade permitir que a contraditoriedade não seja considerada uma mera 'referência programática' e constitua, efetivamente, uma via tendente a melhor satisfazer os interesses que gravitam na órbita dos tribunais: "*a boa administração da justiça, a justa composição dos litígios, a eficácia do sistema, a satisfação dos interesses dos cidadãos*".[274]

Com a referida determinação normativa, na sua redação atual, objetivou-se igualmente impedir que, com base no princípio '*iura novit curia*' e do princípio da oficiosidade no conhecimento da generalidade das exceções dilatórias e das exceções peremptórias, as partes fossem confrontadas no saneamento do processo ou na decisão final com *soluções jurídicas inesperadas* com as quais não poderiam *razoavelmente* contar, por não terem sido objeto de discussão no processo.[275]

Como se tem ciência, a liberdade de aplicação de regras jurídicas adequadas ao caso e a oficiosidade no conhecimento de exceções conduzem, com alguma frequência, a decisões que, embora tecnicamente corretas,

[274] GERALDES, A. S. A. op. cit., p. 69.

[275] GERALDES, A. S. A., idem, p. 67.

manifestam-se contra a corrente principal do processo, à revelia das posições jurídicas que cada uma das partes tomou nos articulados ou nas alegações de recurso.[276]

Por isso, além do princípio do contraditório, o art. 10 do novo C.P.C. brasileiro também propugna por uma postura por parte do magistrado que não gere *surpresa* às partes, especialmente ao levar em consideração fundamento não articulado por elas. Este dispositivo, portanto, visa a evitar a prolação de *decisões-surpresas* legitimadas pelo regime jurídico processual anterior, que nenhuma limitação inseria ao poder imediato de integração de matéria de fato nas normas aplicáveis. Tal sistema permitia: *"sem quaisquer reservas, que, à margem de uma efectiva discussão das questões, o juiz pudesse proferir uma decisão de 'absolvição da instância' no despacho saneador ou mesmo na sentença final, apesar de 'nenhuma das partes' interessadas na resolução do litígio ter configurado essa possibilidade de finalização da instância, em lugar da pretendida decisão de mérito"*.

Constitui um exemplo paradigmático no direito português, a forma como foi resolvida a controvérsia subjacente ao Ac. do STJ, de 24.3.92, *in* R.O.A., ano 54º, de Dezembro de 1994, pág. 819 e segs., anotado por Oliveira Ascensão, cujo objeto estava relacionado com um contrato de cedência de uma loja inserida num Centro Comercial: *"A 1ª instância qualificou o acordo como 'contrato misto de arrendamento e de prestação de serviços', julgando 'procedente a acção e improcedente a reconvenção'; 'a Relação de Lisboa', por seu lado, julgou a 'acção improcedente e parcialmente procedente o pedido reconvencional', qualificando aquele mesmo contrato como 'atípico'; por último, o 'Supremo Tribunal de Justiça', mantendo, embora, esta qualificação, considerou que não 'fora observada a forma legalmente prevista' (questão discutível face às normas jurídicas aplicáveis e que, de todo o modo, nunca fora colocada pelas partes declarou a 'nulidade do contrato' e, consequentemente, numa 'decisão salomónica', conclui pela 'improcedência, tanto da 'acção, como da reconvenção'"*.[277]

Um exemplo típico existente no ordenamento jurídico brasileiro sobre a existência de *decisões-surpresas* é o reconhecimento da prescrição ou da decadência pelo juiz, de *ofício*, sem que qualquer das partes tivesse arguido ou se manifestado sobre tal questão.

[276] GERALDES, A. S. A., idem, ibidem.

[277] GERALDES, A. S. A., idem, p. 69.

Para se evitar essa afronta ao princípio do contraditório, o art. 40, §§ 4º e 5º, da Lei de Execução Fiscal (Lei n. 6.830 de 22 de setembro de 1980), assim preconizou:

> *Art. 40 – O Juiz suspenderá o curso da execução, enquanto não for localizado o devedor ou encontrados bens sobre os quais possa recair a penhora, e, nesses casos, não correrá o prazo de prescrição.*
>
> *(...).*
>
> *§ 4º Se da decisão que ordenar o arquivamento tiver decorrido o prazo prescricional, o juiz, depois de ouvida a Fazenda Pública, poderá, de ofício, reconhecer a prescrição intercorrente e decretá-la de imediato. (Incluído pela Lei nº 11.051, de 2004)*
>
> *§ 5º A manifestação prévia da Fazenda Pública prevista no § 4º deste artigo será dispensada no caso de cobranças judiciais cujo valor seja inferior ao mínimo fixado por ato do Ministro de Estado da Fazenda. (Incluído pela Lei nº 11.960, de 2009)*

O juiz, na execução fiscal, poderá reconhecer de ofício a prescrição, desde que oportunize à Fazenda Pública a possibilidade de se manifestar previamente sobre o acolhimento desse fundamento jurídico, salvo se se tratar da hipótese do §5º do art. 40 da LEF.

Da mesma forma, o novo C.P.C. estabelece que o juiz poderá reconhecer de ofício a prescrição ou a decadência, desde que seja dada oportunidade às partes de se manifestar (art. 487, p.u., do novo C.P.C.).

Como já se afirmou, o art. 10 do novo C.P.C. inspirou-se no art. 3º, n. 3, do Código de Processo Civil português, que assim dispõe: *O juiz deve observar e fazer cumprir, ao longo de todo o processo, o princípio do contraditório, não lhe sendo lícito, **salvo caso de manifesta desnecessidade**, decidir questões de direito ou de fato, mesmo que e conhecimento oficioso, sem que as partes tenham tido a possibilidade de sobre elas se pronunciarem* ".

O preceito normativo previsto no C.P.C. português traz uma *cláusula geral* importante, ou seja, será possível ao juiz deixar de ouvir a parte, quando houver *manifesta desnecessidade*. Assim, segundo a norma portuguesa, *salvo em caso de manifesta desnecessidade*, não é lícito ao juiz *"decidir questões de direito ou de facto, mesmo que de conhecimento oficioso, sem que as partes tenham tido a possibilidade de sobre elas se pronunciarem"*.

Já o preceito normativo previsto no art. 10 do novo C.P.C. brasileiro não apresentou a mesma *clausula geral* de exceção, o que poderá ensejar um conflito importante entre o princípio do contraditório e o princípio da celeridade processual, que é, sem dúvida, o fio condutor da atual reforma processual brasileira.

António Santos Abrantes Geraldes, ao comentar o art. 3º, n. 3, do C.P.C. português, traz a seguinte reflexão sobre a inserção da *clausula geral* como regra de exceção: "*Esta norma, na sua redacção inicial, suscitava algumas 'dúvidas e incertezas' quanto ao seu âmbito de aplicação, nomeadamente, em casos de conhecimento da litigância de má fé ou de indeferimento liminar da petição ou rejeição de algum requerimento ou recurso, por extemporaneidade.*

A letra do preceito parecia impor, em ambas as situações, o prévio cumprimento das regras do contraditório. Aliás, o indeferimento liminar imediato era indicado por Lebre de Freitas como exemplo de uma das decisões-surpresas que urgia afastar do CPC (in R.O.A., ano 55º, pág. 11).

Tínhamos, no entanto, sérias reservas quanto ao acerto desta interpretação e, a ser correcta, impressionavam-nos os efeitos negativos que, no campo da celeridade processual, daí poderiam advir.

De facto, a sanção de litigância de má-fé deve ser aplicada quando os autos revelem um comportamento censurável da parte, as mais das vezes resultando de actuações repetitivas ou claramente violadoras dos deveres de probidade ou de cooperação que estão consagrados no Código.

Por outro lado, nos poucos casos em que ainda se admitia o indeferimento liminar, os fundamentos que podem conduzir a tal decisão devem ser tão evidentes que, obviamente, o autor tinha o dever de se aperceber das consequências que poderiam resultar da apresentação de tal articulado se 'agisse com a diligência devida', como rezava o preceito.

Uma interpretação, com o alcance de também incluir aquelas situações e outras semelhantes (v. g. não recebimento de um recurso apresentado manifestamente fora de prazo), constituiria mais um motivo de arrastamento do processo que contradizia tudo quanto se apregoava acerca dos objectivos da reforma de processo civil: acelerar a conclusão dos processos e afastar uma das críticas mais frequentes quanto à capacidade de resposta dos tribunais às solicitações dos cidadãos.

A convicção acerca dos pressupostos de condenação de alguma das partes como litigante de má fé raramente resulta de um determinado acto em concreto, emergindo, com frequência, da análise, na sentença final, do seu comportamento ao longo de todo o processo.

A solução de impor invariavelmente que o juiz ouvisse a parte antes de se pronunciar sobre a litigância censurável constituiria, segundo cremos, um sério obstáculo à prolação, dentro de prazo razoável, da sentença final.

Julgamos que a solução final adoptada, correspondendo ao estabelecimento de uma cláusula geral a integrar pelo juiz em cada caso concreto, já não suporta críticas referidas, na medida em que caberá ao juiz avaliar, caso a caso, a necessidade ou desnecessidade de respeitar o princípio do contraditório".[278]

Muito embora o art. 10 do novo C.P.C. brasileiro não traga expressamente uma cláusula geral de exceção, é evidente que em determinadas situações que possam por em risco à efetividade da tutela jurisdicional ou a celeridade da prestação jurisdicional, poderá o juiz deixar de cumprir a determinação normativa prevista no art. 10 do novo C.P.C. brasileiro, fazendo assim uma ponderação de prevalência de princípios Constitucionais, os quais não têm caráter absoluto.

Assim, se o juiz verificar que é possível, quando da prolação da sentença, dar novo enquadramento jurídico ao fato, o qual foi por ele encontrado apenas quando da prolação da decisão, a necessidade ou desnecessidade de audição das partes ficará dependente da confrontação dos princípios constitucionais.

O certo é que, se o litígio desenvolveu-se à volta de um contrato qualificado pelas partes, ambas as partes, como sendo um contrato de compra e venda, em cujo regime jurídico o autor procurou o fundamento de sua pretensão e o réu assentou toda a sua defesa, parece lógico que a aplicação de outro instituto, por exemplo, doação ou dação em pagamento, deve ser antecedida da prévia audição das partes. Igualmente parece razoável que, se nenhuma das partes arguiu a 'nulidade' de um determinado negócio e, quer uma quer outra, deduziram as pretensões partindo da sua validade, não será curial que o juiz, 'à revelia dos principais interessados', decrete a nulidade, apesar de essa exceção peremptória ser do conhecimento oficioso.[279]

Percebe-se atualmente que as modernas legislações processuais impõem um poder-dever ao juiz de velar pelo princípio do contraditório 'dinâmico', ou seja, de provocar de qualquer modo, de ofício, o preventivo contraditório das partes sobre qualquer questão (de rito ou de mérito, de fato ou de direito, prejudicial ou preliminar), havendo uma relevância decisória determinante.

Exemplos de legislação em que há exigência da efetiva observação do contraditório 'dinâmico': art. 16 do C.P.C francês; §278, inciso 3, do ZPO

[278] GERALDES, A. S. A., idem., p. 66 e 67.

[279] GERALDES, A. S. A., idem, p. 69.

alemão, modificado em 1976; o novo §139, incisos 2-4, do mesmo código; §182 do ZPO austríaco, depois das respectivas reformas dos anos de 2001-2002, o artigo 183, inc. 4, do C.P.C. italiano.

O artigo 16 do C.P.C. francês afirma peremptoriamente que mesmo enfrentando questões que possam ser conhecidas de ofício, o magistrado tem o dever de oportunizar às partes a possibilidade de contra-argumentar sobre a situação jurídica processual. Eis o teor do dispositivo:

> *"Art. 16*
> *(Decree nº 76-714 of 29 July 1976, Article 1, Official Journal of 30 July 1976) (Council of State 1875, 1905, 1948 to 1951 of 12 October 1979, Unification of the new French advocates and the others, JCP 1980, II, 19288) (Decree nº81-500 of 12 May 1981, Article 6, Official Journal of 14 May 1981)*
> *In all circumstances, the judge must supervise the respect of, and he must himself respect, the adversarial principle.*
> *In his decision, the judge may take into consideration grounds, explanations and documents relied upon or produced by the parties only if the parties had an opportunity to discuss them in an adversarial manner.*
> *He shall not base his decision on legal arguments that he has raised sun sponte without having first invited the parties to comment thereon.".*

O S.T.J., de alguma forma, vem observando essa necessidade de preservação do princípio do contraditório tanto no seu aspecto estático quanto dinâmico:

> *1. A atribuição de efeitos infringentes aos embargos de declaração supõe a prévia intimação da contraparte; sem o contraditório, o respectivo julgamento padece de nulidade absoluta. Precedentes: EDcl nos EDcl na AR 1228 / RJ, Corte Especial, Rel. Min. Ari Pargendler, julgado em 1.8.2008; e AgRg no MS 11961 / DF, Corte Especial, Rel. Min. Felix Fischer, julgado em 16.5.2007.*
> *2. Recurso especial provido.*
> (REsp 779.004/DF, Rel. Ministro MAURO CAMPBELL MARQUES, SEGUNDA TURMA, julgado em 03/09/2009, DJe 22/09/2009)

> *1. O juízo de retratação no agravo retido poderá ocorrer somente após ultimado o contraditório, ou seja, a parte contrária terá oportunidade para se manifestar em contrarrazões, a teor do disposto no artigo 523, § 2º do CPC.*

2. Recurso especial provido.

(REsp 853.548/BA, Rel. Ministro JOÃO OTÁVIO DE NORONHA, QUARTA TURMA, julgado em 04/02/2010, REPDJe 24/05/2010, DJe 18/02/2010)

1. A atribuição de efeitos modificativos aos embargos de declaração reclama a intimação prévia do embargado para apresentar impugnação, sob pena de ofensa aos postulados constitucionais do contraditório e da ampla defesa (Precedentes do STJ: AgRg no MS 11.961/DF, Rel. Ministro Felix Fischer, Corte Especial, julgado em 16.05.2007, DJ 19.11.2007; REsp 1.080.808/MG, Rel. Ministro Luiz Fux, Primeira Turma, julgado em 12.05.2009, DJe 03.06.2009; EDcl nos EDcl no RMS 21.719/DF, Rel. Ministro Benedito Gonçalves, Primeira Turma, julgado em 04.12.2008, DJe 15.12.2008; EDcl no RMS 21.471/PR, Rel. Ministro José Delgado, Primeira Turma, julgado em 10.04.2007, DJ 10.05.2007; HC 46.465/PR, Rel. Ministro Arnaldo Esteves Lima, Quinta Turma, julgado em 27.02.2007, DJ 12.03.2007; EDcl nos EDcl no REsp 197.567/RS, Rel. Ministro Francisco Peçanha Martins, Segunda Turma, julgado em 20.09.2005, DJ 24.10.2005; REsp 686.752/PA, Rel. Ministra Eliana Calmon, Segunda Turma, julgado em 17.05.2005, DJ 27.06.2005; EDcl nos EDcl no AgRg no Ag 314.971/ES, Rel. Ministro Luiz Fux, Primeira Turma, julgado em 11.05.2004, DJ 31.05.2004; e REsp 316.202/RJ, Rel. Ministro Humberto Gomes de Barros, Primeira Turma, julgado em 18.11.2003, DJ 15.12.2003).

2. Destarte, o julgado que acolheu embargos de declaração, atribuindo-lhes efeitos infringentes, sem a prévia intimação do embargado, encontra-se eivado de nulidade insanável.

3. Embargos de declaração da empresa acolhidos para anular o julgamento dos últimos embargos de declaração opostos pela Fazenda Nacional (fls. 502/508), concedendo-se ao ora embargante a oportunidade de se manifestar sobre as razões expendidas no aludido recurso fazendário.

(EDcl nos EDcl nos EDcl nos EDcl no AgRg no REsp 852.352/SP, Rel. Ministro LUIZ FUX, PRIMEIRA TURMA, julgado em 13/10/2009, DJe 04/11/2009)

1. Impõe-se a intimação da parte, em razão da juntada de novo documento aos autos, cujo teor faz-se essencial para a formação da convicção do juízo singular (art. 398 do CPC).

2. No caso, os cálculos apresentados pela Fazenda Pública devem ser submetidos ao contraditório. Em outros termos, indispensável a abertura de vista à parte contrária, fornecendo-lhe a oportunidade de manifestar-se sobre o montante referente à conversão em renda de valores depositados em juízo; a resultar, in casu, nulo o decisum singular e reformado o acórdão a quo, por inobservância do que dispõe o art. 398 do CPC (Princípio do Devido Processo Legal).

Recurso especial provido, para determinar a intimação da parte contrária, quanto aos cálculos ofertados pela Autoridade Fazendária, nos termos do voto.

(REsp 1086322/SC, Rel. Ministro HUMBERTO MARTINS, SEGUNDA TURMA, julgado em 18/06/2009, DJe 01/07/2009)

1. Tendo a autora indicado expressamente os dispositivos legais que a decisão rescindenda teria violado, podendo os fatos e fundamentos do seu pedido serem extraídos da leitura da peça inicial, deve ser afastada a preliminar de inépcia da petição aduzida pelo INSS.

2. Não tendo o INSS demonstrado a aludida controvérsia quanto à interpretação da lei previdenciária nos tribunais, não se aplica o enunciado de nº 343 da súmula do STF.

3. A certidão de casamento, que atesta a condição de lavrador do cônjuge da segurada, constitui início razoável de prova documental, para fins de comprovação de tempo de serviço. Deve se ter em mente que a condição de rurícola da mulher funciona como extensão da qualidade de segurado especial do marido. Se o marido desempenhava trabalho no meio rural, em regime de economia domiciliar, há a presunção de que a mulher também o fez, em razão das características da atividade – trabalho em família, em prol de sua subsistência.

4. Ainda que a certidão de casamento original não tenha vindo aos autos junto com a petição inicial, a sua juntada a posteriori, previamente anunciada, não foi feita com o intuito de surpreender a parte contrária ou este juízo, tendo sido dada à autarquia previdenciária igual oportunidade para sobre ela se manifestar, na dialética do processo.

5. A validade dos termos da segunda via da certidão de casamento é fortalecida pela fé pública do oficial do registro civil que a expediu. Havendo o início de prova material a corroborar a prova testemunhal produzida, fica autorizada a rescisão da decisão monocrática que entendeu ser ele inexistente.

6. Ação rescisória julgada procedente.

(AR 3.385/PR, Rel. Ministra MARIA THEREZA DE ASSIS MOURA, TERCEIRA SEÇÃO, julgado em 23/06/2008, DJe 09/09/2008)

– A jurisprudência deste Tribunal vem admitindo, em hipóteses excepcionais, o manejo da medida cautelar originária para fins de se atribuir efeito suspensivo a recurso

especial; para tanto, porém, é necessária a demonstração do periculum in mora e a caracterização do fumus boni juris.

– A manifestação do devedor acerca do pedido de ampliação da penhora se mostra indispensável não apenas em respeito aos princípios constitucionais do contraditório, da ampla defesa e do devido processo legal, mas também para assegurar que a execução se perfaça da forma menos gravosa ao executado, nos termos do art. 620 do CPC.

– Ainda que a hasta pública se realize em favor da satisfação do crédito do exequente, deve-se sempre assegurar que o bem seja oferecido pelo seu valor de mercado, a fim de se evitar eventual enriquecimento sem causa do arrematante ou do credor que adjudicar o imóvel, em detrimento do executado. Nesse sentido, sempre que apresentadas evidências concretas de dessemelhança significativa entre avaliações sobre o mesmo bem, mostra-se prudente a confirmação do seu valor real.

– A nova redação dada ao art. 683 do CPC pela Lei nº 11.382/06 apenas reforçou os meios de se garantir a correta avaliação do bem penhorado.

– Em respeito aos princípios do devido processo legal, da ampla defesa e do contraditório, há de se conceder ao devedor a oportunidade de se manifestar sobre a atualização do crédito executado, mormente quando realizada unilateralmente pela parte contrária, de sorte que, havendo discordância quanto aos cálculos, sejam eles conferidos pelo contador judicial. Não se trata de rediscutir os critérios de atualização do débito, matéria afeita à fase de formação do título executivo; porém, sempre haverá espaço para a parte se insurgir contra erros materiais de cálculo, desde que se manifeste oportunamente.

Liminar deferida.

(MC 13.994/RJ, Rel. Ministra NANCY ANDRIGHI, TERCEIRA TURMA, julgado em 01/04/2008, DJe 15/04/2008)

1. A jurisprudência desta Corte tem admitido a juntada de documentos que não os produzidos após a inicial e a contestação, em outras fases do processo, até mesmo na via recursal, desde que respeitado o contraditório e ausente a má-fé.

2. Não é absoluta a exigência de juntar documentos na inicial ou na contestação. A juntada de documentos em sede de apelação é possível, tendo a outra parte a oportunidade de sobre eles manifestar-se em contrarrazões.

O art. 397 do CPC assim dispõe: "É lícito às partes, em qualquer tempo, juntar aos autos documentos novos, quando destinados a fazer prova de fatos ocorridos depois dos articulados, ou para contrapô-los aos que foram produzidos nos autos." 3. Recurso especial desprovido.

(REsp 780.396/PB, Rel. Ministra DENISE ARRUDA, PRIMEIRA TURMA, julgado em 23/10/2007, DJ 19/11/2007 p. 188)

Direito civil. Família. Recurso especial. Ação de exoneração de alimentos. Maioridade. Exoneração. Ampla defesa e contraditório.

Reexame de provas. Fundamentação deficiente.

– Não tem lugar a exoneração automática do dever de prestar alimentos em decorrência do advento da maioridade do alimentando, devendo-se propiciar a este a oportunidade de se manifestar e comprovar, se for o caso, a impossibilidade de prover a própria subsistência. Isto porque, a despeito de extinguir-se o poder familiar com a maioridade, não cessa o dever de prestar alimentos fundados no parentesco. Precedentes.

– Contudo, se foi propiciado ao alimentando ampla manifestação de suas teses, produção de provas e, por conseguinte, irrestrito exercício do contraditório, sendo os elementos fáticos devidamente examinados e, com base neste exame, houve conclusão do Juízo de primeiro grau, referendada pelo Tribunal de origem, no sentido do afastamento da obrigação alimentar, observado o binômio necessidade do alimentando e possibilidade do alimentante, a modificação de tais conclusões esbarra no óbice da Súmula 7/STJ.

– Não se conhece do recurso especial na parte em que deficiente sua fundamentação.

Recurso especial não conhecido.

(REsp 911.442/DF, Rel. Ministra NANCY ANDRIGHI, TERCEIRA TURMA, julgado em 17/05/2007, DJ 11/06/2007 p. 315)

1. No caso dos autos, a petição inicial do mandado de segurança, impetrado pelos ora recorridos, foi indeferida liminarmente pelo julgador, com fundamento no art. 8º da Lei 1.533/51. Assim, não houve sequer as determinações contidas no art. 7º da referida lei, dentre elas a notificação da autoridade apontada como coatora para prestar informações, não se proporcionando ao requerido oportunidade de se manifestar nos autos, em evidente violação dos princípios do contraditório, da ampla defesa e do devido processo legal.

2. Na hipótese examinada, não há falar em extinção do processo sem julgamento do mérito (art. 267 do Código de Processo Civil), tampouco em causa em "condições de imediato julgamento", o que afastaria a possibilidade do julgamento do mérito pelo Tribunal de origem, sob pena de grave violação dos mesmos princípios antes mencionados.

3. Recurso especial provido.

(REsp 596.859/RR, Rel. Ministra DENISE ARRUDA, PRIMEIRA TURMA, julgado em 07/12/2006, DJ 01/02/2007 p. 394)

1. A norma processual tem como escopo, em observância ao princípio da bilateralidade, afastar a surpresa à parte pela juntada de documentos, proporcionando-lhe a oportunidade de manifestação.

2. A fim de ser dada oportunidade ao recorrente de manifestar-se sobre os documentos oferecidos com o memorial apresentado pela ora recorrida, o processo deve ser anulado a partir da sentença.

3. Recurso provido.

(REsp 66.631/SP, Rel. Ministro CASTRO MEIRA, SEGUNDA TURMA, julgado em 04/03/2004, DJ 21/06/2004 p. 180)

O recurso merece prosperar pela inequívoca violação ao disposto no artigo 398 do Código de Processo Civil. Com efeito, na hipótese em exame a Corte de origem não deu oportunidade aos impetrantes de se manifestarem acerca da juntada de documentos que se mostraram essenciais para a formação da convicção daquele Tribunal, que, com base neles, deu provimento à apelação da parte contrária.

A respeito do tema, pontificam Nelson Nery Junior e Rosa Maria de Andrade Nery que, "após o deferimento de juntada dos documentos nos autos, o juiz deve determinar seja ouvida a parte contrária. Se isto não ocorrer e o documento influir no julgamento do juiz, em sentido contrário ao do interesse da parte preterida, a sentença que vier a ser proferida é nula e assim deve ser declarada".

Na espécie, a juntada dos documentos novos foi realizada pelo assistente da parte contrária, o que não afasta a aplicação do artigo 398 do estatuto processual civil, uma vez que a atuação do assistente ocasionou evidente prejuízo à defesa dos recorrentes. Dessarte, verificado na espécie o cerceamento de defesa, pela ausência de oportunidade dada à parte para se pronunciar acerca dos documentos novos trazidos aos autos, resta inafastável a nulidade do acórdão por ofensa ao princípio do contraditório.

Recurso especial provido.

(REsp 264.660/SP, Rel. Ministro FRANCIULLI NETTO, SEGUNDA TURMA, julgado em 04/09/2003, DJ 03/11/2003 p. 290)

1 – Ocorre ofensa ao princípio do contraditório quando se extingue a execução sem que a parte tenha a oportunidade de se manifestar a respeito de cálculos apresentados pela devedora onde não se reconhece qualquer direito.

2 – Precedentes.

3 – Recurso especial conhecido.

(REsp 320.191/RS, Rel. Ministro PAULO GALLOTTI, SEXTA TURMA, julgado em 27/08/2002, DJ 07/10/2002 p. 309).

Em relação à melhor interpretação do art. 9º e 10 do novo C.P.C. de 2015, a Escola Nacional de Formação e Aperfeiçoamento de Magistrados

– ENFAM, em reunião realizada em Brasília no Seminário – *O Poder Judiciário e o Novo Código de Processo Civil,* editou alguns enunciados.

Em relação ao art. 9º e 10 do novo C.P.C., a ENFAM expediu os seguintes enunciados:

ENUNCIADO Nº 1: *Entende-se por "fundamento" referido no art. 10 do CPC/2015 o substrato fático que orienta o pedido, e não o enquadramento jurídico atribuído pelas partes.*

Ocorre que esse enunciado fere o princípio *dispositivo* que também regula o novo C.P.C. brasileiro.

Na realidade, em face do princípio dispositivo, o juiz não poderá inserir no âmbito da relação jurídica processual, novo fundamento *fático* para orientar o pedido.

É certo que se o fundamento fático foi inserido pelas próprias partes, a matéria já foi posta sob o crivo do contraditório, razão pela qual o juiz não necessitará de se valer do disposto no art. 10 do novo C.P.C.

Também não se entende a restrição imposta no Enunciado n. 1 da Enfam, quando retira de sua regulamentação eventual enquadramento jurídico.

Note-se que o art. 10 determina a observância do contraditório para qualquer fundamento, a respeito do qual não se tenha dado às partes oportunidade de se manifestar

Pense-se na hipótese em que uma demanda traga para análise questão restrita a um determinado artigo do Código de Defesa do Consumidor. O juiz, quando da prolação da sentença, observa, de ofício, que esse artigo é *inconstitucional,* alterando o fundamento jurídico da decisão, não mais para julgar improcedente o pedido pelo não enquadramento do suporte fático no artigo do C.D.C., mas, sim, por entender que o referido dispositivo é inconstitucional. Em face dessa mudança de enquadramento jurídico atribuído pelas partes, o juiz deve oportunizar o contraditório para se evitar a prolação de decisão-surpresa.

ENUNCIADO Nº 2: *Não ofende a regra do contraditório do art. 10 do CPC/2015, o pronunciamento jurisdicional que invoca princípio, quando a regra jurídica aplicada já debatida no curso do processo é emanação daquele princípio.*

Não se pode dar a esse enunciado a extensão pretendida pelos seus formuladores.

É possível, sim, que a questão posta em juízo diga respeito a determinada regra jurídica proveniente de um determinado princípio, mas que, eventual alteração de fundamento da regra jurídica para o princípio legitimador possa ensejar a prolação de uma decisão-surpresa.

Pense-se na hipótese em que numa determinada relação jurídica processual de natureza eleitoral, as partes discutam a aplicação do art. 219 do novo C.P.C, observância do prazo em dias úteis no processo eleitoral, restringindo-se essa discussão à questão jurídica de incidência de norma geral e especial, ou seja, se se aplica ou não o novo C.P.C. ao processo eleitoral. O juiz, por sua vez, vai além dessa delimitação de fundamento jurídico estabelecido pelas partes, para declarar a aplicação do art. 219 com base no princípio do contraditório previsto na Constituição Federal. Assim, muito embora o art. 219 do novo C.P.C. seja uma regra que tenha por legitimação a melhor aplicação do princípio do contraditório, especialmente com a ampliação do prazo para manifestação das partes, o certo é que em nenhum momento essa perspectiva ingressou na esfera de conhecimento das partes, razão pela qual a mudança de fundamento jurídico enseja a manifestação prévia das partes.

ENUNCIADO Nº 3: *É desnecessário ouvir as partes quando a manifestação não puder influenciar na solução da causa.*

É evidente que se o juiz não irá acolher qualquer fundamento jurídico ou de fato que possa ter ingressado na sua esfera de conhecimento, não haverá de ser concedido o contraditório, pois tal situação pode encontrar-se no âmbito do *obiter dictum.*

ENUNCIADO Nº 4: *Na declaração de incompetência absoluta não se aplica o disposto no art. 10, parte final, do CPC/2015.*

Esse enunciado é flagrantemente contrário ao disposto no art. 10 do novo C.P.C., que resguarda o contraditório, especialmente quando o novo fundamento possa por em risco garantia constitucional do devido processo legal.

Assim, se o juiz, de ofício, entender que é incompetente absoluto para conhecer de determinada relação jurídica processual, deverá oportunizar às partes o contraditório prévio, especialmente pelo fato de que sua decisão poderá macular o princípio constitucional do juiz natural.

ENUNCIADO Nº 5: *Não viola o art. 10 do CPC/2015 a decisão com base em elementos de fato documentados nos autos sob o contraditório.*

Esse enunciado diz o óbvio.

ENUNCIADO Nº 6: *Não constitui julgamento surpresa o lastreado em fundamentos jurídicos, ainda que diversos dos apresentados pelas partes, desde que embasados em provas submetidas ao contraditório.*

A aplicação desse enunciado dependerá do caso em concreto.

A prova pode fazer referência apenas a um determinado aspecto do fato, sem qualquer vinculação com a argumentação jurídica. Ex. Prova de recolhimento de C.P.M.F. em demanda na qual a parte alega que o fato gerador não se encontra na hipótese de incidência da aludida contribuição. Porém, o juiz acolhe a alegação de inconstitucionalidade do tributo, sem que isso tenha sido discutido, ou, ainda, quando o juiz acolhe a alegação de prescrição da pretensão de restituição do tributo.

Portanto, muito embora a prova do recolhimento da CPMF tenha sido objeto do contraditório, a mudança do fundamento jurídico para o não recolhimento da contribuição demanda o contraditório prévio para se evitar decisão surpresa.

9.

Princípio da publicidade dos julgamentos dos órgãos do Poder Judiciário

Segundo preceitua o art. 11 do novo C.P.C. brasileiro *todos os julgamentos dos órgãos do Poder Judiciário serão públicos, e fundamentadas todas as decisões, sob pena de nulidade.*

Este dispositivo incorpora expressamente no novo C.P.C. brasileiro o princípio Constitucional previsto no artigo 93, inciso IX e artigo 5º, inciso LX, ambos da Constituição Federal brasileira:

> *"Art. 93, inciso IX: todos os julgamentos dos órgãos do Poder Judiciário serão públicos, e fundamentadas todas as decisões, sob pena de nulidade, podendo a lei limitar a presença, em determinados atos, às próprias partes e a seus advogados, ou somente a estes, em casos nos quais a preservação do direito à intimidade do interessado no sigilo não prejudique o interesse público à informação; (Redação dada pela Emenda Constitucional nº 45, de 2004)";*

> *"Artigo 5º, inciso LX: a lei só poderá restringir a publicidade dos atos processuais quando a defesa da intimidade ou o interesse social o exigirem".*

Em relação ao C.P.C. português, Lei n. 41/13, o princípio da publicidade do processo encontra-se expressamente consignado no art. 163º, a saber:

Artigo 163.º Publicidade do processo

1 – O processo civil é público, salvas as restrições previstas na lei.

2 – A publicidade do processo implica o direito de exame e consulta dos autos na secretaria e de obtenção de cópias ou certidões de quaisquer peças nele incorporadas, pelas partes, por qualquer pessoa capaz de exercer o mandato judicial ou por quem nisso revele interesse atendível.

3 – O exame e a consulta dos processos têm também lugar por meio de página informática de acesso público do Ministério da Justiça, nos termos definidos na portaria prevista no n.º 1 do artigo 132.º.

4 – Incumbe às secretarias judiciais prestar informação precisa às partes, seus representantes ou mandatários judiciais, ou aos funcionários destes, devidamente credenciados, acerca do estado dos processos pendentes em que sejam interessados.

5 – Os mandatários judiciais podem ainda obter informação sobre o estado dos processos em que intervenham através de acesso aos ficheiros informáticos existentes nas secretarias, nos termos previstos no respectivo diploma regulamentar.

No que concerne à publicidade da audiência, prescreve o art. 606º, n. 1, do C.P.C. português: *A audiência é pública, salvo quando o juiz decidir o contrário, em despacho fundamentado, para salvaguarda da dignidade das pessoas e da moral pública, ou para garantir o seu normal funcionamento.*

9.1. A publicidade dos julgamentos como exigência do princípio democrático

A história demonstra que a grande maioria dos povos sempre fez opção por um julgamento popular e público.

No período antigo, a assembleia de julgamento era composta por integrantes exclusivamente guerreiros e o julgamento se dava em praça pública.

O procedimento grego era realizado publicamente, pois o processo comum, de competência do Tribunal dos Heliastas, realizava-se em praça pública durante o dia. Segundo Giuseppe Di Chiara:[280] *"Sob o escudo de*

[280] *"Sullo scudo di Achille, finemente descrito dal XVIII libro dell'Iliade, v'è una nota, ricchissima immagine incastonata nel quadrante delle città degli uomini e dedicata al fenomeno processuale: le parti, fissato il thema decidendum, lo devolvono al giudice, e avanti a questo adempiono il rispecttivo onere probatorio; il pubblico assiste alla celebrazione del rito, parteggiando in fazioni per l'uno e per l'altro contendente; il collegio degli 'anziani' siede su scranni di pietra levigata, disposti 'in sacro cerchio'; la decisione, infine, si*

Achiles, sutilmente descrito no XVIII livro do Iliade, ali se encontra uma nota, riquíssima imagem incrustada no quadrante da cidade dos homens e dedicada ao fenômeno processual: as partes, fixado o tema decidendum, devolvem-no ao juiz, e diante dele, realizam o respectivo ônus probatório; o público assiste à celebração do rito, participando em facções em favor de um ou de outro litigante; o colégio dos 'anciões' senta-se em cadeiras de pedra polida, ordenado 'em um círculo sagrado'; a decisão, enfim, matura-se por meio de formas solenes, entre quais, terminada a disputa, qualquer juiz, ficando em pé e regendo o cedro, manifesta o próprio voto".

No procedimento popular romano, a publicidade do julgamento também era considerada uma exigência substancial.

Na idade média, o julgamento trasladou-se das praças para lugares fechados, sem perder o procedimento sua publicidade; mantiveram-se as portas e janelas abertas.[281]

Observando-se a importância política do princípio da publicidade, bem como as transformações históricas e sociais ocorridas nos últimos Séculos, verifica-se que modernamente a simples permissão de participação das partes ou de algumas pessoas na sala de audiência não representa uma medida adequada para satisfazer essa exigência democrática.

Nesses novos tempos, a publicidade do julgamento ocorre muitas vezes através de sua divulgação pelos meios de comunicação, permitindo dessa maneira o controle social sobre a administração da justiça.[282]

matura attraverso forme solenni, per le quali, terminata la disputa, ciascun giudice, ergendosi in piedi e reggendo lo scettro, manifesta il proprio voto". DI GHIARA, Giuseppe. Televisione e dibattimento penale – esperienze e problemi della pubblicità mediata 'teconologia' in Italia. *In: Criminalidad, medios de comunicación y proceso penal.* Coord. Marino Barbero Santos i Maria Rosario Diego Díaz-Santos. Salamanca: Ediciones Universidad Salamanca, 1998. (95-112), p. 95.

[281] "Sólo en líneas generales pueden indicarse las principales modificaciones de la época: la justicia se traslada de los espacios abiertos (plazas) a lugares cerrados (*Rat* o *Thinghäusern*), aunque sin perder su publicidad, pues puertas y ventanas permanecían abiertas; la acción privada continúa siendo el principal medio persecutorio, pero a su lado se sigue desarrollando la persecución oficial para las infracciones más graves con intervención directa del juez, ya por censura de los *Rügegeschworene*, según explicamos, comparecencia forzada en los casos de flagrancia o confesión de culpabilidad por el mismo autor (...)". (MAIER, Julio B. *La ordenanza procesal penal alemana – su comentario y comparación con los sistemas de enjuiciamiento penal argentinos.* Buenos Aires: Depalma, 1978. p. 27).

[282] BINDER, Alberto. Importancia y limites del periodismo judicial. *In Justicia penal y estado de derecho.* Buenos Aires: Ad-Hoc, 1993. p. 266.

O processo é um drama no qual, em nome do povo, administra-se a justiça (art. 101, inc. I da Constituição Italiana). Segundo Di Chiara:[283] *"óbvio, portanto, que o próprio povo deva, em linha geral, ser colocado em grau de assistir a tudo isso. Eis aqui a raiz moderna do princípio da publicidade do debate: recordou, numa longa sequência de pronuncia, a Corte constitucional, revelando como a publicidade seria 'coessencial' aos princípios que, 'num ordenamento democrático fundamentado sob a soberania popular, deve adequar-se à administração da justiça, que naquela soberania encontra fundamento (assim, por exemplo, significativamente decisão da Corte constitucional de 2 de fevereiro de 1971, n. 12, in Foro italiano, 1971, I, 536".*

A publicidade[284], entendida no seu aspecto externo ou geral, *"isto é, que comporta a possibilidade de que conheça das atuações qualquer membro da comuni-*

[283] *"ovio, dunque, che il popolo medesimo debba, in linea tendenziale, esser posto in grado di assistervi. Si colloca qui la radice moderna del principio di pubblicità del dibattimento: lo ha ricordato, in una lunga sequela di pronunce, la Corte costituzionale, rimarcando come la pubblicità sia 'coessenziale' ai princìpi cui, 'in un ordinamento democratico fondato sulla sovranità popolare, deve conformarsi l'amministrazione della giustizia che in quella sovranità trova fondamento'(cosí, ad es., significativamente Corte cost. 2 febbraio 1971, n. 12, in Foro it., 1971, I, 536...".*
E continua o mestre italiano: *"Per un'analisi approfondita del principio di pubblicità, attenta agli sviluppi della giurisprudenza costituzionale, cf., per tutti, Voena, Mezzi e pubblicità delle udienza penali. Milano, 1989, no, 1984, 1 ss., piú di recente, Giostra, Processo penale e informazione, Milano, 1989 10ss, e ancora Voena, Principio di pubblicità ed udienza preliminare, in L'udienza preliminare, Atti del Convegno di Urbino, Milano, 1992, 49 ss., per un approccio di particolare interesse, cf. altresì il noto saggio di Vigoriti, La pubblicità delle procedure giudiziarie (prolegomeni sotorico-comparativi), in Riv. Trim. Dir. proc. Civ., 1973, 1423 s.)".* (DI GHIARA, G., op. cit., p. 97).
[284] *"Así, se pueden distinguir diversas clases de publicidad. En lo que aqui nos interesa debemos distinguir la denominada publicidad para terceros, general o absoluta y la publicidad entre las partes o relativa. La publicidad externa harí a referencia a la publicidad general. Véase CHIOVENDA, 'Principios de Derecho Procesal civil, tomo II, Madrid, 1977, págs. 171 y SS. En el mismo sentido, CONDE-PUMPIDO TOURÓN, 'Los procesos penales,* op. cit., págs. 301 y SS"., (LÓPEZ JIMÉNEZ, Raquel. *La prueba en el juicio por jurados.* Valencia: Tirant lo Blanch, 200., p. 324).
A mesma distinção tem sido feita por María del Pilar Otero González: *"Como principio procesal que es, la publicidad supone, en primer lugar, una garantía del individuo sometido a un proceso penal. Es el aspecto subjetivo e interno de la publicidad: subjetivo, porque lo que interesa prioritariamente son los derechos del justiciable, más que el eventual control externo de las decisiones de la justicia. E interna, porque es una publicidad, en primer lugar, para las partes en el proceso y, secundariamente, destinada a la difusión social. Esta publicidad interna, es pues, un aspecto del derecho de defensa y de la prohibición de toda indefensión, conectada más que con el derecho a un proceso público (art. 24.2 CE) y la publicidad de las atuaciones judiciales (art. 120.1 CE), con la proscripción de toda indefensión (art. 24.1. C.E.) y con el derecho a un proceso con todas las garantías (art. 24.2. C.E.). Los titulares del derecho a la publicidad*

dade, é garantia do julgamento justo porque permite o controle público das decisões judiciais".[285]

A publicidade do processo garante ao "povo" o conhecimento da maneira com a qual o judiciário administra a justiça, mas, mais do que isso, é uma garantia das partes de que seu julgamento estará sob o crivo

interna son las partes procesales. Esta publicidad interna tiene, pues, rango de derecho fundamental, siendo de aplicación obligatoria y directa por los tribunales sin necesidad de norma alguna que defina su exacto contenido. Por tanto, es una norma completa que contiene un mandato de directa aplicación".
Asimismo, por meio de este principio, se le garantiza el sometimiento a un sistema judicial que no escape al control público, impidiendo, de esta forma, las posibles manipulaciones o interferencias del poder político en el ejercicio de la facultad de juzgar. Es decir, además de ese interés individual, la publicidad se concibe desde una perspectiva social. En este sentido, este principio se constituye en uno de los más importantes critérios legitimadores del Poder Judicial. A este tipo de publicidad es al que se refieren directamente tanto el art. 120.1 de la C.E. ('las actuaciones judiciales será públicas...') como el art. 24.1. ('todos tiene derecho a un proceso público').
Esta legitimación de la función jurisdiccional, que se alcanza gracias a la publicidad procesal, implica, asimismo, una función conrtroladora del poder político.
Dicha función de control es confiada, tanto a los propios jueces, a través del llamado 'control jurídico' – haciendo compatible el ejercicio de los distintos derechos y libertades en conflicto –, como a los periodistas, mediante el denominado 'control social' – control este último unido a la libertad de expresión y cuya fuerza reside sobre todo en su credibilidad social pues es la sociedad la que en definitiva Le otorga esse control, lo que promueve, al mismo tiempo, el interés social por la labor jurisdicional, al ofrecerse a la vista de todo el pueblo como titular de la soberania.
Estas dos funciones básicas del principio de publicidad aprarecen recogidas con claridad en la STC 96/1987, de 10 de junio.
En definitiva, el titular de este derecho es el ciudadano sometido a juicio, interessado en la publicidad del proceso como garantía de la independencia e la imparcialidad de la Administración de Justicia. Pero junto a esta dimensión individual de la publicidad, existe otra social referente al control público de las actuaciones del poder judicial, constituyéndose así en la garantía de una institución política fundamental, que es la opinión pública libre. Su fundamento reside en las libertades de información y de opinión, consagradas en el artículo 20 C.E., verdadero elemento de unión entre la opinión pública y la justicia.
Aunuando ambas funciones, deducimos el fundamento mismo del principio de publicidad, su trascendencia garantista del proceso justo (que comprende la obligación de garantizar que el justiciable sea juzgado por un tribunal imparcial e Independiente) y el refrendo que, en este aspecto recibe de los textos constitucionales. No obstante, para conocer su dimensión en plenitud, es preciso depurar sus limites, en la medida en que la propia publicidad puede comprometer ese derecho al juicio cuando aquélla resulte incontrolada". (OTERO GONZÁLES, María del Pilar. *Proteción del secreto sumarial y juicios paralelos.* Madrid: Editorial Centro de Estudios Ramón Areces, S.A., 1999. p. 25, 26 e 27).

[285] *"esto es, que conlleva la posibilidad de que conozca de las actuaciones cualquier miembro de la comunidad, es garantía del juicio justo porque permite el control público de las decisiones judiciales".* LÓPEZ JIMÉNEZ, R., op. cit., loc. Cit.

da opinião pública e não será secreto ou sigiloso (salvo as exceções legais por razões de moralidade, de ordem pública).[286]

Segundo anota Teixeira de Sousa, *"a publicidade das audiências dos tribunais constitui uma importante garantia numa dupla dimensão: em relação às partes, ela assegura a possibilidade de um controlo popular sobre as decisões que as afetam diretamente; relativamente à opinião pública, essa publicidade permite combater a desconfiança na administração da justiça"*.[287]

Porém, não se deve esquecer a seguinte advertência feita pelo próprio Teixeira de Sousa: *"há que reconhecer que, quanto à publicidade das audiências dos tribunais, o problema não reside, hoje em dia, tanto no acesso do público a essas audiências, como na admissibilidade do seu registro para transmissão, simultânea ou diferida, pelos meios radiofónicos ou televisivos. É um problema que tem a maior atualidade e que coloca necessariamente a questão tão inquietante e incómoda quanto irrespondível, de saber se o resultado de um julgamento que teve uma publicidade mediática seria exatamente o mesmo se ela não tivesse existido."*.[288]

Sobre essa problematização suscitada por Teixeira de Sousa a cima, recomenda-se a leitura de nossa obra *"A decisão do juiz e a influência da mídia"*, publicada pela Editora brasileira Revista dos Tribunais, no ano de 2010, cuja obra concorreu ao Prêmio *Jabuti* de 2011.

9.2. Publicidade mediata e imediata

O princípio da publicidade dos julgamentos do Poder Judiciário foi reconhecido no artigo 24.2 da Constituição espanhola, assim como pela VI Emenda da Constituição dos Estados Unidos. Do mesmo modo foi reconhecido pelo artigo 10 da Declaração Universal de Direitos Humanos: *"Toda pessoa tem direito, em condições de plena igualdade, a ser ouvida publicamente e com justiça por um Tribunal independente e imparcial..."*. A mesma garantia foi

[286] *"Sea cual sea la justificación que permita atribuir al sumario las condiciones de secreto, la verdad es que los medios de comunicación social aseguran la publicidad como garantía del juicio, y ello porque como ha señalado el TC 'las excepciones a la publicidad no puede entenerse como un apoderamiento en blanco al legislador, porque la 'publicidad procesal' está inmediatamente ligada a situaciones jurídicas subjetivas de los ciudadanos que tienen la condición de derechos fundamentales: derecho a un proceso público, en el artículo 24.2 de la Constitución, y derecho a recibir libremente información, según puede derivarse de la sentencia 30/1982, de 1 de junio, fundamento jurídico cuarto"* (LÓPEZ JIMÉNEZ, R., idem, ibidem, p. 326).

[287] Apud RODRIGUES, F.P., op.cit.., p. 260.

[288] Apud RODRIGUES, F.P., idem, p. 261.

reafirmada no artigo 6 da Convenção Europeia de Direitos Humanos e no artigo 14.1 do Pacto Internacional de Direitos Civis e Políticos de 1966.

O princípio/garantia, portanto, é que o debate no processo seja realizado de portas abertas, com o intuito de permitir o livre acesso do público à sala de audiência e a possibilidade para qualquer um do povo assistir 'dc visu et de auditu' à celebração do ritual processualístico.

Segundo Di Chiaria:[289] *"é tal publicidade 'imediata', sem dúvida, a forma mais simples e tradicional de livre fruição da atividade de audiência, e, portanto, de notória transparência do processo – isso que se desenvolve no ierós Kyklos – nos confrontos do mundo externo"*.

Para Comoglio, Ferri e Tarufffo, a audiência pública corresponde a uma outra garantia que, no quadro do 'justo processo' regulado pela lei (art. 111, incisos 1 e 2 da Constituição Italiana), observa aspectos estruturais do julgamento (ou da decisão). Para eles: *"O princípio da 'publicidade', referente à audiência judiciária, é sempre – nos diversos modelos constitucionais e internacionais de processo 'équo' – uma característica de justiça e de legalidade do procedimento, assegurando uma garantia de 'transparência' e de 'controle' externo, por parte do povo, em cujo nome a função jurisdicional é exercida. Isso volta-se aos terceiros, não diretamente envolvidos nas controvérsias – os quais podem assistir a audiência"*.[290]

Ao lado da publicidade "imediata", encontra-se a publicidade "mediata", isto é, o conhecimento da atividade exercida pelo Poder Judiciário é proveniente de um diafragma imposto pelos meios de comunicação (jornal, rádio, televisão, redes telemáticas), sendo que os instrumentos de que o povo poderá dispor para este fim, serão tanto mais numerosos e evoluídos na medida em que se aperfeiçoem as técnicas e as tecnologias de circulação da notícia.[291]

Mario Chiavario faz uma nítida distinção entre *publicidade imediata* e *publicidade mediata*. Para ele, a *"publicidade imediata"* é aquela inserida no processo penal ou civil e que permite a qualquer do povo presenciar o cumprimento dos atos processuais, sem que lhe exija uma particular

[289] *"è, tale pubblicità 'immediatà', senza dubbio la forma più semplice e tradizionale di libera fruizione dell'attività di udienza, e dunque di rimarcata trasparenza del processo – cioè di ciò che si svolge nel ieròs Kyklos – nei confronti del mondo esterno"*. DI CHIARIA, G., op. cit., p. 97.

[290] COMOGLIO, L. P.; FERRI, C., TARUFFO, M., op. cit., p. 88.

[291] Esta expressão foi utilizada por Francesco CARNELUTTI em sua obra: La publicidad del proceso penal, *in: Cuestiones sobre el proceso penal,* Trad. Sentis Melendo, Buenos Aires, 1961, p. 122.

qualificação profissional, nem uma particular relação entre sua pessoa e o processo (in questo primo senso sembrano da interpretare i testi della Conv. Eur. e del Patto internaz., quando parlano di 'publico' *tout court*).[292]

A *"publicidade mediata"*, por sua vez, é aquela permitida pelos trâmites dos meios de comunicação, que se traduz não apenas na exigência de se reconhecer aos jornalistas uma faculdade de presenciar os atos processuais, mas, também, na possibilidade de divulgação desses atos para um número indeterminado de pessoas, através dos meios de comunicação de massa.[293]

Sobre a *publicidade mediata* anotou o magistrado espanhol, Juan J. López Ortega:[294] *"Assinalei num trabalho anterior que, na minha opinião, a publicidade judicial não é mais que a concreção de um princípio mais geral, inerente a toda a atuação do Estado moderno, que se justifica funcionalmente porque faz possível o controle da atuação do Poder Judiciário pela opinião pública. A partir desta ótica, adquire singular importância a 'publicidade mediata', isto é, a que tem lugar através dos meios de comunicação de massa. E isso, por sua vez, explica que a exigência geral de publicidade já não se encontre suficientemente salvaguardada, garantindo, como até agora, o acesso dos interessados às atuações judiciais ou permitindo aos terceiros alheios ao litígio assistir e presenciar pessoalmente o desenvolvimento do processo".*

E o mesmo magistrado também advertiu: *"Na realidade, por meio da publicidade da justiça se reflete uma determinada concepção de democracia, um regime de luz que exclui o segredo do lado das autoridades públicas como garantia individual e como instrumento de controle do poder público (AUBY, 1969). Porém, se a publicidade é um traço característico do processo (...) aprimorado no Estado liberal, o que tampouco se pode ignorar é que o mesmo direito a um processo equitativo ressente-se quando a publicidade desenvolve-se de uma forma desmedida*

[292] CHIAVARIO, Mario., *Processo e garanzie della persona – le garanzie fondamentali.* 3 ed. Vol. II. Milano: Dott. A. Giuffrè Editore, 1984. p. 281.

[293] CHIAVARIO, M. idem. Ibidem. Loc. Cit.

[294] *"He señalado en un trabajo anterior que, en mim opinión, la publicidad judicial no es ma's que la concreción de un principio más general, inherente a toda la actuación del Estado moderno, que se justifica funcionalmente porque hace posible el control de la actuación del Poder Judicial por la opinión pública. Desde esta óptica, cobra singular importancia la 'publicidad mediata', es decir, la que tiene lugar a través de los medios de comunicación de masas. Y esto, a su vez, explica que la exigencia general de publicidad ya no se encuentre suficientemente salvaguardada garantizando, como haste ahora, el acceso de los interesados a las actuaciones judiciales o permitiendo a los terceros ajenos al litigio asistir y presenciar personalmente el desarrollo del proceso".* LÓPEZ ORTEGA, Juan J. Información y justicia. *In: Justicias y Medios de Comunicación, Cuadernos de Derecho Judicial,* Madrid, XVI, 2006., p. 97.

e incontrolada, convertendo o processo em espetáculo, o que comporta uma séria ameaça para a presunção de inocência do réu e para os direitos da personalidade de quem participa no processo. Por causa disso, para a justiça penal a transposição de funções à publicidade indireta, isto é, a que se produz por meio da imprensa, significa ao mesmo tempo risco e possibilidade (ZIPF, 1979). Risco para o réu exposto a uma pré-condenação pelos meios de comunicação, com o que se acrescenta uma nova e incrementada tarefa para a presunção de inocência (ESER, 1987); risco para os fins do processo que podem ver-se influídos pelos desejos e as expectativas do público (HASSEMER, 1984); e risco também para as exigências de reinserção que podem fracassar diante das campanhas da imprensa".[295]

Percebe-se, portanto, que através dos grandes meios de comunicação em massa articula-se uma conexão entre a justiça e a opinião pública. Como resultado disso, a publicidade processual deixou de ser uma instância crítica, perdendo sua antiga função como mecanismo de controle da aplicação da lei para se converter num mero instrumento de prevenção geral, em um meio de educação dos cidadãos como fiéis cumpridores das normas.[296]

Mas é necessário advertir: *"que a publicidade amplificada pelos meios de comunicação, a 'publicidade-espetáculo', acarreta grandes riscos para todos os participantes no processo..."*.[297]

[295] *"En realidad, a través de la publicidad de la justicia se refleja una determinada concepción de la democracia, un régimen de luz que excluye el secreto del lado de las autoridades públicas como garantía individual y como instrumento de control del poder público (AUBY, 1969). Pero si la publicidad es un rasgo característico del proceso penal reformado del Estado liberal, lo que tampoco se puede ignorar es que el mismo derecho a un proceso equitativo se resiente cuando la publicidad se desarrolla de una forma desmedida e incontrolada, conviertiendo el proceso en espectáculo, lo que comporta una seria amenaza para la presunción de inocencia del inculpado y para lo derechos de la personalidad de quienes participan en el proceso.*
A causa de ello, para la justicia penal la transposición de funciones a la publicidad indirecta, es decir, la que se produce a través de la prensa significa al mismo tiempo riesgo y posibilidad (ZIPF, 1979).
Riesgo para el inculpado expuesto a una precondena en los medios de comunicación, con lo que se acrecienta una nueva e incrementada tarea para la presunción de inocencia (ESER, 1987); riesgo para los fines del proceso que pueden verse influídos por los deseos y las expectativas del público (HASSEMER, 1984); y riesgo también para las exigencias de reinserción que pueden fracasar ante las campañas de prensa". LÓPEZ ORTEGA, J. J., idem, ibidem, loc. cit.

[296] LÓPEZ ORTEGA, J. J., idem, ibidem, p. 100.

[297] *"que la publicidad amplificada por los medios de comunicación, la 'publicidad-espectáculo', conlleva grandes riesgos para todos los participantes en el proceso, especialmente para el inculpado que ha de soportar que parte de su vida, el reproche por el delito e incluso su condena se pongan a la vista de otras personas, lo*

Não se resumindo o estudo do processo à análise das normas escritas que o regulam, conforme bem advertiu Giuseppe di Chiara, o tema da publicidade mediata passa a ser uma constante preocupação daqueles que pregam a existência de um processo justo com todas as garantias, principalmente a partir do momento em que racionalmente ou intuitivamente percebe-se uma nítida e constante condução do resultado da atividade jurisdicional segundo os postulados hermenêuticos preconizados pelos *mass media*, colocando-se em risco principalmente o princípio da *imparcialidade judicial*.

A influência da publicidade mediata vai além da condução do resultado da atividade jurisdicional, alcançando, ainda, consequências sociais após o resultado final do julgamento, quando a publicidade mantém viva no seio da sociedade os fatos e a conduta das partes no âmbito da relação jurídica processual.

É por isso que já se sustenta, especialmente na esfera criminal, o direito ao 'esquecimento'.

O S.T.J., em relação ao 'direito ao esquecimento', proferiu a seguinte decisão *paradigmática*, da lavra do eminente Ministro Luiz Felipe Salomão:

> *RECURSO ESPECIAL. DIREITO CIVIL-CONSTITUCIONAL. LIBERDADE DE IMPRENSA VS. DIREITOS DA PERSONALIDADE. LITÍGIO DE SOLUÇÃO TRANSVERSAL. COMPETÊNCIA DO SUPERIOR TRIBUNAL DE JUSTIÇA. DOCUMENTÁRIO EXIBIDO EM REDE NACIONAL. LINHA DIRETA-JUSTIÇA. SEQUÊNCIA DE HOMICÍDIOS CONHECIDA COMO CHACINA DA CANDELÁRIA. REPORTAGEM QUE REACENDE O TEMA TREZE ANOS DEPOIS DO FATO. VEICULAÇÃO INCONSENTIDA DE NOME E IMAGEM DE INDICIADO NOS CRIMES. ABSOLVIÇÃO POSTERIOR POR NEGATIVA DE AUTORIA. DIREITO AO ESQUECIMENTO DOS CONDENADOS QUE CUMPRIRAM PENA E DOS ABSOLVIDOS. ACOLHIMENTO. DECORRÊNCIA DA PROTEÇÃO LEGAL E CONSTITUCIONAL DA DIGNIDADE DA PESSOA HUMANA E DAS LIMITAÇÕES POSITIVADAS À ATIVIDADE INFORMATIVA. PRESUNÇÃO LEGAL E CONSTITUCIONAL DE RESSOCIALIZAÇÃO DA PESSOA.*
>
> *PONDERAÇÃO DE VALORES. PRECEDENTES DE DIREITO COMPARADO.*

que sin duda representa el obstáculo más serio para su resocialización (HASSAMER, 1984)". LÓPEZ ORTEGA, J. J., idem, ibidem, p. 101.

1. Avulta a responsabilidade do Superior Tribunal de Justiça em demandas cuja solução é transversal, interdisciplinar, e que abrange, necessariamente, uma controvérsia constitucional oblíqua, antecedente, ou inerente apenas à fundamentação do acolhimento ou rejeição de ponto situado no âmbito do contencioso infraconstitucional, questões essas que, em princípio, não são apreciadas pelo Supremo Tribunal Federal.

2. Nos presentes autos, o cerne da controvérsia passa pela ausência de contemporaneidade da notícia de fatos passados, que reabriu antigas feridas já superadas pelo autor e reacendeu a desconfiança da sociedade quanto à sua índole. O autor busca a proclamação do seu ***direito ao esquecimento****, um direito de não ser lembrado contra sua vontade, especificamente no tocante a fatos desabonadores, de natureza criminal, nos quais se envolveu, mas que, posteriormente, fora inocentado.*

3. No caso, o julgamento restringe-se a analisar a adequação do direito ao esquecimento ao ordenamento jurídico brasileiro, especificamente para o caso de publicações na mídia televisiva, porquanto o mesmo debate ganha contornos bem diferenciados quando transposto para internet, que desafia soluções de índole técnica, com atenção, por exemplo, para a possibilidade de compartilhamento de informações e circulação internacional do conteúdo, o que pode tangenciar temas sensíveis, como a soberania dos Estados-nações.

4. Um dos danos colaterais da "modernidade líquida" tem sido a progressiva eliminação da "divisão, antes sacrossanta, entre as esferas do 'privado' e do 'público' no que se refere à vida humana", de modo que, na atual sociedade da hiperinformação, parecem evidentes os "riscos terminais à privacidade e à autonomia individual, emanados da ampla abertura da arena pública aos interesses privados [e também o inverso], e sua gradual mas incessante transformação numa espécie de teatro de variedades dedicado à diversão ligeira" (BAUMAN, Zygmunt. Danos colaterais: desigualdades sociais numa era global. Tradução de Carlos Alberto Medeiros. Rio de Janeiro: Zahar, 2013, pp. 111-113). Diante dessas preocupantes constatações, o momento é de novas e necessárias reflexões, das quais podem mesmo advir novos direitos ou novas perspectivas sobre velhos direitos revisitados.

5. Há um estreito e indissolúvel vínculo entre a liberdade de imprensa e todo e qualquer Estado de Direito que pretenda se autoafirmar como Democrático. Uma imprensa livre galvaniza contínua e diariamente os pilares da democracia, que, em boa verdade, é projeto para sempre inacabado e que nunca atingirá um ápice de otimização a partir do qual nada se terá a agregar. Esse processo interminável, do qual não se pode descurar – nem o povo, nem as instituições democráticas –, encontra na imprensa livre um vital combustível para sua sobrevivência, e bem por isso que a mínima cogitação em torno de alguma limitação da imprensa traz naturalmente consigo reminiscências de um passado sombrio de descontinuidade democrática.

6. Não obstante o cenário de perseguição e tolhimento pelo qual passou a imprensa brasileira em décadas pretéritas, e a par de sua inegável virtude histórica, a mídia do século XXI deve fincar a legitimação de sua liberdade em valores atuais, próprios e decorrentes diretamente da importância e nobreza da atividade. Os antigos fantasmas da liberdade de imprensa, embora deles não se possa esquecer jamais, atualmente, não autorizam a atuação informativa desprendida de regras e princípios a todos impostos.

7. Assim, a liberdade de imprensa há de ser analisada a partir de dois paradigmas jurídicos bem distantes um do outro. O primeiro, de completo menosprezo tanto da dignidade da pessoa humana quanto da liberdade de imprensa; e o segundo, o atual, de dupla tutela constitucional de ambos os valores.

8. Nesse passo, a explícita contenção constitucional à liberdade de informação, fundada na inviolabilidade da vida privada, intimidade, honra, imagem e, de resto, nos valores da pessoa e da família, prevista no art. 220, § 1º, art. 221 e no § 3º do art. 222 da Carta de 1988, parece sinalizar que, no conflito aparente entre esses bens jurídicos de especialíssima grandeza, há, de regra, uma inclinação ou predileção constitucional para soluções protetivas da pessoa humana, embora o melhor equacionamento deva sempre observar as particularidades do caso concreto. Essa constatação se mostra consentânea com o fato de que, a despeito de a informação livre de censura ter sido inserida no seleto grupo dos direitos fundamentais (art. 5º, inciso IX), a Constituição Federal mostrou sua vocação antropocêntrica no momento em que gravou, já na porta de entrada (art. 1º, inciso III), a dignidade da pessoa humana como – mais que um direito – um fundamento da República, uma lente pela qual devem ser interpretados os demais direitos posteriormente reconhecidos.

Exegese dos arts. 11, 20 e 21 do Código Civil de 2002. Aplicação da filosofia kantiana, base da teoria da dignidade da pessoa humana, segundo a qual o ser humano tem um valor em si que supera o das "coisas humanas".

9. Não há dúvida de que a história da sociedade é patrimônio imaterial do povo e nela se inserem os mais variados acontecimentos e personagens capazes de revelar, para o futuro, os traços políticos, sociais ou culturais de determinada época. Todavia, a historicidade da notícia jornalística, em se tratando de jornalismo policial, há de ser vista com cautela. Há, de fato, crimes históricos e criminosos famosos; mas também há crimes e criminosos que se tornaram artificialmente históricos e famosos, obra da exploração midiática exacerbada e de um populismo penal satisfativo dos prazeres primários das multidões, que simplifica o fenômeno criminal às estigmatizadas figuras do "bandido" vs. "cidadão de bem".

10. É que a historicidade de determinados crimes por vezes é edificada à custa de vários desvios de legalidade, por isso não deve constituir óbice em si intransponível ao reconhecimento de direitos como o vindicado nos presentes autos. Na verdade, a permissão ampla e irrestrita a que um crime e as pessoas nele envolvidas sejam retratados indefinidamente no tempo – a pretexto da historicidade do fato – pode significar permissão de um segundo abuso à dignidade humana, simplesmente porque o primeiro já fora cometido no passado.

Por isso, nesses casos, o reconhecimento do "direito ao esquecimento" pode significar um corretivo – tardio, mas possível – das vicissitudes do passado, seja de inquéritos policiais ou processos judiciais pirotécnicos e injustos, seja da exploração populista da mídia.

11. É evidente o legítimo interesse público em que seja dada publicidade da resposta estatal ao fenômeno criminal. Não obstante, é imperioso também ressaltar que o interesse público – além de ser conceito de significação fluida – não coincide com o interesse do público, que é guiado, no mais das vezes, por sentimento de execração pública, praceamento da pessoa humana, condenação sumária e vingança continuada.

12. Assim como é acolhido no direito estrangeiro, é imperiosa a aplicabilidade do direito ao esquecimento no cenário interno, com base não só na principiologia decorrente dos direitos fundamentais e da dignidade da pessoa humana, mas também diretamente do direito positivo infraconstitucional. A assertiva de que uma notícia lícita não se transforma em ilícita com o simples passar do tempo não tem nenhuma base jurídica. O ordenamento é repleto de previsões em que a significação conferida pelo Direito à passagem do tempo é exatamente o esquecimento e a estabilização do passado, mostrando-se ilícito sim reagitar o que a lei pretende sepultar. Precedentes de direito comparado.

13. Nesse passo, o Direito estabiliza o passado e confere previsibilidade ao futuro por institutos bem conhecidos de todos: prescrição, decadência, perdão, anistia, irretroatividade da lei, respeito ao direito adquirido, ato jurídico perfeito, coisa julgada, prazo máximo para que o nome de inadimplentes figure em cadastros restritivos de crédito, reabilitação penal e o direito ao sigilo quanto à folha de antecedentes daqueles que já cumpriram pena (art. 93 do Código Penal, art. 748 do Código de Processo Penal e art. 202 da Lei de Execuções Penais). Doutrina e precedentes.

14. Se os condenados que já cumpriram a pena têm direito ao sigilo da folha de antecedentes, assim também a exclusão dos registros da condenação no Instituto de Identificação, por maiores e melhores razões aqueles que foram absolvidos não podem permanecer com esse estigma, conferindo-lhes a lei o mesmo direito de serem esquecidos.

15. Ao crime, por si só, subjaz um natural interesse público, caso contrário nem seria crime, e eventuais violações de direito resolver-se-iam nos domínios da responsabilidade civil. E esse interesse público, que é, em alguma medida, satisfeito pela publicidade do processo penal, finca raízes essencialmente na fiscalização social da resposta estatal que será dada ao fato. Se é assim, o interesse público que orbita o fenômeno criminal tende a desaparecer na medida em que também se esgota a resposta penal conferida ao fato criminoso, a qual, certamente, encontra seu último suspiro, com a extinção da pena ou com a absolvição, ambas consumadas irreversivelmente. E é nesse interregno temporal que se perfaz também a vida útil da informação criminal, ou seja, enquanto durar a causa que a legitimava. Após essa vida útil da informação seu uso só pode ambicionar, ou um interesse histórico, ou uma pretensão subalterna, estigmatizante, tendente a perpetuar no tempo as misérias humanas.

16. Com efeito, o reconhecimento do direito ao esquecimento dos condenados que cumpriram integralmente a pena e, sobretudo, dos que foram absolvidos em processo criminal, além de sinalizar uma evolução cultural da sociedade, confere concretude a um ordenamento jurídico que, entre a memória – que é a conexão do presente com o passado – e a esperança – que é o vínculo do futuro com o presente –, fez clara opção pela segunda. E é por essa ótica que o direito ao esquecimento revela sua maior nobreza, pois afirma-se, na verdade, como um direito à esperança, em absoluta sintonia com a presunção legal e constitucional de regenerabilidade da pessoa humana.

17. Ressalvam-se do direito ao esquecimento os fatos genuinamente históricos – historicidade essa que deve ser analisada em concreto, cujo interesse público e social deve sobreviver à passagem do tempo, desde que a narrativa desvinculada dos envolvidos se fizer impraticável.

18. No caso concreto, a despeito de a Chacina da Candelária ter se tornado – com muita razão – um fato histórico, que expôs as chagas do País ao mundo, tornando-se símbolo da precária proteção estatal conferida aos direitos humanos da criança e do adolescente em situação de risco, o certo é que a fatídica história seria bem contada e de forma fidedigna sem que para isso a imagem e o nome do autor precisassem ser expostos em rede nacional. Nem a liberdade de imprensa seria tolhida, nem a honra do autor seria maculada, caso se ocultassem o nome e a fisionomia do recorrido, ponderação de valores que, no caso, seria a melhor solução ao conflito.

19. Muito embora tenham as instâncias ordinárias reconhecido que a reportagem se mostrou fidedigna com a realidade, a receptividade do homem médio brasileiro a noticiários desse jaez é apta a reacender a desconfiança geral acerca da índole do autor, o qual, certamente, não teve reforçada sua imagem de inocentado, mas sim a de indiciado.

No caso, permitir nova veiculação do fato, com a indicação precisa do nome e imagem do autor, significaria a permissão de uma segunda ofensa à sua dignidade, só porque a primeira já ocorrera no passado, uma vez que, como bem reconheceu o acórdão recorrido, além do crime em si, o inquérito policial consubstanciou uma reconhecida "vergonha" nacional à parte.

20. Condenação mantida em R$ 50.000,00 (cinquenta mil reais), por não se mostrar exorbitante.

21. Recurso especial não provido.

(REsp 1334097/RJ, Rel. Ministro LUIS FELIPE SALOMÃO, QUARTA TURMA, julgado em 28/05/2013, DJe 10/09/2013).

O 'direito ao esquecimento' torna-se mais evidente em relação aos fatos de natureza penal. Contudo, também na esfera civil é possível postular-se o direito ao esquecimento, especialmente nas ações de família, ações acidentárias, ou, ainda, nas ações de improbidade administrativa.

9.3. Exceções legais à publicidade dos julgamentos

A publicidade das audiências é excluída diante de determinadas circunstâncias que justificam o denominado segredo de justiça.

Segundo prescreve o art. 206º da Constituição da República Portuguesa, as audiências dos tribunais são públicas, *salvo quando o próprio tribunal decidir o contrário, em despacho fundamentado, para salvaguarda da dignidade das pessoas e da moral pública ou para garantir o seu normal funcionamento.*

A mesma exceção ao princípio da publicidade dos julgamentos encontra-se no art. 606, n. 1, do C.P.C. português que diz que a audiência é pública, *salvo quando o juiz decidir o contrário, em despacho fundamentado, para salvaguarda da dignidade das pessoas e da moral pública, ou para garantir o seu normal funcionamento.*

Esses fundamentos, embora sintéticos, correspondem *grosso modo* àqueles previstos no art. 14º, n. 1º, PIDCP e no art. 6º, n. 1º, CEDH: *"as audiências à porta fechada podem ser determinadas seja no interesse dos bons costumes, da ordem pública ou da segurança nacional de uma sociedade democrática, seja quando a proteção da vida privada das partes o exija, seja ainda quando o tribunal o considerar absolutamente necessário para a boa administração da justiça".*[298]

Segundo Fernando Pereira Rodrigues, essa regra da publicidade da audiência não se aplica à audiência prévia, uma vez que nenhuma das finalidades desta, prevista no art. 591º do C.P.C. português, exige a sua publicidade, como esta poderia até prejudicar algumas delas. Preceitua o art. 591º:

[298] RODRIGUES, F. P., op. cit., p. 260 e 261.

Artigo 591.º Audiência prévia

1 – Concluídas as diligências resultantes do preceituado no n.º 1 do artigo anterior, se a elas houver lugar, é convocada audiência prévia, a realizar num dos 30 dias subsequentes, destinada a algum ou alguns dos fins seguintes:

a) Realizar tentativa de conciliação, nos termos do artigo 594.º;

b) Facultar às partes a discussão de facto e de direito, nos casos em que ao juiz cumpra apreciar exceções dilatórias ou quando tencione conhecer imediatamente, no todo ou em parte, do mérito da causa;

c) Discutir as posições das partes, com vista à delimitação dos termos do litígio, e suprir as insuficiências ou imprecisões na exposição da matéria de facto que ainda subsistam ou se tornem patentes na sequência do debate;

d) Proferir despacho saneador, nos termos do n.º 1 do artigo 595.º;

e) Determinar, após debate, a adequação formal, a simplificação ou a agilização processual, nos termos previstos no n.º 1 do artigo 6.º e no artigo 547.º;

f) Proferir, após debate, o despacho previsto no n.º 1 do artigo 596.º e decidir as reclamações deduzidas pelas partes;

g) Programar, após audição dos mandatários, os atos a realizar na audiência final, estabelecer o número de sessões e a sua provável duração e designar as respetivas datas.

2 – O despacho que marque a audiência prévia indica o seu objeto e finalidade, mas não constitui caso julgado sobre a possibilidade de apreciação imediata do mérito da causa.

3 – Não constitui motivo de adiamento a falta das partes ou dos seus mandatários.

4 – A audiência prévia é, sempre que possível, gravada, aplicando –se, com as necessárias adaptações, o disposto no artigo 155.º

O *parágrafo único do art. 11* do novo C.P.C. brasileiro afirma que todos os julgamentos do Poder Judiciário serão públicos. Porém, *nos casos de segredo de justiça, pode ser autorizada somente a presença das partes, de seus advogados, de defensores públicos ou do Ministério Público.*

Preceito normativo similar encontra-se no art. 189 do novo C.P.C. brasileiro, que assim dispõe:

Art. 189. Os atos processuais são públicos, todavia tramitam em segredo de justiça os processos:

I – em que o exija o interesse público ou social;

II – que versem sobre casamento, separação de corpos, divórcio, separação, união estável, filiação, alimentos e guarda de crianças e adolescentes;

III – em que constem dados protegidos pelo direito constitucional à intimidade;

IV – que versem sobre arbitragem, inclusive sobre cumprimento de carta arbitral, desde que a confidencialidade estipulada na arbitragem seja comprovada perante o juízo.

§ 1º O direito de consultar os autos de processo que tramite em segredo de justiça e de pedir certidões de seus atos é restrito às partes e aos seus procuradores.

§ 2º O terceiro que demonstrar interesse jurídico pode requerer ao juiz certidão do dispositivo da sentença, bem como de inventário e de partilha resultantes de divórcio ou separação.

Observa-se que o artigo 189 do novo C.P.C. brasileiro traz quase todas as disposições contidas no revogado artigo 155 do C.P.C. brasileiro de 1973.

Contudo, o artigo 189 do atual Código acrescentou o inciso III, segundo o qual o processo deverá correr em segredo de justiça todas as vezes em que constem dados protegidos pelo direito constitucional à intimidade.

A Constituição Federal brasileira, em seu art. 5º, incisos X e XII, estabelece hipóteses de proteção à intimidade:

"Art. 5º....; inc. X – são invioláveis a intimidade, a vida privada, a honra e a imagem das pessoas...; inc. XII – é inviolável o sigilo de correspondência e das comunicações telegráficas, de dados e das comunicações telefônicas, salvo, no último caso, por ordem judicial, nas hipóteses e na forma que a lei estabelecer para fins de investigação criminal ou instrução processual penal".

A quebra de sigilo fiscal e bancário é muito comum nas ações de execução civil e fiscal, em que muitas vezes há quebra dos dados reservados do devedor como forma de localização de bens.

Porém, a simples consulta ao BACENJUD (Sistema *on line* de consulta de depósitos em Instituições Financeiras do Banco Central do Brasil) para fins de constatar a existência de depósito bancário em nome do devedor/executado com o intuito de penhora, não se considerada como *quebra de sigilo*, conforme assim estabelece os seguintes precedentes jurisprudenciais:

1. Com relação à utilização de sistemas informatizados colocados à disposição do Judiciário, como forma de melhor instrumentalizar a efetivação de penhora ou busca de bens dos devedores em processos de execução, a nova redação do art. 655 do CPC retira da utilização de sistemas tais como INFOJUD, RENAJUD ou BACENJUD seu caráter excepcional, na medida em que se constituem o meio por excelência para localização de bens, depósitos ou aplicações em instituições financeiras, sendo que estes, por sua vez, se encontram em primeiro lugar na ordem de preferência dos bens penhoráveis.

2. A pesquisa de bens ou ativos financeiros não constitui quebra de sigilo bancário, porquanto o interesse é apenas em saber se existe patrimônio apto a garantir o débito, nada importando a origem desses bens.

3. A utilização dos sistemas em questão não se condiciona à demonstração acerca do esgotamento de diligências do credor para localizar bens passíveis de penhora.

(TRF4, AG 0001374-48.2013.404.0000, Terceira Turma, Relator Fernando Quadros da Silva, D.E. 15/05/2013

1. Com relação à utilização de sistemas informatizados colocados à disposição do Judiciário, como forma de melhor instrumentalizar a efetivação de penhora ou busca de bens dos devedores em processos de execução, a nova redação do art. 655 do CPC retira da utilização de sistemas tais como INFOJUD, RENAJUD ou BACENJUD seu caráter excepcional, na medida em que se constituem o meio por excelência para localização de bens, depósitos ou aplicações em instituições financeiras, sendo que estes, por sua vez se encontram em primeiro lugar na ordem de preferência dos bens penhoráveis.

2. A pesquisa – bem como eventual bloqueio – de ativos financeiros nas contas de titularidade da parte executada não constitui quebra de sigilo bancário, porquanto o interesse é apenas em saber se existem valores aptos a garantir o débito, nada importando a origem desses valores.

3. A utilização do sistema BACENJUD não se condiciona à demonstração acerca da inexistência de outros bens penhoráveis e ao esgotamento de diligências do credor nesse sentido.

(TRF4, AG 5008592-76.2012.404.0000, Terceira Turma, Relator p/ Acórdão Fernando Quadros da Silva, D.E. 10/10/2012)

1. Comprovada a ocorrência de fraude, conta-se o prazo decadencial a partir do primeiro dia do exercício seguinte àquele em que o lançamento poderia ter sido feito, e não a partir do pagamento antecipado.

2. Em se tratando de imposto de renda incidente sobre rendimentos não declarados, o Fisco somente poderia empreender o lançamento de ofício, em razão da ausência de declaração e pagamento, a partir do prazo final para entrega da declaração de ajuste anual. Consectário desta situação é o fato de que o prazo decadencial do direito de constituir o crédito iniciou em 01/01/1994, findando em 31/121/1998. Considerando que o auto de infração foi lavrado no ano de 1998, não se consumou a decadência.

3. No caso dos autos, não houve propriamente a aquisição de estabelecimento ou de fundo de comércio, mas simples alteração no quadro social da empresa, com ingresso e exclusão de sócios, de modo que não se afeiçoa à hipótese do art. 133 do CTN.

4. A legitimidade passiva decorre do disposto no art. 135, III, do CTN, o qual estabelece a responsabilidade pessoal dos sócios para os créditos tributários constituídos em face da empresa quando exerçam seu mister com excesso de poderes ou infração de lei, contrato social ou estatutos.

5. Não há falar em cerceamento de defesa, visto que o contribuinte não só teve pleno acesso aos documentos que deram origem ao lançamento fiscal, mas também tais provas foram trazidas ao feito para apreciação.

6. O indeferimento da produção de prova pericial foi medida adequada eleita pelo juízo, a qual evitou a procrastinação da solução da lide mediante realização de diligências ineficazes.

7. A alegação de falta de autenticidade dos fatos descritos no "caixa dois" soa contraditória, pois, no processo criminal instaurado contra o funcionário que encaminhou a documentação à Receita Federal do Brasil, jamais foi posta em dúvida a autenticidade da documentação.

8. A penhora on-line, empreendida pelo sistema BACENJUD, não implica devassa da situação financeira do contribuinte, o qual, simplesmente, sofre restrição de valor idêntico ao de sua dívida.

9. O art. 44 da Lei nº 8.541/92 institui mero procedimento de apuração de base de cálculo do imposto de renda por arbitramento, não possuindo natureza de regra punitiva. A revogação do dispositivo pela Lei nº 9.249/95 não atinge o lançamento tributário, constituído conforme a legislação vigente à época dos fatos. A retroatividade da lei mais benigna é exclusivamente aplicável, em matéria tributária, para penalidades (art. 106, II do CTN).

10. Não há abusividade no percentual de 100% a título de multa de ofício, uma vez que a conduta empreendida pelo embargado, notadamente a fraude decorrente da utilização de "contabilidade paralela" pela empresa, é extremamente grave e, portanto, merece repressão proporcional a sua ação.

(TRF4, AC 2004.70.02.007149-4, Primeira Turma, Relator Leandro Paulsen, D.E. 06/06/2012)

Questão inversa ocorrerá se na pesquisa do BACENJUD o magistrado requisitar, não penas a indisponibilidade do valor do crédito, mas também a apresentação de extratos bancários do devedor. Neste caso haverá, sim, quebra de sigilo bancário, devendo evitar-se a publicidade do processo, pois estará resguardado pelo segredo de justiça.

Também será caso de segredo de justiça a juntada no processo de cópia de imposto de renda de uma das partes da relação jurídica processual.

Há legislação especial em que se exige que o processo corra em segredo de justiça, a saber: Estatuto da Criança e do Adolescente – artigos 143 e 144; Lei de Alimentos, artigo 1º, Lei Orgânica da Magistratura – LOMAN, artigo 27, §7º e Lei do Divórcio, artigo 52, inclusive a separação de corpos.

A comunicação dos atos processuais sob segredo de justiça deve ser realizada de tal maneira que não haja publicidade ou reconhecimento das pessoas envolvidas, devendo as iniciais dos nomes sere abreviadas.

A matéria referente à União Estável é de interesse público e diz respeito também à questão de intimidade, razão pela qual deve correr em segredo de justiça, conforme artigo 9º da Lei 9.278/96 e o próprio inc. II do art. 189 do atual C.P.C. brasileiro.

Nas hipóteses em que haja segredo de justiça, os interessados juridicamente, que não sejam as partes e seus advogados, somente poderão ter acesso às certidões do dispositivo da sentença ou sobre eventual partilha realizada no divórcio ou partilha de união estável.

Se não houver segredo de justiça, qualquer pessoa poderá consultar os autos em cartório. Nesse sentido são os seguintes precedentes:

> *É permitida a vista dos autos em Cartório por terceiro que tenha interesse jurídico na causa, desde que o processo não tramite em segredo de justiça.*
>
> (REsp 656.070/SP, Rel. Ministro HUMBERTO GOMES DE BARROS, TERCEIRA TURMA, julgado em 20/09/2007, DJ 15/10/2007 p. 255)

> *Processual civil. Princípio da publicidade dos atos processuais.*
>
> *Possibilidade de o preposto da parte autora ter vista dos autos em cartório.*
>
> *– De acordo com o princípio da publicidade dos atos processuais, é permitida a vista dos autos do processo em cartório por qualquer pessoa, desde que não tramite em segredo de justiça.*
>
> *– Hipótese em que o preposto do autor se dirigiu pessoalmente ao cartório para verificar se havia sido deferido o pedido liminar formulado.*
>
> *– O Juiz indeferiu o pedido de vista dos autos do processo em cartório, restringindo o exame apenas aos advogados e estagiários regularmente inscritos na OAB.*

Recurso especial conhecido e provido.

(REsp 660.284/SP, Rel. Ministra NANCY ANDRIGHI, TERCEIRA TURMA, julgado em 10/11/2005, DJ 19/12/2005 p. 400)

Por fim, a questão da restrição da publicidade dos atos processuais assim foi tratada no art. 14 do Pacto Internacional sobre Direitos Civis e Políticos (1966), do qual o Brasil é signatário: "*...A imprensa e o público poderão ser excluídos de parte ou da totalidade de um julgamento, quer por motivo de moral pública, ordem pública ou de segurança nacional em uma sociedade democrática, quer quando o interesse da vida privada das partes o exija, quer na medida em que isto seja estritamente necessário na opinião da justiça, em circunstâncias específicas, nas quais a publicidade venha a prejudicar os interesses da justiça...*".

Sobre a questão da publicidade e do segredo de justiça, eis, ainda, os seguintes precedentes do S.T.J.:

– O processo de arrolamento não se insere no rol dos feitos que tramitam em segredo de justiça. A circunstância de estar evidenciado o estado de filiação, por si só, não autoriza a adoção dessa medida excepcional.

– No particular, observa-se que a filha do autor de herança ingressou em juízo requerendo a abertura e o processamento de arrolamento sumário dos bens deixados pelo de cujus. Restou consignado que o falecido havia deixado duas filhas e que a requerente estava na posse e administração do espólio, oportunidade em que solicitou fosse nomeada inventariante. Na ocasião do pedido, foi apresentada declaração de herdeiros de bens e, também, instrumento de partilha amigável (cf. fls. 45/46). Verifica-se, assim, que o estado de filiação estaria evidenciado somente na circunstância de que o autor da herança havia deixado duas filhas.

Essa situação não se insere no rol excepcional do artigo 155, inciso II, do Diploma Processual Civil, pois não se está diante de reconhecimento de filiação.

– O indigitado segredo de justiça no processo de arrolamento somente foi reconhecido pelo Juízo quando do requerimento para extração de cópia dos autos. Ocorre, porém, que não se insere dentro do poder discricionário do magistrado reconhecer a incidência de segredo de justiça no processo de arrolamento, se não-demonstrado, de modo inequívoco, a exceção legal à publicidade dos atos processuais.

– Recurso ordinário em mandado de segurança provido.

(RMS 17.768/SP, Rel. Ministro FRANCIULLI NETTO, SEGUNDA TURMA, julgado em 24/08/2004, DJ 28/02/2005 p. 256)

1 – Tendo em vista que o ato acoimado de coator foi praticado, exclusivamente, pelo Sr. Desembargador Corregedor-Geral de Justiça (fls. 17), ilegítimo é o Sr. Desembargador Presidente do Conselho Superior da Magistratura Paulista para figurar no polo passivo da relação mandamental. Outrossim, apesar da Corte a quo não ter mencionado expressamente as normas constitucionais aventadas pelo ora recorrente, adotou como razão de decidir o parecer do ministério público estadual, no qual abordou-se de forma clara e inteligível o tema, analisando, inclusive, a seara constitucional. Ademais, aplica-se ao Recurso Ordinário em Mandado de Segurança os mesmos princípios processuais incidentes às Apelações, sendo dotado do efeito devolutivo e sujeito ao crivo da revisão pelo órgão ad quem, respeitado o tantum devolutum quantum appellatum, não necessitando, desta forma, de prévio prequestionamento. Inexistência de violação ao art. 458, II e 535, II, do CPC. Preliminares rejeitadas.

2 – O processo censório do magistrado está sujeito ao manto do segredo de Justiça (arts. 27, parágs. 2º, 6º e 7º; 40, 43 a 45; 54 e 55, todos da LOMAN), para afiançar-se a dignidade e independência deste. Desta forma, do mesmo modo que a inamovibilidade, a vitaliciedade e a irredutibilidade de vencimentos são garantias constitucionais dos membros do Poder Judiciário, o direito à integridade do juiz em relação a terceiros deve ser sempre invocado, preservando-se com isso sua imparcialidade e da própria Instituição.

No caso sub judice, movida representação por causídico contra juíza estadual, por suposta negligência na prestação dos deveres do cargo, sendo esta por ele protocolada, não há como desconhecer seu conteúdo, sendo impertinente sua reprodução ou certidão acerca dos fatos ali descritos. No mesmo sentido, improcede fornecer-se certidão acerca de eventuais atos praticados pela Corregedoria-Geral, pois a atividade correcional obedece a ritos próprios, observadas, sempre, a integridade e a independência do juiz. Configura-se em etapas administrativas do processo censório, no qual cabe ao interessado, apenas, o conhecimento do resultado.

Este último é que se sujeita aos comandos da motivação e da publicidade dos atos administrativos. Logo, ilegal se torna, somente, o indeferimento da expedição de certidão acerca do inteiro teor da decisão que determinou o arquivamento desta, bem como de sua autoria. Inteligência do art. 40, da LOMAN c/c art. 5º, XXXIV, "b", da Carta Magna.

3 – Precedente (RMS nºs 3.735/MG).

4 – Preliminares rejeitadas; recurso conhecido e parcialmente provido para, reformando o v. acórdão de origem, conceder, em parte, a ordem e determinar a expedição de certidão, apenas contendo o teor da decisão que determinou o arquivamento, bem como sua autoria.

Custas ex lege. Incabíveis honorários advocatícios a teor das Súmulas 512/STF e 105/STJ.

(RMS 11.255/SP, Rel. Ministro JORGE SCARTEZZINI, QUINTA TURMA, julgado em 24/04/2001, DJ 13/08/2001 p. 179)

1. "O 'habeas data' configura remédio jurídico-processual, de natureza constitucional, que se destina a garantir, em favor da pessoa interessada, o exercício de pretensão jurídica discernível em seu tríplice aspecto: (a) direito de acesso aos registros existentes; (b) direito de retificação dos registros errôneos e (c) direito de complementação dos registros insuficientes ou incompletos.

– Trata-se de relevante instrumento de ativação da jurisdição constitucional das liberdades, que representa, no plano institucional, a mais expressiva reação jurídica do Estado às situações que lesem, efetiva ou potencialmente, os direitos fundamentais da pessoa, quaisquer que sejam as dimensões em que estes se projetem" (HD 75/DF, Rel. Ministro CELSO DE MELLO, Informativo STF 446, de 1º/11/2006).

2. A exceção ao direito às informações, inscrita na parte final do inciso XXXIII do art. 5º da Constituição Federal, contida na expressão "ressalvadas aquelas cujo sigilo seja imprescindível à segurança da sociedade e do Estado", não deve preponderar sobre a regra albergada na primeira parte de tal preceito. Isso porque, embora a Lei 5.821/72, no parágrafo único de seu art. 26, classifique a documentação como sendo sigilosa, tanto quanto o faz o Decreto 1.319/94, não resulta de tais normas nada que indique estar a se prevenir risco à segurança da sociedade e do Estado, pressupostos indispensáveis à incidência da restrição constitucional em apreço, opondo-se ao particular, no caso o impetrante, o legítimo e natural direito de conhecer os respectivos documentos, que lastrearam, ainda que em parte, e, assim digo, porque deve existir, também, certo subjetivismo na avaliação, a negativa de sua matrícula em curso da Escola de Comando e Estado Maior da Aeronáutica – ECEMAR, como alegado.

3. A publicidade constitui regra essencial, como resulta da Lei Fundamental, art. 5º, LX, quanto aos atos processuais; 37, caput, quanto aos princípios a serem observados pela Administração; seu § 1º, quanto à chamada publicidade institucional: 93, IX e X, quanto às decisões judiciais, inclusive administrativas, além de jurisprudência, inclusive a Súmula 684/STF, em sua compreensão. No caso, não há justificativa razoável a determinar a incidência da exceção (sigilo), em detrimento da regra. Aplicação, ademais, do princípio da razoabilidade ou proporcionalidade, como bem ponderado pelo órgão do Ministério Público Federal.

4. Ordem concedida.

(HD. 91/DF, Rel. Ministro ARNALDO ESTEVES LIMA, TERCEIRA SEÇÃO, julgado em 14/03/2007, DJ 16/04/2007 p. 164)

1. Não se conhece do recurso especial por alegação de ofensa à Constituição Federal. Ao STJ, em sede de recurso especial arraigado na alínea "a", cabe tão-somente analisar questão relativa à violação ou negativa de vigência de tratado ou lei federal. Leitura da literalidade do art. 105, III, a, da Constituição Federal.

2. Inexiste razão suficiente para se poder negar a inclusão da informação dos registros cartorários sobre o início da fase executiva do processo, bem como o nome do Executado, tão-somente porque a citação ainda não ocorreu.

3. A efetividade do processo e da própria jurisdição deve ser lembrada pelo STJ e, ainda que em grau mínimo, a inclusão da informação nos registros cartorário sobre existência da execução é dotada de efetividade e respeita o princípio da publicidade dos atos processuais, dando conta a terceiros interessados da situação da empresa Recorrida, podendo ser requerida com base no art. 615, III, do CPC.

4. Existindo título executivo judicial, não pairam mais dúvidas de que o Réu passa a ser devedor e a execução é "processo de credor".

5. Os registros do distribuidor dos Foros têm que primar pela veracidade das informações, dado o caráter público dos atos processuais. Ao juiz incumbe, por ofício próprio, fiscalizar essa veracidade.

Recurso especial parcialmente conhecido e, nessa parte, provido.

(REsp 547.317/RJ, Rel. Ministro HUMBERTO MARTINS, SEGUNDA TURMA, julgado em 26/09/2006, DJ 18/10/2006 p. 228)

1. A comunicação dos atos processuais é feita, em regra, pela publicação no órgão oficial ou, quando se trata de intimação pessoal, através de Oficial de Justiça. Prática que não deve conter vícios, sob pena de ferir o princípio da publicidade dos atos judiciais.

2. Os meios alternativos de acesso às informações processuais, como a internet ou a via telefônica (inclusive a automática) existem para facilitar o conhecimento pelos advogados e/ou jurisdicionados, não produzindo efeitos jurídicos.

3. Ato administrativo motivado por diversas circunstâncias: praxe viciosa, inexistência de norma legal específica a obrigar o juízo a prestar informações processuais via telefone, acesso às informações pela internet e acúmulo de serviço nas secretarias de juízos das Comarcas do Estado.

4. Invalidade do ato que não se decreta se apenas um dos motivos determinantes não se adequa à realidade fática.

5. Recurso improvido.

(RMS 17.898/MG, Rel. Ministra ELIANA CALMON, SEGUNDA TURMA, julgado em 21/09/2004, DJ 29/11/2004 p. 270)

10.
O princípio da fundamentação (motivação) da decisão pelos órgãos do Poder Judiciário

A hipótese, à primeira vista, da observância do princípio da motivação, presente, como é notório, na maior parte dos ordenamentos jurídicos, advém das concepções doutrinárias jurídico-políticas do iluminismo no que se refere à natureza e à função do Poder Judiciário. Observa-se o princípio da obrigatoriedade da motivação já na legislação revolucionária da França, e, em particular, no art. 208 da Constituição do ano III. A segunda hipótese remete o referido princípio ao racionalismo de derivação jusnaturalista, do qual descende a convicção de que a justiça da decisão depende da racionalidade da justificação que o juiz nela apresenta. A terceira concepção advém do pensamento de que a função essencial da motivação da sentença é de permitir uma avaliação externa sobre a justiça da decisão e sobre a fundamentação das razões que a apoiam, reconectando-se a ascensão do princípio da obrigatoriedade da motivação à ideologia democrática do controle popular sobre o exercício dos poderes estatais, e, em particular, sobre a administração da justiça, também presente no contexto político e cultural do iluminismo.[299]

[299] TARUFFO, Michele. L'obbligo di motivazione della sentenza civile tra diritto comune e illuminismo. *In: Rivista di Diritto Processuale*, Padova, Vol. XXIX (II Serie), ano 1974, p. 265 e 266.

O artigo 11 do novo C.P.C. brasileiro, além de preconizar a necessidade de publicização dos atos processuais, também exige que todas as decisões provenientes do Poder Judiciário sejam *fundamentadas*, nos termos do que estabelece o artigo 93, inciso IX da Constituição Federal brasileira:

> *"Art. 93, inciso IX: todos os julgamentos dos órgãos do Poder Judiciário serão públicos,* ***e fundamentadas todas as decisões****, sob pena de nulidade, podendo a lei limitar a presença, em determinados atos, às próprias partes e a seus advogados, ou somente a estes, em casos nos quais a preservação do direito à intimidade do interessado no sigilo não prejudique o interesse público à informação; (Redação dada pela Emenda Constitucional nº 45, de 2004)"*

Por meio da fundamentação das decisões judiciais, as partes, assim como a sociedade em geral, poderão avaliar a justiça e a legitimação democrática do exercício da atividade jurisdicional.

Sem fundamentação, a decisão judicial torna-se arbitrária e despótica, uma vez que não permite, de forma racional, confrontar seu acerto com os critérios de legalidade e de justiça.

É evidente que quando a Constituição Federal brasileira de 1988 estabelece que as decisões devam *ser fundamentadas*, isto significa dizer que a fundamentação da decisão deve respaldar-se em *critérios jurídicos* e não *simplesmente* em *critérios sociais, coletivos, morais ou econômicos*, não obstante esses critérios também possam ser avaliados no contexto da decisão judicial.

Comentando o artigo 111 da Constituição Italiana, especialmente no que concerne ao princípio da *motivação das decisões judiciais*, anota Michele Taruffo: *"El principio de obligatoriedad de la motivación de las decisiones jurisdiccionales se inserta en el sistema de garantías que las constituciones democráticas crean para tutelar las situaciones jurídicas de los individuos ante el poder estatal y, en particular, ante las manifestaciones del mismo en el ámbito de la jurisdicción. En este nivel de generalidad, se trata de una constación obvia que, en cuanto tal, no requiere de demostraciones específicas; además, el panorama histórico y comparado que se ha delineado anteriormente nos aporta elementos que confirman esta interpretación. A diferencia de lo que sucede en otros ordenamientos, la formulación expresa del principio contenido en el artículo 111, numeral primero, de la Constitución nos exime de demostrar que dicho principio sea parte de las garantías fundamentales de 'natural justice'. El problema, entonces, solo radica en identificar el significado del principio constitucional de obligatoriedad de la motivación en el contexto de los principios de garantía establecidos para la función jurisdiccional y en congruencia con su alcance político general. Si observamos al principio en cuestión desde la perspectiva de sus conexiones con los otros principios constitucionales inherentes a la jurisdicción, tenemos que presenta un carácter esencial de instrumentalidad, en el sentido de que su aplicación constituye una condición de efectividad de esos principios en la concreta administración de justicia. Desde este punto de vista, como se observará, emerge la función de la norma constitucional en cuestión como 'norma para el juez', en la medida en la que éste ejerce su función observando los principios del ordenamiento y, también, en la medida que obedece 'directamente' a la obligación constitucional de motivación. En conexión con el principio de obligatoriedad de la motivación deben considerarse, por una parte, los principios de* ***independencia y de sujeción del juez a la ley y, por la otra, la garantía de la defensa".***[300]

Em relação à conexão entre o princípio da obrigatoriedade da motivação e o princípio da legalidade da decisão, esclarece Michele Taruffo: *"Consideraciones en gran medida análogas valen para la conexión entre el principio de obligatoriedad de la motivación y el principio de legalidad de la decisión.* ***De hecho, es posible afirmar que en cada decisión en lo singular se ve reflejado el 'apego del juez a la ley', sólo cuando la motivación demuestra que la ley ha sido válidamente aplicada al caso que se decide. Por otra parte, es intuitivo que ante la falta de motivación el problema en torno de la 'legalidad' de la decisión queda sin solución, dado que la legalidad de la decisión no puede ser, de ninguna manera, verificada.*** *Con mayor razón, esto vale si se rechazan las concepciones simplistas y mecánicas de la relación norma/decisión, y en cambio se ponen en evidencia los elementos de elección y de valoración que están en la base de la interpretación de la norma y de su aplicación al caso concreto: desde una perspectiva de este tipo, ninguna comparación inmediata entre decisión y norma permite establecer la coherencia de la primera con la segunda, ya que solamente el análisis del procedimiento interpretativo que el juez dice haber seguido permite establecer – mediante el control sobre las elecciones que implica y sobre los criterios que involucra – si la decisión cae o no dentro del ámbito regulado por la norma en la que supuestamente se fundamenta la decisión. Esto equivale a sostener que, más allá de todas las afirmaciones abstractas sobre la obligación del juez de decidir observando la ley, la legalidad de la decisión debe poder verificarse en todos los casos concretos, mediante la verificación de la fundamentación de las razones que siguió el juez afirmara al*

[300] TARUFFO, Michele. *La motivación de la sentencia civil.* Trad. Lorenço Córdova Vianello. México: Tribunal Electoral del Poder Judicial de la Federación, 2006. p. 359/360.

aplicar la ley de una cierta manera con la finalidad de obtener determinados resultados concretos. ***La decisión, por tanto, debe ser 'legal', pero de hecho solamente lo es dentro de los límites y en las formas en las que demuestra serlo, y en la medida en que permite el control sobre la validez de dicha demostración. Desde esta perspectiva, para el juez, la obligación de motivación significa demostrar que el principio de legalidad fue efectivamente respetado en el caso de la decisión concreta".***[301]

A obrigação de motivação das decisões, portanto, é considerada uma garantia do tipo objetivo ou estrutural, na qual coexistem a correção finalística com o princípio da legalidade; a idoneidade institucional em permitir um controle externo sobre os motivos da decisão, ainda que decorrentes do poder discricionário do juiz, especialmente no que concerne à subjetivação do juiz à lei e a sua imparcialidade no 'jus dicere'; o suporte instrumental indispensável para um adequado exercício do direito de defesa, em confronto com a própria decisão.[302]

Na realidade, numa perspectiva jurídico-política, o princípio da motivação das decisões judiciais apresenta uma finalidade extraprocessual, capaz de prevenir eventuais abusos de poder, permitindo a 'transparência' e o 'controle' externo da atividade jurisdicional por parte do povo soberano. Concorre, em via secundária, uma finalidade endoprocessual, no sentido de permitir o reexame da decisão pelos Tribunais Superiores.

O que se exige é que a decisão seja fundamenta, muito embora a norma não estabeleça os limites necessários para que se possa dizer que a decisão judicial encontra-se perfeitamente fundamentada.

Para Owen Fiss, não se deve confundir a noção de fundamentação (motivação) com a de explicação, pois a fundamentação exige que os motivos que dão suporte à decisão sejam bons e isso requer, de sua feita, regras ou normas para determinar o que é um bom motivo. Segundo o referido professor da Universidade de Yale, *"(.... minha intenção não é participar do debate sobre as regras para a fundamentação, mas enfatizar dois fatores com os quais todos parecem concordar.) primeiro é que o motivo não pode consistir em uma preferência, seja a das partes, a do corpo político, ou a do juiz. A afirmação 'eu prefiro' ou 'nós preferimos' no contexto de uma decisão judicial, mais do que no de uma decisão legislativa, constitui meramente uma explicação, não uma fundamentação. Em*

[301] TARUFFO, M., idem, ibidem, p. 351 e 352.

[302] COMOLGIO, L. P.; FERRI, C., TARUFFO, M., op. cit., p. 90.

segundo lugar, o motivo deve, de alguma forma, transcender as transitórias crenças pessoais do juiz ou do corpo político acerca, por exemplo, do que é certo ou justo, ou do que deve ser feito. Algo mais é exigido para transformar essas crenças pessoais em valores que sejam merecedores do 'status' 'constitucional' e de todas as suas decorrências. Assim, unindo a sociedade norte-americana como um todo, tais valores devem durar não para sempre, mas o suficiente para dar à moralidade pública uma coerência interna e para serem amplamente aplicados pelas cortes".[303]

É importante não confundir a falta de motivação de uma sentença com sua falta de completude e congruência ao apreciar as pretensões formuladas pelas partes. Entende-se por sentença completa, no seu aspecto positivo, quando o juiz na sentença aprecia e decide sobre todos os pontos controvertidos objeto do processo. Já no aspecto negativo, haverá falta de completude da sentença quando o juiz omite-se em relação a algum dos referidos pontos. A falta de motivação da sentença não tem nada a ver com a falta de completude da sentença, dado que a primeira pressupõe que exista uma pronúncia, enquanto que a segunda, integrando por si uma violação constitucional, implica, além do mais, inexistência da motivação.[304]

Conforme já teve oportunidade de afirmar Andrea Proto Pisani: *"A omissão total de pronuncia integra os extremos da denegação de justiça, cujo art. 3º da Lei 117/1988 insere na responsabilidade civil dos magistrados; no caso de omissão do magistrado no cumprimento dos atos do seu ofício a parte pode apresentar na secretaria pedido para obter o provimento; decorrido inutilmente, sem justificado motivo, trinta dias da data do depósito, matura o pressuposto de proponibilidade para o exercício de ação de ressarcimento dos danos contra o Estado por responsabilidade do juiz....A omissão parcial de pronúncia constitui um verdadeiro e próprio vício de atividade que ocorre quando o juiz não se pronuncia sobre toda a demanda ou, na hipótese de sentença declaratória de existência de direito, sobre todas as exceções.... O fictício de omissão parcial de pronúncia, denominado de 'error in procedendo' que vicia a sentença no momento da sua formação, caracteriza a nulidade da sentença suscetível de ser analisada por meio de recurso de apelo ou de recurso de cassação...".*[305]

É bem verdade que existem ordenamentos jurídicos que em razão de determinadas situações permitem a omissão dos fatos ou dos motivos da

[303] FISS, O., op. cit., p. 42 e 43.

[304] AROCA, J. M., op. cit., p. 82.

[305] PISANI. A.P., op. cit., p. 216 e 217.

decisão. Essa possibilidade encontra-se no §313ª do Código de Processo Civil alemão (*Zivilprozessordnung*):

> *"Omissão do fato e dos motivos da decisão.*
>
> *(1) A indicação do fato não é necessária quando não há dúvida que a impugnação da sentença não é admissível. Neste caso, não é necessária também a indicação dos motivos da decisão se as partes apresentam renúncia a isso ou se o seu conteúdo essencial foi inserido no 'verbal'.*
>
> *(2) Se a sentença for pronunciada na audiência em que se concluiu a tratativa oral, a indicação do fato e dos motivos da decisão não é necessária se ambas as partes renunciam à impugnação da sentença. Se a sentença pode ser impugnada apenas por uma das partes, é suficiente a renúncia desta última.*
>
> *(3) A renúncia de que tratam os incisos 1 e 2 pode ser declarada antes mesmo da pronúncia da sentença; essa deve ser declarada perante o tribunal ao mais tardar dentro de uma semana da conclusão da tratativa oral.*
>
> *(4) Os incisos de 1 a 3 não encontram aplicação no caso de uma condenação a prestação periódica de futura 'scadenza' ou quando é previsível que a sentença será executada no exterior.*
>
> *(5) Se uma sentença sem indicação do fato e dos motivos da decisão deve ser executado no exterior, aplicam-se correspondentemente as normas sobre a integração das sentenças contumacial e de reconhecimento".*

No Brasil também existe hipótese em que a decisão judicial, inclusive com natureza sentencial, não necessita da explicitação dos motivos. Isso ocorre quando o juiz prolata decisões de natureza homologatória.

É importante não confundir *ausência de fundamentação* com *fundamentação sucinta*, uma vez que a síntese na análise das questões de fato ou de direito não caracteriza ausência de fundamentação. Nesse sentido é o seguinte precedente do S.T.J.:

> *1. Tendo o Tribunal de origem se pronunciado de forma clara e precisa sobre as questões postas nos autos, assentando-se em fundamentos suficientes para embasar a decisão, não há falar em afronta ao art. 535, II, do CPC, não se devendo confundir "fundamentação sucinta com ausência de fundamentação" (REsp 763.983/RJ, Rel. Min. NANCY ANDRIGHI, Terceira Turma, DJ 28/11/05).*
>
> *2. O reconhecimento da ocorrência de eventual cerceamento de defesa no âmbito de um processo administrativo disciplinar não importa na nulidade deste, sendo o caso de*

> *anulabilidade, o que, por conseguinte, afasta a tese de imprescritibilidade da pretensão deduzida pela parte autora.*
>
> *3. A questão da anulabilidade de um ato jurídico, pela não obediência de forma prescrita ou não defesa em lei (art. 104, III, do Código Civil), não se vincula ao plano de existência dos atos jurídicos, mas ao plano de validade.*
>
> *4. É firme a jurisprudência deste Superior Tribunal no sentido de que "a natureza jurídica da ação é definida por meio do pedido e da causa de pedir, não tendo relevância o nomen iuris dado pela parte autora" (AgRg no REsp 594.308/PB, Rel. Min. HERMAN BENJAMIN, Segunda Turma, DJe 20/8/09).*
>
> *5. O pedido declaratório de nulidade – por suposto cerceamento de defesa – do ato administrativo que importou na exclusão do agravante das fileiras da Polícia Militar, cujo objetivo final é sua reintegração à referida Corporação, reveste-se de natureza condenatória.*
>
> *6. "O prazo para propositura de ação de reintegração de policial militar é de 5 (cinco) anos, a contar do ato de exclusão ou licenciamento, nos termos do Decreto n.º 20.910/32" (AgRg no Ag 1.152.666/PE, Rel. Min. MARIA THEREZA DE ASSIS MOURA, Sexta Turma, DJe 1º/2/10).*
>
> *7. "Não se conhece do recurso especial pela divergência, quando a orientação do tribunal se firmou no mesmo sentido da decisão recorrida" (Súmula 83/STJ).*
>
> *8. Agravo regimental improvido.*
>
> (AgRg no Ag 1232422/MG, Rel. Ministro ARNALDO ESTEVES LIMA, QUINTA TURMA, julgado em 17/06/2010, DJe 02/08/2010).

No mesmo sentido é, inclusive, o Enunciado 10 da ENFAM: *"A fundamentação sucinta não se confunde com a ausência de fundamentação e não acarreta a nulidade da decisão se forem efrentados todas as questões cuja resolução, em tese, influencie a decisão da causa".*

Também não há falar em falta de fundamentação o fato de o juiz não responder a todas as indagações formuladas pelas partes, pois ele não está obrigado a analisar todas as questões trazidas pelas partes, principalmente quando essas questões são impertinentes ou meramente protelatórias. Nesse sentido é o seguinte precedente do S.T.J.:

> *1. Não configura omissão, nos embargos de declaração, a ausência de manifestação acerca de todos os dispositivos tidos pelos embargantes como violados, uma vez que, consoante entendimento pacífico nesta Corte, o julgador não está obrigado a responder a todas as alegações das partes, quando já tenha encontrado motivo suficiente para fundar a decisão.*

2. Não se vislumbra violação ao artigo 458 do Código de Processo Civil se as questões submetidas ao Tribunal de origem foram suficiente e adequadamente delineadas, com abordagem integral do tema e fundamentação compatível.

3. Se o tribunal deixa claro o critério utilizado para apurar o valor do fundo de comércio, fazendo constar valor errôneo em decorrência de equivocada leitura dos números apostos nos autos, resta caracterizado erro material, porquanto aferível de plano a inconsistência dos números em relação à fundamentação do julgado.

4. Ultrapassado o momento oportuno para discussão acerca da utilização da regra de experiência, descabida se mostra a discussão do tema em sede especial, ante a ocorrência da preclusão.

5. Recurso especial não conhecido.

(REsp 1179321/SP, Rel. Ministro FERNANDO GONÇALVES, QUARTA TURMA, julgado em 06/04/2010, DJe 09/06/2010).

Não obstante a importância do princípio da motivação das decisões, o certo é que tal garantia constitucional não estava presente na Constituição Federal brasileira de 1967 com a Emenda Constitucional n. 1 de 1969.

Na realidade, o dever de motivar surge em nosso ordenamento jurídico, em decorrência de uma tradição lusitana, justamente com o Regulamento 737 de 1850, art. 232, *in verbis: A sentença deve ser clara, sumariando o Juiz o pedido e a contestação com os fundamentos respectivos, motivando com precisão o seu julgado, e declarando sob sua responsabilidade a lei, uso ou estilo em que se funda.*

A partir daí, o dever de motivar as decisões é mantido por outras legislações infraconstitucionais, como os arts. 118, p.u. e 280, inc. II, ambos do C.P.C. de 1939, e os arts. 131, 165 e 458, inc. II, todos do C.P.C. de 1973.

Observa-se que muito embora o dever de fundamentação das decisões não estivesse expressamente consignado na C.F. de 1969, o certo é que a legislação infraconstitucional já o previa desde 1850.

Atualmente, a garantia constitucional do dever de motivar as decisões encontra-se expressamente encampada no art. 93, inc. IX, da Constituição Federal brasileira.

Não se pode esquecer que a legitimidade do Poder Judiciário está consagrada na motivação de suas decisões, sendo essa garantia uma importante função *exoprocessual;* outrossim, a motivação das decisões tem por finalidade *endoprocessual* resguardar as técnicas de impugnação processual, dando condições para que essas técnicas de impugnação tenham plena eficácia.

Porém, não obstante se tenha uma garantia constitucional de que as decisões proferidas pelo Poder Judiciário brasileiro devem ser fundamentadas, o certo é que a Constituição de 1988 não estabelece o que se entende por uma decisão motivada ou não.

Nem mesmo o C.P.C. revogado de 1973 definia o que se entendia por decisão não fundamentada.

Portanto, desde a promulgação da Constituição Federal de 1988, a doutrina não apresenta um entendimento unívoco sobre o que se entende por uma decisão motivada.

Conforme já teve oportunidade de afirmar Owen Fiss: *"A obrigação de justificar uma decisão tem dado origem a debates intermináveis acerca dos fundamentos adequados para decisões judiciais – o texto legal, as intenções dos responsáveis pela elaboração da Constituição norte-americana, a estrutura geral da Constituição, a ética, o bem da nação etc"*.[306]

A jurisprudência também não apresenta um entendimento unívoco sobre o que se entende por decisão motivada, ora aceitando uma forma restritiva, ora exigindo uma forma ampliativa motivacional.

Sustentando uma forma restritiva de fundamentação, é o seguinte julgado do S.T.J.: *"(...). O julgador não está no dever jurídico de rebater, um a um, os argumentos trazidos pela parte, quando aponta fundamentos suficientes à análise e solução da controvérsia; neste caso, o acórdão está fundamentado, explicitando claramente as razões que levaram ao acolhimento dos Embargos de Divergência em Recurso Especial"* (STJ., Relator Min. Napoleão Nunes Maia Filho, 21.05.2014, Corte Especial). Também adota esse critério de fundamentação restritiva o S.T.F. nas seguintes decisões: HC 83.073, rel. Min. Nelson Jobim, julgamento em 17.6.2003; HC 82.476, rel. Min. Carlos Velloso, julgamento em 3.6.2013.

Eis, ainda, a seguinte decisão: *"O art. 93, IX, da CF exige que o acórdão ou decisão sejam fundamentados, ainda que sucintamente, sem determinar, contudo, o exame pormenorizado de cada uma das alegações ou provas* (AI 791.292 – QO-RG, REl. Min. Gilmar Mendes, julg. 23.6.2010).

Porém, há decisões do próprio S.T.F. no sentido de se exigir uma forma ampliativa na tratativa da fundamentação: Vejamos as seguintes decisões:

[306] FISS, O., op. cit., p. 42.

"Não satisfaz a exigência constitucional de que sejam fundamentadas todas as decisões do Poder Judiciário (CF, art. 93, IX) a afirmação de que a alegação deduzida pela parte é ***inviável juridicamente, uma vez que não retrata a verdade dos compêndios legais'****: não servem à motivação de uma decisão judicial afirmação que, a rigor, se prestariam a justificar qualquer outra (RE 217. 631, Rel Min. Sepúlveda Pertence)*

"A decisão judicial deve analisar todas as questões suscitadas pela defesa do réu. Reveste-se de nulidade o ato decisório, que, descumprindo o mandamento constitucional que impõe a qualquer juiz ou tribunal o dever de motivar a sentença ou o acórdão, deixa de examinar, com sensível prejuízo para o réu, fundamento relevante em quês e apóia a defesa técnica"

(HC 74.073, REl. Min. Celso de Mello, j. 20.5.97).

"A decisão, como ato de inteligência, há de ser a mais completa e convincente possível. Incumbe ao Estado-Juiz observar a estrutura imposta por lei, formalizando o relatório, a fundamentação e o dispositivo. Transgride comezinha noção do devido processo legal, desafiando os recursos de revista, especial e extraordinário pronunciamento que, inexistente incompatibilidade com o já assentado, implique recusa em apreciar causa de pedir veiculada por autor ou réu. O juiz é um perito na arte de proceder e julgar, devendo enfrentar as matérias suscitadas pelas partes, sob pena de, em vez de examinar no todo o conflito de interesses, simplesmente decidi-lo, em verdadeiro ato de força, olvidando o ditame constitucional da fundamentação, o princípio básico do aperfeiçoamento da prestação jurisdicional".

(RE 435256, Relator(a): Min. MARCO AURÉLIO, Primeira Turma, julgado em 26/05/2009, DJe-157 DIVULG 20-08-2009 PUBLIC 21-08-2009 EMENT VOL-02370-06 PP-01253)

Observa-se pela leitura dos precedentes a cima citados, especialmente do S.T.F., a enorme dificuldade de os Ministros, daquela Corte, definirem com certa segurança, coerência e uniformidade o real alcance do inc. IX do art. 93 da C.F.

Dependendo do caso, o dever de fundamentar as decisões judiciais é interpretado/aplicado como simples dever de indicar no julgado as razões de decidir, ainda que sem enfrentar todos os argumentos da parte. Noutro sentido, para se garantir esse direito fundamental, cabe ao magistrado ou Tribunal analisar todos os argumentos lançados no processo.

A controvérsia foi, de certa forma, resolvida em 2010, quando o S.T.F. decidiu estabelecer uma decisão paradigma com efeito de repercussão geral, prevalecendo a corrente restritiva, *in verbis*:

Questão de ordem. Agravo de Instrumento. Conversão em recurso extraordinário (CPC, art. 544, §§ 3º e 4º).

2. Alegação de ofensa aos incisos XXXV e LX do art. 5º e ao inciso IX do art. 93 da Constituição Federal. Inocorrência.

3. O art. 93, IX, da Constituição Federal exige que o acórdão ou decisão sejam fundamentados, ainda que sucintamente, sem determinar, contudo, o exame pormenorizado de cada uma das alegações ou provas, nem que sejam corretos os fundamentos da decisão.

4. Questão de ordem acolhida para reconhecer a repercussão geral, reafirmar a jurisprudência do Tribunal, negar provimento ao recurso e autorizar a adoção dos procedimentos relacionados à repercussão geral.

(AI 791292 QO-RG, Relator(a): Min. GILMAR MENDES, julgado em 23/06/2010, REPERCUSSÃO GERAL – MÉRITO DJe-149 DIVULG 12-08-2010 PUBLIC 13-08-2010 EMENT VOL-02410-06 PP-01289 RDECTRAB v. 18, n. 203, 2011, p. 113-118)

Não há dúvida de que o S.T.F., ao optar pela corrente restritiva, não levou em consideração a atual normatização do C.P.C. brasileiro de 2015.

O novo C.P.C. de 2015, em seu art. 489, §1º, veio complementar o conteúdo normativo do art. 93, inc. IX, da C.F., explicitando e definindo em quais situações não será considerada fundamentada qualquer decisão judicial, seja ela interlocutória, sentença ou acórdão.

Assim, o novo C.P.C. resolve de uma vez por todas as controvérsias doutrinárias e jurisprudenciais sobre a concepção de uma decisão mal fundamentada.

Estabelece o §1º do art. 489 do novo C.P.C.:

Art. 489. São elementos essenciais da sentença:

I – o relatório, que conterá os nomes das partes, a identificação do caso, com a suma do pedido e da contestação, e o registro das principais ocorrências havidas no andamento do processo;

II – os fundamentos, em que o juiz analisará as questões de fato e de direito;

III – o dispositivo, em que o juiz resolverá as questões principais que as partes lhe submeterem.

§ 1º Não se considera fundamentada qualquer decisão judicial, seja ela interlocutória, sentença ou acórdão, que:

I – se limitar à indicação, à reprodução ou à paráfrase de ato normativo, sem explicar sua relação com a causa ou a questão decidida;

II – empregar conceitos jurídicos indeterminados, sem explicar o motivo concreto de sua incidência no caso;

III – invocar motivos que se prestariam a justificar qualquer outra decisão;

IV – não enfrentar todos os argumentos deduzidos no processo capazes de, em tese, infirmar a conclusão adotada pelo julgador;

V – se limitar a invocar precedente ou enunciado de súmula, sem identificar seus fundamentos determinantes nem demonstrar que o caso sob julgamento se ajusta àqueles fundamentos;

VI – deixar de seguir enunciado de súmula, jurisprudência ou precedente invocado pela parte, sem demonstrar a existência de distinção no caso em julgamento ou a superação do entendimento.

§ 2º No caso de colisão entre normas, o juiz deve justificar o objeto e os critérios gerais da ponderação efetuada, enunciando as razões que autorizam a interferência na norma afastada e as premissas fáticas que fundamentam a conclusão.

§ 3º A decisão judicial deve ser interpretada a partir da conjugação de todos os seus elementos e em conformidade com o princípio da boa-fé.

Em relação ao comentário ao art. 489, §1º, do novo C.P.C., remetemos o leitor para nossa obra *Código de Processo Civil – anotado, comentado e interpretado*, Vol. I, ano 2015, Parte Geral (arts. 1 a 317), Editora Almedina.

11.
Princípio da boa-fé

O art. 5º do novo C.P.C. brasileiro estabelece que *aquele que de qualquer forma participa do processo deve comportar-se de acordo com a boa-fé.*

Da mesma forma estabelece o art. 8º do C.P.C. português, Lei n. 41/ 2013:

> *Artigo 8.º Dever de boa-fé processual*
>
> *As partes devem agir de boa-fé e observar os deveres de cooperação resultantes do preceituado no artigo anterior.*

O princípio da boa-fé processual pode ser definido: "*como o princípio segundo o qual os pleiteantes devem atuar como pessoas de bem, com correção e lealdade e com respeito pelos demais princípios do processo, na medida em que lhes caiba acatá-los*".[307]

A boa-fé e não a má-fé passa a ser um princípio norteador de todos aqueles que de qualquer forma participam do processo, sejam eles, partes, Ministério Público, Defensoria Pública, assistente, magistrados, servidores públicos, terceiros interessados ou não.

E não poderia ser diferente, pois o comportamento exercido no processo jurisdicional, em prol da justiça como fim último da atividade jurisdicional,

[307] RODRIGUES, F. P., op. cit., p. 247.

deve pautar-se pela lisura, correção, verdade e extrema boa-fé, uma vez que o processo jurisdicional não serve para 'chicanas' ou mesmo posturas à margem da ética.

A boa-fé indicada no dispositivo não diz respeito apenas à boa-fé subjetiva, mas também à boa-fé objetiva.

Sobre a concepção de boa-fé no sentido subjetivo e de boa fé como princípio, ensina o jurista português, Fernando Augusto Cunha de Sá:

> *"A boa fé é princípio geral do nosso direito, agora particularmente posto em relevo pelo Código Civil, onde até no capítulo dedicado às fontes do direito só se têm por juridicamente atendíveis os usos que não forem contrários aos princípios da boa fé (art. 3º, n. I). Mas das disposições que a ela se referem pode concluir-se pela existência de dois sentidos principais.*
>
> *No primeiro deles, a boa fé é essencialmente um 'estado' ou 'situação' de espírito, de que se retiram consequências favoráveis. Trata-se de apurar em determinado sujeito se, numa altura considerada, ele era possuído por uma convicção de conformidade ao direito de certo acto ou situação jurídica (por exemplo, a existência ou inexistência de um direito ou de um facto, a validade de um negócio), sendo tal convicção contrária à realidade em que se verifica objectivamente contraditoriedade ao direito – mas pelo seu honesto convencimento (subjectivamente, portanto) desculpável. Daí que a boa fé se reconduza àqueles 'estados subjectivos revelantes' de que, em matéria de representação, nos fala o artigo 259º...*
>
> *Por seu turno, o segundo sentido exegético a que acima aludi consiste em arvorar a boa fé como 'princípio' pelo qual o sujeito de direito deve actuar como pessoa de bem, honestamente e com lealdade. Não se trata já, como anteriormente, de um estado ou situação de espírito que aquela regra impõe à vontade. Poderei traduzir melhor esta ideia dizendo que enquanto no primeiro sentido se visa uma actuação 'em' boa fé, agora o problema é antes o de uma actuação 'segundo' a boa fé e por ele se alude e se exprime genéricamente o critério que deve presidir e orientar todo comportamento do sujeito de direito, nomeadamente no exercício de todo e qualquer direito subjetivo. Por isso, não me parece totalmente adequado falar-se ali de sentido psicológico e aqui de sentido ético do conceito de boa fé: pois que, em primeiro lugar, se a boa fé como estado de espírito é essencialmente cognitiva, a actuação segundo a boa fé é resultado de uma originária vontade na direcção para que aquela aponta e, em tal medida, também psicológica; depois porque o qualificativo 'ético' subtrai (ou pelo menos parece subtrair) o conceito ao campo próprio da juridicidade e remetê-lo para outro complexo normativo que esta se pressupõe distinto".*[308]

[308] CUNHA DE SÁ, Fernando Augusto. *Abuso de direito*. Coimbra: Almedina, 1997. p. 164 a 171.

Por isso, encontram-se em diversos dispositivos do novo Código de Processo Civil brasileiro, normas que resguardam a boa-fé, inclusive sancionando condutas que contrariem esse importante princípio ético de participação do processo. São exemplos desses preceitos normativos:

> Art. 79. *Responde por perdas e danos aquele que litigar de má-fé como autor, réu ou interveniente.*
>
> *Art. 80. Considera-se litigante de má-fé aquele que:*
> *I – deduzir pretensão ou defesa contra texto expresso de lei ou fato incontroverso;*
> *II – alterar a verdade dos fatos;*
> *III – usar do processo para conseguir objetivo ilegal;*
> *IV – opuser resistência injustificada ao andamento do processo;*
> *V – proceder de modo temerário em qualquer incidente ou ato do processo;*
> *VI – provocar incidente manifestamente infundado;*
> *VII – interpuser recurso com intuito manifestamente protelatório.*
>
> *Art. 81. De ofício ou a requerimento, o juiz condenará o litigante de má-fé a pagar multa, que deverá ser superior a um por cento e inferior a dez por cento do valor corrigido da causa, a indenizar a parte contrária pelos prejuízos que esta sofreu e a arcar com os honorários advocatícios e com todas as despesas que efetuou.*
> *§ 1º Quando forem 2 (dois) ou mais os litigantes de má-fé, o juiz condenará cada um na proporção de seu respectivo interesse na causa ou solidariamente aqueles que se coligaram para lesar a parte contrária.*
> *§ 2º Quando o valor da causa for irrisório ou inestimável, a multa poderá ser fixada em até 10 (dez) vezes o valor do salário-mínimo.*
> *§ 3º O valor da indenização será fixado pelo juiz ou, caso não seja possível mensurá-lo, liquidado por arbitramento ou pelo procedimento comum, nos próprios autos.*
>
> *Art. 96. O valor das sanções impostas ao litigante de má-fé reverterá em benefício da parte contrária, e o valor das impostas aos serventuários pertencerá ao Estado ou à União.*
>
> *Art. 100. Deferido o pedido, a parte contrária poderá oferecer impugnação na contestação, na réplica, nas contrarrazões de recurso ou, nos casos de pedido superveniente ou formulado por terceiro, por meio de petição simples, a ser apresentada no prazo de 15 (quinze) dias, nos autos do próprio processo, sem suspensão de seu curso.*

Parágrafo único. Revogado o benefício, a parte arcará com as despesas processuais que tiver deixado de adiantar e pagará, em caso de má-fé, até o décuplo de seu valor a título de multa, que será revertida em benefício da Fazenda Pública estadual ou federal e poderá ser inscrita em dívida ativa.

Art. 536. No cumprimento de sentença que reconheça a exigibilidade de obrigação de fazer ou de não fazer, o juiz poderá, de ofício ou a requerimento, para a efetivação da tutela específica ou a obtenção de tutela pelo resultado prático equivalente, determinar as medidas necessárias à satisfação do exequente.

(...).

§ 3º O executado incidirá nas penas de litigância de má-fé quando injustificadamente descumprir a ordem judicial, sem prejuízo de sua responsabilização por crime de desobediência.

Art. 702. Independentemente de prévia segurança do juízo, o réu poderá opor, nos próprios autos, no prazo previsto no art. 701, embargos à ação monitória.

(...).

§ 10. O juiz condenará o autor de ação monitória proposta indevidamente e de má-fé ao pagamento, em favor do réu, de multa de até dez por cento sobre o valor da causa.

§ 11. O juiz condenará o réu que de má-fé opuser embargos à ação monitória ao pagamento de multa de até dez por cento sobre o valor atribuído à causa, em favor do autor.

Art. 777. A cobrança de multas ou de indenizações decorrentes de litigância de má-fé ou de prática de ato atentatório à dignidade da justiça será promovida nos próprios autos do processo.

Também no C.P.C. português, Lei n. 41/2013, encontram-se diversos dispositivos que mencionam a boa-fé na relação jurídica processual, a saber: arts. 3º, 227º, n. 1, 239º, 334º, 437º, n. 1, 762º, n. 2º etc).

Assim, a atuação da boa-fé no âmbito do processo civil, para além de uma exigência legal, é um pressuposto que desde logo aplica-se no plano substancial do processo, impedindo não somente condutas que de imediato caracterizam má fé, mas, também, aquelas que podem ter aparência de boa-fé, mas que no fundo não passam de *abuso de direito.*

A uma observação mais acurada, o abuso de direito revela-se como o sinal exato de que o mundo jurídico ultrapassou em muito os tradicionais quadros e molduras formalistas do conceitualismo, para ser a própria vida em norma, ou o constante aferir e confrontar da concreta realidade histórico-cultural com os valores jurídicos que lhe presidem, numa simbiose inelutável ou numa assimilação exigente de fato e direito.[309]

Entendendo-se que o abuso de direito se traduz num ato antijurídico, surge em decorrência desse ato a obrigação de indenizar, admitindo-se contra ele a legitimidade de omissão do exercício abusivo do direito, entendendo-se que *"o abuso deve ser sempre apreciado 'ex officio', pois é ao tribunal que compete determinar os limites de exercício do direito e a ideia de abuso não é senão o retirar precisamente esses limites do conteúdo do direito"*.[310]

É bem verdade que há uma noção imprecisa do que seja abuso de um direito. Porém, penso que a melhor doutrina é aquela que considera que se abusa do direito quando se vai para além dos limites do normal, do legítimo: *"exerce-se o direito próprio em termos que não eram de esperar, ultrapassa-se o razoável, chega-se mais longe do que seria prever"*.[311]

Além do mais, prefiro seguir a corrente que não considera o abuso de direito um ato ilícito, o que significa dizer que o ato abusivo é autônomo em relação ao ato ilícito. Conforme Cunha de Sá: *"É evidente, por claramente lógico, que um mesmo acto não pode ser simultaneamente lícito e ilícito e que o acto abusivo não é um acto ilícito...O acto abusivo não é, pois, tecnicamente nem um acto lícito, nem um acto ilícito, mas sim, pura e simplesmente...um acto abusivo"*.[312] E complementa o autor português: *"Ora, em ambas as hipóteses se actua fora do direito, sem direito, porque se ultrapassaram os limites que a ordem jurídica assinala ao mesmo direito: só que, na primeira delas, foram excedidos os limites lógico-formais do direito, aqueles que directa e claramente resultam dos quadros estruturais da norma positiva, enquanto que, na outra hipótese, são os limites axiológicos-materiais do mesmo direito que a situação concreta desrespeita; mas, em ambos os casos, pois, resulta evidente a antijuridicidade própria da conduta que, num, é relativa à forma do direito subjectivo e, no outro, ao seu fundamento ou sentido valorativo. Ali, fala-se de ilegalidade ou, pura e simplesmente, de ilicitude; aqui, de abuso de direito. Logo pelo respectivo fundamento as duas qualificações jurídicas se autonomizam: na ilegalidade ou ilícito formal, são os limites estruturais do direito que se ultrapassam;*

309 CUNHA DE SÁ, F. A., idem, p. 21.
310 CUNHA DE SÁ, F. A., idem, p. 24.
311 CUNHA DE SÁ, F. A., idem, p. 101.
312 CUNHA DE SÁ, F. A., idem, p. 331.

no abuso do direito, excedem-se os limites materiais desse direito, aquelas precisas fronteiras que lhe são marcadas pelo seus imanente sentido axiológico-jurídico".[313]

Por outro lado, o abuso não se dá apenas em relação aos 'direito subjetivos', mas abrange também outros poderes ou faculdades que não sejam juridicamente qualificáveis em termos de direito subjetivo, razão pela qual o dever de indenizar pode proceder de outras fontes que não apenas o exercício de um direito subjetivo. É o caso, por exemplo, da falta de motivo para rompimento de promessa de casamento no dia de sua realização.[314]

A jurisprudência portuguesa, segundo Cunha de Sá, tem muito recorrido ao 'abuso de direito' no âmbito do direito de ação. Assim, *"relativamente ao processo declarativo, decidiu-se que o Código Civil de 1867 sancionava a teoria do abuso do direito e coibia de uma forma clara o abuso de direito de ação, que seria caracterizado quer pelo 'excesso de chicana', quer por se sustentar um litígio só por 'emulação' ou com 'erro grosseiro'; e, fazendo-se aplicação desta idéia, entendeu-se que não havia 'erro grosseiro' da parte de quem propôs uma acção que foi julgada improcedente, porque, depois de intentada, se modificou certa lei, embora tivesse sido condenado em multa e indemnização como litigante de má fé, mas pelos expedientes dilatórios então levantados. Da mesma forma, julgou-se haver abuso do direito de acção quando o litigante acciona por 'capricho' ou por 'malévolo espírito de vexar e arreliar' o que é accionado, intentando acções com base em 'pretensões de fantasia', requerendo diligências e interpondo recursos a pretexto de defesa, mas em que só há 'maldade', com mira a obrigar o adversário a 'transigência e concessões deprimentes e prejudiciais,' ou em que há 'erros grosseiros e indesculpáveis'. E muito semelhante a este aresto é a decisão que entendeu haver abuso do direito, e não litigância de má fé (que tem por conceitos distintos), numa acção de interdição por demência, quanto a acção é 'proposta com um fim repreensível', verificado quando a 'injustiça ou inutilidade da pretensão' do autor forem 'manifestas', havendo 'apenas' um 'desejo de vexar, alegando-se 'factos sem consistência', para, com a sua publicidade, 'causar dano à reputação' da pessoa visada com a pretensa interdição. Mais recentemente, o acórdão do Supremo Tribunal de Justiça de 21 de janeiro de 1972 veio consagrar a tese de que só a lide essencialmente dolosa – e não a meramente temerária ou ousada – justifica a condenação por litigância de má fé. Entende-se, assim, que numa acção de investigação de paternidade ilegítima litiga de má-fé o investigado que, contra a verdade, nega ter mantido relações sexuais com a mãe do investigante... No processo*

[313] CUNHA DE SÁ, F. A., idem, p. 468.

[314] CUNHA DE SÁ, F. A., idem, p. 180.

de execução, decidiu-se que comete abuso de direito, incorrendo em 'responsabilidade civil', o exequente que nomeia e faz penhorar bens que 'sabe não pertencerem ao executado', mas sim a um terceiro, para quem se transmitiram por trespasse do estabelecimento que o executado fez com reserva do passivo. ***E no campo dos recursos, o Supremo Tribunal de Justiça teve a oportunidadc dc proferir um acórdão no sentido de que o 'propósito de protelar a decisão final da causa', entorpecendo a acção da justiça mediante o uso, manifestamente reprovável, de recurso 'sem viabilidade'****, em acção cível que se arrasta há perto de seis anos sem que a vítima de um acidente de viação tivesse ainda recebido a indemnização que os recorrentes lhe deviam e que começaram por negar, animados, porventura, pelo facto de a instrução preparatória do respectivo processo criminal ter ficado a aguardar produção de melhor prova... Não será o caso, porém, quando o recorrente, tendo sido justificadamente condenado como litigante de má fé em primeira instância por na tréplica ter alterado conscientemente a verdade sabida, vem insistir numa defesa rejeitada e que se afigura sem elevado grau de solidez, quer no recurso para a Relação quer no recurso para o Supremo Tribunal de Justiça: tal facto só por si não é bastante para caracterizar a dolosa intenção de retardar o cumprimento da obrigação por abusiva utilização dos meios processuais".*[315]

[315] CUNHA DE SÁ, F. A., idem, p. 268 a 274.

12.
Princípio da imparcialidade do juiz

A partir do término da Segunda Guerra Mundial, a exigência da imparcialidade judicial tornou-se um postulado universal consubstanciado nos diversos tratados internacionais difundidos nas democracias ocidentais.

Atualmente, esta garantia encontra-se reconhecida na Declaração Universal dos Direitos Humanos (art. 10), Declaração Americana dos Direitos do Homem (art. 26, 2), Convenção Americana de Direitos Humanos (art. 8.1), Pacto Internacional de Direitos Civis e Políticos (art. 14, I), Convenio Europeu para a Proteção dos Direitos Humanos e Liberdades Fundamentais (art. 6, 1) etc.[316]

A *imparcialidade* passou a ser uma das noções garantistas mais difundidas na Modernidade.[317]

Na verdade, na democracia, a confiança no correto exercício da atividade jurisdicional, "no bem fazer dos magistrados", é pressuposto indispensável para se alcançar o adequado e necessário clima de pacificação social e convivência harmônica entre seus concidadãos.

[316] QUIRÓS, Diego Zysman. *Imparcialidad judicial y enjuiciamiento penal – un estudio histórico-conceptual de modelos normativos de imparcialidad.* Disponível em: http://www.catedrahendler.org/materiales/zysman%20_%20Imparcialidad.PDF – 03/08/2005, p. 1.

[317] "Desde luego, si afirmamos que la 'imparcialidad' constituye una de las garantías que debe reunir el 'proceso justo'". (VIAGAS BARTOLOMÉ. Plácido Fernández. *El juez imparcial.* Granada: Editorial Comares, 1997. p. 19.).

Uma sociedade que coloque em dúvida a: "ecuanimidad, objetividad o rectitud de juicio de las personas encargadas de administrar justicia está destinada, irremediablemente, a sufrir continuas y graves tensiones que pueden incluso, en última instancia, poner en peligro la propia existência democrática del Estado".[318]

Por isso, a garantia de que o processo será conduzido por um juiz ou magistrado *imparcial*, ou a necessidade de que o julgador se situe como terceiro que irá valorar interesses alheios, é da *essência da atividade jurisdicional* do Estado contemporâneo.[319]

Gian Domenico Pisapia, após tecer considerações sobre as diversas teorias que pretendem explicar a natureza da jurisdição, reconhece que há um acordo generalizado entre os doutrinadores no sentido de identificar entre suas características fundamentais a "(...) indipendenzia e la imparzialità (...)".[320]

Tautologicamente, imparcialidade significa ou pressupõe ser uma garantia que caracterize a ausência de *parcialidade*: imparcial é aquele ou aquilo que não é *parcial*. Imparcial seria *"falta de prevención en favor o en contra de personas o cosas"*.[321]

Chega-se à imparcialidade pela compreensão do termo *parcialidade*.

A "parcialidade", por sua vez, pode ser compreendida em dois sentidos distintos: como parte de uma disputa ou conflito, ou como sinônimo de "parte de um todo".[322]

No primeiro sentido, a "parcialidade" refere-se à defesa de interesses egoísticos, por vezes irracionais, implicando dependências heterônomas. Imparcial, sob este aspecto, seria a conduta desinteressada, isenta, neutra e independente; a imparcialidade pressupõe uma conduta que se deixa

[318] PICÓ I JUNOY, Joan. *La imparcialidad judicial y sus garantías: la abstención y la recusación*. Barcelona: J. M. Bosch Editor, 1998. p. 17.

[319] "In primo luogo, infatti, lo Stato moderno si è preoccupato di garantire l'imparzialità del giudice, e particolarmente la sua indipendenza rispetto agli altri poteri statuali" (PISAN, Mario. *Giurisdizione penale. Enciclopedia del Diritto*. v. XIX, Milano: Giuffrè Editore, 1970, (381-404), p. 382.

[320] PISAPIA, Gian Domenico. *Copendio di procedura penal*. Padova: CEDAM – Casa Editrice Dott. Antonio Milani, 1975. p.6.

[321] VIAGAS BARTOLOMÉ, P. F., op. cit., p. 2.

[322] MELO RIBEIRO, Maria Teresa de. *O princípio da imparcialidade da administração pública*. Coimbra: Almedina, 1996. p. 17.

conduzir somente por critérios lógico-racionais, fechando-se para interesses estranhos ao circunstancialismo factual envolvente.[323]

A imparcialidade, para Werner Goldschmidt, consistiria em colocar entre parênteses todas as considerações subjetivas do juiz.[324] Com isso, garante-se que *"los que ejercen jurisdición no solamentc no puedcn tener interés o relación con ninguna de las partes sino que también deberían estar en condiciones intelectuales de fallar sin prejuicios"*.[325]

É nesse aspecto que a garantia da imparcialidade tem sido afirmada pela doutrina e pela jurisprudencia, isto é, *"como salvaguarda a un tribunal (profesional o popular) de carácter imparcial; es decir, ligada al afianzamiento de una cualidad del juez, muchas veces asimilada a lo objetivo, equitativo o neutral"*.[326]

Mas a "parcialidade" não se restringe a uma concepção meramente subjetivista ligada à pessoa do magistrado.

A análise da "parcialidade", sob o aspecto objetivo, pode ser compreendida como *parte de um todo*. Nesse sentido, conduta efetivamente imparcial *"será apenas aquela que, para além de obedecer a parâmetros racionais de comportamento, tenha em atenção a totalidade dos interesses afectados pela própria acção"*.[327] Imparcialidade seria, simultaneamente, critério de salvaguarda de uma qualidade inerente à pessoa do juiz, como também objetividade e globalidade, em outras palavras, *"persecução objetiva do todo"*.[328]

O princípio/direito/garantia da imparcialidade reclama que o juiz atue no processo de forma objetiva, ou seja, sem que se deixe influenciar por considerações de ordem subjetiva, pessoal e antijurídica.

Objetividade, portanto, equivale à juridicidade. Este corolário decorre do Estado de Direito.

Seja na fase instrutória como na fase decisória, o Estado-Juiz deve atuar com objetividade, segundo critérios lógico-racionais e estritamente jurídicos. O aspecto objetivo afasta qualquer influência de natureza subjetiva ou

[323] Idem. Ibidem. Loc. Cit..

[324] GOLDSCHMIDT, Werner. La imparcialidad como principio básico del proceso. *In Revista de Derecho Procesal*. v. II, 1950, p. 208.

[325] "(...). La balanza de la justicia debería calcular exclusivamente el peso de lo proporcionado por las partes pues la introducción de cualquier otro factor desequilibraría la neutralidad de la medición". (VIAGAS BARTOLOMÉ, P. F., Loc. cit.).

[326] QUIRÓS, D. Z., op. cit., p. 2.

[327] MELO RIBEIRO, M. T., Loc. cit.

[328] MELLO RIBEIRO, M. T., op. cit., loc. cit.

pessoal do julgador na relação jurídica processual, garantindo-se às partes repulsa a eventuais atos discriminatórios.[329]

Além disso, a *imparcialidade do* juiz também decorre do direito fundamental a um *processo público e com todas as garantias.*

Segundo afirma Joan Pico i Junoy, o Tribunal Constitucional espanhol reconheceu o direito fundamental a um *juiz imparcial* como essência de um *processo público e com todas as garantias.*[330] É bem verdade que num primeiro momento, o Tribunal Constitucional espanhol vinculou o direito fundamental à *imparcialidade do juiz* ao princípio do *juiz natural,* com base no direito ao juiz ordinário predeterminado pela lei (juízo natural); enquanto que no segundo momento, iniciado a partir de 1987, situou o direito ao juiz imparcial como decorrência do direito a um *processo com todas as* garantias. Essa segunda perspectiva foi consolidada pela Sentença do Tribunal Constitucional n. 145, de 1988 (RTC 1988, 145), a qual serviu de *leading case* para o tema.[331]

Por isso, ao se mencionar o direito constitucional fundamental a um juiz imparcial, não se pretende postular a criação de um novo direito fundamental, senão *"(...) detectar su existencia más o menos oculto dentro de un derecho fundamental base"*.[332] Não se cria um novo direito fundamental, mas o desvenda reflexamente do *direito a um processo com todas as garantias,* ou em decorrência da permissibilidade constitucional para que o ordenamento jurídico incorpore outros direitos fundamentais previstos em tratados internacionais, dos quais o Brasil seja signatário.

O direito constitucional a *um processo público e com todas as garantias* representa, na realidade, um entroncamento entre o direito fundamental ao juiz natural, à igualdade das partes, ao contraditório e à *imparcialidade do juiz.*[333]

[329] MELO RIBEIRO, M. T., idem., p. 162.

[330] PICÒ I JUNOY, J., op. cit., p. 25.

[331] ASENSIO, Rafael Jiménez. *Imparcialidad judicial y derecho al juez imparcial.* Navarra: Aranzadi, 2002. p. 142.

[332] ASENSIO, R. J., idem, p. 137.

[333] "Da un lato, c'é il giudice precostituito(...).
Dall'altro lato, ci sono il diritto dei destinatari del provvedimento giurisdizionale di partecipare al processo di formazione del medesimo, di svolgere, sul piede di simmetrica parità, innanzi e con quel giudice naturale, un pieno contraddittorio (nella completezza del quale consiste l'attuazione della inviolabilità della difesa); nonche il diritto dei litiganti di conoscere

Mas além de ser um *direito fundamental subjetivo da parte*, a imparcialidade também incorpora a força normativa de um *subprincípio* densificador do princípio *estruturante* do Poder Judiciário, isto é, do *Princípio Democrático* que a legitima como *essência da atividade jurisdicional.*

A imparcialidade como princípio estruturante do Poder Judiciário é a essência do *justo processo penal ou civil.*

A imparcialidade do juiz é um direito fundamental do acusado ou da parte e *ao mesmo tempo se configura como um princípio regulador da função jurisdicional.*

A imparcialidade apresenta essa dupla característica: *direito fundamental e princípio geral constitucional informativo do Poder Judiciário.*

É princípio, pois é suporte estruturante e fundamental do ordenamento jurídico; é *geral*, uma vez que diz respeito a todo ordenamento jurídico, transcendendo preceitos jurídicos particularizados; é de *direito*, porque tem aplicação no mundo jurídico e não é critério ou regra moral ou de bom comportamento, não obstante também nessas esferas de relações humanas deva ser levado em consideração.[334]

Como princípio geral de direito processual penal ou civil, o princípio da imparcialidade impõe ao Poder Judiciário cânones informadores de toda sua atividade; por sua vez, como princípio constitucional impõe-se com especial força normativa e vinculante no ordenamento jurídico brasileiro.[335]

É importante salientar que os princípios gerais de direito processual não são estáticos, vez que são influenciados pelas circunstâncias espaços-temporais, pela situação cultural, pela concepção do homem e do mundo. Por isso, os princípios gerais de direito processual costumam evoluir segundo as próprias mutações que possam acontecer no ordenamento jurídico, na

la motivazione del provvedimento (e quindi l'utilizzazione e l'apprezzamento che il giudice abbia fatto dei risultati del processo) e quello d'impugnare.
Questi due piloni (...) sono uniti da una sola gittata: la imparcialita del giudice. Imparzialità, indipendenza del giudice, parità fra i litiganti s'implicano e interagiscono, in moto circolare, ciascuna a servizio delle altre". (FAZZALARI, Elio. La imparzialità del giudice. In *Rivista di Dirito Processuale*, Padova, Edizioni Cedam, n. 2, 1972, (p. 193-203), p. 199).

334 GARCÍA DE ENTERRÍA, Eduardo; FERNANDEZ, Tomás Ramon. *Curso de direito administrativo.* Tradução Arnaldo Setti, São Paulo: RT, 1991, p. 83.

335 MELO RIBEIRO, M. T., op. cit., p. 90.

medida em que representam verdadeiras convicções ético-jurídicas de uma dada comunidade.[336]

A construção do denominado princípio da imparcialidade do juiz está alicerçada num pensamento liberal burguês do Século XVIII, merecendo há tempo uma reformulação ou reestruturação de suas bases segundo as modernas arquiteturas sociais, econômicas e culturais do Século XXI.

Este novo alicerce do princípio ou direito fundamental ao juiz imparcial deve refletir as insatisfações sociais com os resultados até então apresentados por um Poder Judiciário que, apesar de seu ótimo padrão estrutural tecnológico, ainda fornece resultados pífios representativos de um país periférico vitimizado pela ordem globalizada, perversa e muitas vezes injusta.

A desigualdade social, econômica e cultural deve ser a mola propulsora para se postular uma nova leitura da (im)parcialidade do juiz, uma leitura que não deixe de levar em consideração essa grave distorção interiorizada no âmbito do processo penal e civil.

A necessidade de uma nova leitura do princípio/direito/garantia da (im)parcialidade tem por pressuposto o fato de que no limiar de um novo milênio, o que se observa até então é um lamentável paradoxo da trajetória humana ao longo da história. Se por um lado a humanidade atingiu nível de progresso tecnológico e científico jamais visto anteriormente, por outro, assiste-se à exclusão de milhões de seres humanos do processo de evolução social, convertidos em escravos da "lógica do mercado". Em síntese, presencia-se uma sociedade humana com imensa dose de injustiça social, e que reclama um "senso substancial e material de igualdade".[337]

O processo penal ou civil e a atividade jurisdicional desenvolvida pelo juiz no seu âmbito não estão a salvo desse paradoxo.

Com base no postulado de uma nova leitura da (im)parcialidade do juiz, pretende-se introduzir no processo penal e civil, para além de uma racionalidade teórica instrumental, a realidade como ela é, retirando-se o "véu da ignorância" que cobre a consciência dos liberais para que passem a

[336] GARCIA DE ENTERRÍA, E.; FERNANDEZ, T. R. op. cit., p. 84.

[337] "(...) um senso de igualdade, quanto à natureza humana, o qual embora refute o 'igualitarismos', não compactue com gritantes desigualdades a se apresentarem como impedimento a uma vida digna a membros da referida sociedade".(GOMES, Sergio Alves. *Hermenêutica jurídica e constituição no estado de direito democrático*. Rio de Janeiro: Forense, 2001. p. 8).

enxergar as diferenças e desigualdades como efetivamente se apresentam durante o transcurso da relação jurídica processual – dura e crua.

Sustenta-se no âmbito do processo civil contemporâneo a aplicação do *princípio da parcialidade positiva do juiz*, princípio esse que foi minuciosamente desenvolvido em nossa tese de doutorado publicada pela Editora Brasileira, Revista dos Tribunais, no ano de 2008, intitulada: *"A parcialidade positiva do juiz"*.

13.
Princípio da independência do juiz

A independência do Poder Judiciário constitui um valor essencial aos modernos regimes democráticos, razão pela qual está positivada em inúmeras Constituições liberais, e tem por finalidade garantir a plena liberdade dos órgãos jurisdicionais no exercício de sua atividade essencial.[338]

O art. 203º da Constituição da República Portuguesa expressamente estabelece que *"os tribunais são independentes e apenas estão sujeitos à lei"*.

Owen Fiss (The Democracy in Latin América: the Role of Judiciary), citado por Salete Maria Polita Maccalóz, estabelece três tipos diferentes de independência judicial: a) neutralidade de partido, que configura a independência da magistratura em relação aos interesses dos partidos políticos; b) independência individual, em relação à estrutura burocrática judicial, isto é, em relação aos outros juízes; c) isolamento político, que é a independência de outras instituições governamentais.[339]

Sofrendo o sistema judiciário certa influência do sistema político, o conceito de independência do Poder Judiciário será considerado à luz das

[338] PICÓ I JUNOY, J., op. cit., p. 30.

[339] MACCALÓZ, Salete Maria Polita. *O poder judiciário, os meios de comunicação e opinião pública*. Rio de Janeiro: Ed. Lúmen Júris, 2002. p. 64.

estreitas relações que se entrelaçam entre o sistema judiciário e o sistema político propriamente dito.[340]

A independência *externa* e também *interna*, de todo modo, apresenta-se como um pressuposto indispensável à configuração estrutural do "Poder Judiciário", sendo um dos seus aspectos mais importantes.[341]

A *independência externa* seria aquela que protege os órgãos jurisdicionais diante de eventuais intromissões provenientes do exterior do Poder Judiciário, advindas do Poder Legislativo, do Poder Executivo, assim como dos denominados "poderes fáticos" ou "forças sociais" diluídas na sociedade (por exemplo, os meios de comunicação que são praticamente um "quarto poder", os partidos políticos e a própria Igreja).[342]

A *independência interna*, por outro lado, seria aquela que ampara os membros da carreira judiciária contra as perturbações dos demais órgãos jurisdicionais ou de seus próprios órgãos de administração.

É importante consignar a advertência feita por Eugênio R. Zaffaroni de que a lesão à independência costuma ser mais prejudicial quando advém do interior da própria instituição, concretizada "*(...)por meio de corpos colegiados que exercem uma ditadura interna e que se divertem aterrorizando seus colegas, abusando de seu poder no cotidiano. Através deste poder vertical satisfazem seus rancores pessoais, cobram dos jovens suas frustrações, reafirmam sua titubeante identidade, desenvolvem sua vocação para as intrigas, desprendem sua egolatria etc., mortificando os que, pelo simples fato de serem juízes de diversa competência, são considerados seus "inferiores". Deste modo desenvolve-se uma incrível rede de pequenez e mesquinharias vergonhosas, das que participam os funcionários*

[340] "(...)Non solo perché le decisioni giudiziarie hanno un impatto più o meno rilevante sul sistema político, o perché il giudice, consciamente o meno, partecipa necessariamente, nel corso della sua attività, all'assegnazione imperativa di valori. Ma soprattutto perché esso soddisfa ad uno dei bisogni essenziali di un sistema político, la risoluzione 'delle controversie sull'applicazione concreta delle norme riconosciute dalla società" (GUARNIERI, Carlo. L'indipendenza della magistratura. *In Rivista Trimestrale di Diritto e Procedura Civile.* Milano, Marzo 1979, Anno XXXIII – Num 1, (29-56), p. 30).

[341] Há na doutrina outras classificações em relação à manifestação da independência judicial. Há autores que fazem distinção entre dependência judicial "orgânica" e "funcional", destacando na primeira a independência do Poder Judiciário, como órgão que integra todos os juízes e magistrados, frente aos outros poderes do Estado, e a segunda,a independência no exercício da função jurisdicional.

[342] PICÓ I JUNOY, J., op. cit., p. 30.

e auxiliares de jurisdição. A maledicência é convertida em moeda corrente, faz-se presa de todos e substitui as motivações racionais dos atos jurisdicionais: as sentenças não são confirmadas, revogadas, ou anuladas por razões jurídicas, mas por simpatia, antipatia, rancor, ciúmes do colega. Se os operadores de um poder judiciário verticalizado decidissem um dia deixar de praticar a maledicência relativamente a seus colegas, reinaria nos edifícios de seus tribunais maior silêncio do que nos templos.[343]

A Corte Constitucional Italiana, ao tratar da independência interna da magistratura, teve oportunidade de afirmar que: *"não seria lesivo ao princípio da independência do juiz uma organização da magistratura inspirada num critério de 'peso' diferente de várias categorias de magistrados nos organismos de autogoverno da própria magistratura (L. 195/1958) – sobre a instituição e funcionamento do C.S.M. Corte Cost. 22 de dezembro de 1963 (168/63); nem seria inconstitucional a atribuição de plena discricionariedade aos dirigentes de órgãos, como, a propósito, as atribuições dos processos aos magistrados singulares ou às singulares sessões; assim como não seria inconstitucional a atribuição de plena discricionariedade aos presidentes dos singulares Colégios, como, a propósito, a conferência de específica competência funcional no interior do órgão"*.[344]

Estas características da independência dos tribunais são, necessariamente, extensíveis ao exercício da função jurisdicional, sendo requisito

[343] ZAFFARONI, Eugenio Raúl. *Poder judiciário* – crise, acertos e desacertos. Trad. Juarez Tavares. São Paulo: Revista dos Tribunais, 1995., p. 89.

[344] "(...)non sarebbe, cioè, lesiva del principio d'indipendenza del giudice un'organizzazione della magistratura ispirata al critério di un "peso" differente di varie categorie di magistrati negli organismi di autogoverno della magistratura stessa (L. 195\1958) – sull'istituzione ed il funzionamento del C.S.M. Corte cost., 22 dicembre 1963 (168\63)); né sarebbe incostituzionale l'attribuzione di piena discrezionalità ai dirigenti degli uffici, circa l'assegnazione dei singoli processi ai singoli magistrati od alle singole sezioni; così come non sarebbe incostituzionale l'attribuzione di piena discrezionalità ai presidenti del singoli collegi, circa il conferimento di specifiche competenze 'funzionali' all'interno del collegio" (CHIAVARIO, Mario. *Processo e garanzie della persona – le garanzie fondamentali*. 3. ed. Vol. II. Milano: Dott. A. Giuffrè Editore, 1984. p. 48 e 49).

A criação do Conselho Nacional de Justiça (art. 103-B da Constituição Federal – inserido pela Emenda Constitucional n. 45/2004), não deve representar uma ameaça à independência interna dos membros da magistratura. Sua incumbência, exercida nos limites da Constituição Federal, será de grande valia para a transparência e legitimidade dos órgãos jurisdicionais perante a sociedade.

essencial desta função a efetiva e incondicional independência dos titulares do órgão jurisdicional perante os restantes órgãos do Estado.[345]

Segundo Fernando Pereira Rodrigues, *"com vista à proteção dos direitos humanos, das liberdades fundamentais do indivíduo e de todo e qualquer direito do cidadão, apenas um poder judicial independente e imparcial pode fazer adequada justiça. O cidadão comum necessita de ter inteira confiança na idoneidade dos juízes para desempenharem as suas funções de forma independente e imparcial, pois que quando esta confiança começa a ser colocada em dúvida, nem o poder judicial enquanto instituição nem os juízes individualmente considerados serão capazes de desempenhar competentemente as suas funções"*.[346]

A Corte Constitucional italiana também asseverou que o princípio da independência é pressuposto do da imparcialidade, no sentido de que a atividade do juiz deve ser imune a vínculos que possam estabelecer sua sujeição formal ou substancial a outros órgãos, devendo ser livre de prevenção, temor, influência que possam induzi-lo a decidir de modo diverso da sua própria consciência.[347]

Não obstante a íntima correlação entre a independência e a imparcialidade dos órgãos jurisdicionais, não há como negar que são princípios distintos.

Segundo Rafael Jiménez Asensio, *"[...] independencia e imparcialidad son principios distintos, posiblemente sean complementarios, relacionales, se necesiten el uno al otro, pero son diferentes en su enunciado y en su alcance"*.[348]

Na verdade, *"a autonomia não garante por si só que o juiz seja realmente imparcial"*.[349]

Parte da doutrina procura distinguir a imparcialidade da independência com base na dualidade poder/função. A independência estaria vinculada ao Poder Judiciário, enquanto que a imparcialidade diria respeito ao exercício da função jurisdicional.[350]

345 RODRIGUES, F. P., op. ci.t., p. 202

346 RODRIGUES, F. P., idem, p. 203.

347 CHIAVARIO, M., op. cit., p. 50.

348 ASENSIO, R. J., op. cit., p. 69.

349 GUARNIERI, C., op. cit., p. 36.

350 (...)la independencia judicial del artículo 117 CE se refiere a la necesidad de evitar todo tipo de subordinación de los miembros del poder judicial al resto de los poderes del Estado, o toda perturbación que pueda venir de los otros órganos jurisdiccionales y de sus propios órganos de gobierno. Por ello, entendemos que no debe confundirse la imparcialidad judicial con la

Outros sustentam a inexistência de identidade entre esses dois princípios, em razão do momento de sua aplicação e análise. A independência se predica do momento constitucional, enquanto que a imparcialidade do momento processual.[351]

A independência e a imparcialidade são, indubitavelmente, dois princípios distintos, porém, complementares da estrutura básica do Poder Judiciário.

A independência seria um "prius" da imparcialidade judicial, mas não se confunde com ela, pois, *"(...)un juez imparcial requiere, por definición, ser independiente (difícilmente podría predicarse de un juez dependiente su imparcialidad), mientras que un juez puede ser independiente y, sin embargo, no ser imparcial a la hora de conocer una causa determinada o una serie de causas".*[352]

A independência é uma garantia de que o juízo possivelmente será imparcial.[353]

13.1. Princípio da independência como fundamento da livre apreciação da prova

Sendo a independência um princípio que deve reger o processo civil moderno, uma das suas principais finalidades é permitir que o juiz possa valorar a prova com independência, apreciando-a livremente de acordo com suas convicções.

Normalmente, no fundo das concepções que nos distintos ordenamentos jurídicos referem-se à prova judicial, está a ideia de que no processo pretende-se estabelecer se determinados fatos ocorreram ou não e que as provas servem precisamente para resolver este problema, ou seja, a ideia de que a função da prova consiste em estabelecer a verdade dos fatos.

Conforme leciona Michele Taruffo, um primeiro problema que surge, proveniente do fato de que o tema da prova se presta, em menor medida que outros, a esgotar-se na dimensão jurídica e tende, de certa forma, a projetar-se fora dela e a penetrar em outros campos: da lógica, da

independencia del juez ya que éste puede ser independiente y, sin embargo, no ser imparcial y viceversa".(PICÓ I JUNOY, J., op. cit., p. 32).

351 ASENSIO, R. J., op. cit., Loc. Cit.

352 Idem. Ibidem. p. 71.

353 REQUEJO PAGÉS, J. L., *Jurisdicción e independencia judicial.* Madrid: Centro de estudios constitucionales, 1989. p. 161.

epistemologia e da psicologia. Não era assim no modelo ideal da prova típico do direito comum da Europa Continental: o sistema da prova legal, com efeito, estava pensado como um conjunto orgânico, fechado e completo de regras jurídicas capazes de abarcar qualquer aspecto da prova dos fatos em juízo. Nesse sistema poderia sim ter espaço a uma concepção unicamente jurídica da prova.[354]

Por sua vez, a afirmação do princípio da livre valoração motivada das provas implica, como é do conhecimento de todos, numa série de mudanças radicais no sistema do direito comum; entre essas mudanças encontra-se o fato de por em crise o principal núcleo do sistema da prova legal, isto é, a regulação jurídica da eficácia da prova. A valoração da prova afasta-se do âmbito das regras jurídicas a partir do momento em que é atribuída ao juiz e não mais ao legislador. Ressalte-se que ainda hoje a questão da prova está submetida ao âmbito jurídico, mas não somente a este campo de conhecimento. Além da dimensão jurídica do fenômeno da prova, há necessidade de se recorrer também e necessariamente a métodos provenientes de outros campos do pensamento. O tema da prova tem a particular característica de remeter a questão para fora do processo e também para fora do direito. Não se quer dizer com isso que a análise jurídica da prova careça de sentido, senão que este pode ter um significado não marginal somente na medida em que seja integrado em uma análise adequada dos aspectos extrajurídicos do problema da determinação dos fatos.[355]

A liberdade de apreciação da prova encontra-se bem delineada no art. 607º, n. 5, do C.P.C. português, Lei n. 41/2013, a saber: *O juiz aprecia livremente as provas segundo a sua prudente convicção acerca de cada facto; a livre apreciação não abrange os factos para cuja prova a lei exija formalidade especial, nem aqueles que só possam ser provados por documentos ou que estejam plenamente provados, quer por documentos, quer por acordo ou confissão das partes.*

Por sua vez, estabelecem os artigos 371 e 372 do novo C.P.C. brasileiro:

> *Art. 371. O juiz apreciará a prova constante dos autos, independentemente do sujeito que a tiver promovido, e indicará na decisão as razões da formação de seu convencimento.*
>
> *Art. 372. O juiz poderá admitir a utilização de prova produzida em outro processo, atribuindo-lhe o valor que considerar adequado, observado o contraditório.*

[354] TARUFFO, Michele. *La prueba de los hechos.* Madrid: Editorial Trotta, 2002. p. 22

[355] TARUFFO, M. idem, p. 23.

O art. 369 do novo C.P.C. brasileiro preconiza que as partes têm direito de empregar todos os meios legais, bem como os moralmente legítimos, ainda que não especificados no C.P.C., para provar a verdade dos fatos em que se funda o pedido ou a defesa e influir eficazmente na convicção do juiz.

Conforme leciona Jaime Guasp e Pedro Aragoneses, *"como em todo ato processual, na prova aparecem três classes de sujeitos: o ativo, ou pessoa de quem procedem as atividades probatórias; o passivo, ou pessoa que suporta ou sobre quem recaem tais atividades; e o destinatário, ou pessoa a quem a prova é funcionalmente dirigida"*.[356]

Os sujeitos ativos da prova são, normalmente e em termos gerais, *as partes.*

O *destinatário* da prova, por sua vez, será sempre *o juiz, iudici fit probatio.* Ainda que o juiz excepcionalmente assuma a iniciativa da prova, isso não significa dizer que ele não seria o destinatário da prova, pois as qualidades de sujeito ativo e de receptor da prova podem conjugar-se perfeitamente por meio da intermediação que o meio de prova supõe. No direito moderno a prova não se realiza para satisfazer o adversário, senão para convencer o juiz.[357]

Por outro lado, a influência que a prova deverá exercer será de acordo com a *livre convicção do juiz*, uma vez que o juiz é independente e não pode sofrer nenhuma outra influência a não ser a da sua própria consciência.

Sobre a *eficácia da prova* no livre convencimento do juiz, anotam Jaime Guasp e Pedro Aragoneses: *"Dois sistemas são possíveis, em princípio, em relação à eficácia da prova: o sistema que estabelece a liberdade, para o Julgador, na determinação de tal eficácia, ou 'prova livre', e o sistema que vincula o Julgador à concessão ou privação à prova de uma eficácia determinada ou sistema de 'prova legal ou taxada'. É evidente que, dado o conceito da prova e sua estrita natureza jurídica processual, somente o sistema de prova livre resulta congruente com a significação essencial desta classe de ato. Se a função da prova é produzir a convicção psicológica do Julgador em torno à existência ou inexistência de dado processual determinado, apreciar a prova processual não pode querer dizer senão expressar o resultado psicológico das operações probatórias: exteriorizar a convicção do Juiz tal como esta surge ao finalizar os atos de prova. A convicção psicológica do Julgador não é um ente idealizado teoricamente,*

356 GUASP. Jaime.; ARAGONESES, Pedro. *Derecho procesal civil.* Tomo I. Introducción y parte general. Séptima edición. Navarra: Thompson Civitas. p. 377.
357 GUASP. J.; ARAGONESES, P., idem, p. 381.

senão uma realidade, se bem uma realidade que consiste em uma crença, pela qual: ou se sacrifica o sentido intrínseco da prova processual, dirigida não a todos, senão a um, ou se reconhece o caráter pessoal da prova e a irremediável qualidade psicológica de seu resultado. Assim, o segundo sistema apontado no que diz respeito à eficácia da prova, isto é, o sistema da prova legal ou taxada, tem que ser cientificamente rechaçado. As normas de direito não são idôneas para ordenar uma eficácia probatória, dado o sentido da prova mesma. Pois sendo a norma jurídica um imperativo, está dirigida a inclinar em certo sentido a vontade de um sujeito e não é apta por natureza para impor-se frente a outra atividade da personalidade, entre elas, a crença. O fenômeno de prova legal ou prova taxada constitui uma anormalidade jurídica, já que, destinadas, por essência, todas as operações probatórias a convencer o Juiz da existência ou inexistência de um dado processual determinado, no momento de chegar à obtenção do resultado de ditas operações se prescinde de tal convicção e a substitui por imperativo legal. Entre o sistema da prova livre e o da prova taxada não há, juridicamente falando, nenhum critério intermediário que possa ser validamente reconhecido. Em particular não constitui um terceiro gênero o que às vezes se tem chamado sistema da 'persuasão racional', no qual se vincula a apreciação da prova às regras da sã crítica ou do critério humano... No terreno estritamente jurídico não há mais que duas soluções possíveis: submissão ou desvinculação às regras de direito. As 'regras da sã crítica' ou do critério humano ou são definidas juridicamente pela lei ou pela jurisprudência, ou, então se convertem em preceitos de direito e fazem da prova uma prova taxada, ou bem não se consideram como mandados, senão como simples indicações, e a prova segue sendo livre, com o que a alusão a tais regras resulta teoricamente, ainda não praticamente, estéril".[358]

Conforme leciona Michele Taruffo: *"O problema é muito simples em seus termos teóricos: a técnica da prova legal consiste na produção de regras que predeterminam, de forma geral e abstrata, o valor que deve atribuir-se a cada tipo de prova. Ao contrário, o princípio oposto, da prova livre ou da livre convicção, pressupõe a ausência daquelas regras e implica que a eficácia de cada prova para a determinação do fato seja estabelecida caso a caso, seguindo critérios não predeterminados, discricionários e flexíveis, baseados essencialmente em pressuposto da razão".*[359]

Contudo, segundo adverte Michele Taruffo, a liberdade de convicção pode resultar em sinônimo de *discricionariedade incontrolada*, e a falta de critérios racionais abre o caminho ao subjetivismo da intuição irracional

[358] GUASP. J.; ARAGONESES, P., idem, p. 393 e 394.

[359] TARUFFO, M., op. cit. p. 387.

como instrumento para a formulação do juízo de fato. Em consequência, a valoração das provas é subtraída do domínio de qualquer racionalidade lógica, científica ou de sentido comum, e se situa num espaço ideal no qual o único critério de juízo é a falta de critério.[360]

Como ensinava A. dos Reis, a prova livre não quer dizer prova arbitrária ou irracional; quer dizer prova apreciada com inteira liberdade pelo juiz, sem qualquer vinculação a uma tabela ditada externamente, mas em perfeita conformidade com as regras de experiência e as leis que regulam a atividade mental.[361]

Daí porque a necessidade de se estabelecer uma concepção racional de avaliação da prova. E essa concepção racional de valoração da prova incide em distintos sentidos na liberdade do juiz no uso das provas. Por um lado, esta concepção implica que a liberdade do juiz está 'orientada' e não equivale a uma discricionariedade absoluta ou a uma arbitrariedade subjetiva no juízo do fato. A liberdade orientada significa que o juiz deve utilizá-la unicamente com o objetivo de alcançar uma determinação tendencialmente verdadeira dos fatos do caso e que deve usar critérios racionais para isso. A convicção do juiz deve estar livre de vínculos legais, que precluem a aproximação da realidade, porém, não deve estar livre dos critérios de valoração racional: e mais, estes são os únicos critérios que permitem estabelecer se a valoração da prova produz elementos aptos para fundar o juízo sobre o fato. A distinção entre concepção racional e concepção irracional da convicção do juiz equivale, pois, à distinção entre liberdade de valoração e arbitrariedade subjetiva.[362]

13.2. Princípio da prova legal

Porém, o princípio da livre apreciação da prova pode ser relativizado em razão do princípio da prova legal.

Em face do princípio da prova legal, o juiz deve sujeitar-se à apreciação das provas segundo delimitações estabelecidas pela lei sobre o conteúdo probatório da prova.

Haverá situações em que o legislador estabelecerá o meio de prova necessário para a comprovação da existência de determinado fato.

360 TARUFFO, M., idem, p. 398.

361 RODRIGUES, F. P., op. cit., p. 154.

362 TARUFFO, M., op. cit., p. 402.

Diz, por exemplo, o art. 405 do novo C.P.C. brasileiro que *o documento público faz prova não só da sua formação, mas também dos fatos que o escrivão, o chefe de secretaria, o tabelião ou o servidor declarar que ocorreram em sua presença.*

Já o art. 406 do novo C.P.C. brasileiro preconiza que *quando a lei exigir instrumento público como da substância do ato, nenhuma outra prova, por mais especial que seja, pode suprir-lhe a falta.*

Outrossim, não dependerão de prova, segundo estabelece o art. 374 do novo C.P.C. brasileiro, os fatos: I – notórios; II – afirmados por uma parte e confessados pela parte contrária; III – admitidos no processo como incontroversos; IV – em cujo favor milita presunção legal de existência ou de veracidade.

Também no direito português observam-se situações em que a prova legal sobrepõe-se à livre apreciação da prova pelo juiz. Isso ocorre, por exemplo, em relação ao valor probatório da confissão, conforme estabelece o art. 358º do Código Civil português.

A confissão obriga o confitente e vincula o juiz e oferece à outra parte uma prova que supera todas as outras.

Percebe-se, portanto, que o princípio da livre apreciação da prova cede espaço para o princípio da prova legal.

Em relação ao quadro da prova legal, conforme ensinava Manuel de Andrade, podem assinar-se as seguintes gradações: *"a) a prova bastante, que é a prova que cede perante contraprova, que torna o facto respetivo incerto; b) a prova plena, que é a prova legal que só cede perante prova do contrário, que torna o facto respectivo como não verdadeiro; c) a prova pleníssima, que é a prova legal que não admite sequer a prova do contrário"*.[363]

[363] Apud, RODRIGUES, F. P., op. cit., p. 161.

14.
Princípio do juiz natural

Historicamente, o juiz natural desenvolveu-se no ordenamento anglo-saxão, desdobrando-se para o direito norte-americano e francês.[364]

Como garantia de proibição de juízos extraordinários, e segundo a dimensão atual, o princípio do juiz natural foi pela primeira vez incorporado na "*Petition of Rights*", de 1627, e no "*Bill of Rights*", de 1688. Essas duas cartas representam a concepção atual do princípio do juiz natural, proibindo julgamento proferido por juízes extraordinários, por magistrados designados *ex post facto*.[365]

O direito norte-americano através da Declaração de Direitos da Virgínia (1776) e das Constituições dos Estados Independentes (1776 a 1784) vê

[364] "É tradicional a postura que faz remontar à Carta Magna o estabelecimento do princípio do juiz natural. O art. 21 da Carta de 1215 dispunha que 'condes e barões não serão multados, *senão pelos seus pares*, e somente de conformidade com o grau de transgressão'; e o conhecidíssimo art. 39 reafirmava: 'nenhum homem livre será preso ou detido em prisão ou privado de suas terras, ou posto fora da lei ou banido ou de qualquer maneira molestado; e não procederemos contra ele, nem o faremos vir a menos que por *julgamento legítimo de seus pares e pela lei da terra.*

(...) Notou-se que a experiência histórica que exerceu influência sobre o documento de 1215 era o sistema jurisdicional feudal. Daí porque é lícito concluir que a garantia dos arts. 21 e 39 se dirigia à justiça feudal, e não à proibição de juízes extraordinários (...)". (GRINOVER, Ada Pellegrini. O princípio do juiz natural e sua dupla garantia. In *Revista de Processo*, São Paulo, Ed. Revista dos Tribunais, n. 29, Ano 8, jan./mar., 1983, (11-33), p. 12).

[365] GRINOVER, A. P., Idem. Ibidem., p. 14.

a garantia de existência de um juízo e a inderrogabilidade da competência não apenas como simples critério de organização judiciária, mas como garantia da imparcialidade do juiz.[366]

Na Lei francesa de 24.08.1790, introduziu-se pela primeira vez, em seu art. 17 (Título II), a expressão designada atualmente, ao prescrever que a ordem constitucional das jurisdições não poderia ser perturbada, nem os jurisdicionados subtraídos de seus *juízes naturais*. A Constituição Francesa de 1791 incorporou esse princípio dizendo que os cidadãos não poderiam ser subtraídos dos juízes que a lei lhes atribui, por nenhuma comissão, nem por outras atribuições e evocações, além das determinadas por lei.[367]

Também na Itália, por meio do Estatuto Albertino de 1848, (art. 17), a figura do juiz natural passou a ser um critério da atividade jurisdicional: *"Ninguém pode ser subtraído de seus juízes naturais. Não poderá, portanto, ser instituídos tribunais ou comissões extraordinárias"*.[368]

Jorge Figueiredo Dias ressalta que o princípio do juiz natural possui um tríplice significado: a) Em primeiro lugar, o plano da *fonte* – somente a lei tem legitimidade para instituir o juiz e estabelecer sua competência; b) Em segundo lugar, referência *temporal* – reforça a ideia de que a fixação da competência deve ser feita por uma lei vigente ao tempo da prática do ato infracional; c) Em terceiro lugar, ordem *taxativa de competência* – impede qualquer possibilidade de instituição de competência arbitrária ou discricionária.[369]

No ordenamento jurídico brasileiro sempre houve previsão do princípio do juiz natural sob duplo aspecto: proibição de juízos extraordinários *ex post facto* e proibição de transferência de uma causa para outro tribunal de forma arbitrária ou discricionária.[370]

[366] Prescreve a Emenda VI, de 1791, que em todos os processos criminais o acusado terá direito a julgamento pronto e público por um júri imparcial do Estado e distrito onde o crime tiver sido cometido, distrito previamente determinado por lei.

[367] BONATO, Gilson. *Devido processo legal e garantias processuais penais*. Rio de Janeiro: Lumen Juris, 2003. p. 133.

[368] GRINOVER, A. P., op. cit., p. 16.

[369] FIGUEIREDO DIAS, Jorge. *Direito processual penal*. Coimbra: Coimbra Ed., 1974, p. 322 e 323.

[370] "(...) Não se proibia, entretanto, o poder de atribuição, isto é, possibilitava-se a instituição de juízos especiais pré-constituídos, de acordo com a Constituição de 1824.

A Constituição Republicana de 1891 acompanhou a anterior, sem, contudo, fazer referência à proibição de juízos extraordinários. Já a Carta de 1934 teve redação mais abrangente. No

Em que pese a natureza jurídica bem delineada do princípio do juiz natural, ainda é corrente na doutrina e na jurisprudência nacional e estrangeira sua identificação com o princípio da imparcialidade do juiz.

O Tribunal Constitucional espanhol, por diversas vezes, inseriu o fundamento do princípio da imparcialidade do juiz no âmbito do "derecho al juez ordinário predeterminado por la ley", que nada mais é do que o princípio do juiz natural. Na Sentença n. 44, de 22 de março de 1985, estabeleceu-se que: *"(...) El derecho al Juez ordinario predeterminado por ley 'comprende también el de recusar cuando concurren las causas tipificadas como circunstancias de privación de idoneidad'"*.[371]

A doutrina costuma inserir as hipóteses processuais de abstenção ou recusa do juiz como atributo do direito ao juiz ordinário predeterminado por lei. A imparcialidade informa por si mesma o princípio do juiz legal ou natural.

Joan Picó i Junoy refuta a identificação entre os princípios da imparcialidade e do juiz natural, pois o princípio do juiz natural visa a garantir a conformação do tribunal orgânico instituído por lei e sua *perpetuatio iurisdictionis*,[372] *"(...) mientras que la imparcialidad judicial hace referencia no tanto al órgano jurisdiccional considerado en su dimensión orgânica, sino a la persona, juez o magistrado, que lo integra"*.[373]

tocante à garantia do juiz competente, ampliou a redação das cartas precedentes, acrescentando a expressão 'ninguém será processado, nem sentenciado...', enquanto as anteriores referiam-se apenas a que 'ninguém será sentenciado...'.
Durante o período do Estado Novo, a Constituição de 1937, de orientação ditatorial, omitiu o princípio, que voltou a ser previsto na Carta de 1946, no seu duplo aspecto. Posteriormente, a Constituição de 1967 e a Emenda 1, de 1969, inseriram o princípio tão-somente como garantia de impedimento de foro privilegiado ou tribunais de exceção, não fazendo menção à garantia explícita do juiz competente.
Atualmente, a Constituição Federal de 1988 garante o princípio em seu duplo aspecto (Artigo 5º, XXXVII: 'Não haverá juízo ou tribunal de exceção'. E no inciso LIII: 'Ninguém será processado nem sentenciado senão pela autoridade competente')". (BONATO, G., op. cit., p. 137 e 138).

371 PICÓ I JUNOY, J, op. cit., p. 33.

372 CHOZAS ALONSO, J. M. *La perpetuatio iurisdictionis*: un efecto procesal de la litispendencia. Granada: Comares, 1995. p. 140.

373 Nesse sentido: "DE LA OLIVA (*Los verdaderos tribunales en España: legalidad y derecho al juez predeterminado por la* ley, Edit. Ramón Areces, 1992, p. 2) sostiene: 'Que uno o varios jueces sean recusables no significa que no sean los jueces legalmente predeterminados, los que deben

Na visão de Jacinto Nelson de Miranda Coutinho, mais do que expressão da imparcialidade do julgador, o princípio do juiz natural é expressão do princípio da isonomia.[374]

O próprio Tribunal Constitucional espanhol percebendo a incongruência da identificação pura e simples dos princípios da imparcialidade e do juiz natural, através da Sentença n. 119, de 19 de abril de 1993, retificou seu posicionamento inicial, e de maneira acertada passou a diferenciar o princípio do juiz natural e o princípio da imparcialidade.[375]

juzgar un caso concreto según las reglas legales de jurisdicción, competencia en sus diversas clases, sustitución, modo de integración de los órganos colegiado, etc.'; y PÉREZ ROYO (*Servicios especiales en la Carrera Judicial: sobre la anticonstitucionalidad de los artículos 351 a 353 de la Ley Orgánica del Poder Judicial*, 'La Ley', n. 3727, 1 de marzo de 1995, p. 3) destaca que 'la abstención o la recusación exigen como premisa que el juez sea el juez ordinario predeterminado por la ley. Cuando hay un supuesto de abstención o recusación no se discute que el juez es el juez legal. Se alega simplemente que hay circunstancias que concurren en el caso que impiden al juez desempeñar la función jurisdiccional en los términos de imparcialidad en que constitucionalmente debe hacerlo'. De igual modo, vid. GARBERÍ LLOBREGAT, J. (*El derecho fundamental al juez ordinario predeterminado por la ley*, 'Jurisdicción y competencia penal', CGPJ, Madrid, 1996, p. 26); GUILLO SÁNCHEZ-GALIANO, A, (*Imparcialidad del Juez y Juez ordinario predeterminado por la* Ley, '*Derechos procesales y tutela judicial efectiva*', Vitoria, 1994, pp. 61 a 63); ORAA GONZÁLEZ, J. y P. (*El derecho a un juez imparcial y la jurisprudencia constitucional. Un decepcionante paso atrás,* 'PJ', n. 26, 1992, pp. 161 y ss.); y RUIZ RUIZ, G. (*El derecho al juez ordinario en la Constitución Española,* Edit. Civitas, Madrid, 1991, pp. 178-179, 193 y 199)". (Obras citadas por PICÓ I JUNOY, J., op. cit., p. 34).

374 COUTINHO, Jacinto Nelson de Miranda. Introdução aos princípios gerais do processo penal brasileiro. *Separata Revista ITEC*, ano 1, n. 4, Sapucaia do Sul: Ed. Notadez, jan/fev/mar/ de 2000. p. 02.

375 "Ante todo conviene precisar que aun cuando el derecho fundamental invocado sea el derecho al Juez predeterminado por la ley, su queja, en cuanto referida a la falta de imparcialidad del juzgador, se ha encuadrado en la más reciente jurisprudencia de este Tribunal dentro del derecho a un proceso con todas las garantías (por todas, STC 145/1988), pues entre las citadas garantías debe incluirse, aunque salvaguardarse mediante las causas de recusación y abstención que figuran en las leyes". (PICÓ I JUNOY, J., op. cit., p. 34 e 35).

15.
O processo como instrumento da jurisdição civil

15.1. O que se entende por *jurisdição civil*

O exercício da atividade jurisdicional, num Estado Democrático de Direito, dá-se por meio do processo, o qual está sujeito à observância de determinadas normas jurídicas processuais positivadas em um determinado ordenamento jurídico.

O direito processual civil integra, portanto, o ordenamento jurídico.

Por isso o art. 13 do novo C.P.C. brasileiro expressamente preceitua que a *jurisdição civil* será regida pelas normas processuais brasileiras, ressalvadas as disposições específicas previstas em tratados, convenções ou acordos internacionais de que o Brasil seja parte.

Deve-se, portanto, inicialmente, definir o que se entende por *jurisdição*, isto é, estabelecer a noção daquele poder ou função (chamado jurisdicional) que o Estado, quando administra a justiça, exerce num processo através de seus órgãos jurisdicionais.

De imediato, registre-se que o conceito de *jurisdição* não apresenta uma definição unívoca e absoluta, válida para todos os tempos e para todos os povos. Na realidade: "*Não somente as formas externas, por meio das quais se desenvolve a administração da justiça, senão também os métodos lógicos do julgar, tem um valor contingente, que não pode ser determinado senão em relação a um certo momento histórico*".[376]

[376] CALAMANDREI, Piero. *Instituciones de derecho procesal civil*. Vol. I. Trad. Santiago Sentis Melendo. Buenos Aires: Ediciones Juridicas – Europa-America, 1973. p. 114.

Para se ter uma ideia, não é pelo simples fato de que um determinado órgão pertença ao Poder Judiciário que automaticamente ele exerça a função jurisdicional.

O art. 92, inc. I –A, da Constituição Federal brasileira de 1988, estabelece que o Conselho Nacional de Justiça – C.N.J. é um dos órgãos do Poder Judiciário brasileiro. Porém, o C.N.J. não exerce função de natureza jurisdicional, mas eminentemente administrativa. Nesse sentido é a seguinte decisão do S.T.F.:

> *I – O art. 103-B da Constituição da República, introduzido pela Emenda Constitucional n. 45/2004, dispõe que o Conselho Nacional de Justiça é órgão com atribuições exclusivamente administrativas e correicionais, ainda que, estruturalmente, integre o Poder Judiciário.*
>
> *II – No exercício de suas atribuições administrativas, encontra-se o poder de "expedir atos regulamentares". Esses, por sua vez, são atos de comando abstrato que dirigem aos seus destinatários comandos e obrigações, desde que inseridos na esfera de competência do órgão.*
>
> *III – O Conselho Nacional de Justiça pode, no lídimo exercício de suas funções, regulamentar condutas e impor a toda magistratura nacional o cumprimento de obrigações de essência puramente administrativa.*
>
> *IV – A determinação aos magistrados de inscrição em cadastros ou sítios eletrônicos, com finalidades estatísticas, fiscalizatória ou, então, de viabilizar a materialização de ato processual insere-se perfeitamente nessa competência regulamentar.*
>
> *V – Inexistência de violação à convicção dos magistrados, que remanescem absolutamente livres para determinar ou não a penhora de bens, decidir se essa penhora recairá sobre este ou aquele bem e, até mesmo, deliberar se a penhora de numerário se dará ou não por meio da ferramenta denominada "BACEN JUD".*
>
> *VI – A necessidade de prévio cadastramento é medida puramente administrativa que tem, justamente, o intuito de permitir ao Poder Judiciário as necessárias agilidade e efetividade na prática de ato processual, evitando, com isso, possível frustração dos objetivos pretendidos, dado que o tempo, no processo executivo, corre em desfavor do credor.*
>
> *VII – A "penhora on line" é instituto jurídico, enquanto "BACEN JUD" é mera ferramenta tendente a operacionalizá-la ou materializá-la, através da determinação de constrição incidente sobre dinheiro existente em conta-corrente bancária ou aplicação financeira em nome do devedor, tendente à satisfação da obrigação.*
>
> *VIII – Ato administrativo que não exorbita, mas, ao contrário, insere-se nas funções que constitucionalmente foram atribuídas ao CNJ.*

IX – Segurança denegada.

(MS 27621, Relator(a): Min. CÁRMEN LÚCIA, Relator(a) p/ Acórdão: Min. RICARDO LEWANDOWSKI, Tribunal Pleno, julgado em 07/12/2011, ACÓRDÃO ELETRÔNICO DJe-092 DIVULG 10-05-2012 PUBLIC 11-05-2012).

Diante dessa afirmação do S.T.F., de que o Conselho Nacional de Justiça não exerce atividade jurisdicional, é de se concordar, em parte, com Francesco Carnellutti, quando ele reconhece a distinção entre a *função jurisdicional* e a *função processual*, uma vez que nem todo processo implica exercício de jurisdição.[377]

Assim, quando o C.N.J. exerce seu poder punitivo em face de algum servidor ou magistrado, o faz com base em uma função processual administrativa sem qualquer natureza jurisdicional.

Por sua vez, é possível um Tribunal de natureza eminentemente fiscalizatória administrativa exercer a função jurisdicional.

Para o Direito português, o Tribunal de Contas é considerado um tribunal judicial que exerce função de natureza *jurisdicional*. Conjugando o disposto nos arts. 202º, n. 1, e 203 da Constituição da República Portuguesa (C. Rep.), parece ser possível extrair da referida lei fundamental a seguinte definição de tribunais (em sentido estrito): *"são os órgãos de soberania, dotados de independência, aos quais compete 'administrar a justiça em nome do povo"*.[378] Diante dessa definição pode-se afirmar que são quatro os *elementos caracterizadores* da noção de 'tribunais' que resultam dos referidos preceitos constitucionais, a saber: *"a) Em primeiro lugar, trata-se de 'órgãos de soberania', a par do Presidente da República, da Assembleia da República e do Governo (arts. 2º e 110º, n. 1 da C.Rep.), qualificação que pertence a todos e a cada um dos tribunais, e não ao seu conjunto; b) em segundo lugar, são órgãos estaduais dotados de 'independência, em face dos outros poderes do Estado' (que não podem interferir na administração da justiça) e 'entre si' (em virtude de cada um dos tribunais ser um órgão soberania), salvo no que respeita às decisões proferidas em via de recurso por tribunais superiores; c) em terceiro lugar, 'têm a seu cargo a função jurisdicional*

[377] CARNELUTTI, Francesco. *Sistema de direito processual*. Trad. Hiltomar Martins Oliveira. Vol. I. São Paulo: Classic Book, 2000. p. 221 e 222.

[378] CURA, António Alberto Vieira. *Curso de organização judiciária*. Coimbra: Coimbra Editora, 2011. p. 11.

(art. 202º, epígrafe e n. 1, da C.Rep.), cujo exercício lhes pertence de modo exclusivo, estando vedado aos restantes órgãos de soberania e a quaisquer outros órgãos estaduais...; d) em quarto lugar, os tribunais 'administram a justiça 'em nome do povo',, referência que encontra a sua justificação no facto de não serem eles os titulares da soberania (como não o são o Presidente da República, a Assembleia da República e o Governo)".[379] Como tribunal que é, ou seja, pertencente à esfera dos órgãos jurisdicionais portugueses, o Tribunal de Contas português é um órgão de soberania (art. 110º da C.R.P.), aplicando-se os princípios gerais de normatização dos tribunais, previstos nos arts. 202º e seguintes da C.R.P., dentre os quais: a) princípio da independência e da exclusiva sujeição à lei (art. 203º); b) direito à coadjuvação das outras autoridades (art. 202º); c) princípios da fundamentação, da obrigatoriedade e da prevalência das decisões (art. 205º); d) princípio da publicidade (art. 206º).

Em que pese Giuseppe Chiovenda tenha afirmado há tempos que a função jurisdicional emanava exclusivamente do Estado, pois não se admitia que, no território do Estado, houvessem institutos ou pessoas diversas do Estado como órgãos para a atuação da lei,[380] atualmente verifica-se uma nova perspectiva, pois há órgãos que não pertencem ao Poder Judiciário mas que, modernamente, segundo algumas vozes da doutrina, exercem função jurisdicional, como é o caso do juízo da *arbitragem* realizado por entidades de direito privado.

A palavra *jurisdição*, na verdade, e conforme já teve oportunidade de afirmar Eduardo J. Couture, aparece na linguagem jurídica com distintos significados. Muitas das dificuldades que a doutrina até o momento não conseguiu superar decorre dessa equivocidade do termo jurisdição. No direito dos países latino-americanos este vocábulo apresenta, rotineiramente, quatro acepções: como distribuição de atividade territorial; como sinônimo de competência; como conjunto de poderes ou autoridade de certos órgãos do poder público; e seu sentido preciso e técnico de função pública para a realização da justiça.[381]

379 CURA, A. A. V., idem, p. 13.

380 CHIOVENDA, Giuseppe. *Instituições de direito processual civil.* Vol. II. 2ª ed. Trad. J. Guimarães Menegale. São Paulo: Edição Saraiva, 1965. p. 5.

381 COUTURE, Eduardo J. *Fundamentos del derecho procesal civil.* 4ª ed. Buenos Aires: IBdeF, 2009. p. 23.

Mas essa diversidade de definição para a *jurisdição* não é um problema somente dos países latino-americanos, pois a doutrina da Europa ocidental também não chega a uma conclusão sobre o que *é jurisdição.*

A doutrina alemã, por exemplo, não presta a esse tema particular atenção, pois seus principais doutrinadores consideram que ela integra a administração. Nesse sentido é a definição de Leo Rosenberg: *"A jurisdição, chamada também função de justiça, poder judicial, é a atividade do Estado dirigida à realização do ordenamento jurídico; uma parte da atividade executiva que deve diferenciar-se da legislativa".*[382]

Segundo prescreve James Goldschimit, *"entende-se por 'jurisdição civil' a faculdade (e dever) de administrar a justiça em litígios desta natureza. Compreende: a) a instituição e estabelecimento de Tribunais civis, e a regulamentação e inspeção de seu funcionamento (manifestação de soberania e governo dos Tribunais); b) compreende, além do mais, a determinação, no caso concreto, da existência dos pressupostos da 'pretensão (ação) de tutela jurídica' contra o Estado, e, em caso afirmativo, a outorga dessa tutela. Isto se chama propriamente de 'jurisdição civil' em sentido estrito, ou justiça civil... A jurisdição civil estende-se ao conhecimento de todos os negócios encaminhados à via judicial (por meio do processo civil) pelas leis gerais ou dos Estados (negócios processuais civis em sentido formal, por disposição legal) e de todas as questões civis (negócios processuais civis em sentido material), para as quais não estejam previstas leis especiais...".*[383]

Assim, para a doutrina alemã não há distinção, senão meramente formal e externa, entre a função administrativa e a função jurisdicional.

De um ponto de vista puramente empírico, e para o código de processo civil italiano, jurisdição, nas palavras de Crisanto Mandrioli, *"é aquele conjunto de normas em que são descritas e disciplinadas a atividade de 'proceder' – ou seja, o processo civil, tradicionalmente chamado 'jurisdição' e, portanto, 'jurisdição civil'".*[384]

Por sua vez, do ponto de vista funcional, a função jurisdicional *"deverá naturalmente referir-se àquela função que inspira a disciplina do 'intera serie' dos*

[382] ROSENBERG, Leo. *Tratado de derecho procesal civil.* Trad. Angela Romera Vera. Tomo I. Buenos Aires, 1955. p. 45.

[383] GOLDSCHIMIT, James. *Derecho procesal civil.* Barcelona: Editorial Labor, S.A., 1936. pág. 118 e 124

[384] MANDRIOLI, Crisante. *Diritto processuale civile.* I nozioni introduttive e disposizioni generali. 17ª ed., Torino: G. Giappichelli Editore, 2005. p. 8.

comportamentos em que se concretiza o 'proceder', ou atividade (jurisdicional) considerada globalmente".[385]

O escopo da jurisdição, segundo estabelecido pela própria Constituição da República Federal do Brasil de 1988, é justamente agir no sentido de tutelar lesão ou ameaça de lesão a direitos. Na verdade, a atividade que se está tratando *"é uma atividade de tutela que sendo jurisdicional tem por objeto a tutela de direitos. E não apenas uma particular categoria de direitos, mas os direitos (naturalmente, direitos subjetivos) em gênero".*[386]

Conforme anota ainda Crisanto Mandrioli, *"O que se pretende dizer, precisamente, por tutela de direitos? Tutela, na linguagem comum, significa proteção, no sentido de reação a um perigo ou a um ataque. É por isso que em geral o tipo de tutela ou proteção deve determinar-se em relação ao tipo de perigo ou de ataque... A imposição, a proibição ou a permissão de determinados comportamentos, isso resulta que tudo o que compromete ou prejudica os direitos consiste no não fazer isso que se deveria fazer ou no fazer isso que não se poderia ou deveria fazer; em outros termos, naquele fenômeno que se chama 'lesão ou violação do direito'. De tudo isso emerge claramente que a tutela jurisdicional dos direitos consiste, ao menos em linha de máxima, em uma reação à sua violação.*[387]

15.2. Variação da concepção de jurisdição segundo o tempo histórico e o espaço geográfico

A forma de constituição da atividade jurisdicional efetivamente varia de acordo com o tempo histórico e o espaço geográfico. O modo de formulação da vontade Estatal em preservar a ordem jurídica pode variar, segundo lugares e segundo os tempos.

Num primeiro sistema, que, por acaso, historicamente se inicia a atividade jurisdicional do Estado, a autoridade não intervém para regular a conduta dos súditos enquanto não haja entre eles surgido concretamente um conflito. Apenas quando tenha ocorrido um conflito de interesses individuais, ameaçando turbar a convivência social, é que o Estado intervém como pacificador e dita, caso a caso, o direito que deve, em concreto, servir para regulá-lo. Porém, a civilização ocidental preferiu, há milênios, o sistema de formulação legal. Ao invés de aguardar a que se apresente

[385] MANDRIOLI, C., idem, ibidem, p. 9 e 10.

[386] MANDRIOLI, C., idem, ibidem, p. 10.

[387] MANDRIOLI, C., idem, ibidem, p. 10 e 11.

a urgência de regular uma relação singular já produzida, o Estado prevê, antecipadamente, mediante um processo de abstração baseado sobre o *quod plerunque accidit*, as classes típicas de relações interindividuais nas quais poderá manifestar-se a necessidade de intervenção da autoridade para a manutenção da ordem jurídica. Segundo que predomine um ou outro método de formulação do direito, será diverso no Estado a posição do juiz; e diverso, por conseguinte, o conteúdo da função jurisdicional.[388]

Segundo haja predominância de um ou outro método, será diversa no Estado a posição do magistrado, e diverso, por conseguinte, o conteúdo da função jurisdicional. No ordenamento em que predomine o método da formulação do direito para o caso concreto, o juiz não encontra perante si uma norma pré-constituída ou um texto como marco inicial da interpretação. Neste sistema, o juiz, não podendo buscar os critérios de sua decisão em norma anterior, deve diretamente produzir a norma de sua consciência ou, como se diz também, de seu sentimento de equidade natural. Porém, isso não significa dizer que o juiz possa decidir de acordo com o seu capricho pessoal; significa somente que aqui confia-se ao juiz o ofício de buscar caso a caso a solução que corresponda melhor às concepções morais e econômicas predominantes na sociedade em que vive naquele momento, e o de ser, por conseguinte, o intérprete fiel das correntes históricas de seu tempo. Facilmente se percebe que neste tipo de ordenamento jurídico o juiz apresenta uma função de criação do direito, ou seja, uma atividade pré-jurídica, e essencialmente política; o juiz não aplica ao caso concreto um direito já traduzido em fórmulas estáticas pelo legislador, senão que realiza diretamente, para encontrar a decisão do caso singular, um trabalho que se poderia chamar de diagnose política das forças sociais, o qual, no sistema de formulação legal, será realizado exclusivamente pelos órgãos legislativos. Já no que concerne ao sistema de formulação legal, as forças políticas donde em regra geral provem o direito atuam sobre os órgãos responsáveis de formular as leis, qualquer que seja o nome que os mesmos recebam e qualquer que seja a forma de sua constituição. São eles, os órgãos legislativos, os filtros que o ordenamento do Estado prepara para decantar das confusas e discordes aspirações do *ius condendum* a certeza positiva do *ius conditum*, que o juiz deve aceitar sem discuti-lo, sem poder começar de novo por sua conta o trabalho de valoração política que há

[388] CALAMANDREI, P., op. cit., p. 116 e 117.

sido realizado pelo legislador. O princípio da legalidade e da separação dos poderes estabelece uma efetiva repartição de funções entre o juiz e o legislador.[389]

Isso não significa dizer, evidentemente, que no sistema da legalidade ou da separação dos poderes a obra do juiz possa reduzir-se a um árido jogo de logicidade, desconectada das correntes históricas que se alteram após a vigência da lei. A atividade do juiz tem finalidade essencialmente pragmática, enquanto dirigida a determinar a conduta das pessoas e, neste sentido, é sempre atividade política; porém, essa atividade prática e política ao mesmo tempo não significa mais do que prosseguir fielmente com os princípios e valores constitucionais que deram origem à lei, pois se a própria lei não observar esses princípios e valores será ela nula em razão de sua inconstitucionalidade.

15.3. Caráter instrumental da atividade jurisdicional

A atividade jurisdicional é instrumental em relação ao direito material que deseja salvaguardar, uma vez que se constitui num instrumento constitucionalmente legitimado para a concretização da tutela desses mesmos direitos ou interesses. Assim, o direito ou interesse constitui a *matéria ou substância* da atividade jurisdicional. Há, como afirma La China, uma contraposição sistêmica entre o direito material ou substancial e o direito instrumental ou formal, isto é, processual.[390]

Para Elio Fazzalari, no ordenamento jurídico há uma série de normas que confia, em geral ao Estado, o dever de reagir à inobservância de uma norma primária ou substancial e que regula todas as atividades que permitem essa reação, bem como a dos critérios de decisão e realização. Essas normas, *"são reguladoras da jurisdição, que é exatamente a atividade mediante a qual o Estado, por meio de seus juízes (seus órgãos), se coloca por cima dos sujeitos implicados na violação de uma norma primária e, ouvidas as suas razões, providência para fazer cessar o estado de fato contrário ao direito e a repristinar, na medida do possível, um estado de coisas conforme o direito. Na linguagem comum, as normas de primeiro grau são geralmente indicadas com o adjetivo de 'substanciais' enquanto que as normas, por assim dizer, de segundo grau, reguladoras da jurisdição,*

[389] CALAMANDREI, P., idem, p. 118.

[390] LA CHINA. Norma giuridica (dir. Proc. Civ.), *In: Enciclopedia del diritto*, XXVIII, Milano, 1978. p. 411 e ss.

se qualificam como 'processuais' (usando-se como sinônimos os atributos 'processual' e 'jurisdicional')".[391]

15.4. Caráter substitutivo da atividade jurisdicional

Outra característica própria da tutela jurisdicional, segundo parte da doutrina, especialmente aquela inclinada à concepção chiovendiana, é a sua natureza *substitutiva*.[392] Esta característica significa que aquele sujeito que deve exercer a atividade jurisdicional (denominado órgão jurisdicional) substitui aqueles que deveriam realizar o comportamento previsto na norma substancial na via primária, para atuar em via secundária aquela mesma proteção de interesse que se encontrava na base da via primária da norma substancial. Assim, o direito processual, em via substitutiva, realiza a mesma proteção de interesse que está na base do direito substancial. Esta 'substituição' não é imposta pela lógica nem pela natureza das coisas, *"mas frequentemente daquele postulado fundamental de toda forma de vida social organizada conhecido como 'proibição de autotutela ou de autodefesa'. Em suma, o ordenamento jurídico, no momento em que veta às pessoas de fazer justiça com as próprias mãos (exceção feita somente para alguns casos particularíssimos, como a legítima defesa, o estado de necessidade etc.), oferece-lhes uma proteção substitutiva, que é precisamente a tutela jurisdicional"*.[393]

Porém, não se pode deixar de observar a crítica feita por Eduardo J. Couture sobre o caráter substitutivo da jurisdição. Disse o processualista uruguaio: *"Porém o conceito, correto na maioria dos casos, em especial nas sentenças condenatórias, não caracteriza a função jurisdicional nos outros casos em que não há tal substituição: a sentença penal, a sentença de divórcio, a maioria das sentenças inerentes ao estado civil, não são substitutivas da atitude omissa das partes"*.[394]

391 FAZZALARI, Elio. *Instituições de direito processual*. Trad. de Elaine Nassif. Campinas: Bookseller, 2006. p. 133/134.

392 Sobre a natureza substitutiva da jurisdição anota Giuseppe CHIOVENDA: *"Pode definir-se a jurisdição como a 'função do Estado que tem por escôpo a atuação da vontade concreta da lei por meio da substituição, pela atividade de órgãos públicos, da atividade de particulares ou de outros órgãos públicos, já no afirmar a existência da vontade, já no torná-la, praticamente, efetiva"*. (CHIOVENDA, Giuseppe. *Instituições de direito processual civil*. Vol. II. 2ª ed. Trad. J. Guimarães Menegale. São Paulo: Edição Saraiva, 1965. p. 3).

393 MADRIOLI, C., op. cit., p. 12.

394 COUTURE, E. J., op. cit., p. 33.

15.5. Jurisdição no seu aspecto funcional

À noção de jurisdição segundo seu aspecto funcional deve ser integrada com observância dos casos em que a atividade do órgão jurisdicional é realizada independentemente de qualquer fato que possa ser considerado como violação a direitos. Esses fenômenos verificam-se em determinadas situações, nas quais o ordenamento jurídico subtrai da autonomia das pessoas a plena disponibilidade de determinadas situações jurídicas, estabelecendo que a constituição, a modificação ou a extensão daquela situação jurídica, não pode ocorrer a não ser pela intervenção do órgão jurisdicional. Este tipo de atividade jurisdicional que tem por objeto a modificação de situações jurídicas substanciais é denominado de *jurisdição constitutiva*. Para parte da doutrina, este tipo de direito é denominado de direito potestativo, ou seja, o direito à modificação jurídica. É importante salientar que ao lado da *atividade jurisdicional constitutiva necessária* (relações de família (divórcio), negativa de paternidade etc), existe também a denominada *atividade jurisdicional constitutiva não necessária* no sentido de que os efeitos constitutivos poderiam ocorrer independentemente da atuação jurisdicional, o que significa dizer que a atuação jurisdicional somente ocorrerá diante da falta da atuação espontânea primária, isto é, quando se verificar a violação de um preexistente direito à modificação jurídica ou direito potestativo (não necessário). Pense-se no exemplo da obrigação de realizar contrato de compra e venda, assumida por meio de um contrato preliminar de compromisso de compra e venda, ocorrendo o inadimplemento do compromissário vendedor, sendo que neste caso a compra e venda depende de uma sentença constitutiva a ser proferida mediante atividade jurisdicional.[395]

O outro tipo de atividade jurisdicional que não pressupõe violação de direito é aquela denominada de *meramente declaratória*, que normalmente pretende resolver a certeza objetiva acerca da existência de um direito. E é óbvio que um ordenamento jurídico ofereça diretamente ou indiretamente os instrumentos necessários para resolver a dúvida objetiva, antes que se dê lugar a efetiva violação do direito (sob este aspecto pode-se dizer que a atividade jurisdicional declaratória pode ser considerada como *tutela preventiva*).

Segundo Crisanto Mandrioli, esta definição funcional da jurisdição não diverge substancialmente de outras definições propostas por renomados

[395] MANDRIOLI, C., op. cit., p. 16.

juristas. Assim, por exemplo, a de Redenti que considera a jurisdição como 'atuação das sanções' (Redenti, *Intorno al concetto di giurisdizione*, In: *Studi per Simoncelli*, Napoli, 1917), sendo que Redenti entende por 'sanção' aquilo que alguns denominam de preceito secundário, conteúdo da norma substancial, ou seja, aquele sistema ou mecanismo de reação que o ordenamento jurídico põe em movimento quando se verifica a violação do preceito primário. Na mesma perspectiva é a definição feita por Carnelutti que vê na jurisdição ' justa composição da lide' (Carnelutti, *Sistema del diritto processuale civile*, I, Padova, 1936). Se se tem presente que a 'lide', segundo Carnelutti, não seria outra coisa que a posição de contraste que dois ou mais sujeitos assumem em relação a um direito, parece evidente que referida posição de contraste subsiste enquanto se postula por um ou mais daqueles sujeitos a lesão de uma norma substancial por parte dos outros sujeitos. Se assim não fosse, a norma substancial seria suficiente para resolver aquele conflito de interesses. Uma outra posição compreende a visão sattiana de jurisdição como 'concretude do ordenamento jurídico', caracterizada pela contraposição entre o ordenamento estático e o seu atuar".[396]

Porém, não é suficiente definir a jurisdição na sua perspectiva meramente funcional, uma vez que essa visão de jurisdição não nos dá a *essência* da atividade jurisdicional.

15.6. Função jurisdicional e função judicial

Deve-se reconhecer que existe certa sinonímia entre função judicial e função jurisdicional.[397]

Contudo, nem toda função própria do Poder Judiciário é função jurisdicional (por exemplo, no Brasil, o Conselho Nacional de Justiça é um órgão do Poder Judiciário, mas não exerce função jurisdicional, apesar de exercer função judicial). Porém, ainda que essa coincidência fosse absoluta, o conceito de função jurisdicional não poderia ser fixado com a só menção de que se trata de uma função exercida pelo Poder Judiciário.

Seria necessário, todavia, determinar a essência e a natureza da função jurisdicional: qual é o *ser* desta função, de tão grande significado no conjunto de atributos e deveres do Estado. De certa maneira, *"esta dificuldade é uma consequência da teoria da divisão de poderes. É fácil, uma vez exposta essa*

[396] MANDRIOLI, C., idem, ibidem, p. 13 e 14.

[397] COUTURE, E.J., op. cit., p. 25.

teoria, conceber teoricamente a um Congresso legislando, a um Poder Executivo administrando e a um Poder Judiciário decidindo controvérsias. O difícil é decidir que faz um Congresso quando procede à cassação de um de seus membros, o Poder Executivo quando dirime em processo administrativo uma controvérsia, e o Poder Judiciário quando designa a um de seus funcionários. As interferências entre legislação e jurisdição são, relativamente, de menor importância que as derivadas dos contatos entre jurisdição e administração. As primeiras põem a prova a teoria do ato legislativo; assim, por exemplo, as resoluções do trabalho que tem caráter geral e obrigam a todos os integrantes de um gremio, presentes e futuros... Porém, os choques entre administração e jurisdição põem a prova todo o sistema de relações entre o Poder Executivo e o Poder Judiciário. Se um ato do Poder Executivo fosse declarado jurisdicional, os cidadãos ficariam privados da garantia de sua revisão pelos juízes, que em último palavra é a máxima garantia que a ordem jurídica brinda aos indivíduos frente ao poder. Não há revisão jurisdicional de ato jurisdicionais executórios. Só há, e necessariamente deve haver, revisão jurisdicional dos atos administrativos. Este ponto se coloca em quase todos os regimes do mundo ocidental. De certo modo, a colocação e a solução favorável do problema constitui a última barreira na luta pela democracia contra as ditaduras.".[398]

15.7. Jurisdição como imparcialidade

Não há dúvida de que uma das características da atividade jurisdicional é a *imparcialidade.*

Aliás, para Gian Domenico Pisapia, a essência da atividade jurisdicional é justamente a *imparcialidade do juiz.*

Porém, a *imparcialidade* não é um atributo exclusivo da atividade jurisdicional num Estado Democrático de Direito.

A atividade realizada pela Administração Executiva (quando do julgamento dos processos administrativos) ou pelo Legislativo (quando profere decisão em processo de cassação de seus pares) também apresenta esse atributo de *imparcialidade*, pois essa exigência decorrente do Estado Democrático de Direito não mais se encontra circunscrita apenas à atividade dos órgãos do Poder Judiciário, mas também aos julgamentos dos processos administrativos de uma maneira geral. Por óbvio não se conceberia que o Conselho Nacional de Justiça, em eventual julgamento de processo administrativo, pudesse proferir julgamento *parcial.*

[398] COUTURE, E. J., idem, p. 26.

Se assim fosse, esse julgamento feriria o princípio da *impessoalidade* e da *moralidade* previsto no art. 37, *caput*, da Constituição Federal brasileira de 1988.

É bem verdade que a *parcialidade*, por exemplo, da administração pública no processo administrativo, ou mesmo do Ministério Público na persecução penal, era apontada como característica distintiva da imparcialidade própria dos juízes e da função judicial.[399]

Para Marcello Caetano, analisando o direito português, a imparcialidade seria, desta maneira, característica exclusiva da função jurisdicional, pois somente os órgãos jurisdicionais não seriam parte interessada no conflito que visam a resolver, colocando-se numa posição supra-partes. Na verdade, apenas os órgãos jurisdicionais teriam o dever de ouvir todos os interessados antes de proferir sua decisão. Somente em relação a esses órgãos faria sentido impor garantias de imparcialidade, tais como os *impedimentos e suspeição*.[400]

Contudo, Marcello Caetano não explica o porquê da exigência das garantias de imparcialidade dos juízes – suspeição e impedimento – (art. 14, n. 1, do Código de Processo Civil português) também em relação ao Ministério Público, órgão encarregado de representar os interesses do Estado (na perspectiva do próprio Marcello Caetano).[401]

Muito cedo, a doutrina, principalmente a partir de um estudo direcionado à administração pública, começou a pôr em questão a afirmação de que o simples fato de ser parte já configura sua parcialidade.

Percebeu-se que os interesses defendidos pela Administração Pública não são iguais aos interesses postulados pelos particulares, uma vez que os interesses da administração ou por ela perseguidos são interesses públicos e por natureza objetivos. Assim, não obstante possa a administração ter certa discricionariedade na perseguição de seus interesses, isso não lhe retira a prerrogativa constitucional de ser *imparcial*.

Atualmente, para a generalidade dos autores: *"A Administração Pública, apesar de vinculada ao princípio da imparcialidade, ocupa uma posição*

[399] ALLEGRETTI, Umberto. *L'imparzialità amministrativa*. Padova: CEDAM – Casa Editrice Dott. Antonio Milani, 1965. p. 55.

[400] Apud MELO RIBEIRO, Maria Teresa de. *O princípio da imparcialidade da administração pública*. Coimbra: Almedina, 1996, p. 113 e 114.

[401] MELO RIBEIRO. M. T., idem, p. 114.

jurídico-institucional especial, que resulta da natureza pública dos interesses que persegue e da obrigação de agir imparcialmente; em suma, do facto de figurar no procedimento, simultaneamente, como parte e juiz: parte porque 'é um verdadeiro agente empenhado no exercício de um poder de iniciativa na efectiva realização de projectos e interesses próprios'; juiz porque 'há-de designadamente ponderar o valor relativo dos interesses que a sua decisão vai sacrificar, por modo a não discriminar contra algum deles ou privilegiar algum por razões estranhas à lei que os tutela ou ao interesse público que visa satisfazer".[402]

A doutrina, então, começou a formular a tese de existência de *parte "imparcial"*, especialmente a partir do momento em que passou a sustentar a "imparcialidade" diante da administração pública, com base, inclusive, no próprio texto Constitucional português.[403] Aliás, a referência a "parte imparcial" não é exclusiva da doutrina administrativista. Pelo que tudo indica, Francesco Carnelutti, em suas lições sobre o processo penal, foi o primeiro autor a utilizar a expressão "parte imparcial" para mencionar a participação do Ministério Público na relação jurídica processual penal.[404] Aliás, atualmente, segundo Afrânio Silva Jardim, a configuração do Ministério Público como "parte imparcial" é fruto inclusive do próprio princípio do "Promotor Natural", o qual impede que a acusação seja formulada por órgão estatal sem atribuição expressamente prevista em lei e desprovido, por isso mesmo, da necessária *imparcialidade e independência.*[405]

Diante dessas considerações, pode-se verificar que a *imparcialidade* não seria a essência da jurisdição, pois ela é exigida também no âmbito dos julgamentos proferidos em processos administrativos.

15.8. A coisa julgada como essência da jurisdição

Para Eduardo J. Couture, a *essência* da jurisdição seria a *coisa julgada.*

[402] MELO RIBEIRO, M. T., idem., p. 115.

[403] Idem. Ibidem., Loc. Cit.

[404] "(...) El problema de la acusación pública tiene así el aspecto de un juego de palabras, cuya fórmula paradójica es la de la *parte imparcial*(...)". (CARNELUTTI, Francesco. *Lecciones sobre el proceso penal.* Trad. Santiago Sentís Melendo. Buenos Aires: Bosch Y Cía Editores, 1950. p. 227.

[405] SILVA JARDIM, Afrânio. *Direito processual penal – de acordo com a constituição de 1988.* 4ª edição. Rio de Janeiro: Forense, 1992. p. 430.

Segundo o saudoso processualista uruguaio, se o ato não adquire real ou eventual autoridade de coisa julgada, não é *jurisdicional*. Portanto, não haveria jurisdição sem a coisa julgada.[406]

Porém, a designação da coisa julgada como essência da jurisdição de certa maneira é inconsistente e pouco abrangente, pois há atividade jurisdicional sem que haja efetivamente coisa julgada, tal como ocorre com a demanda de alimentos ou os procedimentos não contenciosos (outrora denominados de jurisdição voluntária). A demanda de alimentos, assim como diversos procedimentos não contenciosos, não faze coisa julgada, pois estão sujeitos à cláusula *rebus sic stantibus*.

Por sua vez, atualmente há decisões proferidas pelos Tribunais que podem ser executadas ou cumpridas independentemente da coisa julgada, como ocorre com as tutelas provisórias; isso também ocorre com sentenças sujeitas a recurso sem efeito suspensivo. Seria inconcebível a existência de uma decisão judicial, com total inserção na esfera jurídica da parte ou de terceiros, inclusive com a privação e perda de bens, sem que essa decisão fosse proveniente do exercício da *atividade jurisdicional*.

15.9. Essência da jurisdição com base na Constituição Federal brasileira de 1988

Pelo menos no que concerne ao direito brasileiro, a *essência da atividade jurisdicional* deve ser retirada da própria Constituição Federal, especialmente no conteúdo normativo previsto no art. 5º, inc. XXXV, a saber: *"a lei não excluirá da apreciação do Poder Judiciário lesão ou ameaça a direito"*. A lei poderá excluir a apreciação de lesão ou ameaça de lesão a direitos em relação a qualquer outro órgão, menos em face do Poder Judiciário.

É evidente que quando a Constituição estabelece que ao Poder Judiciário compete apreciar (em última instância democrática) lesão ou ameaça a direito, isso não significa dizer que dentro desta atividade não possa estar a simples avaliação de direitos e interesses ou a simples administração pública de interesses privados, como é o caso dos procedimentos

[406] *"(...) será possível definir a jurisdição nos seguintes termos: 'função pública, realizada por órgãos competentes do Estado, com as formas requeridas pela lei, em virtude da qual, por ato de juízo, se termina o direito das partes, com o objeto de dirimir seus conflitos e controvérsias de relevância jurídica, mediante decisões com autoridade de coisa julgada, eventualmente factíveis de execução"*. (COUTURE, E. J., op. cit., p. 30 e 31).

não contenciosos. Também o Constituinte não quis com isso dizer que somente haverá a possibilidade de exercício do direito de ação/demanda se houver, previamente definida, a lesão ou ameaça de lesão a direitos, como se houvesse um retorno à clássica teoria imanentista do direito de ação, no sentido de que somente existiria ação se houvesse o direito lesionado ou ameaçado devidamente concretizado.

Na realidade, deve-se interpretar o art. 5º, inc. XXXV, da C.F. brasileira como a possibilidade ou faculdade de toda pessoa promover perante o Poder Judiciário brasileiro seu direito Constitucional de ação, para que este órgão do Estado brasileiro possa avaliar *eventual* lesão ou ameaça de lesão a direitos. Dentro dessa eventualidade, a atividade jurisdicional está legitimada para proferir decisões absolutórias, declaratórias negativas, ou mesmo resolver demanda rescisória que visa a desconstituir sentença que anteriormente houvesse reconhecido algum direito.

Portanto, não se deve confundir a *atividade jurisdicional* com a efetiva prestação da *tutela jurisdicional*, pois quando o juiz julga *improcedente o pedido* ou *indefere liminarmente a petição inicial*, embora tenha realizado o exercício da *atividade jurisdicional*, não *prestou a tutela jurisdicional* em favor do autor, quando muito em favor do réu.

Ressalte-se que o próprio texto Constitucional estabeleceu que toda e qualquer atividade ou comportamento que possa causar *lesão ou ameaça de lesão a direito* está sujeita à apreciação do Poder Judiciário mediante a atividade jurisdicional, considerando-se essa atividade a última palavra sobre tal questão jurídica.

A Constituição somente permitiu essa prerrogativa ao Poder Judiciário e a nenhum outro órgão do Estado, seja ele executivo ou legislativo.

Isso não significa dizer que o Poder Executivo ou o Poder Legislativo não possam, por meio do devido processo legal, proferir julgamentos. Na realidade, conforme já afirmara Enrico Tullio Liebman: *"julgar quer dizer valorar um fato do passado como justo ou injusto, como lícito ou ilícito, segundo o critério de julgamento fornecido pelo direito vigente, enunciando, em consequência, a regra jurídica concreta destinada a valer como disciplina do caso (fattispecie) em exame...* ".[407] Assim, se o Executivo ou o Legislativo, no exercício de sua atividade, proferir julgamento em processo administrativo, tal exercício

[407] LIEBMAN, Enrico Tullio. *Manual de direito processual civil.* 2ª ed. Trad. Cândido Rangel Dinamarco. Vol. I. Rio de Janeiro: Forense, 1985. p. 04.

de função não caracteriza atividade jurisdicional, especialmente pelo fato de que a decisão proferida em processo administrativo poderá ser reapreciada por órgão jurisdicional do Poder Judiciário.

O único órgão que pode apreciar atividades ou comportamentos jurídicos no território brasileiro, dando sua palavra final sobre a existência ou não de ameaça ou lesão a direitos, é o Poder Judiciário, através de seus órgãos jurisdicionais.

Por isso, não se pode considerar como *atividade jurisdicional* os julgamentos efetuados pelo Poder Executivo ou Legislativo em processos administrativos, pois esses julgamentos poderão ser reapreciados pelo Poder Judiciário.

Já as decisões do Poder Judiciário (que é uno e indivisível) não poderão ser apreciadas por outros órgãos de qualquer esfera estatal, seja ele executivo ou legislativo.

Evidentemente que não se pode confundir órgãos jurisdicionais com a composição orgânica do Poder Judiciário.

Assim, muito embora o Conselho Nacional de Justiça, nos termos do art. 92, inc. I-A, da C.F. brasileira, seja um órgão do Poder Judiciário, isso não quer dizer que ele seja um órgão jurisdicional. Tanto não é, que os julgamentos efetuados pelo Conselho Nacional de Justiça, que têm natureza administrativa, poderão ser reapreciados pelos órgãos jurisdicionais do Poder Judiciário, no caso, pelo Supremo Tribunal Federal, nos termos do art. 102, inc. I, letra 'r' da C.F., ou mesmo pelos juízes de primeiro grau.

A importância da atividade jurisdicional exercida pelo Poder Judiciário para efeito de apreciar em última instância na Democracia brasileira lesão ou ameaça de lesão a direitos é de tamanha ordem e grandeza, que a própria Constituição não admite, em hipótese alguma, sua interrupção, conforme determina o art. 92, inc. XII da C.F.: *"a 'atividade jurisdicional' será ininterrupta, sendo vedado férias coletivas nos juízos e tribunais de segundo grau, funcionando, nos dias em que não houver expediente forense normal, juízes em plantão permanente"*.

Mas a Constituição Federal brasileira vai mais longe, pois além de não admitir a interrupção da atividade jurisdicional, também exige, nos termos do art. 92, inc. XII, que *"o número de juízes na 'unidade jurisdicional' será proporcional à efetiva demanda judicial e à respectiva população"*.

Concluindo, qualquer dos Poderes estatais, Executivo, Legislativo ou Judiciário poderá realizar julgamento e definir questões concernentes a lesão ou ameaça de lesão a direitos, especialmente quando esses julgamentos são proferidos em processos administrativos. Porém, somente um desses órgãos poderá proferir julgamento por meio de *atividade jurisdicional ininterrupta* e sem qualquer *condicionamento ou impedimento legal* para o fim de *apreciar, mediante última palavra, a existência ou não de lesão ou ameaça de lesão a diretos ou interesses.* E essa é uma função dos órgãos do Poder Judiciário que atuam no exercício da atividade *jurisdicional.*

Diante dessas considerações, pode-se dizer que a *essência da jurisdição* não é a *coisa julgada*, mas a *manifestação final, incondicional e ilimitada* sobre a existência ou não de *ameaça ou lesão a direitos e interesses jurídicos* no Estado brasileiro, pouco importando que essa manifestação faça ou não coisa julgada.

15.10. Regulação da jurisdição civil no território brasileiro pelas normas processuais

O art. 13 do novo C.P.C. brasileiro estabelece que a jurisdição civil será regulada pelas *normas processuais brasileiras.*

Porém, não se devem restringir os campos das *normas processuais brasileiras* apenas ao conteúdo normativo previsto no atual código de processo civil.

Na realidade, deve-se levar em consideração a seguinte advertência feita por Francesco Carnelutti: *"Por razão de sua essência, o Direito processual forma assim parte de um conjunto mais vasto de normas, que segundo critérios já expostos, deveria chamar-se 'Direito instrumental'. Pertence, de igual forma, por sua essência, a esse conjunto, o grupo de normas a que se dá o nome de 'Direito Constitucional'... Mas não se deve acreditar que o âmbito do Direito instrumental se detenha aqui: com efeito, existem normas instrumentais de grande valor no seio do próprio Direito civil..."*.[408]

As normas jurídicas processuais, como as de qualquer outra espécie, devem, antes de tudo, ser estudadas em si, ou seja, não pelo que dispõem, e sim pelo que *são*, separando o continente do conteúdo.[409]

As normas processuais poderão advir ainda dos costumes e da equidade. Conforme afirma Francesco Carnelutti, sobre o direito italiano *"o costume processual é, pois, abstratamente admissível, mas o Direito positivo italiano*

[408] CARNELUTTI, F., op. cit., p. 237.
[409] CARNELUTTI, F., idem, p. 143.

não poderia ser admitido a não ser quando fosse expressamente reclamado pela lei. Mas como essas invocações não existem em nosso ordenamento jurídico, resulta que o costume poderia ser, mas não o é, fonte do Direito processual. Entretanto, uma suposição de invocação do costume por acaso pode ser descoberta, em matéria de provas, na disposição do art. 1.332 do Código Civil".[410]

Por isso, as normas processuais que regem a jurisdição civil em território brasileiro estão espalhadas em diversas legislações paralelas, especialmente na Constituição Federal, razão pela qual elas não se encontram limitadas ao atual código de processo civil.

Por sua natureza, toda jurisdição nacional não pode ser ilimitada e incondicionada, estendendo-se também a controvérsias que por vezes não tenham qualquer vinculação com o território brasileiro e que, se aqui fossem definidas, faltaria instrumentos coercitivos suficientes para a sua execução ou cumprimento.

As relações entre Estados soberanos que têm por objeto o exercício de atividade jurisdicional por meio do processo, representam, portanto, uma classe peculiar de relações internacionais, que se estabelecem em razão da atividade dos respectivos órgãos judiciários e decorrem do princípio da territorialidade da jurisdição, inerente ao princípio da soberania, segundo o qual a autoridade dos juízes (e, portanto, das suas decisões) não pode extrapolar os limites territoriais do seu próprio País.

Por isso o art. 13 do atual C.P.C., ao mesmo tempo em que estabelece que a jurisdição civil será regulada pelas normas processuais brasileiras, ressalva as disposições específicas previstas em tratados, convenções ou acordos internacionais de que o Brasil seja parte.

No que concerne ao âmbito da jurisdição brasileira, prescreve o art. 12 e seus parágrafos, da Lei de Introdução das Normas de Direito Brasileiro:

> *"Art. 12. É competente a autoridade judiciária brasileira, quando for o réu domiciliado no Brasil ou aqui tiver de ser cumprida a obrigação.*
>
> *§1º Só à autoridade judiciária brasileira compete conhecer das ações relativas a imóveis situados no Brasil*
>
> *§2º A autoridade judiciária brasileira cumprirá, concedido o exequatur e segundo a forma estabelecida pela lei brasileira, as diligências deprecadas por autoridade estrangeira competente, observando a lei desta, quanto ao objeto da diligência".*

[410] CARNELUTTI, F., idem, p. 151.

Por outro lado, "*as provas dos fatos ocorridos em país estrangeiro regem-se pela lei que nele vigorar, quanto ao ônus e aos meios de produzir-se, não admitindo os tribunais brasileiros provas que a lei brasileira desconheça*" (art. 13 da Lei de Introdução das Normas de Direito Brasileiro).

Na Itália, por exemplo, até o ano de 1995, tal disciplina estava inserida no código italiano, mais precisamente nos artt. 2 e 4, os quais indicavam um comportamento eminentemente 'nacionalista' do legislador, uma vez que fora utilizado como critério essencial a circunstância da *cidadania italiana* do réu e negava, por exemplo, que a jurisdição italiana, salvo hipóteses residuais, fosse derrogada pelas partes e estivesse preclusa pela prévia instauração da mesma causa diante de juiz de um outro Estado.[411]

Atualmente, na Europa, a questão da atividade jurisdicional dos diversos países da Comunidade Europeia está regulamentada pela Convenção de Bruxelas de 1968, que, em seu art. 2º estabelece: "*Sem prejuízo do disposto na presente Convenção, as pessoas domiciliadas no território de um Estado Contratante devem ser demandas, independentemente da sua nacionalidade, perante os tribunais desses Estados. As pessoas que não possuam a nacionalidade do Estado em que estão domiciliadas ficam sujeitas nesse Estado às regras de competência aplicáveis aos nacionais*".

Conforme anota James Goldschmidt, ao comentar a legislação alemã, "*considerada enquanto espaço, a jurisdição nacional alcança a todas as questões civis para as quais sejam competentes territorialmente os Tribunais alemães... Geralmente, pela via do auxílio judicial não pode lograr-se a execução no estrangeiro de uma decisão do Tribunal alemão, salvo se houver autorização do Tribunal estrangeiro, declarando expressamente esta executoriedade. Não sendo competente os Tribunais nacionais para conhecer de todas as questões, impõe-se a necessidade de que ao menos 'reconheçam' as sentenças proferidas por Tribunais estrangeiros. Este reconhecimento é somente de seus efeitos, isto é, de sua força de coisa julgada, em sentido material, de sua eficácia constitutiva ou substancial; para que se execute, necessita-se de uma especial declaração de executoriedade, que se verifica geralmente por meio de uma sentença de execução*".[412]

411 BALENA, Giampiero. *Istituzioni di diritto processuale civile*. Seconda Edizione. Primo Volume. – I princípi. Bari: Cacucci Editore, 2012. p. 115.

412 GOLDSCHIMIDT, James. *Derecho procesal civil*. Barcelona: Editorial Labor S.A., 1936. p. 136, 137 e 138.

15.11. Regulação da jurisdição civil pelos tratados ou convenções internacionais

Diferentemente do direito material que permite a sua regulamentação por lei estrangeira, a lei processual terá aplicação somente no território nacional, salvo se houver disposição específica prevista em tratados ou convenções (ou acordo) internacionais.

Os tratados, convenções, protocolos e acordos internacionais são considerados fontes importantes de direito internacional, desde que homologados segundo as normas Constitucionais de cada país.

Conforme preconiza Celso D. A. Mello: *"Os tratados são considerados atualmente a fonte mais importante do DI, não só devido à sua multiplicidade mas também porque geralmente as matérias mais importantes são regulamentadas por eles. Por outro lado, o tratado é hoje considerado a fonte do DI mais democrática, porque há participação direta dos Estados na sua elaboração. Os tratados só podem ser definidos pelo seu aspecto formal, porque todos os assuntos podem ser regulamentados por normas convencionais internacionais"*.[413]

Segundo estabelece o artigo 84, inc. VIII da C.F. brasileira, *compete privativamente ao Presidente da República celebrar tratados, convenções e atos internacionais, sujeitos ao referendo do Congresso Nacional.*

Por sua vez, o artigo 49, inc. I, da C.F. brasileira, aduz *que é de competência exclusiva do Congresso Nacional resolver definitivamente sobre tratados, acordo ou atos internacionais que acarretem encargos ou compromissos gravosos ao patrimônio nacional.*

O artigo 5º, §§ 3º e 4º, da C.F. brasileira, faz a seguinte advertência:

> *"§ 3º Os tratados e convenções internacionais sobre direitos humanos que forem aprovados, em cada Casa do Congresso Nacional, em dois turnos, por três quintos dos votos dos respectivos membros, serão equivalentes às emendas constitucionais. (Incluído pela Emenda Constitucional nº 45, de 2004);*
>
> *§ 4º O Brasil se submete à jurisdição de Tribunal Penal Internacional a cuja criação tenha manifestado adesão. (Incluído pela Emenda Constitucional nº 45, de 2004).*

A incorporação dos documentos internacionais pelo ordenamento jurídico é complexa.

[413] MELLO, Celso D. de Albuquerque. *Curso de Direito Internacional Público*. 14 ed Rio de Janeiro: Renovar, 2002, p. 204.

Após a assinatura do tratado pelo Presidente da República (ou por delegação ao Ministério das Relações Exteriores), o documento é enviado ao Congresso Nacional que o aprovará ou rejeitá-lo-á por meio de Decreto Legislativo. O Decreto Legislativo será promulgado pelo Presidente do Senado Federal e ratificado pelo Presidente da República.

Somente após este complexo trâmite procedimental é que o tratado terá eficácia no ordenamento jurídico brasileiro.

Salvo no que concerne aos tratados e convenções sobre direitos humanos, o S.T.F. no Recurso Extraordinário n. 80004 asseverou que o tratado equivale para efeitos de verticalização normativa à lei ordinária. Nesse sentido também é o seguinte precedente do S.T.J.:

> *1. Em nosso regime constitucional, a competência da União para "manter relações com estados estrangeiros" (art. 21, I), é, em regra, exercida pelo Presidente da República (CF, art. 84, VII), "auxiliado pelos Ministros de Estado" (CF, art. 76). A intervenção dos outros Poderes só é exigida em situações especiais e restritas.*
>
> *No que se refere ao Poder Judiciário, sua participação está prevista em pedidos de extradição e de execução de sentenças e de cartas rogatórias estrangeiras: "Compete ao Supremo Tribunal Federal (...) processar e julgar, originariamente (...) a extradição solicitada por Estado estrangeiro" (CF, art. 102, I, g); "Compete ao Superior Tribunal de Justiça (...) processar e julgar originariamente (...) a homologação de sentenças estrangeiras e a concessão de exequatur às cartas rogatórias" (CF, art. 105, I, i); e "Aos Juízes federais compete processar e julgar (...) a execução de carta rogatória, após o exequatur, e de sentença estrangeira, após a homologação" (CF, art. 109, X).*
>
> *2. As relações entre Estados soberanos que têm por objeto a execução de sentenças e de cartas rogatórias representam, portanto, uma classe peculiar de relações internacionais, que se estabelecem em razão da atividade dos respectivos órgãos judiciários e decorrem do princípio da territorialidade da jurisdição, inerente ao princípio da soberania, segundo o qual a autoridade dos juízes (e, portanto, das suas decisões) não pode extrapolar os limites territoriais do seu próprio País. Ao atribuir ao STJ a competência para a "concessão de exequatur às cartas rogatórias" (art. 105, I, i), a Constituição está se referindo, especificamente, ao juízo de delibação consistente em aprovar ou não o pedido feito por autoridade judiciária estrangeira para cumprimento, em nosso país, de diligência processual requisitada por decisão do juiz rogante. É com esse sentido e nesse limite, portanto, que deve ser compreendida a referida competência constitucional.*
>
> *3. Preocupados com o fenômeno da criminalidade organizada e transnacional, a comunidade das Nações e os Organismos Internacionais aprovaram e estão executando,*

nos últimos anos, medidas de cooperação mútua para a prevenção, a investigação e a punição efetiva de delitos dessa espécie, o que tem como pressuposto essencial e básico um sistema eficiente de comunicação, de troca de informações, de compartilhamento de provas e de tomada de decisões e de execução de medidas preventivas, investigatórias, instrutórias ou acautelatórias, de natureza extrajudicial. O sistema de cooperação, estabelecido em acordos internacionais bilaterais e plurilaterais, não exclui, evidentemente, as relações que se estabelecem entre os órgãos judiciários, pelo regime das cartas precatórias, em processos já submetidos à esfera jurisdicional. Mas, além delas, engloba outras muitas providências, afetas, no âmbito interno de cada Estado, não ao Poder Judiciário, mas a autoridades policiais ou do Ministério Público, vinculadas ao Poder Executivo.

4. As providências de cooperação dessa natureza, dirigidas à autoridade central do Estado requerido (que, no Brasil, é o Ministério da Justiça), serão atendidas pelas autoridades nacionais com observância dos mesmos padrões, inclusive dos de natureza processual, que devem ser observados para as providências semelhantes no âmbito interno (e, portanto, sujeitas a controle pelo Poder Judiciário, por provocação de qualquer interessado). Caso a medida solicitada dependa, segundo o direito interno, de prévia autorização judicial, cabe aos agentes competentes do Estado requerido atuar judicialmente visando a obtê-la. Para esse efeito, tem significativa importância, no Brasil, o papel do Ministério Público Federal e da Advocacia Geral da União, órgãos com capacidade postulatória para requerer, perante o Judiciário, essas especiais medidas de cooperação jurídica.

5. Conforme reiterada jurisprudência do STF, os tratados e convenções internacionais de caráter normativo, "(...) uma vez regularmente incorporados ao direito interno, situam-se, no sistema jurídico brasileiro, nos mesmos planos de validade, de eficácia e de autoridade em que se posicionam as leis ordinárias" (STF, ADI-MC 1480-3, Min. Celso de Mello, DJ de 18.05.2001), ficando sujeitos a controle de constitucionalidade e produzindo, se for o caso, eficácia revogatória de normas anteriores de mesma hierarquia com eles incompatíveis (lex posterior derrogat priori). Portanto, relativamente aos tratados e convenções sobre cooperação jurídica internacional, ou se adota o sistema neles estabelecido, ou, se inconstitucionais, não se adota, caso em que será indispensável também denunciá-los no foro próprio. O que não se admite, porque então sim haverá ofensa à Constituição, é que os órgãos do Poder Judiciário pura a simplesmente neguem aplicação aos referidos preceitos normativos, sem antes declarar formalmente a sua inconstitucionalidade (Súmula vinculante 10/STF).

6. Não são inconstitucionais as cláusulas dos tratados e convenções sobre cooperação jurídica internacional (v.g. art. 46 da Convenção de Mérida – "Convenção das Nações Unidas contra a Corrupção" e art. 18 da Convenção de Palermo – "Convenção das

Nações Unidas contra o Crime Organizado Transnacional") que estabelecem formas de cooperação entre autoridades vinculadas ao Poder Executivo, encarregadas da prevenção ou da investigação penal, no exercício das suas funções típicas. A norma constitucional do art. 105, I, i, não instituiu o monopólio universal do STJ de intermediar essas relações. A competência ali estabelecida – de conceder exequatur a cartas rogatórias –, diz respeito, exclusivamente, a relações entre os órgãos do Poder Judiciário, não impedindo nem sendo incompatível com as outras formas de cooperação jurídica previstas nas referidas fontes normativas internacionais.

7. No caso concreto, o que se tem é pedido de cooperação jurídica consistente em compartilhamento de prova, formulado por autoridade estrangeira (Procuradoria Geral da Federação da Rússia) no exercício de atividade investigatória, dirigido à congênere autoridade brasileira (Procuradoria Geral da República), que obteve a referida prova também no exercício de atividade investigatória extrajudicial.

O compartilhamento de prova é uma das mais características medidas de cooperação jurídica internacional, prevista nos acordos bilaterais e multilaterais que disciplinam a matéria, inclusive na "Convenção das Nações Unidas contra o Crime Organizado Transnacional" (Convenção de Palermo), promulgada no Brasil pelo Decreto 5.015, de 12.03.04, e na "Convenção das Nações Unidas contra a Corrupção" (Convenção de Mérida), de 31.10.03, promulgada pelo Decreto 5.687, de 31.01.06, de que a Federação da Rússia também é signatária. Consideradas essas circunstâncias, bem como o conteúdo e os limites próprios da competência prevista no art. 105, I, i da Constituição, a cooperação jurídica requerida não dependia de expedição de carta rogatória por autoridade judiciária da Federação da Rússia e, portanto, nem de exequatur ou de outra forma de intermediação do Superior Tribunal de Justiça, cuja competência, consequentemente, não foi usurpada.

8. Reclamação improcedente.

(Rcl 2.645/SP, Rel. Ministro TEORI ALBINO ZAVASCKI, CORTE ESPECIAL, julgado em 18/11/2009, DJe 16/12/2009)

Existem algumas normas internacionais de natureza processual que já foram incorporadas pelo direito brasileiro, as quais devem ser observadas no território nacional: a) O artigo 1º do Protocolo de São Luiz, como parte integrante do Tratado de Assunção, afirma: *"O presente Protocolo estabelece o direito aplicável e a jurisdição internacionalmente competente em casos de responsabilidade civil emergente de acidentes de trânsito ocorridos no território de um Estado Parte, nos quais participem, ou dos quais resultem atingidas, pessoas domiciliadas em outro Estado Parte"*; b) artigos 34 a 64 do Estatuto que dispõem sobre a competência e o processo da Corte Internacional de Justiça (1945); c) artigos 31, 32, 38 da Convenção de Viena sobre Relações Diplomáticas (1961); d) artigos 31, 43, 44, 45, 58, 61 da Convenção de Viena sobre Relações Consulares (1963); e) artigo 66 da Convenção de Viena sobre o Direito dos Tratados (1969); f) artigo 66 da Convenção de Viena sobre o Direito dos Tratados entre Estados e Organizações Internacionais ou entre Organizações Internacionais (1986) (*Esta Convenção foi aberta ao recebimento das assinaturas em 1986, não estando ainda em vigor internacional);* g) artigo 28, 56, 59, 95, 96, 279 a 296 da Convenção das Nações Unidas sobre o Direito do Mar (1982); h) artigo III, IV, XXIV da Convenção Relativa a Infrações e a Certos Outros Atos Praticados a Bordo de Aeronave (1963); i) artigos 9, 12, 14, 15, 16, 17, 18, 19 da Convenção sobre Responsabilidade por Danos Causados por Objetos Espaciais (1972); j) artigos 11, 31, 33, 34, 46 da Convenção para a Unificação de Certas Regras Relativas ao Transporte Aéreo Internacional (1999); l) artigo XI do Tratado da Antártida (1959); m) artigo 18 do Protocolo ao Tratado da Antártida sobre Proteção ao Meio Ambiente (1991); n) artigo XXV da Convenção sobre a Conservação dos Recursos Vivos Marinhos Antárticos (1980); o) artigo IX do Convênio Constitutivo do Fundo Monetário Internacional (1944); p) artigo IV do Protocolo sobre o Estatuto dos Refugiados (1966); q) artigos 6 e 16 da Convenção Internacional sobre a Eliminação de todas as Formas de Discriminação Racial (1965); r) artigos 14 e 42 do Pacto Internacional sobre Direitos Civis e Políticos (1966); s) artigo 29 da Convenção sobre a Eliminação de Todas as Formas de Discriminação contra a Mulher (1979); t) artigo 13 da Convenção sobre os Direitos das Pessoas com Deficiência e seu Protocolo Facultativo; u) artigos 8, 33, 48 a 51, 52 a 73 da Convenção Americana sobre Direitos Humanos (1969) Pacto de San José da Costa Rica; v) artigos IX e XXIII do Acordo Constitutivo da Organização Mundial do Comércio (1994); x) anexo II da Convenção sobre Diversidade Biológica; y) Anexo III do Tratado para Constituição de um Mercado Comum entre a República Argentina, a República Federativa do Brasil, a República do Paraguai e a República do Uruguai (1991) – Tratado de Assunção; Protocolo de Buenos Aires sobre Jurisdição Internacional em Matéria Contratual (1994); Acordo sobre o Benefício da Justiça Gratuita e a Assistência Jurídica Gratuita entre os Estados-Partes do Mercosul, a República da Bolívia e a República do Chile (2000); Protocolo de Olivos para a Solução de Controvérsias no Mercosul (2002).

O Código Bustamante estabelece normas sobre o direito processual no seu Livro IV, arts. 314 a 437. Este tratado foi ratificado pelo Brasil.

O Brasil também ratificou duas importantes convenções, a saber, a Convenção Internacional sobre Arbitragem Comercial Internacional, de 30 de janeiro de 1975 (promulgada pelo Decreto n. 1.902, de 9.05.1996, publicado no DOU de 10.05.1996), e a Convenção lnteramericana sobre Cartas Rogatórias, de 30 de janeiro de 1975 (pelo Decreto no 1.900, de 20/05/1996, publicado no DOU de 21/05/1996).

Além dos tratados multilaterais, são também divulgadas normas processuais em tratados bilaterais sobre o direito processual civil internacional, notadamente quando referentes ao reconhecimento e à execução de sentenças estrangeiras.

Sobre a jurisdição brasileira em relação a tratados, convenções ou acordos internacionais, eis a seguinte decisão proferida pelo S.T.F. no AGRCR-7613 / AT, de 03/04/1997:

> *Ementa: Sentença estrangeira: Protocolo de Las Leñas: homologação mediante carta rogatória. O Protocolo de Las Lenas ("Protocolo de Cooperação e Assistência Jurisdicional em Matéria Civil, Comercial, Trabalhista, Administrativa" entre os países do Mercosul) não afetou a exigência de que qualquer sentença estrangeira – à qual é de equiparar-se a decisão interlocutória concessiva de medida cautelar – para tornar-se exequível no Brasil, há de ser previamente submetida à homologação do Supremo Tribunal Federal, o que obsta à admissão de seu reconhecimento incidente, no foro brasileiro, pelo juízo a que se requeira a execução; inovou, entretanto, a convenção internacional referida, ao prescrever, no art. 19, que a homologação (dito reconhecimento) de sentença provinda dos Estados partes se faça mediante rogatória, o que importa admitir a iniciativa da autoridade judiciária competente do foro de origem e que o exequatur se defira independentemente da citação do requerido, sem prejuízo da posterior manifestação do requerido, por meio de agravo à decisão concessiva ou de embargos ao seu cumprimento*
>
> STF. AC 2436 MC/PR – Paraná, incidental ao RE nº 460.320, julgada em 03/09/2009, publicada em 15/09/2009 (Decisão Monocrática do Min. Gilmar Mendes)
>
> *(...)*
>
> *No julgamento dos Recursos Extraordinários n.º 349.703, Rel. Carlos Brito, Rel. p/Acórdão Min. Gilmar Mendes, DJ 5.6.2009, e n.º 466.343, Rel. Cezar Peluso, DJ*

5.6.2009, o Plenário deste Supremo Tribunal Federal decidiu pela supralegalidade dos tratados e convenções internacionais de direitos humanos.

Naquela oportunidade, conquanto a matéria debatida dissesse respeito apenas ao status dos mencionados tratados e convenções de direitos humanos, deixei assentado, em obiter dictum, o meu entendimento acerca da posição ostentada, em nosso ordenamento jurídico, pelos tratados e convenções internacionais que versam sobre tributação. Ao confirmar o voto que proferira na ocasião, manifestei-me nos seguintes termos:

Não se pode ignorar que os acordos internacionais demandam um extenso e cuidadoso processo de negociação, de modo a conciliar interesses e concluir instrumento que atinja os objetivos de cada Estado, com o menor custo possível.

Essa complexa cooperação internacional é garantida essencialmente pelo pacta sunt servanda. No atual contexto da globalização, o professor Mosche Hirsch, empregando a célebre Teoria dos Jogos (Game Theory) e o modelo da Decisão Racional (Rational Choice), destaca que a crescente intensificação (i) das relações internacionais; (ii) da interdependência entre as nações, (iii) das alternativas de retaliação; (iv) da celeridade e acesso a informações confiáveis, inclusive sobre o cumprimento por cada Estado dos termos dos tratados; e (v) do retorno dos efeitos negativos (rebounded externalities) aumentam o impacto do desrespeito aos tratados e privilegiam o devido cumprimento de suas disposições (HIRSCH, Mosche. "Compliance with International Norms" in The Impact of International Law on International Cooperation. Cambridge: Cambridge University Press, 2004. p. 184-188).

Tanto quanto possível, o Estado Constitucional Cooperativo demanda a manutenção da boa-fé e da segurança dos compromissos internacionais, ainda que em face da legislação infraconstitucional, pois seu descumprimento coloca em risco os benefícios de cooperação cuidadosamente articulada no cenário internacional.

Importante deixar claro, também, que a tese da legalidade ordinária, na medida em que permite às entidades federativas internas do Estado brasileiro o descumprimento unilateral de acordo internacional, vai de encontro aos princípios internacionais fixados pela Convenção de Viena sobre o Direito dos Tratados, de 1969, a qual, em seu art. 27, determina que nenhum Estado pactuante "pode invocar as disposições de seu direito interno para justificar o inadimplemento de um tratado".

Ainda que a mencionada convenção ainda não tenha sido ratificada pelo Brasil, é inegável que ela codificou princípios exigidos como costume internacional, como decidiu a Corte Internacional de Justiça no caso Namíbia [Legal Consequences for States of the Continued Presence os South África in Namíbia (South West África) notwithstanding Security Council Resolution 276 (1970), First Advisory Opinion, ICJ Reports 1971, p. 16, §§ 94-95].

A propósito, defendendo a interpretação da constituição alemã pela prevalência do direito internacional sobre as normas infraconstitucionais, acentua o professor Klaus Vogel que "de forma crescente, prevalece internacionalmente a noção de que as leis que contrariam tratados internacionais devem ser inconstitucionais e, consequentemente, nulas" (Zunehmend setzt sich international die Auffassung durch, dass Gesetze, die gegen völkerrechtliche Verträge versto ßen, verfassungswidrig und daher nichtig sein sollte) (VOGEL, Klaus. "Einleitung" Rz. 204-205 in VOGEL, Klaus & LEHNER, Moris. Doppelbesteuerungsabkommen. 4ª ed. München: Beck, 2003. p. 137-138)

Portanto, parece evidente que a possibilidade de afastar a aplicação de normas internacionais por meio de legislação ordinária (treaty override), inclusive no âmbito estadual e municipal, está defasada com relação às exigências de cooperação, boa-fé e estabilidade do atual cenário internacional e, sem sombra de dúvidas, precisa ser revista por essa Corte.

O texto constitucional admite a preponderância das normas internacionais sobre normas infraconstitucionais e claramente remete o intérprete para realidades normativas diferenciadas em face da concepção tradicional do direito internacional público.

Refiro-me aos arts. 4º, parágrafo único, e 5º, parágrafos 2º, 3º e 4º, da Constituição Federal, que sinalizam para uma maior abertura constitucional ao direito internacional e, na visão de alguns, ao direito supranacional.

(...)".

16.
Princípio da irretroatividade e da aplicação imediata das normas processuais

16.1. Irretroatividade das normas processuais

A questão da irretroatividade das leis, tal qual se nos apresenta atualmente, não era possível na antiguidade, quando imperava um princípio teocrático. Nesta hipótese, sendo o Direito uma emanação da divindade, as modificações que viessem a ocorrer eram consideradas mandamentos divinos, impondo-se sem qualquer consideração ao passado. A partir do momento que a fonte da lei passou a ser o legislador, pensou-se em preservar as relações jurídicas pretéritas. No Direito romano, a despeito da Lei das XII Tábuas ser omissa quanto a qualquer norma de Direito transitório, contudo, na época de Cícero, a regra da irretroatividade criava raízes na consciência jurídica dos romanos. Com a Constituição de Teodósio, o Grande, é que se instituiu o princípio das leis não poderem prejudicar os fatos passados e somente atingirem os futuros. Justiniano, ao proceder às compilações jurídicas, permitiu a retroatividade na aplicação das leis, excetuando, entretanto, os fatos consumados com a coisa julgada e a transação. Com a Novela 22, Justiniano retrocede, para o fim de afirmar o princípio rígido da irretroatividade da lei em relação a fatos jurídicos e suas consequências (*eventus*), os quais devem ser regidos pela lei do tempo em que ocorreram. Esse critério do Direito romano estendeu-se ao Direito canônico, especialmente com as Decretais de Gregório I como as de Gregório II, sendo que o art. 10 do Código Canônico assim estabelecia: *"leges respiciunt futura, non proeterita, nisi nominatum in eis de praeteritis caveatur"*. Deste modo, tanto o Direito romano como o canônico influíram consideravelmente a que o princípio da irretroatividade se cimentasse em todas as legislações modernas, especialmente como direito fundamental do cidadão.[414]

Não se deve pensar que a norma jurídica esteja limitada no tempo, pois uma norma jurídica que regula de determinada maneira uma hipótese de incidência pode ser substituída por uma norma distinta, ou melhor, por uma norma que regule de forma diversa a mesma suposição fática. Em tais casos, surge dúvida qual norma aplicar, a anterior ou a posterior.

Por vezes, a própria norma jurídica contém um limite temporal para sua incidência. Nesses casos não haverá dificuldade, pois a sua incidência ocorre apenas naquele limite temporal já estabelecido pela norma.

Porém, a questão torna-se um pouco mais complexa quando não existe um limite de eficácia previamente estabelecido pela norma, sendo ela substituída por outra norma que a derroga expressa ou tacitamente.

O procedimento existente num determinado processo é caracterizado por uma série ou uma cadeia de atos realizados pelos sujeitos processuais, coordenados todos em um momento dado pela legislação numa relação de meio para o fim, para se conseguir o resultado último, que é o julgamento ou a satisfação da parte autora. Pode ocorrer que se possa assinalar na série desses atos linhas de separação, no sentido de que um ato posterior não deva ser reconhecido como efeito jurídico de um ato precedente, ou seja, que sua coordenação prática não surja de modo algum com a intensidade de uma causalidade jurídica.[415]

É possível que sobre essas linhas de separação atue, durante o curso do próprio processo, a mudança da lei processual, e que o regime do processo se modifique, assim durante o seu próprio desenvolvimento. Mas, é de se reconhecer que a coordenação prática subsiste; e dela pode surgir o inconveniente de uma desconexão ou de uma desorientação do processo quando durante seu andamento intervém uma lei nova. Para se evitar essa possível desconexão, resolve-se o problema mediante uma postura prática,

[414] SERPA LOPES, Miguel Maria de. *Comentários à lei de introdução ao código civil.* 2ª ed. Vol. I, São Paulo: Livraria Freitas Bastos, 1959. p. 164.

[415] CARNELUTTI, F., op. cit., p. 168.

isto é, inserindo-se nas grandes reformas processuais *disposições transitórias*, as quais, senão adotarem por completo a medida excessiva de aplicar a lei antiga até o término do processo pendente, moderam, contudo, quase sempre a rígida aplicação da nova lei processual.[416]

O novo C.P.C., em seu Livro Complementar das Disposições Finais e Transitórias, traz algumas normatizações sobre a aplicação imediata das novas normas processuais, a saber:

> *Art. 1.045. Este Código entra em vigor após decorrido 1 (um) ano da data de sua publicação oficial.*
>
> *Art. 1.046. Ao entrar em vigor este Código, suas disposições se aplicarão desde logo aos processos pendentes, ficando revogada a Lei nº 5.869, de 11 de janeiro de 1973.*
>
> *§ 1º As disposições da Lei nº 5.869, de 11 de janeiro de 1973, relativas ao procedimento sumário e aos procedimentos especiais que forem revogadas aplicar-se-ão às ações propostas e não sentenciadas até o início da vigência deste Código.*
>
> *§ 2º Permanecem em vigor as disposições especiais dos procedimentos regulados em outras leis, aos quais se aplicará supletivamente este Código.*
>
> *§ 3º Os processos mencionados no art. 1.218 da Lei nº 5.869, de 11 de janeiro de 1973, cujo procedimento ainda não tenha sido incorporado por lei submetem-se ao procedimento comum previsto neste Código.*
>
> *§ 4º As remissões a disposições do Código de Processo Civil revogado, existentes em outras leis, passam a referir-se às que lhes são correspondentes neste Código.*
>
> *§ 5º A primeira lista de processos para julgamento em ordem cronológica observará a antiguidade da distribuição entre os já conclusos na data da entrada em vigor deste Código.*
>
> *Art. 1.047. As disposições de direito probatório adotadas neste Código aplicam-se apenas às provas requeridas ou determinadas de ofício a partir da data de início de sua vigência.*
>
> *Art. 1.052. Até a edição de lei específica, as execuções contra devedor insolvente, em curso ou que venham a ser propostas, permanecem reguladas pelo Livro II, Título IV, da Lei nº 5.869, de 11 de janeiro de 1973.*

[416] CARNELUTTI, F., idem, ibidem.

Art. 1.053. Os atos processuais praticados por meio eletrônico até a transição definitiva para certificação digital ficam convalidados, ainda que não tenham observado os requisitos mínimos estabelecidos por este Código, desde que tenham atingido sua finalidade e não tenha havido prejuízo à defesa de qualquer das partes.

Art. 1.054. O disposto no art. 503, § 1º, somente se aplica aos processos iniciados após a vigência deste Código, aplicando-se aos anteriores o disposto nos arts. 5º, 325 e 470 da Lei nº 5.869, de 11 de janeiro de 1973.

Art. 1.056. Considerar-se-á como termo inicial do prazo da prescrição prevista no art. 924, inciso V, inclusive para as execuções em curso, a data de vigência deste Código.

Art. 1.063. Até a edição de lei específica, os juizados especiais cíveis previstos na Lei nº 9.099, de 26 de setembro de 1995, continuam competentes para o processamento e julgamento das causas previstas no art. 275, inciso II, da Lei nº 5.869, de 11 de janeiro de 1973.

Porém, estas disposições transitórias, ou contêm normas que se desviam dos princípios, ou são restritas a casos excepcionais, a questões de oportunidade ou utilidade imediata, e não oferecem regra alguma geral para os casos omissos. Por isso, apesar das *disposições transitórias* e como complemento delas, torna-se preciso um *princípio geral.*[417]

Ocorre que, muito embora o processo seja um instituto desenvolvido por meio de um procedimento sequencial de atos processuais, o certo é que os atos processuais já praticados, perfeitos e acabados, não podem mais ser atingidos pela mudança normativa processual ocorrida *a posteriori*. Neste caso, aplica-se o princípio da *irretroatividade da lei processual*.

Por outro lado, a nova normatização processual aplica-se imediatamente aos processos em curso, o que significa dizer que os atos processuais que ainda não possuam a característica de ato jurídico processual perfeito e acabado serão atingidos pela nova ordem jurídica processual. Nesta hipótese, vale a regra da *aplicação imediata das normas processuais aos processos em andamento.*

[417] CUNHA GONÇALVES, Luiz da. *Tratado de direito civil.* 2ªed. Vol. I. Tomo I. São Paulo: Max Limonad, 1955. p. 388.

Por isso, o princípio fundamental para orientar a aplicação das normas jurídicas, quando se apresenta dúvida motivada por sua mudança, consiste em determinar se a situação a se regular se constitui durante o período de vigência de uma das normas ou durante o da outra; e posto que uma situação jurídica não se manifesta a não ser quando se realize o fato ao qual se ligam os efeitos jurídicos, em determinar se em um ou outro período se realizou o fato cujo efeito jurídico tem de ser estabelecido. A aplicação desse princípio às normas processuais não apresenta grande dificuldade. Segundo Francesco Carnelutti, *"exige apenas uma vigilante atenção para distinguir o fato jurídico material e o fato jurídico processual, já que o fato que tem de ser realizado sob a norma processual anterior para eliminar os efeitos da norma processual posterior, tem de ser o fato processual e não o fato material. Em outras palavras, que a aplicação da norma processual posterior não fique excluída pela circunstância de que os fatos sobre cuja eficácia jurídica se discuta tenham ocorrido enquanto regia uma lei processual distinta, a não ser apenas pela circunstância de que durante a vigência desta se tenham realizado os fatos aos quais vem atribuída a eficácia processual."*.[418]

Na realidade, segundo Francesco Carnelutti, o que se pretende saber é, precisamente, em que consiste a situação de fato regida pela lei posterior ou, em outras palavras, se esta situação se refere ao *litígio* ou apenas *ao processo*.[419] Isso é muito comum na mudança de legislação que trata de matéria de prova. Assim, para se saber se as novas normas em matéria de prova aplicam-se ou não aos processos relativos a fatos acontecidos antes que entre em vigor, depende do caráter que se reconheça a tais normas: *"se na prova se reconhecer algo que pertence ao processo e não ao litígio, ou seja, algo que a lei considera no momento em que serve para o processo e não no momento anterior, é fora de dúvida que a norma que muda o regime probatório aplica-se também à prova de fatos acontecidos quando regia a norma anterior. Não se manifesta nisso retroatividade alguma, porque o fato regulado pela nova norma não é fato por provar e sim o fato em que consiste a prova própria, ou seja, por exemplo, não o fato de que as testemunhas tenham de narrar e sim o fato próprio de sua narração"*.[420]

O art. 14 do novo C.P.C. brasileiro regula a norma processual no *tempo*, ou seja, a questão do *direito intertemporal* das normas processuais,

[418] CARNELUTTI, F., op. cit., p. 165.

[419] CARNELUTTI, F., idem, ibidem.

[420] CARNELUTTI, F., idem, p. 166.

idealizando o princípio da *irretroatividade da norma processual*. Este dispositivo reforça a aplicação de mais um princípio de natureza Constitucional previsto no artigo 5º, inc. XXXVI, da C.F.: *"a lei não prejudicará o direito adquirido, o ato jurídico perfeito e a coisa julgada"*. Este princípio não diferencia o ato jurídico perfeito de ordem material ou processual.

No Brasil, aliás, o princípio da irretroatividade das leis, que era já admitido pela doutrina e pela jurisprudência dos tribunais, durante o império, foi convertido em norma Constitucional pela primeira Constituição da República, de 1891, art. 11, n. 3, e pela Constituição de 1934, art. 113, e pode dizer-se que foi introduzido com esse caráter no art. 3º da Lei 3.071/1916. É bem verdade que este princípio não foi reproduzido no texto Constitucional de 1937, retornando à condição de direito fundamental com a Constituição de 1946, art. 141, §3º, permanecendo na Emenda Constitucional n. 1/69.

Observa-se também a irretroatividade da norma processual no artigo 2º da *Ley de Enjuiciamiento Civil* n. 1/2000 (Código de Processo Civil espanhol), *in verbis*: *"Salvo que outra coisa seja estabelecida em disposições legais de direito transitório, os assuntos que correspondam aos tribunais civis se regulamentarão sempre pelos próprios tribunais de acordo com as normas processuais vigentes,* ***que nunca serão retroativas".***

Aliás, conforme já afirmou João Franzen Lima: *"A irretroatividade das leis, mesmo quando não seja cânone constitucional, permanece como princípio científico do Direito, princípio orientador de legisladores e juízes. A segurança das relações humanas, a garantia das transações, a tranquilidade social, repousam fundamentalmente na estabilidade dos direitos, a que o princípio científico da irretroatividade das leis serve de base. É certo que esse princípio da irretroatividade não é absoluto, mas tem o seu conceito, tem as suas regras, tem seu limite, de modo a evitar que a retroatividade vá até onde possa provocar o descrédito das leis e o mal-estar social. A ordem jurídica do Brasil não foge aos princípios fundamentais do Direito: e de acordo com eles têm que ser interpretadas suas leis"*.[421]

16.2. Aplicação imediata das normas processuais

O art. 14 do novo C.P.C. brasileiro também preconiza que a norma processual não retroagirá e será aplicável imediatamente aos processos em

[421] LIMA, João Franzen. Irretroatividade das leis. *In*: *Revista dos Tribunais*, São Paulo, Vol. 132. p. 45.

curso, respeitados os atos processuais praticados e as situações jurídicas consolidadas sob a vigência da norma revogada.

Já afirmava Paul Roubier a distinção entre *efeito retroativo* e *efeito imediato*, distinção que ele considerava a base da ciência dos conflitos de leis no tempo. *Efeito retroativo*, segundo ele, é a aplicação da lei nova *no passado*; e *efeito imediato* é a aplicação da lei nova no *presente*. No caso, o art. 14 do novo C.P.C. estabelece o efeito imediato das normas processuais introduzidas com a lei nova nos processos em curso.

Deve-se estabelecer nitidamente a relação entre fato efetuado sob o domínio da lei anterior, e o efeito ou efeitos jurídicos, cuja produção se discuta. Portanto, *"todos os efeitos que a norma jurídica atribuir a um fato efetuado sob seu domínio, e unicamente eles, subsistem em que pese à mudança da própria lei. Assim, se uma lei posterior priva o cidadão do direito de deduzir a demanda judicial para a solução de uma determinada categoria de litígios, subsiste, não obstante, o dever do juiz de pronunciar-se acerca de um litígio de tal classe se a demanda foi proposta durante a vigência da lei anterior, porque a proposição da demanda, na forma devida, é um fato necessário e suficiente para produzir o efeito jurídico consistente em atribuir aquela obrigação ao juiz. Por outro lado, se uma lei posterior modifica a competência para julgar acerca de uma determinada categoria de litígios, isto é, priva-se de competência o juiz a quem pertencia, segundo a lei anterior, e a atribuir a juiz distinto, cessa o poder do juiz a quem se privou de competência, para julgar também a demanda proposta sobre a lei anterior, porque da proposição da demanda nasce, de fato, o dever, mas não o poder, do juiz de julgar, e não existe, pois, um fato acontecido sob o domínio da lei anterior ao qual se possa unir como a sua causa este efeito: competência do juiz. E, da mesma forma, a lei posterior que modifica as formas do juízo rege (prescindindo de normas especiais...) também nos processos iniciados em virtude de uma demanda devidamente proposta durante a vigência da lei anterior, sempre porque a proposição da demanda é um fato do qual emana, sim, o dever do juiz de julgar, mas não o dever de julgar conforme uma determinada forma. Sem embargo, a lei posterior que modificar os requisitos formais de um ato da parte ou do juiz, não priva de eficácia o próprio ato, quando se tiver efetuado segundo os trâmites (rito) da lei anterior, de tal forma que o ato que se tenha efetuado enquanto ela regia, continua regulando seus efeitos para sempre"*.[422]

[422] CARNELUTTI, F., op. cit., p. 166 e 167.

Sobre o tema, eis o seguinte precedente do S.T.J.:

> *1. Embora o direito brasileiro não reconheça a existência de direito adquirido a determinado rito processual, aplicando-se, portanto, a lei nova imediatamente ao processo em curso, segundo a máxima do tempus regit actum, é certo que a aplicação da regra de direito intertemporal deve ter em vista o princípio informador da segurança jurídica.*
>
> *2. A razoabilidade exige que o Direito Processual não seja fonte de surpresas, sobretudo quando há amplo dissenso doutrinário sobre os efeitos da lei nova. O processo deve viabilizar, tanto quanto possível, a resolução de mérito.*
>
> *3. Se não houve expressa conversão dos ritos processuais pelo juízo em primeiro grau de jurisdição, alertando as partes de que os "embargos" passaram a ser simples "impugnação", deve-se aceitar a apelação como recurso apropriado para atacar a decisão que, sob a égide da Lei nº 11.232/05, julgou os embargos do devedor.*
>
> *4. Recurso especial provido.*
>
> (REsp 1062773/RS, Rel. Ministra NANCY ANDRIGHI, TERCEIRA TURMA, julgado em 07/06/2011, DJe 13/06/2011)

O art. 14 do novo C.P.C. brasileiro, ao permitir a aplicação imediata da lei processual, expressamente resguarda *atos processuais praticados e as situações jurídicas consolidadas sob a vigência da lei revogada.*

É certo que toda lei cria uma determinada *situação jurídica*, positiva ou negativa. Conforme anota Cunha Gonçalves: *São situações positivas aquelas em que a lei confere algum direito subjetivo ou faculdade, com a inerente acção. E situações negativas ou passivas são todas as que resultam de restrições, proibições, incapacidades etc. As situações jurídicas positivas ou negativas, sobretudo as primeiras, devem ser encaradas, ainda, sob dois aspectos: 'abstracto' e 'concreto'. 'Situação jurídica abstracta' é a maneira de ser eventual ou a vocação de uma categoria de pessoas, mais ou menos numerosas, genericamente integradas num quadro ou grupo social, pela lei, antiga ou nova, que lhes será aplicável somente desde que se realize certo facto ou acto jurídico, que Blondeau designa por 'evento investitivo'. 'Situação jurídica concreta' é a maneira de ser de uma ou mais pessoas que, em virtude de um facto ou acto jurídico já realidade, ficam sob a acção duma disposição da lei ou das regras duma instituição jurídica, que lhes conferiu 'ipso facto' as vantagens e encargos inerentes. Por exemplo, uma lei nova baixou a 18 anos a idade legal para se atingir a maioridade, como já acontece aos filhos dos divorciados. Todos os indivíduos que não atingiram esta idade são chamados a beneficiar da vantagem dessa lei, 'situação jurídica abstracta' : mas, só serão maiores quando completarem os 18 anos', – 'facto jurídico' de que depende a aplicação da lei nova: como maiores ficaram sendo todos os que já tinham 18 anos completos e ainda não tinha 21 – 'situação jurídica concreta'".*[423]

No âmbito processual, pode-se falar em *situação jurídica negativa*, o fato de a parte não ter se valido do prazo processual da lei anterior para interpor o recurso, apesar da lei nova ter ampliado o prazo para sua interposição. Nesse caso, a lei nova não poderá retroagir para alcançar a *situação jurídica* já consolidada no passado.

Deve-se observar que existem alguns atos processuais que são complexos, e que exigem para sua complementação e perfectibilização um conjunto de elementos sucessivos no tempo, sem os quais não se pode falar em ato jurídico perfeito e acabado. Um exemplo clássico é a penhora, que somente estará devidamente concluída depois de reunir todas as exigências previstas no c.p.c.

A legislação exige para a conclusão da penhora não somente a apreensão do bem, mas também a nomeação e entrega do bem a um depositário.

Assim, se no curso da penhora houver modificação legislativa quanto aos seus requisitos ou conteúdo, essa mudança terá vigência imediata nos processos em curso, desde que o ato processual da penhora não tenha ainda se perfectibilizado, ou seja, desde que ainda não tenha sido nomeado um depositário para o bem. Se já houve a aceitação do encargo de depositário, a lei nova não terá aplicação, pois o ato processual da penhora já havia se concretizado antes da modificação legislativa. Sobre o tema eis o seguinte precedente do S.T.J.:

> *1. A Lei n. 11.382/2006 alterou o CPC e incluiu os depósitos e aplicações em instituições financeiras como bens preferenciais na ordem de penhora, equiparando-os ao dinheiro em espécie (artigo 655, I) e admitindo a constrição por meio eletrônico (artigo 655-A).*
>
> *2. Consoante jurisprudência anterior à referida norma, esta Corte firmava o entendimento no sentido de que o juiz da execução fiscal só deveria deferir pedido de expedição de ofício ao BACEN após o exequente comprovar não ter logrado êxito em suas tentativas de obter as informações sobre o executado e seus bens. Precedentes: REsp 802897 / RS,*

[423] CUNHA GONÇALVES, L., op. cit., p. 393.

DJ 30.03.2006 p. 203; RESP 282.717/SP, DJ de 11/12/2000; RESP 206.963/ES, DJ de 28/06/1999; RESP 204.329/MG, DJ de 19/06/2000 e RESP 251.121/SP, DJ de 26.03.2001.

3. A penhora, como ato processual, regula-se pela máxima tempus regit actum, segundo o que, consectariamente, à luz do direito intertemporal, implica a aplicação da lei nova imediatamente, inclusive aos processos em curso. Precedentes: AgRg no REsp 1012401/MG, DJ. 27.08.2008; AgRg no Ag 1041585/BA, DJ. 18.08. 2008;

REsp 1056246/RS, DJ. 23.06.2008).

4. Após o advento da Lei n.º 11.382/2006, o juiz, ao decidir acerca do pedido de penhora on line de ativos financeiros do executado, não pode mais exigir a prova de que o credor esgotou as vias extrajudiciais na busca de bens a serem penhorados. Nesse sentido, julgados sob o regime do art. 543-C, do CPC, os seguintes precedentes: REsp 1.184.765/PA, Rel. Ministro LUIZ FUX, PRIMEIRA SEÇÃO, julgado em 24/11/2010, DJe de 03/12/2010 e REsp 1.112.943/MA, Rel. Ministra NANCY ANDRIGHI, CORTE ESPECIAL, julgado em 15/09/2010, DJe de 23/11/2010.

5. In casu, proferida a decisão que indeferiu a medida constritiva em 27.11.2007 (fls. 112), ou seja, após o advento da Lei n. 11.382/06, incidem os novos preceitos estabelecidos pela novel redação do art. 655, I c.c o art. 655-A, do CPC.

6. Agravo Regimental desprovido.

(AgRg no Ag 1211671/SC, Rel. Ministro LUIZ FUX, PRIMEIRA TURMA, julgado em 15/02/2011, DJe 28/02/2011)

É bem verdade que a jurisprudência do S.T.J., ao determinar a aplicação da Lei 8.009/90 às penhoras concluídas antes da sua vigência, não se valeu da aplicação imediata da lei processual, mas, sim, do princípio Constitucional da proteção à moradia. Sobre o tema eis os seguintes precedentes:

– Inocorrência no caso do alegado cerceamento de defesa, adstrita que fora a objeção do Banco embargado ao ônus da embargante de comprovar os requisitos estabelecidos na Lei nº 8.009/90.

– "Têm legitimidade a mulher os filhos para, em embargos de terceiro, defender bem de família sobre o qual recaiu medida coercitiva, mesmo que ela figure juntamente com o marido como executada, vedada tão-só a discussão do débito" (REsp nº 64.021 -SP).

– A Lei nº 8.009/90 aplica-se à penhora realizada antes de sua vigência (Súmula nº 205-STJ).

– A viúva, ainda que more só no imóvel residencial, acha-se protegida pela impenhorabilidade prevista na mencionada Lei nº 8.009/90.

Recurso especial não conhecido

(REsp 434.856/PR, Rel. Ministro BARROS MONTEIRO, QUARTA TURMA, julgado em 22/10/2002, DJ 24/02/2003 p. 242)

Resp – civil – bem de família – impenhorabilidade – constituída a relação jurídica na vigência que assegure a impenhorabilidade do bem de família, lei posterior não pode afeta-la. Consequência do princípio da garantia do ato jurídico constituído e da irretroatividade da lei.

(REsp 142.791/SP, Rel. Ministro LUIZ VICENTE CERNICCHIARO, SEXTA TURMA, julgado em 03/02/1998, DJ 22/06/1998 p. 190)

Luiz Rodrigues Wambier apresenta alguns delineamentos sobre o direito intertemporal das normas processuais, a saber: a) no que tange aos requisitos da petição inicial, importa saber quais as regras que estão em vigor no momento da propositura da demanda; b) relativamente aos títulos executivo extrajudiciais, vale a regra do momento do ajuizamento da ação executiva; c) no que tange ao cabimento do recurso, é aplicável a regra que está em vigor no momento em que é publicada a decisão; d) quanto à natureza dos efeitos das decisões, vale também a regra em vigor momento em que a decisão é publicada; e) no que tange às hipóteses de rescisão de sentença, importa saber as que estavam em vigor momento do trânsito em julgado; f) quando a lei aumenta determinado prazo, tal aumento incidirá apenas nos casos em que o prazo anterior ainda não tenha decorrido integralmente (por exemplo, se a lei previa prazo de cinco dias para o agravo e passou a prever dez dias, e se o prazo estava no seu quarto dia quando a lei entrou em vigor, o prazo encerrou-se naquele quinto dia, operando, caso não tenha sido interposto o recurso, a preclusão temporal); g) por outro lado, quando a lei diminui o prazo, e tal prazo já estava em curso no caso concreto, cabe verificar quanto faltava fluir do prazo antigo. Se o remanescente, de acordo com a lei antiga, é menor do que o total do novo prazo, computa-se o remanescente. Caso contrário, computa-se o total do novo prazo. Isso aconteceu, por exemplo, quando o Código de Processo Civil de 1973 reduziu o prazo da ação rescisória de cinco para dois anos; h) quando a lei suprime determinado tipo de processo, a regra não se aplica aos processos que já estejam em curso.[424]

A jurisprudência, sobre a questão da aplicação imediata das normas processuais, assim tem se manifestado:

> *1. Publicado o julgamento do Recurso Especial nº 1.205.946/SP, submetido ao regime previsto no artigo 543-C do CPC, os demais recursos já distribuídos, fundados em idêntica controvérsia, deverão ser julgados pelo relator, consoante os artigos 557 do CPC e 5º, inciso I, da Resolução nº 08 do STJ.*
>
> *2. As normas que dispõem sobre os juros moratórios possuem natureza eminentemente processual, aplicando-se aos processos em andamento, à luz do princípio tempus regit actum. Precedentes.*
>
> *3. O artigo 1º-F da Lei 9.494/97, modificado pela Medida Provisória 2.180-35/2001 e, posteriormente pelo artigo 5º da Lei nº 11.960/09, tem natureza instrumental, devendo ser aplicado aos processos em tramitação. Precedente sob o rito do artigo 543-C, REsp 1.205.946/SP, Rel. Min. Benedito Gonçalves.*
>
> *4. Agravo regimental não provido.*
>
> *(AgRg no REsp 1242954/SP, Rel. Ministro CASTRO MEIRA, SEGUNDA TURMA, julgado em 07/02/2012, DJe 16/02/2012)*

> *1. A solução integral da controvérsia, com fundamento suficiente, não caracteriza ofensa ao art. 535 do CPC.*
>
> *2. A norma prevista no art. 40, § 4º, da Lei 6.830/1980, segundo a qual a prescrição intercorrente pode ser decretada ex officio pelo juiz, após ouvida a Fazenda Pública, é de natureza processual e, por essa razão, tem aplicação imediata sobre as Execuções Fiscais em curso.*
>
> *3. Considerando que os Embargos de Declaração opostos pela recorrente tiveram propósito de prequestionamento, afasta-se a multa de 1% sobre o valor da causa aplicada pelo Tribunal de origem, nos termos da Súmula 98/STJ.*
>
> *4. Recurso Especial parcialmente provido, apenas para afastar a multa imposta com fulcro no art. 538 do CPC.*
>
> *REsp 1191847/MT, Rel. Ministro HERMAN BENJAMIN, SEGUNDA TURMA, julgado em 22/06/2010, DJe 01/07/2010)*

[424] WAMBIER. Luiz Rodrigues. *Curso avançado de processo civil.* V. 1. Teoria Geral do Processo e Processo de Conhecimento, 10ª edição, revista, atualizada e ampliada. São Paulo: Ed. R.T., 2008. p. 67 e 68.

1. A Primeira Seção do STJ, em sede de recurso especial repetitivo (art. 543-C do CPC), consolidou o entendimento de que, nos tributos sujeitos a lançamento por homologação, a apresentação de Declaração de Débitos e Créditos Tributários Federais, DCTF, de Guia de Informação e Apuração do ICMS, GIA, ou de outra declaração dessa natureza, prevista em lei, é suficiente para a cobrança dos valores nela declarados, dispensando-se qualquer outra providência por parte do Fisco. REsp 962.379/ RS, Rel. Ministro Teori Albino Zavascki, Primeira Seção, julgado em 22/10/2008, DJe 28/10/2008.

2. Na espécie, a execução foi ajuizada contra a pessoa jurídica e o corresponsável. Destarte, considerando que a entrega da DCTF ocorreu em 15/4/1996, a citação do corresponsável em 22/5/2001 e não constando que a empresa foi citada nesse ínterim, conclui-se que tal crédito tributário encontra-se fulminado pela prescrição, pois não se verifica nesse lapso nenhum marco interruptivo.

3. A Primeira Seção do STJ, em sede de recurso especial repetitivo (art. 543-C do CPC), firmou a orientação no sentido de que o mero despacho que determina a citação não possuía o efeito de interromper a prescrição, mas somente a citação pessoal do devedor, nos moldes da antiga redação do artigo 174, parágrafo único, I, do CTN; todavia, a Lei Complementar n. 118/2005 alterou o referido dispositivo para atribuir efeito interruptivo ao despacho ordinatório de citação. Por tal inovação se tratar de norma processual, aplica-se aos processos em curso. REsp 999.901/RS, Rel. Ministro Luiz Fux, Primeira Seção, julgado em 13/5/2009, DJe 10/06/2009.

4. O despacho citatório foi prolatado em 2001, não se aplicando a alteração promovida pela Lei Complementar n. 118/2005.

5. Agravo regimental não provido.

(AgRg no REsp 1113954/MG, Rel. Ministro BENEDITO GONÇALVES, PRIMEIRA TURMA, julgado em 15/04/2010, DJe 27/04/2010)

1. A Primeira Seção desta Corte, quando do julgamento do REsp n. 1.134.665/SP, sob a sistemática do art. 543-C, do CPC, consolidou entendimento no sentido de que a quebra do sigilo bancário sem prévia autorização judicial, para fins de constituição de crédito tributário não extinto, é autorizada pela Lei 8.021/90 e pela Lei Complementar 105/2001, normas procedimentais, cuja aplicação é imediata, à luz do disposto no artigo 144, § 1º, do CTN.

2. O acórdão proferido pelo Tribunal de origem adotou orientação diametralmente oposta ao entendimento desta Corte, no que tange à possibilidade de utilização de dados da CPMF para fins de verificação, em procedimento administrativo fiscal, de existência de crédito tributário e à aplicação retroativa da LC n. 105/2001 e da Lei n.

10.174/01, razão pela qual foi reformado para adaptar-se à jurisprudência desta Corte Superior.

3. Tendo em vista que o presente agravo regimental foi interposto antes do julgamento do recurso representativo da controvérsia, não há que se falar em incidência da multa prevista no § 2º do art. 557 do CPC.

4. Agravo regimental não provido.

(AgRg no REsp 733.409/RS, Rel. Ministro MAURO CAMPBELL MARQUES, SEGUNDA TURMA, julgado em 15/04/2010, DJe 05/05/2010)

1. A eficácia da lei processual no tempo obedece à regra geral no sentido de sua aplicação imediata (artigo 1.211 do CPC).

2. O processo, como um conjunto de atos, suscita severas indagações, fazendo-se mister isolá-los para o fim de aplicação da lei nova.

3. A regra mater, sob essa ótica, é a de que "a lei nova, encontrando um processo em desenvolvimento, respeita a eficácia dos atos processuais já realizados e disciplina o processo a partir de sua vigência (Amaral Santos)." 4. A regra tempus regit actum produz inúmeras consequências jurídicas no processo como relação complexa de atos processuais, impondo-se a técnica de isolamento.

5. Publicada a decisão de liquidação quando já estava em vigor a Lei nº 11.232, de 22 de dezembro de 2005, que inseriu o artigo 475-H no Código de Processo Civil, o recurso cabível é o agravo de instrumento. Precedentes: (AgRg no Ag 987.290/RS, Rel. Ministro JOÃO OTÁVIO DE NORONHA, QUARTA TURMA, julgado em 23/09/2008, DJe 28/10/2008; AgRg no Ag 946.131/RS, Rel. Ministro ARI PARGENDLER, TERCEIRA TURMA, julgado em 27/05/2008, DJe 05/08/2008; REsp 1131112/ES, Rel. Ministro CASTRO MEIRA, SEGUNDA TURMA, julgado em 01/09/2009, DJe 14/09/2009).

6. In casu, a sentença relativa à liquidação de sentença foi publicada no dia 24/11/2006 (fls. 321 ou e-stj 380), quando vigente a Lei n.º 11.232/2005 (em vigor desde 24/06/2006).

7. A lei vigente à época da prolação da decisão que se pretende reformar é que rege o cabimento e a admissibilidade do recurso.

Com o advento da Lei nº 11.232/2005, em vigor desde 24/06/2006, o recurso cabível para impugnar decisão proferida em liquidação é o agravo de instrumento (art. 475-H do CPC).

8. Recurso especial desprovido.

(REsp 1132774/ES, Rel. Ministro LUIZ FUX, PRIMEIRA TURMA, julgado em 09/02/2010, DJe 10/03/2010)

1. "A Primeira Turma desta Corte, a partir do julgamento do REsp 720.953/SC, rel. Min. Teori Albino Zavascki, DJ 22/08/2005, passou a adotar o entendimento de que o art. 741, parágrafo único, do CPC não se aplica aos casos de sentenças que tenham contrariado o entendimento firmado pelo Pretório Excelso no julgamento do RE 226.855-7, sob o fundamento de que o STF, no referido precedente, não declarou a inconstitucionalidade de qualquer norma, tendo resolvido tão-somente questão de direito intertemporal." (REsp nº 1.010.188/SP, Relatora Ministra Eliana Calmon, Segunda Turma, in DJe 14/3/2008).

2. "O art. 1º-F, da Lei 9.494/97, que fixa os juros moratórios nas ações ajuizadas contra a Fazenda Pública no patamar de 6%, é de ser aplicado tão somente às demandas ajuizadas após a sua entrada em vigor. Inaplicabilidade do art. 406 do Código Civil de 2002.

Precedentes." (REsp nº 1.086.944/SP, Relatora Ministra Maria Thereza de Assis Moura, Terceira Seção, in DJe 4/5/2009, submetido ao regime dos recursos repetitivos do artigo 543-C do Código de Processo Civil e da Resolução nº 8/2008 do Superior Tribunal de Justiça).

3. Agravo regimental improvido.

(AgRg no REsp 1177929/DF, Rel. Ministro HAMILTON CARVALHIDO, PRIMEIRA TURMA, julgado em 19/10/2010, DJe 02/12/2010)

"Ato jurídico perfeito. Segundo princípio do direito intertemporal, salvo alteração constitucional, o recurso próprio é o existente à data em que publicada a decisão"

(STJ – 2ª Seção, CC 1.133-RS, rel. Min. Sálvio de Figueiredo, j. 11.3.92, v.u., DJU 13.4.92, p. 4.971).

"Sendo constitucional o princípio de que a lei não pode prejudicar o ato jurídico perfeito, ela se aplica também às leis de ordem pública"

(RTJ 173/263);

"Cabimento do recurso com base na lei vigente ao tempo da intimação da decisão recorrida"

STF – RTJ 68/879, 79/569, 105/197".

Para melhor análise do direito intertemporal e das normas complementares do novo C.P.C. brasileiro, recomendo nossa obra intitulada *Disposições Finais e Direito Transitório – análise das normas complementares e do direito intertemporal no C.P.C.*, publicada pela Editora Almedina, nesta coleção.

REFERÊNCIAS

ALESSANDRO, Pace, *Problemática delle liberta constitucionale*, Padova, 1984.

ALEXY, Robert. *Teoria de los derechos fundamentales*. Madrid: Centro de Estudios Constitucionales, 1997.

ALI/UNIDROIT. *Principles of transnational civil procedure*. New York: Cambridge Universty Press: 2004.

ALLEGRETTI, Umberto. *L'imparzialità amministrativa*. Padova: CEDAM – Casa Editrice Dott. Antonio Milani, 1965.

ANDRADE, Manuel, *in*: *A Função Jurisdicional, a ação e a Relação Processual*, segundo as prelações ao 4º ano de 1949-50, publicadas por Francisco Rodrigues Pardal.

AROCA, Juan Montero. *I principi politici del nuovo processo civile spagnolo*. Trad. Vittorio Bratteli e Nicoletta Magrino. Napoli: Edizioni Scientifiche Italiane, 2002.

ASENSIO, Rafael Jiménez. *Imparcialidad judicial y derecho al juez imparcial*. Navarra: Aranzadi, 2002.

ATTARDI, A. *La revocazione*, Padova, 1959.

ÁVILA, Humberto. *Teoria dos princípios – da definição à aplicação dos princípios jurídicos*. 5ª ed. São Paulo: Malheiros, 2006.

BALENA, Giampiero. *Istituzioni di diritto processuale civile* – i princìpi. Primo Volume. Seconda Edizione. Bari: Cacucci Editore, 2012.

BELLAVISTA, Girolamo. *Lezioni di diritto processuale penale*. 4. ed. Milano: Dott. A. Giuffrè Editore, 1973.

BERISTAIN, Antonio. Nuevo proceso penal desde las víctimas. *In Direito Criminal*. coord. José Enrique Pierangeli. Belo Horizonte: Del Rey, 2001.

BETTIOL, Giuseppe. *Istituzioni di diritto e procedura penale*. Padova: Cedam, 1966.

BINDER, Alberto. Importancia y limites del periodismo judicial. *In Justicia penal y estado de derecho*. Buenos Aires: Ad-Hoc, 1993.

BLECKMANN, A. *Allgemeine Grundrechtslehere*, Munique, 1979.

BONATO, Gilson. *Devido processo legal e garantias processuais penais*. Rio de Janeiro: Lumen Juris, 2003.

CABIALE, José Antonio Diaz. *Principios de aportación de parte y acusatorio*: la imparcialidad del juez. Granada: Comares, 1996.

CALAMANDREI, Piero. *Instituciones de derecho procesal civil*. Vol. I. Trad. Santiago Sentis Melendo. Buenos Aires: Ediciones Jurídicas – Europa-América, 1973.

CALMON DE PASSOS, J. J. Democracia, participação e processo. *In:* GRINOVER, Ada Pellegrini; DINAMARCO, Cândido Rangel; WATANABE, Kazuo (Coord.). *Participação e processo*. São Paulo: Editora R.T., 1988.

CALOGERO, Guido. Probità, lealtà, veridicità nel processo civile. In: *Rivista di Diritto Processuale Civile*, 1939, I.

CALVOSA, C. Riflexxioni sulla frode alla legge nel processo, in *Riv. Dir. proc.*, 1949, I.

CANOTILHO, J. J. Gomes. *Constituição da República Portuguesa Anotada*. 3º ed. Coimbra, 1993.

CANOTILHO, José Joaquim Gomes. *Direito constitucional e teoria da constituição*. 7. ed. Coimbra: Livraria Almedina, 2003.

CANOTILHO. J. J. Gomes. *Direito constitucional*. Coimbra: Livraria Almedina, 1996.

CAPELLETTI, Mauro. *Proceso, ideologias, sociedad*. Trad. Sentis Melendo y Tomás A. Banzhaf. Buenos Aires: Ediciones Jurídicas Europa-América, 1974.

CAPPELLETTI, Mauro; BRYANT Garth. *Acesso à justiça*. Trad. Ellen Gracie Northfleet. Porto Alegre: Sergio Antonio Fabris Editor, 1988.

CARNELUTTI, Francesco. *Lecciones sobre el proceso penal*. Trad. Santiago Sentís Melendo. Buenos Aires: Bosch Y Cía Editores, 1950.

CARNELUTTI, Francesco. La publicidad del proceso penal, *in: Cuestiones sobre el proceso penal*, Trad. Sentis Melendo, Buenos Aires, 1961.

CARNELUTTI, Francesco. *Sistema de direito processual*. Trad. Hiltomar Martins Oliveira. Vol. I. São Paulo: Classic Book, 2000.

CARNENELUTTI, Francesco. *Diritto e proceso*. Napoli: Morano Editore, 1958.

CAVALLONE, Bruno. *Il giudice e la prova nel processo civil*. Padova: CEDAM, 1991. CHIARLONI, S. Processo civile e verità. *In: Quest. Giustizia*, 1987.

CHIARLONI, Sergio. Giusto processo, garanzie processuali, giustizia della decisione. In. *Rivista Trimestrale di Diritto e Procedura Civile*, Milano, Ed. Giuffrè, Marzo 2008, Anno LXII.

CHIARLONI, Sergio. Il nuovo art. 111 cost. e il processo civile. *In: Revista de Processo*. vol. 230, abr. 2014.

CHIAVARIO, Mario. *Processo e garanzie della persona – le garanzie fondamentali*. 3.ed. v. II. Milano: Dott. A. Giuffrè Editore, 1984.

CHIAVARIO, Mario. Garanzie individuali ed efficienza del processo. Il giusto processo. Associazione tra gli studiosi del processo penal, n. 8. Milano: Giuffrè, 1998.

CHIOVENDA, Giuseppe. *Instituições de direito processual civil.* Vol. II. 2ª ed. Trad. J. Guimarães Menegale. São Paulo: Edição Saraiva, 1965.

CHOZAS ALONSO, J. M. *La perpetuatio iurisdictionis*: un efecto procesal de la litispendencia. Granada: Comares, 1995.

CINTRA, Antonio Carlos de Araújo; GRINOVER, Ada Pellegrini; DINAMARCO, Cândido R. *Teoria Geral do Processo.* 15 ed. São Paulo: Ed. Malheiros, 1999.

COMOGLIO, Luigi Paolo; FERRI, Corrado; Taruffo, Michele. *Lezioni sul processo civile. Il processo ordinário di cognizione.* Bologna: Il Mulino, 2006.

CONDE, Enrique Álvarez. *Curso de derecho constitucional.* 4ª ed. Volumen I –Madrid: Tecnos, 2003. ÁVILA, Humberto. *Teoria dos princípios – da definição à aplicação dos princípios jurídicos.* 14ª ed. São Paulo: Humberto Ávila, 2013.

COSTA MACHADO, Antônio Cláudio da. *Tutela antecipada.* 3. Ed., revista. São Paulo: Editora Juarez de Oliveira, 1999.

COUTINHO, Jacinto Nelson de Miranda. Introdução aos princípios gerais do processo penal brasileiro. *Separata Revista ITEC*, ano 1, n. 4, Sapucaia do Sul: Ed. Notadez, jan/fev/mar/ de 2000.

COUTURE, Eduardo J. *Fundamentos del derecho procesal civil.* 4ª ed. Buenos Aires: IBdeF, 2009.

COUTURE. Eduardo J. *Introdução ao estudo do processo civil.* 3.ed., Rio de Janeiro: José Konfino, s.d.

CRUZ, Rogério Schietti Machado. *Garantias processuais nos recursos criminais.* São Paulo: Atlas S.A. 2002.

CUNHA SÁ, Fernando Augusto. *Abuso de direito.* Coimbra: Almedina, 1997.

CUNHA GONÇALVES, Luiz da. *Tratado de direito civil.* 2ªed. Vol. I. Tomo I. São Paulo: Max Limonad, 1955.

CURA, António Alberto Vieira. *Curso de organização judiciária.* Coimbra: Combra Editora, 2011.

DE PAOLIS, Maurzio. *Eccessiva durata del processo: risarcimento del dano.* II ed. Republica de San Marino, 2012.

DI GHIARA, Giuseppe. Televisione e dibattimento penale – esperienze e problemi della pubblicità mediata 'teconologia' in Italia. *In: Criminalidad, medios de comunicación y proceso penal.* Coord. Marino Barbero Santos i Maria Rosario Diego Díaz-Santos. Salamanca: Ediciones Universidad Salamanca, 1998.

DINAMARCO, Cândido Rangel. *A instrumentalidade do processo.* São Paulo: Ed. Revista dos Tribunais, 1987.

DINIZ, Maria Helena. *Lei de introdução ao código civil brasileiro interpretada.* 14ª Ed. São Paulo: Ed. Saraiva, 2009.

DWORKIN, Ronald. *Levando os direitos a sério.* São Paulo: Martins Fontes, 2002.

ENNECCERUS, Ludwig; KIPP, Theodor; WOLF, Martin. *Tratado de derecho civil.* Trad. Blas Pérez Gonzáles e José Alguer. Primeiro Tomo. Parte Geral. Barcelona: 1953.

ESSER, Josef. *Principio y norma en la elaboración jurisprudencial del derecho privado.* Barcelona: Casa Editorial Bosch, 1961.

FAZZALARI, Elio. *Instituições de direito processual*. Trad. de Elaine Nassif. Campinas: Bookseller, 2006.

FAZZALARI, Elio. La imparzialità del giudice. In *Rivista di Dirito Processuale*, Padova, Edizioni Cedam, n. 2, 1972.

FERNANDES, Antonio Scarance. *Processo penal constitucional*. São Paulo: Revista dos Tribunais, 1999.

FERNANDES, Fernando. *O processo penal como instrumento de política criminal*. Coimbra: Almedina,

FIGUEIREDO DIAS, Jorge. *Direito processual penal*. Coimbra: Coimbra Ed., 1974.

FISS, Owen. *Um novo processo civil – estudos norte-americanos sobre jurisdição, constituição e sociedade*. Coord. Carlos Alberto de Salles. Trad. Daniel Porto Godinho da Silva e Melina de Medeiros Rós. São Paulo: Editora Revista dos Tribunais, 2004.

FRADERA, Véra Jacob de. A saga da uniformização da compra e venda internacional: da lex mercatoria à Convenção de Viena de 1980, *in* : Véra Jacob de Fradera e Luiz Gustavo Meira Moser, Coordenadores. *A compra e venda internacional de mercadorias* – estudos sobre a convenção de Viena de 1980. São Paulo: Altas, 2011.

FURNO, C. *Contributo allá dottrina delle prove legali*, Padova, 1940.

GARCÍA DE ENTERRÍA, Eduardo; FERNANDEZ, Tomás Ramon. *Curso de direito administrativo*. Tradução Arnaldo Setti, São Paulo: RT, 1991.

GARRO, A. 'Acess to justice for the poor in Latin America, *In* : O'Donell, G., Mendez, Pinheiro, P. S. The (un) rule of and the underprivileged in Latin America. Notre Dame: Notre Dame University Presse, 1999.

GERALDES, António Santos Abrantes. *Temas da reforma do processo civil – princípios fundamentais – fase inicial do processo declarativo*. Coimbra: Almedina, 1997.

GIOSTRA, Glauco. *Processo penale e informação*. 2ª ed. Milano: Giuffrè, 1989.

GOLDSCHIMIT, James. *Derecho procesal civil*. Barcelona: Editorial Labor, S.A., 1936.

GOLDSCHMIDT, Werner. La imparcialidad como principio básico del proceso. *In Revista de Derecho Procesal*. v. II, 1950.

GOMES, Sergio Alves. *Hermenêutica jurídica e constituição no estado de direito democrático*. Rio de Janeiro: Forense, 2001.

GRADI, Marco. Sincerità dei litiganti ed etica della narrazione nel processo. *In: Rivista di Filosofia*. N. 8. 2012.

GRINOVER, Ada Pellegrini. *Novas tendências do direito processual – de acordo com a constituição de 1988*. 2. ed. São Paulo: Forense Universitária Ltda, 1990.

GRINOVER, Ada Pellegrini. *As garantias constitucionais do direito de ação*. São Paulo: Revista dos Tribunais, 1973.

GRINOVER, Ada Pellegrini. O princípio do juiz natural e sua dupla garantia. In *Revista de Processo*, São Paulo, Ed. Revista dos Tribunais, n. 29, Ano 8, jan./mar., 1983.

GUARNIERI, Carlo. L'indipendenza della magistratura. *In Rivista Trimestrale di Diritto e Procedura Civile*. Milano, Marzo 1979, Anno XXXIII – Num 1.

GUASP, Jaime. ARAGONESES, Pedro. *Derecho procesal civil.* Tomo I. Introducción y parte general. Séptima edición. Navarra: Thompson Civitas.

HABERMAS, Jürgen. *Direito e democracia* – entre facticidade e validade. Trad. Flávio Beno Siebeneichler. v. I. Rio de Janeiro: Tempo Brasileiro, 1997.

HESSE, Konrad. *A força normativa da constituição* Trad. Gilmar Ferreira Mendes. Porto Alegre: Sergio Antonio Fabris Editor, 1991.

HOYOS, Arturo. *Justicia contencioso-administrativa y derechos humano.* Panamá: Instituto Panameño de Derecho Procesal, 1991.

KIERN. *Justice between simplification and formalism, a discussion and critique of the world sponsored lex mundi project on efficency of civil procedure.* Freigurg, 2006.

LA CHINA. Norma giuridica (dir. Proc. Civ.), *In: Enciclopedia del diritto,* XXVIII, Milano, 1978.

LIEBMAN. Enrico Tullio. *Manual de direito processual civil.* Trad. Cândido Rangel Dinamarco. 2º ed. Vol. I. Rio de Janeiro: Forense, 1985.

LIMA, João Franzen. Irretroatividade das leis. *In*: *Revista dos Tribunais,* São Paulo, Vol. 132.

LOEWENSTEIN, Karl. *Teoria de la constitución.* Trad. Alfredo Gallego Anabitarte. Madrid: Ariel, 1970.

LÓPEZ JIMÉNEZ, Raquel. *La prueba en el juicio por jurados.* Valencia: Tirant lo Blanch, 2000.

LÓPEZ ORTEGA, Juan J. Información y justicia. *In: Justicias y Medios de Comunicación, Cuadernos de Derecho Judicial,* Madrid, XVI, 2006.

LUHMANN, N. *Grundrechte als Institution,* 1965.

MACCALÓZ, Salete Maria Polita. *O poder judiciário, os meios de comunicação e opinião pública.* Rio de Janeiro: Ed. Lúmen Júris, 2002.

MAIER, Julio B. *La ordenanza procesal penal alemana – su comentario y comparación con los sistemas de enjuiciamiento penal argentinos.* Buenos Aires: Depalma, 1978.

MANDRIOLI, Crisante. *Diritto processuale civile.* I nozioni introduttive e disposizioni generali. 17ª ed., Torino: G. Giappichelli Editore, 2005.

MARCEL STORM ed., *Approximation of judiciary law in the European union.* Amsterdam: Kluwer, 1994.

MELLO, Celso D. de Albuquerque . *Curso de Direito Internacional Público.* 14 ed Rio de Janeiro: Renovar, 2002.

MELO RIBEIRO, Maria Teresa de. *O princípio da imparcialidade da administração pública.* Coimbra: Almedina, 1996.

MENDES, Gilmar Ferreira. *Direitos fundamentais e controle de constitucionalidade.* 4ª ed. São Paulo: Saraiva, 2012.

MIAILLE, Michel. *Introdução crítica ao direito.* Trad. Ana Prata. Lisboa: Editorial Estampa, 1994.

MONTELEONE, Girolamo. Intorno al concepto di verità 'materiale' o 'oggettiva' nel proceso civile. In: *Rivista di Diritto Processuale.* CEDAM, 2009. Volume LXIV (II Serie), Anno 2009.

MOREIRA, José Carlos Barbosa. La igualdad de las partes em el proceso civil. *In. Revista de Processo,* São Paulo: Revista dos Tribunais, n. 44, ano 11, out./dez., 1986.

MOREIRA, José Carlos Barbosa. Notas sobre o problema da efetividade do processo, *in* Temas de Direito Processual, Terceira Série, São Paulo, Saraiva, 1982.

MORELLO, Augusto. *El processo justo.* Buenos Aires: Abeledo-Perrot, 1994.

MÜLLER, F. *Die Positivität der Grundrechste,* 1969.

NEVES, Marcelo. *A constituição simbólica.* São Paulo: Acadêmica, 1994.

NINO, Carlos Santiago. *Introdución al análisis del derecho,* 10ª Ed. Barcelona: Editorial Ariel, 2001.

OTERO GONZÁLES, María del Pilar. *Proteción del secreto sumarial y juicios paralelos.* Madrid: Editorial Centro de Estudios Ramón Areces, S.A., 1999.

PICÓ I JUNOY, Joan. *La imparcialidad judicial y sus garantías: la abstención y la recusación.* Barcelona: J. M. Bosch Editor, 1998.

PIÇARRA. Nuno. *A separação dos poderes como doutrina e princípio constitucional – um contributo para o estudo das suas origens e evolução.* Coimbra: Editora Coimbra, 1989.

PISAN, Mario. *Giurisdizione penale. Enciclopedia del Diritto.* v. XIX, Milano: Giuffrè Editore, 1970.

PISANI. Andrea Proto. *Lezioni di diritto processuale civil.* Terza Edizione. Napoli: Casa Editrice Dott. Eugenio Jovene, 1999.

PISAPIA, Gian Domenico. *Copendio di procedura penal.* Padova: CEDAM – Casa Editrice Dott. Antonio Milani, 1975.

PORTANOVA, Rui. *Princípios do processo civil.* 4ª Ed. Porto Alegre: Livraria do Advogado, 2001.

QUIRÓS, Diego Zysman. *Imparcialidad judicial y enjuiciamiento penal – un estudio histórico-conceptual de modelos normativos de imparcialidad.* Disponível em: http://www.catedrahendler.org/materiales/zysman%20_%20Imparcialidad.PDF – 03/08/2005.

RAFFAELLO, Magi. In *Il giusto proceso.* Associazione tra gli studiosi Del proceso penale. Milano: Dott. A. Giuffrè Editore, 1998.

REQUEJO PAGÉS, J. L., *Jurisdicción e independencia judicial.* Madrid: Centro de estudios constitucionales, 1989.

RODRIGUES, Fernando Pereira. *O novo processo civil – os princípios estruturantes.* Coimbra: Almedina, 2013.

ROSENBERG, Leo. *Tratado de derecho procesal civil.* Trad. Angela Romera Vera. Tomo I. Buenos Aires, 1955.

SCHMIDT, Eberhard. *Los fundamentos teóricos y constitucionales del derecho procesal penal.* Trad. José Manuel Nuñez. Buenos Aires: Bibliografia Argentina, 1957.

SERPA LOPES, Miguel Maria de. *Comentários à lei de introdução ao código civil.* 2ª ed. Vol. I, São Paulo: Livraria Freitas Bastos, 1959.

SILVA JARDIM, Afrânio. *Direito processual penal – de acordo com a constituição de 1988.* 4ª Ed. Rio de Janeiro: Forense, 1992.

SOUZA, Artur César. *A parcialidade positiva do juiz.* São Paulo: Editora Revista dos Tribunais, 2008.

SOUZA, Artur César. *Código de processo civil – anotado, comentado e interpretado.* Volumes I, II e III. São Paulo: Editora Almedina (Portugal), 2015.

SOUZA, Artur César. *Disposições finais e direito transitório – análise das normas complementares e do direito intertemporal no novo C.P.C.* São Paulo: Editora Almedina (Portugal), 2016.

SOUZA, Artur César. *Tutela provisória – tutela de urgência e tutela de evidência.* São Paulo (Portugal), 2015.

TARUFFO, Michele. Il significato costitucionale dell'obbligo di motivazione. In: GRINOVER, Ada Pellegrini; DINAMARCO, Cândido Rangel; WATANABE, Kazuo (coord.). *Participação e processo.* São Paulo: RT, 1988.

TARUFFO, Michele. *La motivación de la sentencia civil.* Trad. Lorenço Córdova Vianello. México: Tribunal Electoral del Poder Judicial de la Federación, 2006.

TARUFFO, Michele. L'obbligo di motivazione della sentenza civile tra diritto comune e illuminismo. *In: Rivista di Diritto Processuale,* Padova, Vol. XXIX (II Serie), ano 1974.

TARUFFO, Michele. *La prueba de los hechos.* Madrid: Editorial Trotta, 2002.

TUCCI, Rogério Lauria. *Direitos e garantias individuais no processo penal brasileiro.* São Paulo: Saraiva, 1993.

VERONESE, Alexandre. O terceiro poder em crise: impasses e saídas; *Cadernos Adenauer,* Ano III, 2002, n. 06, Rio de Janeiro: Ed. Fundação Konrad.

VIAGAS BARTOLOMÉ. Plácido Fernández. *El juez imparcial.* Granada: Editorial Comares, 1997.

WAMBIER. Luiz Rodrigues. *Curso avançado de processo civil.* V. 1. Teoria Geral do Processo e Processo de Conhecimento, 10ª edição, revista, atualizada e ampliada. São Paulo: Ed. R.T., 2008.

WESP, K. *Die Dritwirkung der Freiheitsrechte,* 1968

WIENHOLTZ, E. *Normative Verfassung und Gesetzgebung. Die Verwirklichung von Gesetzgebungsaufträgen des Bonner Grundgesetzes,* 1968

ZAFFARONI, Eugenio Raúl. *Poder judiciário* – crise, acertos e desacertos. Trad. Juarez Tavares. São Paulo: Revista dos Tribunais, 1995.

ÍNDICE

PREFÁCIO À 1ª EDIÇÃO 9

ABREVIATURAS 13

SUMÁRIO 19

INTRODUÇÃO 23

1. DA TUTELA CONSTITUCIONAL DO PROCESSO 29

2. PRINCÍPIOS E VALORES TRANSNACIONAIS DO PROCESSO CIVIL 61

3. DO PRINCÍPIO DISPOSITIVO 69

4. PRINCÍPIO/GARANTIA DO ACESSO À JUSTIÇA OU DA UBIQUIDADE 99

5. PRINCÍPIO DA CELERIDADE PROCESSUAL 129

6. PRINCÍPIO DA COOPERAÇÃO 153

7. OS FINS SOCIAIS, A DIGNIDADE DA PESSOA HUMANA, A LEGALIDADE, A IMPESSOALIDADE, A PUBLICIDADE E A EFICIÊNCIA COMO CRITÉRIOS FINALÍSTICOSDE APLICAÇÃO DO ORDENAMENTO JURÍDICO 195

8. PRINCÍPIO DO CONTRADITÓRIO 209

9. PRINCÍPIO DA PUBLICIDADE DOS JULGAMENTOS DOS ÓRGÃOS DO PODER JUDICIÁRIO 259

10. O PRINCÍPIO DA FUNDAMENTAÇÃO (MOTIVAÇÃO) DA DECISÃO PELOS ÓRGÃOS DO PODER JUDICIÁRIO 283

11. PRINCÍPIO DA BOA-FÉ 295

12. PRINCÍPIO DA IMPARCIALIDADE DO JUIZ 303

13. PRINCÍPIO DA INDEPENDÊNCIA DO JUIZ 311

14. PRINCÍPIO DO JUIZ NATURAL 321

15. O PROCESSO COMO INSTRUMENTO DA JURISDIÇÃO CIVIL 325

16. PRINCÍPIO DA IRRETROATIVIDADE E DA APLICAÇÃO IMEDIATA DAS NORMAS PROCESSUAIS 353

REFERÊNCIAS 369

TÍTULOS DA COLEÇÃO

DAS NORMAS FUNDAMENTAIS DO PROCESSO CIVIL: Uma análise luso-brasileira contemporânea

RESOLUÇÃO DE DEMANDAS REPETITIVAS: Notificação da ação individual, incidente de resolução de demandas repetitivas, recurso especial e extraordinário repetitivo

TUTELA PROVISÓRIA: Tutela de urgência e tutela de evidência

RECURSO EXTRAORDINÁRIO E RECURSO ESPECIAL: Pressupostos e requisitos de admissibilidade

RECURSOS: Teoria Geral

DISPOSIÇÕES FINAIS e **DIREITO TRANSITÓRIO**

DO CUMPRIMENTO DE SENTENÇA E DA EXECUÇÃO

DA PROVA

SENTENÇA – COISA JULGADA

DA COMPETÊNCIA JURISDICIONAL

DOS PROCEDIMENTOS ESPECIAIS

DO PROCESSO DE INVENTÁRIO

DA INTERVENÇÃO DE TERCEIRO

AÇÃO RESCISÓRIA